孔子文化奖学术精粹丛书

董金裕卷

杨朝明◎主编

田富美 张海涛◎编选

华夏出版社
HUAXIA PUBLISHING HOUSE

《孔子文化奖学术精粹丛书》编委会

第七届世界儒学大会暨 2015 年度孔子文化奖颁奖典礼现场

1999 年，在北京人民大会堂纪念孔子诞辰 2550 年大会上致词

2001 年，在台北市孔庙祭孔仪式上

2015 年孔子文化节，参加曲阜孔庙祭孔

2015年度孔子文化奖颁奖辞

中华文化的弘扬者、推广者——董金裕

他是来自宝岛台湾的知名学者、儒学研究专家，是推动中华文化基础教育卓有贡献的教育家。

他研精覃思，博考经籍，致力于儒家文化研究数十年，尤长于儒家经典和宋明理学的研究，造诣非凡，成果丰硕。

他长期浸润在中国圣贤的精神世界，以德润身，平居里和风容与，每遇道义屯蹶否塞之时，亦能挺身而出，侃侃直言，仿佛有孟子泰山岩岩的气象。

他注重中华文化在现代的传承与发展，推动儒学走向社会。他在台湾参与编纂中小学语文课本，主持审定《中华文化基本教材》，多方呼吁加大中华文化在中小学课程安排中的比重，让青少年在多元文化的熏陶中，更多地认同中华文化经典中展现的精神与价值观。

他以促进学术的交流与发展为己任。主编《孔孟月刊》《孔孟学报》，举办经学研习班、国学研究会等活动，为学术交流与发展搭建多种公平有效的平台。他往来于海峡两岸，积极参与各种形式的儒学社团组织，以及儒学国际学术研讨会和文明对话活动，以文会友，以友辅仁，为促进国际儒学社团组织的交流与合作做出了重要贡献。

他服膺孔子，深研儒学，关注当下，紧跟时代，为守护和延续中华文化的命脉，呕心沥血，竭诚奉献。他是中华文化的弘扬者、推广者。

获奖感言

各位学者专家、老师同学、女士先生：

大家好！

我很幸运地出生在一个作风开明的家庭，并且在师长朋友的教导帮助下，顺利学习。从小便于长辈教导子弟为人处事道理时，经常引用孔子之言的、充满传统文化氛围的环境中成长。就读小学时，学校走廊陈列着许多圣哲英雄的画像及事迹，看了以后，我就兴起了“有为者亦若是”的心愿。从中学起，更接触到儒家的经典而“心向往之”。进入大学，在广泛研习儒家思想后，即效法孟子“乃所愿则学孔子也”，立志研究孔学。

几十年来，我将探讨孔学的心得写成了一些文章，并且规划、参与了一些活动，不论在学术研究的向上发展方面、向社会大众倡导的向外推广方面，或者将传统文化传授给青少年的向下扎根方面，都做出了一些成绩。但这些成绩就如同点滴之水汇入长江大海一般，实在微不足道，更谈不上有什么大贡献，但我确实是全力以赴而不敢稍有懈怠的。

今天承蒙大家的抬爱，将“孔子文化奖”这一特殊的荣誉颁授给我，除了督促我今后在弘扬儒学上更加努力以外，所代表的并不是我个人的成就，而是彰显了中国台湾长期以来，持续传承中华传统文化方面的贡献。其实，台湾有很多在儒学上成就比我丰硕杰出的人物，更应该获得这种特殊的荣誉，我今天只是代表他们来接受这个奖而已，荣耀是属于众多为儒学奉献心力之人的。

经常有人问我，为什么要选择儒学作为教学、研究的对象？根据个人的体验，儒家思想最切合人情事理，也最容易付诸实践，是一种可以在日常生活中如实呈现的哲学，也是一种可以让我们安心立命的精神凭借。不仅有益于个人，也可以使群体受惠，值得我们身体力行，更值得我们向社会大众倡导，并世代传承，以促进人际关系的和谐、社会秩序的安定。

孔子一生致力于推展教育，并曾表达“老者安之”“少者怀之”是他的志愿，为表敬仰效法，多年以来我即在行有余力之时，协助乡里教育以及济老、扶幼的工作。司马迁在表达自己推崇孔子的心情时曾说：“虽不能至，然心向往之。”我认为既然心向往之，虽不能至，但是可以尽力而为，因此在获得这一特殊荣誉后，将一如以往，把所得捐助给教育、公益团体，追随孔子的脚步，尽力而为。

最后，敬祝各位身体健康，精神愉快，大会顺利进行，圆满成功。

谢谢大家！

董金裕

2015 年 9 月 27 日

弁言

2013年11月26日，中共中央总书记习近平来到孔子故里，在孔子研究院举行座谈会，发出了大力重视传统文化的重要信息。中国由此开始坚定而自信地立足于中华优秀传统文化，培育和弘扬社会主义核心价值观，开启了从实质意义上构建时代新文化的步伐。孔子研究院正是历届世界儒学大会的举办地。

站在世界文明与国际关系的高度，习近平总书记曾深刻论述"思想"对于世界和平与发展的意义，并指出中国传统爱好和平的思想直到今天依然是中国处理国际关系的基本理念。习近平主席不止一次地谈到联合国教科文组织总部大楼前石碑上的那句话："战争起源于人之思想，故务需于人之思想中筑起保卫和平之屏障。"此言正深度契合孔子儒学思想的精髓。

中国先人早就看到"人心惟危"，人不能"好恶无节"，要明理修身，推衍亲情，放大善性，"允执厥中"。孔子说："凡夫之为奸邪、窃盗、靡法、妄行者，生于不足，不足生于无度。"又说："人藏其心，不可测度，美、恶皆在其心，不见其色。"既然"有度"与"无度"全在"人之思想"，那么，中华文明"以礼制中"的意义便不言而喻。

中国儒学是在继承孔子以前数千年文化传统的基础上产生的，具有突出的包容性气质与特征。春秋时期就有人说"和实生物，同则不继"，孔子儒家集古代文化之大成，形成了"和而不同"的主张，虽不苟同，但相互尊重，和平共处。世界文明多姿多样，不同文明之间应当平等与相互尊重、互鉴而相互包容，只有这样，人类文明才能不断发展和进步，也只有这样才有可能参透其他文明的奥妙，进而求同存异，互相涵摄，和谐相处，共同前行。所以，大力宣传孔子儒学，弘扬中华传统文化，不仅是中国建立民众共同价值

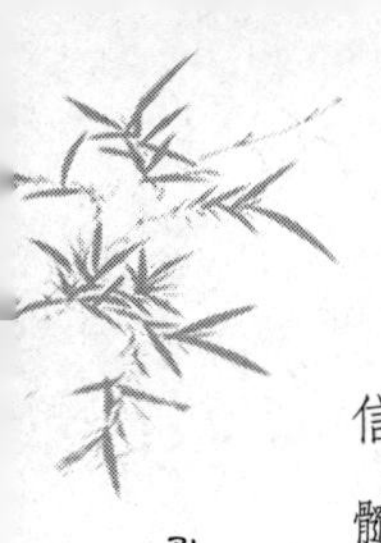

信仰体系的需要，而且正符合世界的需要与时代主题。如果能将孔子儒学精髓更好地传承下去进而传播出去，这将是中国献给世界的最伟大礼物。

在两千多年的发展中，中国儒学可以大致分为三个阶段：一是先秦时期，即通常所谓“原始儒学阶段”，这是儒学创立时期；二是秦汉以来至近代以前，这是“帝制中国时代”，是儒学与社会历史文化密切结合的时期，可概略称为“儒学发展阶段”；三是近代以来，尤其甲午中日战争以来，这可称为“儒学反思阶段”或者“儒学反省阶段”。

对中国儒学进行这样的划分，有助于对儒学价值的认识。作为思想文化，孔子儒学的影响之大可以说罕有其匹，而对其价值认识的分歧之大竟然也无与伦比。这已被视为中国特有的“历史文化景观”。然而，正如一位西方学者所言，因为有了孔子的学说，“伟大的中华民族比世界上别的民族更和睦和平地共同生活了几千年”，这是一个客观的历史事实。时间虽然过去了两千多年，社会发生了巨大变化，而人们仍然必须立足于孔子所确立和阐述的那些价值观念。

人们之所以对儒学认识存在分歧，原因很多。近代中国社会特殊的历史变动，促使人们反思自己的民族文化。在帝制时代，孔子被尊崇到极高地位，儒学是统治学说，新文化运动的矛头自然直指孔子，借以打倒儒学和传统文化。这种“全盘性反传统主义”运动，其思维方式上存在着偏颇是显而易见的。不过，这场“思想启蒙运动”以鲜明的反传统形式出现，但仍然有人看到孔子与后儒的不同，明确指出不能完全否定孔子和传统，主张分清“真”“假”孔子。如李大钊说：“余掊击孔子，非掊击孔子本身，乃掊击孔子为历代君主所雕塑之偶像的权威也；非掊击孔子，乃掊击专制政治灵魂也。”

随着学术的进步，人们对儒学的变化看得更清楚了。在儒学“创立”时期，儒家思想带有明显的“德性色彩”，早期儒家强调“正名”，主张“修己安人”和“仁政”“德治”；汉代以后则有不同，适应专制政治制度的需要，逐渐强调君权、父权和夫权，儒学慢慢蜕变，染上了显著的“威权色彩”，呈现出为后世所诟病的“缺乏平等意识和自由理念”，也与现代社会格格不入。

了解这一点十分重要！原来，强烈“保守”传统的人多看到了原始儒学的真精神，而对孔子儒学持“激进”立场的人则更多看到了作为“专制政治灵魂”的那个“偶像的权威”。难怪“新启蒙运动时期”有学者提出要“打倒孔家店，救出孔夫子”，我们确实更应该关注原始儒学，分清“真孔子”和“假孔子”，澄清误解，明辨是非，正确对待我国优秀的传统文化。

我们应当感谢世界儒学大会，感谢“孔子文化奖”的设立，它对于推动孔子儒学与中国传统文化研究起到了积极作用，做出了重要贡献。自2007年发起举办国际会议以来，世界儒学大会已成功举办了八届九次，在国内、国际上都产生了积极而广泛的影响，成为汇聚海内外儒学研究权威机构、知名学者以及各界人士的全球性儒学盛会，搭建了跨地域、跨学科、跨行业的国际儒学研究与文化交流的高端平台，并成长为中华文化走向世界的重要载体。

从2009年开始，每届世界儒学大会期间，还有一个重要的盛典，这就是颁发“孔子文化奖”。该奖项是由中华人民共和国文化部和山东省人民政府共同设立的我国儒学研究和推广领域的最高奖，旨在表彰鼓励世界各地为儒学研究和孔子文化传播做出贡献的团体、个人和非政府组织。获得“孔子文化奖”的学者和机构，2009年度为杜维明先生和孔子基金会，2010年度为庞朴先生和国际儒学联合会，2011年度为汤一介先生和汤恩佳先生，2012年度为牟钟鉴先生和韩国成均馆，2013年度为李学勤先生和安乐哲先生，2015年度为陈来先生和董金裕先生。我们曾经编辑了《孔子文化奖学术精粹丛书》第一批杜维明、庞朴、汤一介、牟钟鉴、李学勤、安乐哲六卷，今补充编辑陈来、董金裕二卷。

为保证“孔子文化奖”的公正性、神圣性，“孔子文化奖”组织委员会制定了科学严密的推选程序。从推选委员会的专家组成，到具体的评选实施方案；从推选委员独立匿名提名，到汇总后再次提请推选委员进行选举，都十分严谨、公正、细致，这是对“孔子文化奖”的尊重，更是对“孔子文化”的敬重。因此，每一次“孔子文化奖”颁奖，都成为人们讨论最热烈的话题，得到学术界的高度认可，受到社会的广泛赞同。

可以说，每一位“孔子文化奖”获奖学者都立足于学术前沿，深刻思考中国传统文化问题。在他们之中，有的着力阐发儒家传统的内在体验，显扬儒学的现代生命力；有的致力于解读中华文化密码，阐发中华智慧；有的用心考察儒、释、道三家，以独到的见解丰富深化儒学认知；有的笃行儒道，

胸怀天下，在弘扬孔子文化和推广儒道上不遗余力；有的探源古代文明，解读早期中华文化的高度与深度，彰显孔子思想与儒家学说形成的广阔舞台；也有毕生钟情于中国文化的西方儒者，以比较的视野阐发儒学的价值，向全世界介绍儒家学说。这些获奖学者的贡献有目共睹，他们获得“孔子文化奖”乃众望所归。

为了更好地展示“孔子文化奖”获奖学者的风采与成就，回顾和宣传他们的学术贡献，在“孔子文化奖”评选组织委员会的领导下，世界儒学大会秘书处组织选编了这套《孔子文化奖学术精粹丛书》，这也是为了让更多的人了解世界儒学大会，了解“孔子文化奖”。

在此，我们再次向各位“孔子文化奖”获奖者表示敬意！

尼山世界儒学中心副主任
孔子研究院院长　　杨朝明

2021年6月16日

自序

小时候，父祖辈告诫子孙应该守规矩时，往往说："孔子公如何如何说……"虽然从小便在这样的氛围中成长，但是当时并无特别的感受，事后回想，才领悟到原来所谓"孔子公如何如何说……"指的是已深入老百姓生活中的儒家思想。

到了读小学时，教室外的走廊墙壁上，悬挂有多幅历史人物图像，如孔子、孟子、苏武、张骞、岳飞、戚继光等人，并附有简要的文字说明。这些圣哲英雄给我留下了深刻印象，我小小的心灵中也隐然兴起了"有为者亦若是"的志向。

及至初中，语文课本选有《论语·公冶长》"颜渊季路侍子曰盍各言尔志"章，对子路所说"愿车马、衣轻裘，与朋友共，敝之而无憾"的豪爽，颜渊所说"愿无伐善，无施劳"的谦逊，孔子所说"老者安之，朋友信之，少者怀之"的期望人人皆能各得其所，皆十分敬佩向往，以为这些都是应该尽力而为之事。

高中时有一门课叫"中国文化基本教材"，全部从《论语》《孟子》中选材，每星期一堂课，连续上三年，在长期的熏陶浸润之下，学习到不少至今仍在使用的词语，对于孔孟的思想也有了初步的了解，但坦白说，对其中所述的道理，体悟还不是很深切。

大量接触儒学是到了读大学的时候，当时系里开了不少经学、诸子学的课程，虽然并非每一门都修习，但已大量涉猎，对儒学有了较深入的认识，因而逐渐感到浓厚的兴趣。等到进入研究所就读，选择论文方向时，便毅然以义理学为探索方向，在对儒学深有造诣的熊公哲先生、高明先生循循善诱之下，展开了学术研究之途。

与儒学结下不解之缘，固然是因为在求学的最后阶段，对之产生研究的兴趣，更主要的是缘于：一、执教大学后所开设课程，如《孟子》、《左传》、

《礼记》、《周易》、“宋明理学研究”、“中国思想家专题”等，皆与儒学相关。二、应聘为孔孟学会执行秘书，并兼《孔孟月刊》《孔孟学报》主编，参与规划诸多与研究儒学、传播儒学相关的活动。三、应聘主编初中、高中语文教科书，尤其是高中的中国文化基本教材，将诸多的儒学材料编入课本供学生研读。四、应聘为台北市孔庙管理委员会委员，参与规划多种普及弘扬儒学的活动。

基于此，数十年来，或应邀演讲座谈，或规划举办活动，或参与学术会议，或投稿学术期刊，皆围绕着儒学的向下扎根、向外推广、向上发展等方向进行。所撰写的文章，皆属基于对儒学的热爱、从事研究心有所感的一得之愚。本书所收皆是已集结专著以外的文章，将之类分为：第一编，孔子·孔庙·释奠（祭孔）；第二编，孔孟思想·儒学与现代；第三编，《论语》《孟子》·儒学推广；第四编，历代诸儒；最后并以较近期之报道、访谈作为附编。

本书各篇文章发表的时间跨越三十多年，空间遍及中国台湾及大陆各省市，韩国、日本、美国、东南亚各国，由于发表时各主办方所要求的体例并不一致，今既汇为一书，一方面修润部分文字，另一方面则尽可能划一体例，将所有注释皆改为当页注，以便阅览。但注释方式则因部分所据文献已难一一查询核对，因而不再更改，虽标识形式略有不一，但并不影响内容的表述，尚祈博雅方家体察谅解。

董金裕

2018年10月谨志于台北

目录

第一编　孔子·孔庙·释奠（祭孔）

孔子/ 3

一、孔子的生平、成就及其对我们的启示 / 3

二、《史记·孔子世家》/ 7

孔庙 / 16

一、台北市孔庙沿革 / 16

二、《世界孔子庙研究》评介 / 21

释奠（祭孔）/ 24

一、汉代孔子释奠礼的演进及其意义 / 24

二、台北市孔庙释奠仪程介绍 / 37

三、台北市孔庙春祭的规划与实施 / 46

四、商定孔子释奠礼仪节，向联合国申请为非物质文化遗产 / 51

五、台北市孔庙春祭三献礼歌词 / 58

六、壬辰年（2012）山东曲阜孔庙祭孔圣文 / 59

七、尊孔·敬师·传承中华文化 / 60

第二编　孔孟思想·儒学与现代

孔孟思想 / 69

一、孔孟仁爱思想对人、物的关怀及其现代意义 / 69

二、孔孟的阶梯哲学及其现代意义 / 77
三、孔门的诚信之教 / 88
四、孔子的人道关怀及其现代意义 / 93
五、夫子循循然善诱人——论孔子的阶梯式教学 / 101
六、孔孟对弱势者的关怀及其现代省思 / 109
七、孟子、荀子性论似异而实同探析 / 117

儒学与现代 / 126

一、孝道思想的扩大诠释与现代实践 / 126
二、传统礼俗在法治社会中的作用 / 135
三、四书中的“圣”及其现代诠释 / 143

第三编　《论语》《孟子》·儒学推广

《论语》《孟子》/ 153

一、半部《论语》治天下?! / 153
二、《论语·阳货》之“唯女子与小人为难养也”章试释 / 163
三、《孟子》导读 / 168

儒学推广 / 205

一、向下扎根——对儒学普及的一些看法 / 205
二、台湾中小学语文课程中的传统文化教育 / 212
三、台湾高级中学“中华文化基本教材”课程的演变 / 218
四、台湾高级中学《中华文化基本教材》教科书编辑方式的演变与检讨 / 224

第四编　历代诸儒

一、董仲舒的崇儒重教及其现代意义 / 233
二、理学的先导——韩愈与李翱 / 246

三、胡瑗、孙复的经学及其与宋代儒学发展的关系 / 256
四、范仲淹与宋初的教育及学术 / 277
五、程朱学派的形成及其与孔子思想的关系 / 288
六、叶适思想的主轴及其评价 / 303
七、杨简的心学及其评价 / 313
八、湛若水《四勿总箴》一贯之道探析 / 328
九、王阳明“四句教”本旨试探及其现代意义 / 337
十、黄宗羲“明夷待访”，待谁之访？ / 343
十一、顾炎武对理学的态度及评价 / 353
十二、王船山与张横渠思想之异同 / 364
十三、章太炎的“格物”说 / 376

附编　报道·访谈

报道 / 387
一、阅万品人，历万般事 / 387
二、海峡两岸儒学交流的亲身体验与期待 / 392
访谈 / 398
一、儒学的普及、推广与个人道德、社会公德的养成
——董金裕先生访谈录 / 398
二、台湾中华文化的坚实推广者 / 404

编选引用参考文献 / 417
董金裕先生学术年谱 / 421
编选后记 / 428

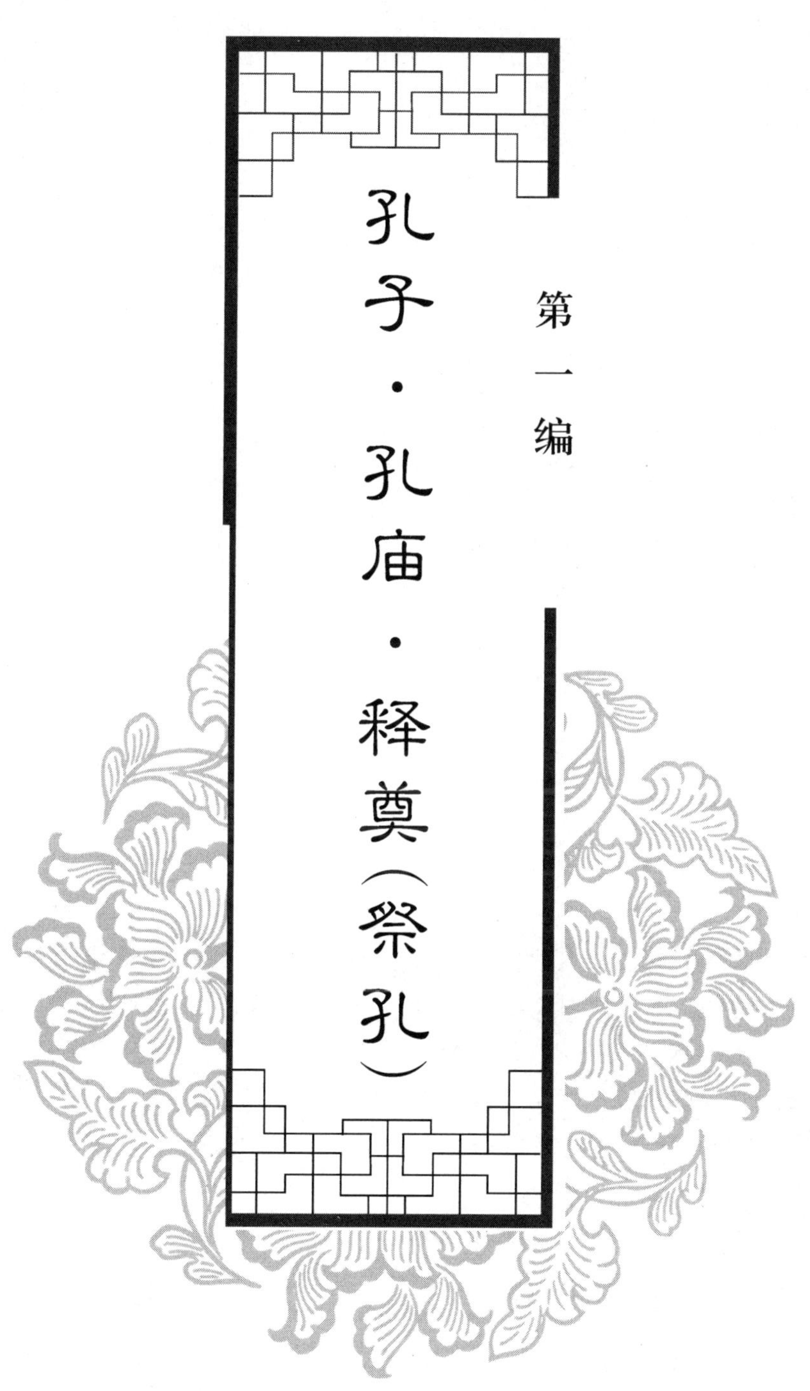

第一编

孔子·孔庙·释奠（祭孔）

孔　子

一、孔子的生平、成就及其对我们的启示

（一）生平

孔子的一生，大略可以分为五个阶段：

第一阶段为刻苦求学时期

孔子三岁时，父亲叔梁纥去世，家道从此衰微，由母亲颜徵在辛苦抚养成人。他从小便对礼起了大兴趣，常在游戏时，以摆设礼器、演习礼仪为乐。到十五岁时，就很自觉地发愤向学。十九岁时，与丌官氏结婚。为了维持家计，二十岁起，先后做过委吏（管理仓库的小吏）、乘田（管理牲畜的小吏），职位虽然不高，但他都很尽职，不仅工作业绩良好，而且学到了许多生活的技能。在艰困的环境中，他从不中断学习，曾向郯子请问官制，向师襄学习弹琴，又分别向老聃、苌弘请教礼、乐的道理。到了三十岁时，就奠定了学问的坚实基础。

第二阶段为开始设教时期

孔子三十岁左右，由于学有所成，便陆续有人前来向他问学。对于来学者，不论贵贱、贫富、智愚，他都热心教导，开创了我国的平民教育。而且他能够针对学生的个性、才能，分别采取不同的方式加以指点。教学时非常注重启发反省，鼓励学生思考与学习并重，更经常与学生闲坐谈心，引导他们的志向。除了传授士人所应具备的一般技能以外，尤其重视人格的培养。

因为他的教法灵活多样，学生受益很大，师生相处极为融洽，投靠到他门下者愈来愈众，总数达到了三千人之多。孔子的教学生涯一直延续到他的晚年。

第三阶段为出仕鲁国时期

由于孔子知书达礼，娴熟政道，鲁国国君及执政大夫常向他请教治国之方，可是因为鲁国政局太乱，孔子始终不愿意出仕。到了孔子五十一岁，鲁国政局稍定，鲁君也有心求治，孔子才出任中都（今山东省汶上县）宰（地方首长），一年之后，境内大治。遂升任司空（掌水土事宜），农业生产大发展。又晋升为大司寇（掌司法行政），代理卿相之职，辅佐鲁君与齐君相会于夹谷（在今山东省莱芜市），因准备充分，既免除了齐国的威胁，又为鲁国争回不少失地。不过在任内，想要铲除掌权大夫势力的行动却告失败，再加以齐国设计用女乐蛊惑鲁君，鲁君逐渐荒怠政事，孔子眼见情势已难有作为，乃毅然辞去官职，离开鲁国。

第四阶段为周游列国时期

孔子从五十五岁起，开始周游列国，想要推行其仁政、德政的主张，先后经过了卫、陈、曹、宋、郑、蔡、楚等国，拜会了许多国君和大夫。虽然风尘仆仆，历尽艰辛，但是所得到的仅是表面上的礼遇，并没有任何一位国君肯真正重用他。而在旅途之中，更遭受到无数的迫害和不少的嘲讽。不过孔子仍然坚持其一贯的信念，怀抱着“知其不可而为之”的精神，丝毫不改变其淑世救人的崇高理想。一直到他六十八岁时，鲁君派人很诚恳地邀请他回国，另一方面孔子想到有许多学生有待于栽培，民族的文化遗产更亟须整理，才结束了十四年的流浪生涯，回到鲁国。

第五阶段为删述六经时期

基于对民族文化的强烈使命感，孔子晚年的主要工作就投注在整理文化遗产上面，将古来相传的各种文献，做有系统的搜集、修订，并且加以传播、发扬。删《诗》《书》，订《礼》《乐》，赞《周易》，作《春秋》。不仅将自己的理想寄托在其中，同时拿来教导学生，期望能够达到承先启后的目的。其间，他仍然持续着教学的工作。可能由于过度劳累，再加上儿子孔鲤，以及他最喜爱的学生颜渊、子路先后死亡，更对他的心灵造成严重的打击，终于一病不起，在七十三岁时溘然长逝。

（二）成就

《论语·子张》记载鲁国大夫叔孙武叔诋毁孔子，子贡听了之后就说，不要这样子，孔子是不可以毁谤的。其他人的贤能，就好像丘陵一般，还能够超越；孔子则有如日月一样，是永远无法超越的。一个人想要自绝于日月，对日月又有何伤害呢？反而显得自己不知度德量力。同篇又记载陈亢对子贡说，孔子并不如子贡贤能，子贡只是对孔子表示恭敬罢了。子贡立即正色回应说，孔子的伟大不可企及，就如同上天无法用阶梯爬上去。司马迁在《史记·孔子世家》的赞语中也引用《诗经·车辇》“高山仰止，景行行止”的语句，把孔子比喻为令人瞻仰的高山、让人遵循的大道，并表示自己“虽不能至，然心向往之”，并推崇他为“至圣”。

子贡是亲炙于孔子，兼擅企业经营、外交策略的长才；司马迁为私淑于孔子的史学、文学巨擘。两人相距三四百年，竟不约而同地对孔子表达了崇敬向往之情，这岂是没有原因的？

孔子一生历经艰难挫折，但始终秉持“知其不可而为之”的精神，站在人本的立场，为文化教育而努力不懈，其成就是多方面的，很难用简短的文字做全面的解说，在这里仅择取比较重要的几点做介绍：

1. 建立以仁为中心的思想学说，主张仁者爱人；己欲立而立人，己欲达而达人。这种思想运用在个人方面，则希望每个人不仅要做到独善其身，更要努力实现兼善天下；推广到整个人群，则期盼达到“老者安之，朋友信之，少者怀之”的地步，使大家都可以各得其所，创造一个祥和安乐的社会。

2. 注重礼乐教化，主张以礼来规范个人的行为，并将其作为国家施政的准则；以乐来陶冶人的内心，进而在社会上形成和谐的风气。透过教化的方式来感悟人心，使大家都能深切了解人伦道德的重要，而确实践履，以培养出高尚完美的人格，充分显现人的地位和尊严。

3. 删述六经，有系统地整理了丰富的民族文化遗产，不仅使我国的古代文献可以获得保存；而且还抉发其中的精神，并寄寓自己的理想，使民族的文化遗产具有更深广的内涵。此外又竭力传播宣扬，让大家逐渐体认其重要性，而懂得加以珍惜，使民族文化得以不断传衍下去，并发扬光大。

4. 收召生徒，而且有教无类，开创了我国的平民教育，使文化教育普及广大民间。在施教时又能各依学生的材质而裁成之，教法生动活泼，尤其重视培养学生的远大志向和高尚人格，不仅造就了当时各方面的许多人才，同时也为后来的教育工作者指示了明确的方向，树立了良好的典范。

5. 因鲁史作《春秋》，又从事教学的工作，开启了我国私人著述讲学的风气。既创立了我国历史上第一个也是影响最大的学派——儒家学派，更促成了言论的自由，使得诸子百家得以在其他因素的配合之下，蜂起并作。虽然所见不同，但终于形成争鸣竞放的繁荣局面，提振了学术思想的发展。

6. 开展平民教育，培养出许多民间的优秀之士，又带领他们周游列国，向各诸侯推荐。使各国国君深刻体认到向民间求才的必要性，打破了政治由贵族阶层垄断的形势，逐渐形成了布衣卿相的局面。对于人才的晋升、政权的下移，尤其是消除社会上对阶级的划分，都起了决定性的作用。

（三）对我们的启示

从上述孔子的几点重要成就来看，站在现代的立场，个人以为最少有下列几点启示：

1. 体认教育及培养人才的重要

所有的建设都有赖于人才，而人才的培养端在于教育，所以教育是国家最基础也是最重要的工作。但所谓十年树木，百年树人，教育最忌急功近利，必须要长期耕耘才能见其功效，不仅教育工作者要有此认识，国家施政更应该做深远的规划、大量的投资。

2. 人才的培养应以品格为重

教育的功能固然在传授知识，但品格的陶冶更为重要，否则徒有知识却缺乏品格，知识反而成为济恶的工具。进而言之，有了良好的品格，才能培养出对社会的责任感，对弱势者的同理心，而以知识来救世济人，为大众提供有效的服务，同谋群体的发展。

3. 教育必须以旧经验为基础

任何建树都不可能无中生有，必须以旧经验作为基础，或在成功的基础上精益求精，或在失败的经验中记取教训。因此传统的文化宜善加珍惜，并做分辨整理，何者仍具参考价值而可以古为今用，何者已过时而不能食古不化，如此才能继踵前人而取精用宏。

4. 自由讲论才能促进学术的发展

各抒已见，畅所欲言，才能互相激荡，以收集思广益的效果。学术的发展最需要有此氛围，所以言论的自由必须要获得充分的保障，大家可以在毫无顾忌的情况下，发挥见仁见智的精神，畅抒其论，形成百家争鸣的局面，学术就可以在良性互动之下发扬光大。

5. 多元并进是社会进步的法门

阶级划分愈严密则社会愈难进步，所以各阶级之间的流通互动有其必要性。但要促成各阶级之间的流通互动，就必须消除不同阶级资源分配的差距，使资源不至于被某些阶级垄断。因此打破单一化，使社会多元并进，才能促成社会的繁荣进步。

以上五点是我们可以从孔子的成就中获得的启示，但平心而论，对于这五点，我们究竟认识了多少？又做到了多少？这是我们必须深切反省检讨，并力图改善的。如此我们在读孔子书，想见其为人时，才能真正地见贤思齐，努力达成孔子己立立人、己达达人的理想，这也是司马迁所谓“虽不能至，然心向往之”的真正用意所在。

——原发表于董金裕编撰《孔子故乡四千年文物大展》，台北：中国时报系，1995年3月；《98康熹国文报》创刊号，台北：康熹文化事业公司，2009年10月

二、《史记·孔子世家》

（一）第一讲

1. 从教师节谈起

国家的建设发展，有赖于人才的投入，而人才的培养则有赖于教师的教

导，所以各国都对教师十分尊重，甚至还设立教师节来庆祝。我国早在1939年对日抗战期间，就以孔子的诞辰纪念日9月28日（原为8月27日，经换算为阳历而更改）为教师节，用以表彰孔子在教育上的杰出贡献，并希望所有的老师都能以孔子为表率，努力为国家培养建设发展的人才。

台湾以9月28日孔子诞辰纪念日为教师节，大陆则以中小学开学后的第十天，即9月10日为教师节。这几年以来，不断有一些中国大陆与台湾地区的学者呼吁，希望也能将大陆的教师节改为孔子诞辰纪念日，这样才更有意义。既然这样才有意义，而且大陆也开始了解孔子之道的崇高伟大而尊孔了，相信很快大陆也会跟台湾一样，在9月28日一同来庆祝教师节。

要认识孔子，当然必须先了解他的成长背景，以及他的学习情形，所以我们接着就此两方面介绍。

2. 孔子的成长背景与学习情形

（1）贫苦出身，多能鄙事

孔子本来是商朝帝王的后代，商朝被灭亡以后，周朝将商朝的后人分封为宋国，所以孔子的祖先本来是宋国的贵族，不过后来因没落而迁徙到了鲁国。孔子的父亲叔梁纥为鲁国的勇士，可惜却在孔子年幼的时候就已经去世，所以孔子完全依赖母亲艰辛抚养成人。由于出身贫苦，生活困顿，经历了各种磨炼，因而养成了多方面的处事能力，孔子就曾自述成长历程道："吾少也贱，故多能鄙事。"

孔子在年轻时为了维持家计，曾经担任过一些职位很低的工作，但不管是担任计算钱粮的委吏，或者是管理牲畜的司职吏，都很称职而且有良好的工作绩效。中年以后担任中都地方的首长，就因治理得很好，境内大治，而升任为管理水土事宜的司空；再因农业生产大发展，而升任为负责司法行政的大司寇；最后更受到重用而代理国相之职，辅佐鲁定公与齐景公召开夹谷之会，主张"有文事者必有武备，有武事者必有文备"，受到鲁君的采纳，因准备充分，既免除了齐国的威胁，又为鲁国争取到很多的权益。凡此在政治上的杰出表现，皆与他磨炼出来的处事能力有关。

(2) 学无常师，努力向学

孔子从小就很好学，对礼尤其感兴趣。在艰困的环境中从不间断学习，长大以后又从多方面向深懂礼乐制度的人请教，包括向郯子请教官制，向师襄学习弹琴，又分别向老子、苌弘请教礼、乐的道理。所以韩愈在他的名作《师说》中说，“圣人无常师，孔子师郯子、苌弘、师襄、老聃”，对孔子的学习精神表示由衷的敬佩。孔子努力向学，到了三十岁时，就已奠定了学问的坚实基础，而且开始有人慕名前来向他学习，人数也愈来愈多，后来栽培出无数的优秀子弟。

3. 孔子被推尊为“至圣先师”，为什么要称他为“至圣”?

从汉朝开始，孔子就不断被历代帝王奉上封号，明、清时期的封号为“至圣先师”，这个封号一直到今天还被我们采用。为什么要加这个封号？我们不妨先从“至圣”谈起。

“圣”字依照《说文解字》的解释为“通也”，意指对于吸收到的学问能融会贯通，因而能够通达人情事理，除了独善其身以外，更能推己及人，进而想要兼善天下。孔子就因抱持这种理想而努力不懈，所以被推尊为“至圣”。兹将孔子在这方面的建树及表现说明如下。

(1) 建立仁道思想——“仁者，己欲立而立人，己欲达而达人”

孔子曾自述他的思想是一以贯之的，这个一以贯之的道理，孔子的弟子曾参体会很深，曾明确指出：“夫子之道，忠恕而已矣。”忠的意思为尽己，恕的意思为推己，合起来说就是先尽自己的能力去做，然后再推己及人，让大家共享成果。孔子曾说：“夫仁者，己欲立而立人，己欲达而达人。”己立己达就是忠，就是尽己；立人达人就是恕，就是推己；合而言之，就是不仅要让自己好，还要推而广之，让大家都好起来。孔子长期不辞辛苦地周游列国，所要传达的就是这种利济人群、泽被众生的仁道思想。

(2) 坚持理想——“吾非斯人之徒与而谁与”

孔子为了实现他的理想，最先是想在鲁国推行仁政，无奈想要铲除鲁国掌权大夫的行动却告失败；而鲁定公又中了齐国送他女子歌舞团、让他沉迷而无心治国理政的计谋，开始荒废政事。孔子眼看国君荒淫，情势已经难有

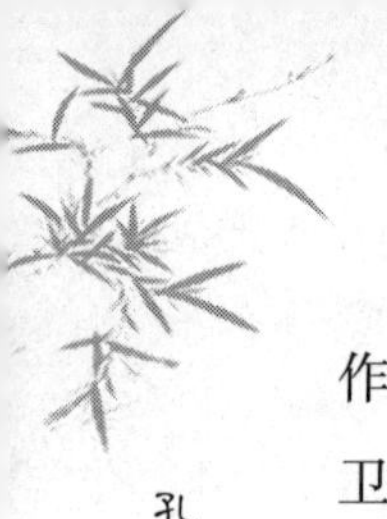

作为，在极度失望之下，只好带着学生周游列国，前后长达十四年，历经了卫、陈、曹、宋、郑、蔡、楚等国，路途来回往复，十分辛苦。孔子想要说服各国国君推行其仁政、德政的主张，但是所得到的只是表面上的礼遇，并没有任何一个国君肯真正重用他。而在旅途之中，更遭受到无数的迫害，既要忍受饥寒之苦，甚至有时连生命也受到威胁，但孔子始终不改其志，以宣扬道德、传承文化自任。也遇到很多隐者的嘲笑讥讽，不过孔子仍然坚持其一贯的信念，怀抱着知其不可而仍然为之的精神，强调人只能在人群中生活，而无法与鸟兽同群，丝毫不改变他淑世救人的崇高理想，终其一生努力不懈。

（二）第二讲

1. 从孟子说“人之所以异于禽兽者几希”谈起

（1）人有文字，禽兽就没有文字

亚圣孟子曾说：“人之所以异于禽兽者几希。”意指人有种种生理的需求，禽兽也有生理的需求，同样想要吃饱穿暖。但是人除了生理的需求以外，又有恻隐之心、辞让之心、羞恶之心、是非之心，但禽兽就没有此四心，这是人与禽兽最大的差异所在。其实除此之外，人有语言，禽兽应该也有语言，只是没有那么精细复杂，难以表达比较细密繁复的思想感情而已；但是人有文字，禽兽就没有文字了，无法像人一样将其经历过的事情记录下来而成为历史。

（2）经典为先民智慧的结晶

人因为有文字，可以将生活经验记录下来，而且还可以突破空间、时间的限制，将这种生活的经验传到别的地方、传给后代。这些生活经验经过时间的淘洗，有参考价值的便被不断保留下来，让后人遵循或作为借镜，就成了经典。因此，我们可以说经典是先民智慧的结晶，很值得我们珍惜，或学习祖先遗留给我们的成功经验，并且进一步发扬光大；或记取他们失败的教训，以避免重蹈覆辙。

2. 孔子如何整理六经等民族文化遗产

六经是《诗》《书》《易》《礼》《乐》《春秋》，这些著作原本是从尧、舜时代一直被记录下来的各种生活经验，可惜因为经历的时间太长了，而且没有人加以整理，因此显得有些杂乱而缺乏系统。孔子基于对民族文化的强烈使命感，在晚年的时候，将主要的心力投注于整理民族文化遗产。他究竟是怎么做的呢？兹分述如下。

（1）删《诗》《书》

《诗经》搜集了从周朝建立以后到春秋时期各地的歌谣，以及宗庙祭祀、朝廷宴会使用的音乐，从中可以看出民生的状况、政府的施政等。孔子把这些歌曲重新整理，分为《风》《雅》《颂》三个部分，并且配合礼义，以便歌咏，来教化人心。

《尚书》则是从尧、舜时代直到春秋时期的政府档案，从中可以看出这段时间的历史，特别是政府所采取的各种政治、教化措施。孔子也加以编排整理，以作为鉴古知今并且规划未来的参考。

（2）订礼、乐

礼包含的范围很广，包括个人行为的准则、人群共同遵循的规范，以至国家的各种典章制度。孔子查考夏、商、周三代的礼制，认为各有增减，但以周公所制定的周朝礼制较为完备，可以作为依循的准则，因而加以整理遵循。

孔子精通音乐，能清唱，也能弹奏各种乐器，更是精通乐理。他认为乐可以和礼互相配合，来促使人的行为合乎礼节，而不至于超越规范；也可以陶冶性情，而不至于太过死板。乐也可以跟《诗经》联结，让人受到熏陶，而趋于温柔敦厚。所以把《诗》、礼、乐结合，以发挥指导、陶冶、调和的作用。

（3）赞《周易》

所谓“赞”，是帮助的意思，赞《周易》意指帮助《周易》，使其成为一本富含哲理的著作。原来《周易》只是一本用来占卜的书，后来孔子因为非常喜欢这本书，在反复阅读以后，把自己的心得寄托进去，司马迁认为这就是后来《易经》中的《彖传》《象传》《文言传》《系辞传》等十翼。后世的学者虽然不赞同司马迁的说法，但从十翼中屡屡引用“子曰”，也就是孔子的说法，可以看出，由于有了孔子对《易经》的解读，把他体会到的深刻人生哲理加入其中，它才能成为一本重要的经典，可见孔子确实对《易经》有很大

的赞助之功。

(4) 作《春秋》

《春秋》本来是鲁国的史书，记载春秋时代鲁国从鲁隐公到鲁哀公等十二位国君在位时，总共二百四十二年间的历史，跟当时各国的国史并没有什么大的区别。孔子把它拿来重新编纂，更重要的是他把自己向来所体会的道理，如“名不正则言不顺”“君君，臣臣，父父，子子”等正名思想，“道之以德，齐之以礼，有耻且格”“能以礼让为国乎何有”等德治、礼治思想摆放进去，并且以此作为标准来评论时事，寄托褒贬，让当时的乱臣贼子有所畏惧而不敢胡作非为，更让后世的治国理民者有所依循，知道应该把仁义道德作为施政的最高指导原则。

3. 孔子被推尊为“至圣先师”，为什么称他为“先师”?

(1) 有教无类，开展平民教育

孔子在三十岁时，已经奠定了坚实的学问基础，开始有人慕名前来请教，孔子也毫不吝惜地以所学教导弟子。在孔子生活的时代，只有贵族的子弟才能接受教育，平民是没有机会接受教育的，但孔子对于来学者，不论贵贱、贫富、智愚，打破了阶级的限制，都热心教导，因而开创了我国的平民教育。投靠到他门下的学生也越来越多，总数多达三千余人，而他的教学生涯也因此持续到晚年。他曾说自己具有“学而不厌，诲人不倦”的精神，为教学工作者树立了良好的典范，因此除了被尊称为“先师”以外，又被尊称为“万世师表”。

(2) 因材施教，培育人才，消除社会阶级的划分

孔子施教，能针对学生的个性、才能等，分别采取不同的方式加以指点。又非常注重启发反省，鼓励学生要学习与思考并重，更经常与学生闲坐谈心，引导他们树立高尚的志向。除了传授士人应具备的一般技能以外，尤其重视人格的培养，又把他整理出来的六经等民族文化遗产，寄寓了自己的理想后拿来教导学生，让他们接受文化的熏陶。由于他的教法灵活多样，学生受益很大，因而培育出许多各方面的杰出人才，又带领着他们周游列国，向各诸侯推荐，使各国国君深刻体认到向民间求才的必要性，打破了政治由贵族阶

层垄断的情势，逐渐形成布衣卿相的局面。对于人才的进身，政权的下移，特别是消除社会阶级的不必要划分，都起了决定性的作用。

（三）第三讲

1. 从每年9月28日举行释奠典礼以祭祀孔子谈起

（1）每年春、秋两祭的祭孔典礼

汉朝以来，历代都会举行祭祀孔子的典礼，后来称这种典礼为释奠，释是解释的释，奠为奠祭死者的奠，两个字都有陈设、呈现的意思，指的是陈设音乐、舞蹈，并且呈献祭品，来向死者表示崇敬之意。原来祭祀的对象是先师，就是那些对教育有贡献、目前已经过世的教师，并不是指特定的某一个人或某些人，后来因为孔子被尊称为先师，所以逐渐演变为祭祀孔子的专称。原来只在曲阜举行，后来全国各地都举行了，现在连国外有些地方也会举行；原来一年要按季节举办四次，到了隋朝，改为在春、秋两季举行，目前有只举办秋祭的，也有在秋祭之外又举办春祭的。

（2）祭祀孔子时也对传承发扬儒学有功者表示崇敬，让他们一起接受祭享

举行释奠典礼，除了祭祀孔子以外，也祭祀对传承发扬孔子之道有功的人，称为配享。这些人包括复圣颜回、述圣子思、宗圣曾子、亚圣孟子等四配，子贡、子路、子夏、子张等共十二哲。孔子、四配、十二哲的牌位都供奉在孔庙的大成殿内。还有以明道修德为主，如周敦颐、张载、二程兄弟等共七十多位先贤；以传经授业为主，如董仲舒、许慎、郑玄、韩愈等共七十多位先儒，先贤、先儒的牌位则供奉在孔庙的东、西庑里面。由此可见，孔子之道虽然崇高伟大，但也有赖于众多信仰追随者的承先启后，才能使儒学的精神获得认同并发扬光大。这启示了我们，做任何事情，都必须要大家通力合作，才能有成果，所谓“众志成城”就是这个道理。

2. 司马迁对孔子的景仰尊崇

（1）亲自到曲阜考察与孔子有关的史迹

孔子去世以后，埋葬在曲阜城北的泗水边，弟子们很多前去守丧，有的守丧期满后还在附近安家居住，称为孔里。后来墓地规模逐渐扩大，成为孔

氏家族的墓地，称为孔林。另外在孔子去世的第二年（前478），鲁国国君下令在孔子的故居建庙，将他生前使用的衣、冠、琴、车、书册等保存起来，成为全世界最早的文物馆，后来发展成为孔庙。孔林、孔庙，与后来孔子嫡系子孙居住的孔府，合称为三孔。司马迁都一一前往拜谒参观，既记载了这些地方的形成沿革，也叙述了汉高祖亲自以最隆重的太牢礼祭祀孔子，还说明了孔子后代子孙的传衍情形，更观览了当地儒生演习礼仪的过程，感动得徘徊流连，久久舍不得离开。

（2）将孔子传记列入世家，推崇孔子为至圣

司马迁创立了史书的纪传体体裁，基本上是以本纪记帝王，以世家记诸侯，以列传记个人或事情。孔子虽然有非常伟大的成就，但既然是平民百姓，照理讲应该排入列传中，可是司马迁却将孔子列入世家，显然有其深刻的用意。孔子虽是布衣，可是其思想能传承十几代，让学者宗仰他，甚至连天子王侯谈论六艺也必须以孔子的说法作为最高的标准。另外，他在“太史公曰”的赞语中一开始就引用《诗经·小雅·车舝》的文句“高山仰止，景行行止”，称颂孔子之道有如高山令人仰望，也有如大道让人遵循；最后更推崇孔子为“至圣”，对孔子的尊敬可谓已经达到无以复加的地步。

3. 学习孔子的精神，延续优秀传统文化

（1）孔子身兼圣师，为我们的最高典范

孔子被尊称为“至圣先师”，所谓“圣”，指的是能落实仁道，做到己欲立而立人，己欲达而达人，也就是除了独善其身以外，还要兼善天下，每个人都能站在自己的工作本位上，尽责任，守本分，来为社会人群提供服务，以共谋整体的进步发展。所谓“师”，指的虽然是传道、授业、解惑的教师，但从一般人的立场而言，即具有向前辈学习的精神，不仅在学时如此，离开学校到社会服务时也要如此，应该不断地学习以充实自己，既可以提高工作成效，更能够提升涵养，让自己的生活充实。孔子从小就有济世助人的志向，担任官职时即有良好的政绩表现，也能为国家争取权益；后来周游列国时，虽然饱尝艰辛，屡受嘲讽，仍然坚持理想，不改其志。凡此都是因为具有好学的精神，虽然是贫苦出身，但能充分把握学习的机会，学而不厌，而且学

无常师。他曾自述说："十室之邑，必有忠信如丘者焉，不如丘之好学也。"总而言之，不论是建立高远的志向，或培养好学的精神，孔子绝对是我们学习的最高典范。

（2）传承文化，打造富而好礼的社会

任何建树都不可能无中生有，必须以旧的经验作为基础，或在成功的基底上精益求精，或在失败的教训中图谋改善，因此应该珍惜传统文化，分辨哪些仍然适用于今天，哪些因时移势异而不宜继续采用，这样才能取精用宏，从传统文化中汲取养分。孔子当年删《诗》《书》，订礼、乐，赞《周易》，作《春秋》，大规模地整理民族文化遗产，并拿来教导学生，就是为了吸收前人的经验，以达到古为今用的目标。另外，孔子在整理民族文化遗产时，发现夏、商、周三代之礼，以周礼最适于运用，原因是周礼最富有人文精神，最适合用来推展具有人道关怀的仁道思想。所以他在回答颜渊问仁时说要"克己复礼"，颜渊进一步请教施行的条目时，孔子就说"非礼勿视，非礼勿听，非礼勿言，非礼勿动"，举凡我们的一切言行举止都要合乎礼的要求。目前由于经济的发展，社会的进步，民生也日渐富足，虽然还有贫困者仍然需要我们关怀照顾，绝大多数人可说是衣食无缺。但在物质生活以外，精神生活是否充实？推而广之，整个社会的风气是否良善？人与人之间的相处是否和睦？其实还有很大的改善空间。所以我们还需要努力去充实精神生活、改善社会风气，让大家都能够和睦相处，以礼自我要求，也能以礼互相对待，努力打造一个人间的天堂——富而好礼的社会。

——原由台北空中大学教学媒体处制作播出，2017年8月

孔　庙

一、台北市孔庙沿革

历经清光绪年间所建的台北府文庙，于日据初期遭损毁拆除，经地方士绅的踊跃捐输重建，成为民间尊孔的表征，后捐归台北市政府管理，采取多元经营。在不断嬗更过程中，台北市孔庙日益放射出耀眼的光芒。

（一）台北市孔庙的前身——台北府文庙

清光绪元年（1875），于台湾北部设置台北府。当府城于光绪五年（1879）动工后，由知府陈星聚与台湾兵备道夏献纶督工，在城中南门内建造文武庙。[1]两庙皆坐北朝南，文庙在左，武庙在右。此台北府文庙即是台北市孔庙的前身。

台北府文庙于光绪五年（1879）动工，七年（1881）完成大成殿[2]、仪门[3]与崇圣祠[4]。第二年，由台北士绅募款，增建棂星门[5]、黉门[6]、礼门、义

---

① 其地约在今台北一女中、气象局、司法大厦、台北市教育大学一带。

② 孔庙的主体建筑，殿内供奉孔子及四配：复圣颜回、述圣子思（称东配）；宗圣曾参、亚圣孟轲（称西配）。十二哲：闵子骞、冉仲弓、子贡、子路、子夏、有若（称东哲）；冉伯牛、宰我、冉求、子游、子张、朱熹（称西哲）。

③ 孔庙内的第二道大门，取有仪可象的意思，称仪门。又因门口并列着戟（兵器的一种），故又称戟门。

④ 孔庙的后殿，在大成殿之后，供奉孔子的五代祖先、四配的父亲、宋五子（周敦颐、张载、程颢及程颐兄弟、朱熹）的父亲。

⑤ 孔庙的第一道大门。棂星，也作灵星，即天田星，相传为掌管农田的星。古代祭天时，先祭灵星。孔庙大门称棂星门，表示以尊天之礼尊孔。棂星门平时关闭，只有在祭孔时才开启。

⑥ 古代学校称黉宇、黉宫，黉门即校门，此为孔庙的西侧门，与泮宫（东侧门）并列。

路[①]、泮池[②]与万仞宫墙[③]，至光绪十年（1884）完工，形成颇具规模的孔庙。

台北府文庙在光绪七年（1881）完成大成殿等主体建筑后，即从当年起举行祭孔典礼。光绪十七年（1891），邵友濂任巡抚时，更派员赴福建添购祭器，并敦聘礼师、乐师、佾[④]师来台训练学童。次年，唐景崧巡抚祭孔时，就是用新购的祭器、新训练完成的礼仪进行典礼。

光绪二十年（1894），中日甲午战争爆发，清廷战败，次年签订《马关条约》，将台湾岛割让给日本。日军于六月进驻台北城后，将台北府文庙充作卫戍医院，牌位及礼器、乐器多被损毁，建筑物亦逐渐荒废，祭孔典礼至此就废止不行了。

光绪三十三年（1907），日本人为建造“国语”（日语）学校、第一高等女学校和地方法院，更逐步拆除台北府文庙。至此，台北市孔庙的前身已荡然无存。

台北府文庙被拆除后，日本人于“国语”学校内盖了一座仅有五坪（坪，中国台湾地区常用面积单位，源自日本。1 坪＝3.3057 平方米）大的小木屋，重制孔子及四配、十二哲牌位供奉，每年孔子诞辰日开放供各界祭祀。民国六年（1917）起，台北瀛社、大正协会等组织崇圣会，每年于孔子诞辰日，从“国语”学校恭迎所有牌位，到大稻埕公学校，或蓬莱女子公学校，或艋舺龙山寺，或大龙峒等处轮流举行祭典。虽仍每年祭孔，但既无孔庙，只能每年转徙各处，聊备一格而已。

（二）台北市孔庙的重建——民间尊孔的表征

自从台北府孔庙被日本人拆除以后，即不断有人倡议重建孔庙，但因经济条件不足，始终未能偿愿，成为大家的憾事。

民国十四年（1925），台北士绅陈培根、辜显荣、黄赞钧等人重提旧议，邀集地方贤达二百余人，多次集会，议决建庙规模及募款办法，成立台北圣

---

① 孔庙中轴主要殿堂的入口，礼门（在西）、义路（在东），分列左右。

② 古代学校称泮宫，泮宫东西门以南的水池，形如半月，故称。

③ 孔庙的照墙，位在孔庙的最前方，典出《论语·子张》：“夫子之墙数仞，不得其门而入，不见宗庙之美、百官之富。”喻指孔子之道的崇高及内涵的精美丰富。

④ 佾，跳舞的行列。佾师，教导佾生跳舞的老师。佾生，跳佾舞的童生。

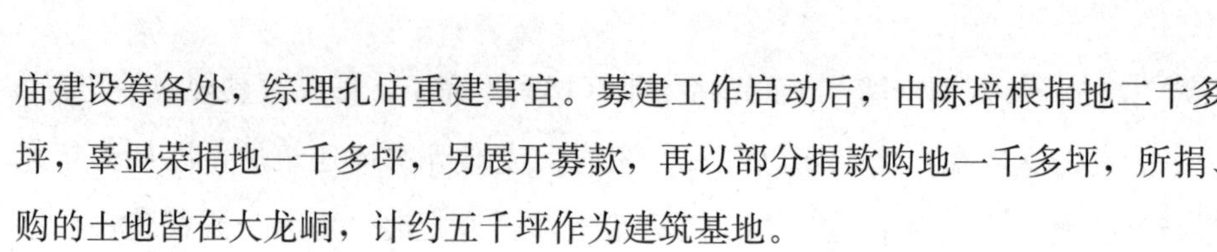

庙建设筹备处，综理孔庙重建事宜。募建工作启动后，由陈培根捐地二千多坪，辜显荣捐地一千多坪，另展开募款，再以部分捐款购地一千多坪，所捐、购的土地皆在大龙峒，计约五千坪作为建筑基地。

民国十六年（1927），台北民建孔庙正式兴工。十八年（1929），大成殿落成。十九年（1930），仪门、东西庑[①]、崇圣祠先后完工，新制圣贤牌位亦完成，乃购买礼器、乐器，训练礼生、乐生，佾生，于当年孔子诞辰日举行祭孔典礼。实际上已中断了三十多年的祭孔典礼重新恢复，为当时地方的一大盛事。

当大成殿、仪门、东西庑、崇圣祠兴建完成后，捐款已用罄，财政陷入困窘，工程不得不暂告中止。直到民国二十四年（1935），台北士绅黄赞坤、辜显荣等又倡议复工，再行劝募续建，先建棂星门，再建礼门、义路、黉门、泮宫及万仞宫墙。于民国二十八年（1939）全部完工，孔庙的规模至此已大致完成。

大龙峒孔庙兴建之初，由于当时台湾并没有新建孔庙的经验，找不到合适的设计建造人员，于是乃聘请福建泉州名匠王益顺为总工程师，担任设计与建造的工作。王益顺在此之前曾兴建过台北艋舺龙山寺、新竹城隍庙、台南南鲲鯓代天府，颇受众人肯定而加以礼聘。王益顺仿照山东曲阜孔庙，更以福建漳州、泉州两州的文庙为蓝本，设计督造，所以台北市孔庙既具备孔庙的形制，又展现了闽南式建筑风格。可惜的是民国二十四年（1935）复建时，王益顺已回泉州并逝世，只好另聘台湾本地的匠师来完成，令人欣喜的是风格仍维持不变。

台北市大龙峒的民建孔庙总面积约五千坪，建筑面积约一千四百坪，规模并不很大，与山东曲阜的孔庙虽然难以相较，但却是汇集了许多民间力量建造而成的，代表了广大群众对于孔子的无比崇敬之情。如果说山东曲阜的孔庙象征着孔子之道的崇高，台北市孔庙则象征了孔子之道影响的广远。

民国二十八年（1939），大龙峒民建孔庙落成时，适逢第二次世界大战期间，日本人下令废止中国传统式祭典，祭孔改用日本靖国神社的神乐。所幸

---

① 位于大成殿前两侧的厢房，供奉先贤、先儒。

为期不长，台湾即于民国三十四年（1945）光复，所以从民国三十五年（1946）起，又恢复了传统的祭孔礼仪。同时顾虑到祭孔应有常设机构，乃重组崇圣会，公推台北市市长为主任委员，主持每年的孔诞祭典。1950 年，适逢孔子诞辰两千五百年纪念，特别扩大举行祭孔典礼，蒋中正为表崇仰，敬献手书“有教无类”匾额。

1951 年，崇圣会改组为孔子庙管理委员会，仍以台北市市长为主任委员，综理平常事务及每年祭孔事宜。

孔庙虽称为庙，实际上是庙学合一，除了祭祀孔子以外，兼有教授学子的功能。当初兴建孔庙时，虽盖了庙但并未建造学。1953 年，乃决定筹措经费增建明伦堂作为讲学之所，至 1956 年完成，形成今日所见的孔庙规模。1962 年，为庆祝植树节，蒋中正、陈诚等于明伦堂前种植龙柏以为纪念。

（三）台北市孔庙的活化——捐归台北市政府管理

大龙峒孔庙由民间兴建，也由民间管理，虽先后组织崇圣会、管理委员会负责各项事务，但并无固定的预算与专职人员，维持颇为不易。每年祭孔的费用虽有政府补助，不足之数仍须向地方士绅募款，而且庙宇必须经常维修，也要筹措经费，土地税更是一笔庞大的支出。长此以往，维持现况已有困难，更无法进一步推展业务。

1971 年，感于尊孔崇道乃国家大事，必须永续经营，遂由当初兴建有功者的后裔辜振甫、陈锡庆等代表全体捐造者将孔庙捐赠给政府，核交台北市政府接管。1972 年，正式成立台北市孔子庙管理委员会，隶属民政局，由民政局局长兼任主任委员，以迄于今。

台北市孔庙捐赠并归台北市政府管理后，一方面政府每年编列固定预算，并派任专职人员处理相关事务；另一方面管理委员会皆礼聘儒学、艺术、建筑等各方面的学者专家担任委员，较能提供专业的协助。因此不论在活动的举办，或庙体的维护，甚至在祭典的调整等方面，都获得了比以往更多的助益，而大为活络起来。

在活动举办方面，初期仍与以往一样，皆以举办秋季祭孔典礼为主。其后日益增加，包括次数及多元性。归纳起来，大致有以下几项：1. 才艺学习，

如学童读经、学童朗读诗歌、书法、茶艺等。2. 书刊出版，包括《至圣先师孔子释奠解说》《孔庙大成殿圣贤事略》《台北市孔庙》等。3. 展演，如佾舞表演、戏剧表演、台北孔庙八十周年回顾展等。4. 交流，除与台湾各地的孔庙外，更与大陆各地，甚至日本、韩国的孔庙互访座谈，交换祭器或展品。5. 举办学术研讨会，有小型的讲习会，也有大型甚至于“国际性”的研讨会。

在庙体的维护方面，由于孔庙的绝大部分建筑为木结构，容易遭受虫蚁啃噬，而一些砖瓦也因风雨或地震而有脱落毁损情形，所以一旦发现稍有损坏，即报请编列特别预算，聘请合适工程人员，进行整修。就是因为孔庙本身深具历史文化意义，孔庙又得到适切的维护，所以内政部门于 1992 年，将台北市孔庙核定为三级古迹。

在祭典的调整方面，以往祭孔并无固定的仪式，至 1968 年，在蒋中正的指示下，成立“祭孔礼乐工作委员会”，仪式研究规划完成后，每年皆在台北市孔庙试行，而于 1970 年定案，由内政部门公布实施。从此以后，台北市孔庙皆按照这种仪程祭孔。但因为台北市为地方政府所在地，所以在内政部门公布实施的三十三项仪程之外，另有“地区领导人上香”的仪式，历任地区领导人一般皆指派内政部门或教育部门负责人代表上香，至 2008 年，马英九首次上香，并呈献“道贯德明”匾额。2010 年，又再度上香。

祭典的调整除以上所述，有些地区孔庙，于孔子、四配、十二哲、先贤、先儒之外，另设有弘道祠或乡贤祠等，以供奉对该地区卓有贡献的人士。台北市孔庙原未设置这种性质的祠宇，但历来不断有增设的呼声，几经讨论，终于在 2006 年，邀请专家学者，经审慎研议，通过以乡贤陈维英入祀弘道祠。

祭典的调整另有一项创举，几十年来，台北市孔庙与目前大多数的孔庙一样，每年只办秋祭而未办春祭，与历代相承的礼制并未尽吻合，也是不断有人呼吁举办春祭。同样邀请学者专家审慎研议，而于 2008 年开始，每年举办春祭，于秋祭的庄严隆重之外，又增添了象征春天的活泼气息，更符合春秋两季祭孔的传统礼制。

透过上述活动的举办、庙体的维护、祭典的调整等诸多措施，台北市孔庙已逐步呈显新貌。2009 年，台北市政府启动“台北市孔庙历史城区观光再生计划”，台北市孔庙经观光局核定为竞争型国际观光魅力据点示范，挹注了多达三亿元台币的经费，更在原有的基础之上，展现蓬勃的气象。不仅国内人士乐于参访，国际人士前来瞻仰者也络绎于途，将台北市孔庙推向更高更广的境界。

——原发表于董金裕总编审《圣之时——台北市孔庙的蜕变与传承》，台北：台北市孔庙管理委员会，2011年12月

二、《世界孔子庙研究》评介

今年（2011）五月，我应国际释奠学会的邀请，到韩国首尔参加学术会议。会中，来自山东曲阜的孔子研究院前副院长孔祥林先生送了我一套他的近作《世界孔子庙研究》。略加翻阅，即惊讶于该书内容的宏博。回台以后，进一步研读，更发觉其对资料的搜集、考辨，以至论述，皆有值得肯定之处。在孔子庙研究领域而言，虽然不敢断言一定是绝后，但绝对可以肯定是空前的。想要了解世界各地孔子庙的沿革、制度、现状等，甚至于孔子思想在全球普受尊崇的情形，都可以从该书中一窥究竟。为此，我在感佩之余，亟愿将该书同有志者分享。

孔祥林先生为孔子第75代孙，后来由于在曲阜市文物管理委员会工作的机缘，他得以到国外考察，有一年他赴日本足利参观孔子庙祭祀孔子的仪式，目睹典礼的庄严隆重，观礼者的恭敬虔诚，内心极感震撼，自此即发愿从事孔子庙研究，撰写研究孔子庙的专书。那年是1983年，至今年书成付梓，已将近三十年，可以看出孔先生对该书投注心力之久长。

也许是由于身为孔子后代的使命感吧，孔祥林先生在担任曲阜市文物管理委员会主任，及其后兼任孔子博物院院长期间，即致力于整修孔庙、孔府、孔林、尼山书院、洙泗书院、颜子庙、周公庙、少昊陵等文物古迹，除将原被损毁者复原以外，又增建了许多安全防护设施，使古文物获得比较良好的保障。1994年，曲阜孔庙、孔府、孔林成功申报为联合国教科文组织的世界文化遗产，孔先生可谓功不可没。也因为主持这些工作，孔先生与国际

合作机会增多，曾多次到中国台湾地区及日本、韩国、美国、英国、欧陆各国、东南亚各国访问。每到一地，即起早赶晚，不避跋涉之苦地访察孔子庙，搜集资料、拍照绘图，如此经年累月努力，终于撰就了《世界孔子庙研究》。

《世界孔子庙研究》分上下两册，共一千一百三十四页。全书计六编，前四编分别为：中国的孔子庙、朝鲜半岛的孔子庙、越南的孔子庙、日本的孔子庙。每编各分三章，各章之下又分若干节，多者十余节，少者也有两节，依序介绍各国孔子庙的历史、制度、现状，仅日本部分多一章介绍琉球的孔子庙。第五编为南洋与西方纪念孔子的建筑，分两章，分别介绍南洋诸国与欧美各国纪念孔子的建筑，包括庙宇、会所、亭台、雕像等。第六编为各国文庙制度之比较，分六章，对各国文庙的地理位置、布局形式、建筑形式、建筑制度、奉祀制度、祭祀制度进行比较，并就造成差异的原因进行分析。书中共附有照片、图表一千三百六十多幅，规模十分宏大，是目前第一部系统研究世界孔子庙的著作。即使中国、朝鲜半岛、越南、日本各编独立成书，也可作为各个国家迄今为止最有系统的孔子庙研究成果。

《世界孔子庙研究》之值得肯定，并非仅止于资料搜集的宏富、架构安排的严整，尤在于考证的精详、见解的可贵。例如将中国的孔子庙分为：一、建造在国家所办学校、纳入国家礼制的文庙。二、兼有国家礼制和孔子家庙性质的曲阜孔子故里本庙。三、孔子活动地等地建造的纪念孔子庙。四、未纳入国家祀典的书院孔子庙。五、孔子后代子孙建造的家庙。再如考证了孔子故宅并不是在孔子去世后就改成庙宇，而是作为收藏孔子生前使用的衣、冠、车、琴、书册等之用，性质为文物纪念馆，但却是全世界最早的文物纪念馆。直到孔子曾孙孔白时才将故宅改作庙宇，时间为公元前402年，亦即孔子孙孔伋（子思）的卒年或略后。另如考订出虽然从西汉末年即在太学祭祀孔子，但是当时并未设专门祭祀孔子的庙宇，中国最早的国学孔子庙是东晋太元九年（384）建造的。又如指出朝鲜、越南在唐朝时已建有孔子庙，但早在该两国隶属于中国的东汉时期，便举办了祭祀孔子的活动。……凡此发现，书中有几十处之多，并且皆能引用相关的资料作为论述的依据。但由于时间跨越两千多年，地域遍及全球，文献难以详征，虽不能断定其所考订者或提出的看法，是确定而不可移易者，但已为孔子庙的研究提供了新的观点，有裨于后来者进行更深入的挖掘。如是则孔祥林先生在此领域的认真投入，其成就与贡献，诚可谓善述其志，善继其事，能发祖德之荣光了。

——原发表于《孔孟月刊》第 49 卷第 11、12 期，2011 年 8 月 28 日

释奠（祭孔）

一、汉代孔子释奠礼的演进及其意义

据《史记·孔子世家》的记载，孔子于周敬王四十一年（鲁哀公十六年，公元前479年）逝世之后，就开始有祭祀孔子的活动了，而且是分别在孔子的墓地和孔庙举行。在孔子墓地举行的，应该属于家祭性质，显示儿孙对父祖，或学生对老师的追思怀念，规模当然有限。在孔庙举行的，由于可供参考的史料不够周全，目前还很难判断其性质。当时的孔庙，究竟是属于家庙还是官庙？如果只是家庙，其意义与在墓地举行的祭祀大抵相同。但如果已经是官庙，则除了私人的追悼意义以外，还包含了政府对孔子的尊崇，仪式也会比较隆重。话虽如此，到底仍是处于草创时期，规模也不可能太大。

这种情形，历经战国时代诸侯的互相攻伐，以及秦朝以法家思想作为主导的统治，虽然缺乏充分的史料作为佐证，但依情理判断，绝不可能有大的改变。直到汉朝建立以后，情况才大为改观，不仅祭孔的活动已集中于孔庙举行，而且彼时的孔庙也俨然具有官庙的性质，相关的礼仪，诸如帝王或亲自或遣使祭孔、封孔子及其嫡系子孙为公侯、建立配享制度、扩大礼乐的规模，并由地方性的活动发展而为全国性的活动等，更相继建置完成。举凡我们今日所举行的孔子释奠礼，其中绝大部分礼仪的规模，都已经在汉代奠定了基础。

孔子释奠礼从最初的简窳到汉代的日趋完备，除了能反映出孔子地位日益崇高，获得朝野普遍的推尊以外，在政教方面也有一定的意义。举凡象征学术的归于一统、标识伦理教化的受到重视，以及儒学为配合时代的需求也逐渐调整其体质等，充分显现虽然只是一人的祭祀典礼，但与当时的政教发展实有密不可分的关系。

本论文先探讨孔子释奠礼的由来，再依据相关的记载，分项说明孔子释奠礼在汉代的演进情形，并进而阐述在当时的政教背景下，孔子获得如此尊崇及其所代表的学术文化意涵。不过由于牵涉的范围颇广，史料又不是很充分，再加上每个人的看法未尽相同，必然会有很大的讨论空间，祈愿博雅方家不吝指教，以裨补阙漏。

（一）释奠与孔子释奠礼的由来

每年在各地孔庙举行的祭孔典礼称为释奠礼。释奠本来并不是祭祀孔子的专称，据《礼记·文王世子》记载：

> 凡学，春官释奠于其先师，秋冬亦如之。[①]

意谓学校每年四季都要祭祀先师，以表达尊师重道之意。不过，当时所谓的先师，并非指特定的某一个人或某些人，故郑玄注云：

> 《周礼》曰："凡有道者有德者使教焉，死则以为乐祖，祭于瞽宗。"此之谓先师之类也。若汉，礼有高堂生，乐有制氏，《诗》有毛公，《书》有伏生，亿可以为之也。不言夏，夏从春可知也。[②]

大凡过去对教育有贡献、目前已经过世的老师宿儒，都是师生祭祀的对象。

后来，由于孔子生前非常注重教育，在教育事业上的成就很高，影响极为深远，所以释奠的对象逐渐以孔子为主。到了隋朝，孔子被尊称为"先师"以后[③]，释奠乃成为祭祀孔子的专称，故王梦鸥老师《礼记今注今译》云：

---

① 郑玄注，孔颖达疏：《礼记正义·文王世子》，台北：艺文印书馆影印嘉庆二十年江西南昌府学开雕《重刊宋本礼记注疏附校勘记》，第394页。

② 《礼记正义·文王世子》，第394—395页。文中"亿"疑当作"亦"。

③ 隋文帝开皇年间（581—600），尊孔子为"先师尼父"（见吕元善《圣门志·圣贤表传》，《孔子文化大全》，济南：山东友谊书社，1990年9月第1版，第113页），以后对孔子的尊号虽屡有改变，但大多保留"先师"的名称，如明世宗嘉靖九年（1530）尊为"至圣先师"，清世祖顺治二年（1645）谥为"大成至圣文宣先师"，顺治十四年（1657）改称"至圣先师"。

先师，指传道授业之创始者。后世始以孔子当之。①

至于孔子释奠礼究竟始于何时，《史记·孔子世家》载：

孔子葬鲁城北泗上……弟子及鲁人往从冢而家者百有余室，因命曰“孔里”。鲁世世相传以岁时奉祠孔子冢，而诸儒亦讲礼乡饮大射于孔子冢。孔子冢大一顷。故所居堂弟子内，后世因庙藏孔子衣、冠、琴、车、书，至于汉二百余年不绝。②

据此可知，最早祭祀孔子是在孔子的墓地举行的，不过在同段记载中，司马迁也提到了在孔子故宅立庙之事，既然立庙，则必有祭祀。只是何时立庙，《史记》并未做明确的交代。到了宋朝，孔子第47代孙孔传说：

鲁哀公十七年，立庙于旧宅，守陵庙百户。③

既然说“守陵庙百户”，显然并非私人所立，因此后世普遍认为鲁哀公于孔子卒后的第二年就为孔子立庙了，而且这个庙还属于官庙性质。

可是清朝初年孔子第60代孙孔继汾却说：

先圣之没世，弟子葬于鲁城北泗上。即葬，后世子孙即所居之堂为庙，世世祀之。然茔不过百亩，封不过三版，祠宇不过三间。④

如此，则孔庙一开始并非属于官庙，而是属于私庙，亦即家庙的性质。

到底最早的孔庙是官庙还是家庙，由于文献难征，如今已难考究。⑤

如上所述，最早的祭孔活动应该是既在孔子墓地举行，也在孔庙举行，即兼行“墓祭”与“庙祀”之礼。但是墓地乃埋葬死者之所，不可能有第二个地方；庙宇却可以在他处仿设，而便于在各地举行祭祀典礼。祭孔活动之所以能由曲阜一地推广而成为全国性的盛典，其主要原因在此。

---

① 王梦鸥：《礼记今注今译·文王世子》，台北：台湾商务印书馆，1971年4月2版，第348页。

② 司马迁：《史记·孔子世家》，台北：艺文印书馆影印清乾隆武英殿刊本，第772页。

③ 孔传：《东家杂记》，文渊阁《四库全书》史部二〇四，第446册，台北：台湾商务印书馆影印，第446页。

④ 孔继汾：《阙里文献考·林庙》，台北：环球书局，1966年9月初版，第201页。

⑤ 黄进兴先生以为孔传之说“颇值存疑”，孔继汾之说“反为信实”。见氏著《权力与信仰：孔庙祭祀制度的形成》，《大陆杂志》第86卷第5期。鄙意以为鲁哀公为孔子立庙，于情于理皆不无可能，但是否有“守陵庙百户”之事则颇值得存疑。

（二）孔子释奠礼在汉代的演进

据前引《史记·孔子世家》的记载及孔继汾所云，最初的孔庙只收藏孔子生前使用的“衣、冠、琴、车、书”，而且“祠宇不过三间”，可见规模相当简陋。如果再依清朝郑晓如《阙里述闻》之说：

> 孔子所居之室三间，既卒，即以为庙……又藏孔子像及平时所用石研、所乘车及几席剑履礼器。每遇孔子岁时祭祀，则陈之于堂，而鲁儒生亦皆习礼于其家。①

可知，孔子的后代子孙极可能还居住在其故宅中，是以所收藏的孔子生前使用器物并非经常性的摆设，而是岁时祭祀孔子时才“陈之于堂”。故其祭祀的礼乐设施今虽已不能详，但可想而知也必然是因陋就简的。可是到了司马迁适鲁时，他所观察到的情形却是：

> 余读孔氏书，想见其为人。适鲁，观仲尼庙堂车服礼器，诸生以时习礼其家，余祗回留之不能去云。②

从这段记载看来，当时的祭孔礼仪已具备了相当的规模，可见孔子释奠礼到了汉代已经有大幅度的演进。综计有汉一代在此方面的举措设施可得而述者如下：

1. 帝王祭孔

汉代开国帝王刘邦本来非常不喜欢儒者，不仅憎恨儒生穿的衣服③，甚至还恶作剧地“溺儒冠”④，当然也讨厌儒家的经典⑤。不过后来他的态度却有了明显的改变，这是受了楚元王交、陆贾、叔孙通的影响所致。《汉书·楚元王传》载：

---

① 郑晓如：《阙里述问》，《孔子文化大全》，济南：山东友谊书社，1990 年 9 月第 1 版，第 129 页。

② 《史记·孔子世家》，第 774 页。

③ 《史记·刘敬叔孙通列传》：“叔孙通儒服，汉王憎之。乃变其服，服短衣，楚制。汉王喜。”第 1107 页。

④ 《史记·郦生陆贾列传》：“沛公不好儒，诸客冠儒冠来者，沛公辄解其冠，溲溺其中。”第 1095 页。

⑤ 《史记·郦生陆贾列传》：“陆生时时前说称《诗》《书》，高帝骂之曰：‘乃公居马上而得之，安事《诗》《书》?’”第 1098 页。

（楚元王交）高祖同父少弟也。好书，多材艺。少时尝与鲁穆生、白生、申公俱受《诗》于浮丘伯。……（高祖）即帝位，交与卢绾常侍上，出入卧内，传言语诸内事隐谋。[①]

对儒家经典颇有涉猎的刘交，既深受刘邦信任，常共同密谋国家大事，多少会影响刘邦。但影响更大的则是陆贾与叔孙通。《史记·郦生陆贾列传》载：

陆生时时前说称《诗》《书》，高帝骂之曰："乃公居马上而得之，安事《诗》《书》?"陆生曰："居马上得之，宁可以马上治之乎？且汤、武逆取而以顺守之，文武并用，长久之术也。……乡使秦已并天下，行仁义，法先圣，陛下安得而有之?"高帝不怿而有惭色。乃谓陆生曰："试为我著秦所以失天下，吾所以得之者何，及古成败之国。"陆生乃粗述存亡之征，凡著十二篇。每奏一篇，高帝未尝不称善，左右呼万岁，号其书曰《新语》。[②]

又《史记·刘敬叔孙通列传》载：

汉五年，已并天下，诸侯共尊汉王为皇帝于定陶，叔孙通就其仪号。高帝悉去秦苛仪法，为简易。群臣饮酒争功，醉或妄呼，拔剑击柱，高帝患之。叔孙通……说上曰："……臣愿征鲁儒生，与臣弟子共起朝仪。"……七年，长乐宫成，诸侯群臣皆朝……于是皇帝辇出房，百官执职传警……自诸侯王以下莫不振恐肃敬。至礼毕，复置法酒。……竟朝置酒，无敢讙哗失礼者。于是高帝曰："吾乃今日知为皇帝之贵也。"[③]

在以上诸人的影响之下，刘邦对儒学有利于统治的作用有了基本的认识，态度当然也会随之而起转变，因此才会有如《史记·儒林列传》所述：

汉兴，然后诸儒始得修其经艺，讲习大射、乡饮之礼。[④]

尤其难得的是，刘邦在去世的前一年（汉高祖十二年，公元前195年），

① 班固：《汉书·楚元王传》，台北：艺文印书馆影印光绪庚子长沙王氏校刊本，第962页。

② 《史记·郦生陆贾列传》，第1098页。

③ 《史记·刘敬叔孙通列传》，第1107—1108页。

④ 《史记·儒林列传》，第1274页。

路经鲁地时，还特别以最隆重的“太牢”祭祀孔子：

十一月，行自淮南还，过鲁。以太牢祠孔子。[①]

遂开启了历史上帝王亲自祭祀孔子的先河。

终于有汉一代，帝王亲自祭孔者，除汉高祖以外，尚有东汉明帝、章帝、安帝等。

此外，汉光武帝也于建武五年（29），于戎马倥偬、天下尚未底定之时，派遣大司空宋弘祭祀孔子：

冬十月还，幸鲁，使大司空祠孔子。[②]

开启了帝王遣使祭孔的先例。

获得帝王如此隆重的尊崇，孔庙显然已是官庙的性质了。

2. 封孔子及其嫡系子孙为公侯

孔子逝世后，鲁哀公曾颁赐诔辞，称之为“尼父”[③]，虽有尊礼之意，但并非封号。汉初以来，又有尊孔子为“素王”者[④]，更只是一种尊称而不可能是封号。直到平帝元始元年（1），才正式颁赐孔子封号：

六月……追谥孔子曰褒成宣尼公。[⑤]

这是帝王追赠孔子封号的滥觞。[⑥]

孔子的嫡系子孙，如第 8 代孙孔慎曾任魏安釐王相，被封为鲁文信君；第 9 代孙孔鲋由于赅通六艺，于秦始皇并吞天下后，奉召为鲁文通君，拜为

---

① 《汉书 · 高帝纪》，第 57 页。又《史记 · 孔子世家》：“高皇帝过鲁，以太牢祠焉。诸侯卿相至，常先谒然后从政。”第 773 页。

② 范晔：《后汉书 · 光武帝纪》，台北：艺文印书馆影印乙卯长沙王氏校刊本，第 4 页。

③ 《史记 · 孔子世家》：“哀公诔之曰：‘……呜呼哀哉！尼父。’”第 773 页。

④ 如董仲舒于上汉武帝的“天人三策”第二策中谓：“孔子作《春秋》，先正王而系万事，见素王之文焉。”《汉书 · 董仲舒传》，第 1167 页。又《淮南子 · 主术训》：“（孔子）专行教道，以成素王，事亦鲜矣。”《淮南子笺释》，台北：中国子学名著集成编修基金会影印嘉庆甲子重镌姑苏聚文堂藏板，第 332 页。

⑤ 《汉书 · 平帝纪》，第 142 页。

⑥ 以后历代帝王对孔子屡有赠封，至唐玄宗开元二十七年（739），改封文宣王；清世祖顺治二年（1645），改称大成至圣文宣先师。其详请参董金裕编《孔子故乡四千年文物大展 · 历代帝王对孔子所上封号表》，台北：中国时报，1995 年 3 月，第 96 页。

少傅。不过这两个人虽然享有封号，却不是因为身为孔子后裔之故，而是由于他们在德业方面的成就，而且也不是为了奉祀孔子而受封的。

直到汉高祖过鲁，才封第9代孙孔腾为“奉嗣君”，顾名思义，显然是为了奉祀孔子而设，但既无食邑，也未袭封。①

到了汉元帝即位（初元元年，公元前48年），征召孔子第13代孙孔霸：

> 拜太师，赐爵关内侯，食邑八百户，号褒成君。……以所食邑祀孔子。②

其后第14代孙孔福、第15代孙孔房皆袭封为关内侯，至第16代孙孔均，于平帝元始元年（1），改封为褒成君，加食邑为二千户。以后各代皆有食邑、袭封，唯食邑数及封号屡有更易。这是孔子嫡系子孙被封为侯，并以食邑税收祭祀孔子的缘起。③

3. 配享制度的建立

孔庙初立，祭祀的对象，按理应该只是孔子，不过，据《阙里述闻》云：

> 孔子所居之室三间，既卒，即以为庙。敬安圣母颜氏主于中间，南向；孔子主西间，东向；圣配亓官氏主隔东一间，西向。④

则除了孔子以外，尚有孔子之母颜徵在、妻亓官氏并为祭祀对象。而且按其牌位的安排，比较像是家庙的性质。尚未有以孔子弟子配享的情形出现。

到了东汉明帝永平十五年（72），明帝亲赴曲阜，祠孔子并及七十二弟子：

> 三月……幸孔子宅，祠仲尼及七十二弟子。亲御讲堂，命皇太子、

---

① 以上孔慎、孔鲋、孔腾及以下孔福、孔房、孔均受封之事，皆见陈镐《阙里志》，《孔子文化大全》，济南：山东友谊书社，1990年9月第1版，第291—294页。

② 《阙里志》，第294页。

③ 以后历代帝王屡有封赠，至唐代由侯爵晋为公爵，其详请参董金裕编《孔子故乡四千年文物大展·历代帝王对孔子嫡系子孙褒赐表》，第97页。今孔子第77代孙孔德成先生于民国九年（1920）袭封衍圣公，二十四年（1935）改为大成至圣先师奉祀官，享有特任官待遇。另台北市于中枢祭孔典礼上，安排有“奉祀官上香”仪式。

④ 《阙里述闻》，第129页。

诸王说经。[①]

其后章帝于元和二年（85）、安帝于延光三年（124），也都同样到曲阜亲祠孔子及七十二弟子。这是祭孔有配享的开始。[②]

4. 礼乐的日趋完备

《史记·孔子世家》记载司马迁至鲁，“观仲尼庙堂车服礼器，诸生以时习礼其家”[③]，祭孔礼仪较诸孔庙初立时已渐有规模，唯当时的礼乐设施如何，今已不能详。直到章帝元和二年（85），除了以太牢祀孔子，并以七十二弟子配享外，又作六代之乐：

> 帝进爵而后坐，作六代之乐。大会孔氏男子年二十以上者六十三人。[④]

所谓六代之乐，指的是黄帝《云门》《大卷》、尧《大咸》、舜《大韶》、禹《大夏》、汤《大濩》、周武王《大武》。[⑤] 按，古代王者功成，始能制礼作乐，一代之礼乐已是十分隆重，祭孔并作六代之乐，则孔子所受到的尊礼尤为崇高。[⑥]

5. 由地方性的活动发展为全国性的活动

据前引《史记·孔子世家》“后世因庙藏孔子衣、冠、琴、车、书，至于汉二百余年不绝”下即接叙“高皇帝过鲁，以太牢祠焉”，可以推断，最初的

---

① 《后汉书·显宗孝明帝纪》，第 71 页。

② 配享者经过历代的增添，直到民国初年，计有四配：复圣颜回、述圣子思（称东配）；宗圣曾参、亚圣孟轲（称西配）。十二哲：闵子骞、冉仲弓、子贡、子路、子夏、有若（称东哲）；冉伯牛、宰我、冉求、子游、子张、朱熹（称西哲）。以上四配、十二哲都在大成殿内。以明道修德为主的先贤共七十九人（供奉于东庑者四十人，西庑者三十九人）；以传经授业为主的先儒共七十七人（供奉于东庑者三十九人，西庑者三十八人）。先贤、先儒总计一百五十六人。

③ 《史记·孔子世家》，第 774 页。

④ 《圣门志·礼乐》，第 818 页。

⑤ 《周礼·大司乐》：“以乐舞教国子：舞《云门》《大卷》《大咸》《大韶》《大夏》《大濩》《大武》。”郑玄注：“此周所存六代之乐，黄帝曰《云门》《大卷》……《大咸》《咸池》，尧乐也……《大韶》，舜乐也……《大夏》，禹乐也……《大濩》，汤乐也……《大武》，武王乐也。”贾公彦：《周礼注疏·大司乐》，台北：艺文印书馆影印嘉庆二十年江西南昌府学开雕《重刊宋本周礼注疏附校勘记》，第 337—338 页。

⑥ 现行祭孔典礼所使用的乐曲及歌词，原为北宋大晟府所编撰，共十四者；传至明、清时代，保留六者。为适应时代需要，曲调仍旧，歌词已作更改。目前六首之中，“迎神”用“咸和之曲”第一首，“奠帛”及“初献”用“宁和之曲”，“亚献”用“安和之曲”，“终献”用“景和之曲”，“撤馔”用“咸和之曲”第二首，“送神”用“咸和之曲”第三首。

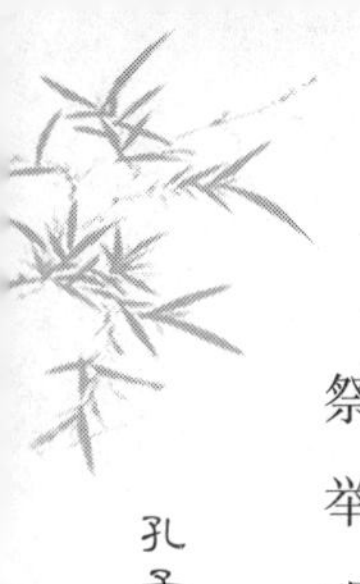

祭孔虽然是兼行墓祭与庙祀，但是到了汉高祖时，孔子释奠礼已集中在孔庙举行，甚至到司马迁撰作《史记》时也还是如此，所以才有所谓“余适鲁，观仲尼庙堂车服礼器”之言。此又可见当时祭孔只在曲阜一地举行，否则司马迁何必大老远跑到山东才有机会观赏其礼仪而深致赞叹？

这种情形到了东汉明帝永平二年（59）就起了很大的变化：

> 三月，上始帅群臣躬养三老、五更于辟雍，行大射之礼。郡县道行乡饮酒于学校，皆祀圣师周公、孔子。[①]

从此，中央政府所在地及各地方政府都在学校中祭孔，祭孔遂由地方性的活动发展而为全国性的重要活动。

不过从可靠的资料来看，终于两汉时代，似乎并未在曲阜以外的地方另立孔庙。[②] 直到魏晋南北朝时期，各政权始纷纷于京师设立孔庙[③]，孔庙遂逐渐遍布于全国。

（三）汉代孔子释奠礼所显示的意义

综上所述，孔子释奠礼虽然在孔子死后即已举行，以表示对孔子的悼念或尊崇，但庙堂简陋，仪制未备。经过二百多年，到了汉朝，递经扩充演变，规模已不可同日而语。这种情形显然与汉代的政教发展有极为密切的关系，并且显示出多重意义。

1. 象征学术的归于一统

三代之时，学术掌于王官，及至春秋时代，由于王室衰微，王官失守，流落到民间，很自然地会把他们职掌的学术散播到各地。再加上时势的刺激，

---

① 《后汉书·礼仪志》，第 1127 页。

② 金之植、宋泓编《文庙礼乐考》：“汉高、光二帝，并以太牢祀阙里，郡国庙未立。惟文翁治蜀，尝绘孔子及七十二贤像。其后诸郡邑间有作孔子庙者。灵帝光和元年，诏置鸿都门学，画孔子像奉祀。建安后，庙多圮。魏黄初元年，令郡国修起孔子旧庙。”《孔子文化大全》，济南：山东友谊书社，1990 年 9 月第 1 版，第 354—355 页。据此，汉代已在曲阜之外设置孔庙。《汉书·杨胡朱梅云传》，梅福于元帝时奏云：“今仲尼之庙不出阙里。”第 1320 页。据此，则至少到西汉末年，并未有在曲阜外立孔庙之事，且终东汉之世，亦未见相关记载，故《文庙礼乐考》之说，颇值存疑。

③ 秦蕙田《五礼通考》，以为北魏孝文帝太和十三年（489），为曲阜外立孔庙之始。明丘濬《大学衍义补》，则以为在太和十六年（492）。黄进兴先生据唐许嵩《建康实录》，以为东晋孝武帝太元十一年（386），已于南京另立孔庙。见氏著《权力与信仰：孔庙祭祀制度的形成》，《大陆杂志》第 86 卷第 5 期。

多少会改变其面貌，调整其体质，而形成百家争鸣的局面。在这一阶段，学术基本上是以由合到分的趋势在发展的。甚至到孔子死后，所谓“儒分为八”[①] 的现象，依然还是遵循这样的路线。可是到了战国晚期，随着政局的逐渐趋于一统，学术的发展又改为分久必合的局面，《吕氏春秋》正是此一时代趋势下的产物。秦朝统一天下后，要求合的呼声日益高涨，李斯呈请秦始皇焚书的奏文中明显透露出此种讯息：

> 古者天下散乱，莫之能一，是以诸侯并作，语皆道古以害今，饰虚言以乱实，人善其所私学，以非上之所建立。今皇帝并有天下，别黑白而定一尊。私学而相与非法教，人闻令下，则各以其学议之，入则心非，出则巷议，夸主以为名，异取以为高，率群下以造谤。如此弗禁，则主势降乎上，党与成乎下。禁之便。[②]

可是由于李斯所采取的手段过于激烈，而且时机也尚未完全成熟，所以并没有成功。但此一学术发展路线并未因此而有改变。汉兴以后，《淮南子》的撰作即为一个显例。到了汉武帝时，董仲舒上“天人三策”，其第三策云：

> 《春秋》大一统者，天地之常经，古今之通谊也。今师异道，人异论，百家殊方，指意不同，是以上无以持一统，法制数变，下不知所守。臣愚以为诸不在六艺之科、孔子之术者，皆绝其道，勿使并进。邪辟之说灭息，然后统纪可一，而法度可明，民知所从矣。[③]

其实董仲舒的主张，与李斯同样是想借由思想的统一达到政治一统的目标。只是李斯以法家思想为基础，采取的是威吓的方式；董仲舒则以儒家思想为基础，采取的是利诱的方式；再加上时机已经成熟，终能顺应大势之所趋，而收水到渠成的功效。由于朝廷的政策是独尊儒术，罢黜百家，作为儒家宗师的孔子当然会受到特别的尊崇，故孔子释奠礼在汉代日趋隆重，正显

---

① 《韩非子·显学》：“自孔子之死也，有子张之儒，有子思之儒，有颜氏之儒，有孟氏之儒，有漆雕氏之儒，有仲梁氏之儒，有孙氏之儒，有乐正氏之儒……儒分为八。”韩非撰，凌瀛初集评：《韩子迂评》，台北：中国子学名著集成编印基金会影印明刊朱墨套印本，第 633—634 页。

② 《史记·秦始皇本纪》，第 125 页。

③ 《汉书·董仲舒传》，第 1172 页。

示了儒学已取得正统地位，学术至此已归于一统。

2. 标识伦理教化的受到重视

孔子思想以仁为中心，而孝悌为仁之根本，故本于人情之自然，特别重视人伦。欲提倡人伦，则必须从教化着手。因此儒家思想首重人伦教化。汉高祖出身草莽，于楚汉之争时，其父为项羽所虏，项羽于兵燹之时，以杀害其父相要挟，刘邦竟然可以漠然视之。① 可是在逐渐受到儒家思想影响之后，却于六年（前 201）下诏曰：

> 人之至亲，莫亲于父子……此人道之极也。②

对伦理亲情之重视可知。

其后的文、景二帝，虽然所崇尚的是黄老之学，但已知悉教化的重要：

> 汉兴，改秦之败，大收篇籍，广开献书之路。③

文帝时并立申培公、韩婴为《诗》学博士，晁错、张生为《书》学博士；景帝时又立辕固生为《诗》学博士，胡毋生、董仲舒为《春秋》学博士，正式开启了经学的教育。

到汉武帝时，更遍设五经博士：

> 武帝立五经博士……《书》唯有欧阳，《礼》后，《易》杨，《春秋》公羊而已。④

此外，董仲舒在对策中所提“兴太学，置明师，以养天下之士”⑤ 的建议，也于元朔五年（前 124）被采纳实施：

---

① 《史记·项羽本纪》：“（项羽）为高俎，置太公其上，告汉王曰：‘今不急下，吾烹太公。’汉王曰：‘吾与项羽俱北面受命怀王，曰‘约为兄弟’。吾翁即若翁，必欲烹而翁，则幸分我一杯羹。’”第 155 页。

② 《汉书·高帝纪》，第 52 页。

③ 《汉书·艺文志》，第 874 页。《汉书》此段文字虽未明言何时，但学者一般皆以为在文、景二帝时代。

④ 《汉书·儒林传》赞，第 1555 页。又此处五经仅举其四，钱穆先生以为“《儒林传》赞独举四经者，后此四经皆有增设，至宣帝时，增员至十二人。独《诗》惟三家，一犹文景之旧，博士不增，故亦不及”。见氏著《两汉经学今古文平议》，台北：东大图书公司，1983 年 9 月台 3 版，第 178 页。

⑤ 《汉书·董仲舒传》，第 1168 页。

> （公孙）弘为学官，悼道之郁滞，乃请曰："丞相、御史言，制曰：'盖闻导民以礼，风之以乐。婚姻者，居室之大伦也。今礼废乐崩，朕甚愍焉。……其令礼官劝学，讲议洽闻，举遗兴礼，以为天下先……'谨与太常（孔）臧、博士平等议，曰：闻三代之道，乡里有教，夏曰校，殷曰庠，周曰序。其劝善也，显之朝廷；其惩恶也，加之刑罚。故教化之行也，建首善自京师始，繇内及外。……古者政教未洽，不备其礼，请因旧官而兴焉。为博士官置弟子五十人，复其身。太常择民年十八以上，仪状端正者，补博士弟子。郡国县官有好文学，敬长上，肃政教，顺乡里，出入不悖，所闻，令相长丞上属所二千石。二千石谨察可者，常与计偕，诣太常，得受业如弟子。一岁皆辄课，能通一艺以上，补文学掌故缺；其高第可以为郎中，太常籍奏。即有秀才异等，辄以名闻。其不事学若下材，及不能通一艺，辄罢之，而请诸能称者。……"制曰："可。"自此以来，公卿大夫士吏彬彬多文学之士矣。①

广招博士弟子以传授艺业，并设定选拔条件、考核方式及学成后的待遇。

自此以后，两汉诸帝王也大抵能遵循此一政策，并日益发扬光大，至成帝时，博士弟子增至二千人，东汉明帝以后，又有增置，迄于东汉末年，太学生更多达三万人，充分显示朝廷意欲通过儒家经典的研习传承，推广伦理教化的用心。

3. 显示儒学的调整变化

所谓独尊儒术，罢黜百家，很多人认为是除了儒家的经籍以外，其余诸子百家都在禁绝之列。其实并非如此，否则岂不是成了另一种形态的"焚书坑儒"？原来独尊儒术的文化政策，只是尊崇儒家的地位，将其奉为官方正统思想而已。而且所重乃在于"术"而不是"道"，既然强调"术"，当然必须配合实际统治的需求，兼糅各种有益于治道的思想及措施，与儒学的本质并非完全相侔。至于罢黜百家也只是不立百家的博士，在举用贤良方正、俊异茂材时不取百家言而已。儒家之外的道、法、阴阳各家思想并没有被禁止，一如以往地可以进行研究、传授。② 当时许多位居高位者，如公孙弘虽然号称

---

① 《汉书·儒林传》，第1544—1545页。

② 详参许道勋、徐洪兴《经学志》，上海：上海人民出版社，1998年10月第1版，第54—55页。

为儒者，但所习者"《春秋》、杂说"①。王先谦补注曰：

何焯曰："杂说，杂家之说，兼儒、墨，合名、法者也。"

而其作风则是：

其行慎厚，辩论有余，习文法吏事，缘饰以儒术。②

又如以"博士弟子治《尚书》《春秋》"③ 出身的张汤，其行事往往是：

舞文巧诋以辅法。④

即使是倡导独尊儒术、罢黜百家的董仲舒也不免是：

治《公羊春秋》，始推阴阳，为儒者宗。⑤

凡此皆可见当时的儒学至少已杂有法家、阴阳家的成分，难怪汉宣帝会公开声称：

汉家自有制度，本以霸、王道杂之。奈何纯任德教，用周政乎？且俗儒不达时宜，好是古非今，使人眩于名实，不知所守，何足委任？⑥

明白宣示所重不在儒道的德教，而在于治道的方术，这当然会将诸子百家有裨于治道的成分吸纳进来，而儒学也终究不免在呼应所谓"时宜"的要求之下，逐渐调整其体质，与以孔子为代表的原始儒家渐行渐远。是故孔子之在汉代日受尊崇，固然是有所得，但也不免有所失了。

——原发表于2004年10月台北政治大学第五届汉代文学与思想研讨会，后被收入政治大学中国文学系主编《第五届汉代文学与思想研讨会论文集》，2005年12月

---

① 《汉书·公孙弘卜式兒宽传》，第1214页。
② 《汉书·公孙弘卜式兒宽传》，第1215—1216页。
③ 《汉书·张汤传》，第1222页。
④ 《汉书·张汤传》，第1223页。
⑤ 《汉书·五行志》，第600页。
⑥ 《汉书，元帝纪》，第122页。

二、台北市孔庙释奠仪程介绍

台北市孔庙释奠礼的仪程，是以汉代祭孔典礼奠定的雏形为基础，经历朝历代的因革损益，迄今又顺应时代的趋势，略作调整。有传承，有创新，延续长达两千多年，充分显现其绵远悠久。

（一）释奠礼的名义

祭祀大成至圣先师孔子的典礼，称为“释奠礼”。释、奠都有陈设、呈献的意思，指的是在祭典中，陈设音乐、舞蹈，并且呈献牲、酒、肴、果等祭品，对孔子表示崇敬之意。

根据《礼记·文王世子》的记载，早在周朝的时候，学校每年都要按四季释奠于先师，来表示尊师重道之意。不过当时所谓的先师，并不是指特定的某一个人或某些人，凡是过去对教育有贡献、目前已经过世的教师，都是师生祭祀的对象。

后来，由于孔子生前非常注重教育，在教育事业上的成就很高，影响极为深远，所以释奠的对象逐渐以孔子为主。到了隋朝，孔子被尊称为“先师”以后，释奠礼即成为祭祀孔子的专称。

（二）释奠礼的由来及演进

孔子生于周灵王二十一年（鲁襄公二十二年，前 551 年），卒于周敬王四十一年（鲁哀公十六年，前 479 年），享年七十三岁。

据传，在孔子死后第二年（前 478），鲁哀公就下令于曲阜阙里孔子的旧宅立庙，将孔子生前使用的衣、冠、车、琴、书册等保存起来，并且按岁时祭祀。这是全世界最早的文物纪念馆，也是祭孔的开始。

汉高祖十二年（前 195），汉高祖经过鲁国，以太牢①祭祀孔子。这是帝王祭孔的开始。

汉元帝（前 48—前 33）征召孔子第 13 代孙孔霸为帝师，封关内侯，号

① 牛、羊、豕三者具备称太牢，缺其一称少牢。

褒成君，赐食邑八百户，以税收按时祭祀孔子。这是封孔子子孙为侯以奉祀孔子的开始。

汉平帝元始元年（1），封孔子为褒成宣尼公。这是帝王对孔子上封号的开始。

汉光武帝建武五年（29），派遣大司空宋弘到曲阜阙里祭祀孔子。这是帝王派遣特使祭孔的开始。

在此以前，所有祭孔典礼都在曲阜孔庙举行，直到汉明帝永平二年（59），于太学及郡县学祭祀周公、孔子。从此，中央政府所在地及各地方政府也都在学校中祭孔，祭孔成为全国性的重要活动。

汉明帝永平十五年（72），明帝赴曲阜祭祀孔子及七十二弟子。这是祭孔有配享的开始。①

汉章帝元和二年（85），除了以太牢祭祀孔子，并以七十二弟子配享以外，又呈献黄帝、尧、舜、禹、汤、周武王共六代的乐舞来祭祀孔子。这是以大规模礼乐祭孔的开始。②

（三）现行释奠礼的制定

从汉朝开始，不论在曲阜，或者在中央政府所在地及地方政府，都已普遍祭祀孔子，也都定有礼仪。随着时代的演变，孔子的封号由汉平帝元始元年（1）的褒成宣尼公，逐渐提升为唐玄宗开元二十七年（739）的文宣王。③仪式虽愈来愈完备而隆重，而且各朝都有因革损益，但皆不脱汉代所奠定的雏形。④

---

① 配享者经过唐代的增添，计有四配：复圣颜回、述圣子思（称东配）；宗圣曾参、亚圣孟轲（称西配）。十二哲：闵子骞、冉仲弓、子贡、子路、子夏、有若（称东哲）；冉伯牛、宰我、冉求、子游、子张、朱熹（称西哲）。以上四配、十二哲都在大成殿内。以明道修德为主的先贤共七十九人（供奉于东庑者四十人，西庑者三十九人）；以传经授业为主的先儒共七十七人（供奉于东庑者三十九人，西庑者三十八人）。先贤、先儒总计一百五十六人。（台湾各地孔庙供奉人数颇不一致，这里是根据曲阜孔庙统计的人数。）

② 以上所述汉代祭孔的情形，可参考董金裕《汉代孔子释奠礼的演进及其意义》，政治大学中国文学系主编《第五届汉代文学与思想学术研讨会论文集》，2005 年 11 月，第 371—390 页。

③ 在周朝，“王”为天子的称号，所以祭孔时所采用的礼仪，与天子相同。

④ 即上一节所述：一、帝王亲自或遣使祭孔；二、封孔子及其嫡系子孙为公侯；三、祭孔由地方性的活动发展为全国性的活动；四、配享制度的建立；五、以大规模的礼乐祭祀。

此外，由于后来又有孔子弟子及其他儒者配享，所以祭孔时，也同时祭祀这些配享者。祭祀孔子的礼仪称正献礼，祭祀配享者的礼仪称分献礼。

民国以后，因为时局动乱，祭孔典礼有时举行，有时未举行，有的地方举行，有的地方未举行；也不像以前的朝代一般，定有可供遵循的礼仪。直到 1968 年，“教育部”奉蒋中正的指示，邀集“内政部”等相关单位，并且聘请学者、专家组成“祭孔礼乐工作委员会”，由蒋复璁先生担任主任委员，分别成立礼仪、服装、乐舞、祭器四个研究组，由方豪、王宇清、庄本立、孔德成四位先生为各组召集人，进行研究规划的工作。初步制定大成至圣先师孔子释奠礼仪节，并于同年在台北市孔庙祭孔时试行；然后再经过两年研讨改进，终于在 1970 年定案，而由“内政部”公布实施。

不过由于整个典礼进行的时间过长，约需八十五到九十分钟才能结束，因此台北市孔庙管理委员会于报请“内政部”同意以后，从 1975 年起，略作修订，到 1976 年，经过两度试行，典礼可于六十分钟之内结束①，各方反应良好，而沿用至今。

(四) 台北市孔庙释奠礼的仪程及用意

现行台北市孔庙释奠礼仪程，共计三十六项②，兹分项并将其用意说明如下：

(1) 释奠典礼开始

(2) 鼓初严

由乐生敲击横置在仪门西边的晋鼓③，先击鼓框一声，再用双棰连续敲击鼓心，一重一轻，由慢转快，由弱转强，然后渐慢渐弱，最后重击鼓心一声。接着由另一位乐生重击置于仪门东边的镛钟④一声作结束，余音嘹亮悠长。

---

① 这次修订，除了缩短典礼时间以外，还决定不再设置座位，并将观礼证改为参礼证；同时决定可由女性担任祭官（含正献官、分献官、陪祭官、纠仪官），颇能表示对孔子的崇敬之意，也符合时代潮流，显现男女平等的精神。

② 依上一节所述，“内政部”于 1976 年公布的大成至圣先师孔子释奠礼仪节，仅有三十三项，但台北市为地方政府临时所在地，所以在“（23）行终分献礼”之后，另有“地区领导人上香”“恭读祭文”“奉祀官上香”三项仪式。

③ 鼓的一种，形体大，置于木架上。孔庙内的晋鼓又称大成鼓。

④ 镛，大钟，古代的一种乐器。镛钟，钟的一种，形体特别大。

敲钟击鼓，作用在激发行礼者思慕孔子的虔诚恭敬之情。

(3) 鼓再严

方式与鼓初严相同，但是首尾的击鼓框、鼓心、镛钟，都由一声增加为两声。

这时乐生、佾生（舞生）及礼生开始按次序出场，排列于大成殿台阶的两侧。

(4) 鼓三严

方式与鼓初严相同，但是首尾的击鼓框、鼓心、镛钟，都增加为三声。

这时礼生中的引赞[①]开始引导正献官及分献官到大成殿台阶两侧依序站立。

由鼓初严、鼓再严，到鼓三严，共敲钟击鼓三次。三代表多数，用以表示隆重。以下正献礼、分献礼都分初、亚、终三次完成，用意相同。

(5) 执事者各司其事

乐生由执麾[②]者在前面引导，从两侧升上东西阶就位。

佾生由执节[③]者引导，从两侧向中庭成对前进，升上东西阶就位。礼生分别到所职掌的事务地点就位。

以上乐生、佾生、礼生就位时，都按照建鼓[④]的节奏，以“五步一顿”的步伐前进。

(6) 纠仪官就位

纠仪官由引赞引导，立于丹墀[⑤]东边前端，面向西南方。

纠仪官一般都由当地政府中主管民政的首长担任，职责为随时纠正礼仪进行时的偏误。

(7) 陪祭官就位

陪祭官由引赞引导，立于大成殿南端仪门之前，面向大成殿。

---

① 引赞，礼生之一，负责典礼中的引导工作，协助典礼的进行。

② 麾，旌旗的一种，以缥帛制成，用来指挥奏乐歌唱。

③ 节，旌旗的一种，以绒绦制成，分层下垂，用来指挥动作。

④ 建鼓，鼓的一种，鼓上凿有方形的孔，用柱子贯穿孔穴而竖立，柱子底部成十字形，刻有四只狮子，又称转班鼓。

⑤ 墀，台阶上面与大门之间的场地，常涂成红色，故称丹墀。

陪祭官一般都由当地政教界人士担任。

(8) 分献官就位

东西哲、东西配、东西庑先贤、东西庑先儒的分献官共八位，由引赞引导，到大成殿两旁盥洗所净手以后，立于陪祭官前方，面向大成殿。

分献官一般都由当地政教界人士及民意代表担任。

(9) 正献官就位

正献官由引赞引导，到盥洗所净手以后，立于分献官前方，面向大成殿。

正献官由当地政府最高首长担任。

(10) 启扉

由礼生分别打开大成殿对面的仪门（共有五门）及仪门外的棂星门①（共有五门）。

孔庙的仪门、棂星门平时关闭，到祭孔时才打开，祭典完毕以后仍旧关闭，平时进出孔庙都走侧门，用以表示对孔子的尊敬。

(11) 瘗毛血

瘗，埋葬的意思。祭典使用的太牢于事先宰杀，将毛、血贮放在盘器中，这时由礼生捧着从大成殿经过中庭、仪门、棂星门，到门外西边挖土埋葬。

依传统礼俗，祭祀时都以牲畜作祭品。牲畜在大地上成长，宰杀后，将毛、血埋藏于土中，以滋养土地，有回报大地，以及让土地继续提供万物养分，使万物生生不息的作用。

埋葬毛、血的地点在西边，是因为在五行中，西方属金，主肃杀。

(12) 迎神

由乐生先击鼓三通，由乐长高唱"乐奏咸和之曲"，麾生随着举麾，司柷②者击柷三声，又摇鼗③三次，然后众乐和鸣，歌声齐唱。音乐依 4/4 拍齐奏，在每一乐句之前，先击镈钟④一声。接着每拍都击搏拊⑤，又第一拍时加

① 棂星，星宿之一，主得士，因此称孔庙的第一道大门为棂星门。

② 柷，一种起乐的乐器，形状如箱子，木制，外表漆成红色。

③ 鼗，鼓的一种，形体小，有柄，有两耳，持柄摇动，两耳会敲击两边的鼓心，又称拨浪鼓。

④ 镈，钟的一种，形体特大，又称特钟。

⑤ 搏拊，乐器的一种，用皮革制成，形状如鼓，腹中装有米糠，作用在打拍子，又称拊博、抚拍。

击编钟[①]及拍板[②]，第三拍时加击编磬[③]。每一乐句结束以后，击特磬[④]一声、镈钟一声、建鼓一声、应鼓[⑤]两声，如此连续三次。接着再依上述情形演奏第二乐句，直到整首曲子奏完。

乐声开始后，由礼生四人提双灯、双炉做前导，另外由礼生六人持双斧、双钺、扇[⑥]、伞随行在后，排列成东西两行，依序走出仪门及棂星门的侧门，到门外会合，迎接孔子神灵，然后并列而行，改由棂星门及仪门的中门进入大成殿。在迎神礼生进入仪门时，通赞[⑦]高唱“全体肃立”，所有参礼的人都面向大成殿，以诚敬心情迎接孔子神灵降临。

迎接孔子神灵进入大成殿不久，乐章演奏完毕，乐长高唱“乐止”，司敔[⑧]者取籈[⑨]击敔三声，刷敔背齿形物三次，麾生接着把麾放下。按，迎神并非真的有神灵降临，而是为了满足生者对死者的怀念尊敬心情，所设想出来的一种仪式。

（13）行三鞠躬礼

迎神队伍回到大成殿前的天井中央时，通赞依序高唱“一鞠躬”“再鞠躬”“三鞠躬”，全体参礼的人同时行礼，以表示对孔子的尊敬。

（14）进馔

呈献祭品供神灵享用。因为祭品已事先摆在供桌上面，所以由礼生将供桌上的铏[⑩]象征性地移动一下，再放置回原位即可。

古代祭祀，依“事死如事生”的原则，所呈献的祭品与死者生前所享受的相同，寓有在生者心目中，死者虽死犹生之意。

---

① 编钟，乐器的一种，由二十四个钟，或十六个钟，或十四个钟组合而成，安置在一个大架子上。

② 拍板，乐器的一种，由九片或六片木板串联而成，拿在手中拍击出声，作用在打拍子，又称舂牍。

③ 编磬，乐器的一种，由十六个大小厚薄不同的磬组合而成，每个磬音阶不同，可演奏乐曲，共同安置在一个大架子上。

④ 特磬，乐器的一种，用石头制成，形体特大，悬挂于架子上。

⑤ 应鼓，鼓的一种，以柱子支撑竖立，底座呈十字形。

⑥ 扇，遮蔽阳光的器具，又称扇翣、障扇。

⑦ 礼生之一，负责在典礼中传达意思，协助典礼进行。

⑧ 敔，乐器的一种，用木头雕制而成，形状像老虎，背上有二十七个齿形物。当乐章演奏完毕时，取木片或竹片刷击齿形物，代表音乐结束。

⑨ 籈，乐器的一种，以竹片或木片十二支扎成一束，用来刷击敔背以止乐。

⑩ 铏，装盛食物的器具，以金属制成，三足两耳，形状如鼎，但有盖。

（15）上香

乐长高唱“乐奏宁和之曲”，麾生举麾，乐长击拍板三响后，众乐齐奏，依 4/4 拍的节奏进行。第一拍击拍板，又每拍都击搏拊，但不击建鼓、镈钟，也不歌唱。

乐声开始后，正献官在引赞引导下，先到盥洗所净手以后，转到大成殿供桌前上香、行三鞠躬礼。同时分献官也在引赞引导下，净手后到大成殿东西配、东西哲，以及东西庑先贤、先儒，共八处供桌前上香、行三鞠躬礼。

（16）行初献礼

先由乐生击晋鼓及镛钟，方式如鼓初严。然后乐长高唱“乐奏宁和之曲”，麾生举麾，节生举节，击柷，摇鼗，鸣钟，乐声、歌声并起。佾生左手持龠[①]一根，右手持翟尾三根，成八佾[②]队形，按音乐节拍献舞，动作缓慢优雅。

乐舞开始后，正献官在引赞引导下，到大成殿孔子神位前奠帛[③]、奠爵[④]、行三鞠躬礼。

佾生由小学生担任。古代舞蹈分文舞、武舞、文武合一之舞三种：文舞由孩童展示，手持羽、龠；武舞由十五岁以上的少年展示，手持干、戈；文武合一之舞由成人展示，同时持羽、龠、干、戈。

（17）行初分献礼

分献官在引赞引导下，分别到东西配，东西哲，东西庑先贤、先儒神位前奠爵，行三鞠躬礼。[⑤]

（18）恭读祝文

当音乐演奏到宁和之曲第四句结束时，乐长高唱“乐止”，乐舞暂时停止，麾生、节生各把麾、节放下。通赞随即高唱“全体肃立”，接着由礼生诵

---

① 龠，乐器的一种，用竹制成，形状如笛。

② 佾，跳舞的行列。八佾，八行八列，共六十四人的跳舞队形。周朝礼制，天子八佾，诸侯六佾，大夫四佾，士二佾。

③ 帛，敬神的币，用白色的绢制成，无花纹。

④ 爵，古代酒器，如今之酒杯。

⑤ 为节省时间，“（16）行初献礼”“（17）行初分献礼”同时进行。以下“（20）行亚献礼”与“（21）行亚分献礼”、“（22）行终献礼”与“（23）行终分献礼”同。

读由正献官领衔，加分献官、陪祭官名衔的祝文。[①]

（19）行三鞠躬礼

礼生诵读祝文完毕以后，通赞依序高唱“一鞠躬”“再鞠躬”“三鞠躬”，全体参礼的人同时行礼致敬。

（20）行亚献礼

先由乐生击晋鼓及镛钟，方式如鼓再严。然后乐长高唱“乐奏安和之曲”，麾生举麾，节生举节，击柷，摇鼗，鸣钟，乐声、歌声、佾舞并起。因音乐已改变，所以舞姿也不同，另外中途乐舞也不暂时停止。

正献官于乐舞开始后，在引赞引导下，再度到大成殿孔子神位前奠爵、行三鞠躬礼。

（21）行亚分献礼

分献官在引赞引导下，再度到东西配，东西哲，东西庑先贤、先儒神位前奠爵，行三鞠躬礼。

（22）行终献礼

先由乐生击晋鼓及镛钟，方式如鼓三严。然后乐长高唱“乐奏景和之曲”，麾生举麾，节生举节，击柷，摇鼗，乐声、歌声、佾舞并起。舞姿又有变化。总计三次献舞，八佾舞的舞姿共有九十六个之多。

正献官于乐舞开始后，在引赞引导下，第三次到大成殿孔子神位前奠爵、行三鞠躬礼。

（23）行终分献礼

分献官在引赞引导下，第三次到东西配，东西哲，东西庑先贤、先儒神位前奠爵，行三鞠躬礼。

（24）地区领导人上香

一般皆派内政部门或教育部门负责人，代表地区领导人到大成殿孔子神位前上香。

（25）恭读祭文

由礼生诵读以地区领导人名义所上的祝文。虽地区领导人派代表上香，

---

① 祭祀时向神明祈祷的文辞，内容包括赞扬神明的功德，祈求神明赐福，表示愿意继承遗志、发扬功德等。

仪程名称不变。

（26）奉祀官上香

由孔子奉祀官到大成殿孔子神位前上香。[①]

（27）饮福受胙

正献官在引赞引导下，到大成殿香案前饮酒，接受祭肉。全体参礼的人面向大成殿行三鞠躬礼。

胙，祭肉。古人观念，祭祀者向神明祈福，神明会赐福于祭品（酒肉）中，祭祀者饮酒，并将祭肉带回家食用，代表接受神明的祝福。

（28）撤馔

乐长高唱“乐奏咸和之曲”，乐生击拍板三声后，演奏第二首咸和之曲[②]，不击建鼓、镛钟，而以拍板、搏拊打拍子。

音乐开始后，由礼生将供桌上的祭器笾[③]、豆[④]等象征性地移动一下。

（29）送神

先由乐生击鼓三通，乐长高唱“乐奏咸和之曲”，麾生随着举麾，司柷者击柷三声，又摇鼗三次，然后众乐和鸣，歌声齐唱。

迎神的礼生按照迎神时的程序，分别持灯、炉、斧、钺、扇、伞，相对并行，由大成殿步下台阶。这时由通赞高唱“全体肃立”，全体参礼的人面向送神队伍，准备恭送孔子神灵离开。

（30）行三鞠躬礼

当送神的队伍走下大成殿台阶时，通赞依序高唱“一鞠躬”“再鞠躬”“三鞠躬”，所有参礼的人以诚敬的心情恭送孔子神灵出仪门及棂星门。

（31）捧祝帛诣燎所

由礼生捧着祝文及帛，由大成殿经过仪门、棂星门，到达设置于棂星门外的燎所，将祝文及帛烧掉。

---

① 现任孔子奉祀官为孔子第79代孙孔垂长先生。

② 咸和之曲共有三首，曲调并不相同，曲词也不一样。第一首演唱于迎神时，第二首演唱于撤馔时，第三首演唱于送神时。

③ 笾，装盛食物的器具，多用以装干料，以竹子编制而成。

④ 豆，装盛食物的器具，以木头雕制而成。

燎，焚烧的意思。古人观念，呈献给神明的物品经过焚烧以后，就可以被神明收到。

（32）望燎

乐长高唱“乐奏咸和之曲”，钟鼓齐鸣，在第一拍时击晋鼓，第三拍时击镛钟。

正献官于音乐开始演奏后，在引赞引导下，抵达燎所，观望焚烧祝文及帛，直到焚烧完毕，分献官、陪祭官则立于大成殿南端仪门前，面向燎所。

望燎的用意是表示以至诚的心情完成致献的程序。

（33）复位

正献官在引赞引导下回到大成殿南端，面向大成殿。

分献官、陪祭官也向后转而面向大成殿。

（34）阖扉

由礼生将仪门及棂星门的各门一一关闭，直到下次祭典时才再打开。

（35）撤班

正献官、分献官、陪祭官、纠仪官分别在引赞引导下退位。

礼生、乐生、佾生按建鼓的节奏，以“五步一顿”的步伐分东西两列退位。

（36）礼成

——原发表于董金裕总编审《圣之时——台北市孔庙的蜕变与传承》，台北：台北市孔庙管理委员会，2011 年 12 月

三、台北市孔庙春祭的规划与实施

1930 年，台北市孔庙由地方士绅集资购地建成，[①] 迄今（2011）已超过

① 清政府于光绪元年（1875）设置台北府，光绪五年动工兴建孔庙，而于光绪十年竣工。惜至光绪二十年，中日甲午战后，台湾割让给日本，次年日军进占台湾，驻扎于台北孔庙，至圣先师及先贤先儒牌位多被损毁，礼器乐器亦遗失，建筑物逐渐荒废，祭孔典礼也废止不行。迨民国十四年（1925）台北士绅黄赞钧、陈培根、辜显荣等人倡议集资重建孔庙，于民国十六年（1927）兴工，至民国十九年（1930）完成，并举行中断三十多年的祭孔典礼，此为少见的民建孔庙。至 1971 年，台北市孔庙由重建有功者的后裔捐献给政府，核交台北市政府接管。

八十年，除了第二次世界大战期间曾经中断以外，每年都举办祭孔活动，但都只办秋祭而未办春祭，与历代相承的礼制未尽吻合，不能不说是一个很大的缺憾。

八十年来虽然陆续有人倡议举办春祭，认为秋祭虽然隆重庄严，但不够活泼，可惜并未获得充分重视。近年以来，这种呼声愈来愈高，台北市孔庙管理委员会乃在 2007 年成立规划小组，由本人担任召集人，认真思考相关事宜，并于 2008 年试办春祭。祭典结束后各界反应良好，春祭遂成为定制，到今年已连续举办四届，不仅活动愈见充实，参与人数亦与年俱增，尤其是对年轻人的影响更大，在延续并弘扬儒家思想方面，裨益甚多。

为了向各地孔庙，包括已举办或未举办春祭者提供参考，谨将台北市孔庙春祭的相关规划与实施情形，择要介绍如下：

（一）举办日期的确定

自隋唐以来，国子监每年皆于四季仲月的上丁日举行释奠礼，州郡学则于春秋两季仲月举行释奠礼：

> 隋制，国子寺每岁以四仲月上丁释奠于先圣先师……州郡学则以春秋仲月释奠。①

由以上记载可知，春祭是在春季第二个月的上丁日，亦即每年农历二月的上丁日举行。为遵循古制，乃决定以仲春上丁日为举办日期。

可是每年农历的仲春上丁日换算为阳历后，不可能皆为星期六或星期日等例假日，颇不便于社会大众及青年学子参与。后由本人提议，并经全体规划小组委员同意，采取下列原则进行：凡春祭皆在星期六、日举行。如当年农历二月的上丁日为星期六、日，则在当天举行；如当年农历二月的上丁日非星期六、日，则选择与当天最接近的星期六、日举行。依此而言，如为星期一、二、三，乃以上一个星期日为日期；如为星期四、五、六，乃以该星期的星期六为日期。以今年为例，农历二月上丁日为二月初九日，换算成阳

① 庞钟璐纂辑：《文庙祀典考》，《孔子文化大全》，济南：山东友谊书社据光绪戊寅刊本影印，第 222 页。此条下自注云：“《隋书·礼志》。”又引邱氏濬曰：“州县学定时以春秋二仲释奠始此。”

历为三月十三日星期日，故今年春祭在三月十三日举行；再以去年为例，农历二月上丁日为二月初三日，换算成阳历为三月十八日星期四，故去年春祭在三月二十日星期六举行。以后每年举办日期皆依此原则选定。

（二）规划的理念

规划小组在设计各种活动时，尽量以呈现春天万物欣欣向荣、缤纷多彩的气息，以及台北市现代化的当地特色为原则，归纳起来，其规划理念有下述四点：

1. 年轻化

凡参与祭典者，除正献官、分献官、陪祭官、正礼官，由政教界人士担任，与秋祭相同以外，所有执事者，包括礼生、佾生、乐生（含歌生），皆由在校学生担任，包括小学生、初中生、高中职学生、大学学生（含学士班、硕士班、博士班）。每年仅略作调整，如佾生前两年由大龙小学学生担任，第三年由博嘉小学学生担任，今年则改由台北艺术大学舞蹈系学生担任。总之，除了显现年轻化以外，也在变化当中展示多元的色彩。

2. “国际化”

台北市孔庙平日即有不少外籍人士前来参访，相关的解说导览，即有英、日、韩等国语言。在仪程中还特地安排“朗诵经典”的节目，分别以中、英、日、韩各种语言朗诵四书文句。另外还不定期举办国际交流活动，如2010年举办了“国际佾舞交流”活动，邀请韩国成均馆“舞蹈为”（DANCE WEI）艺术团前来表演并互相观摩。① 又举办了“孔庙与祀典国际学术研讨会”，集合各个国家与地区的学者探讨孔庙的定位、祭孔典礼的传承与创新诸议题。②

3. 现代化

主要表现在重编祭孔乐舞与重制祭器上。祭孔乐舞的乐曲虽仍沿用庄严

---

① 此次国际佾舞交流，除台北市大龙小学及博嘉小学佾舞队以外，还邀请台南市忠义小学、桃园孔庙、南投文武庙表演佾舞，另以成年人为主的韩国成均馆“舞蹈为”艺术团、台北民族舞蹈团，也做了专业的演出。各团体的服饰、舞步等皆各具特色，展现了不同的风格。

② 此次国际学术研讨会共举行两天，发表论文十六篇，分别邀请中国大陆及台湾地区、韩国、日本、新加坡、美国、德国等地学者发表论文，或担任主持人、评论人。

的曲式，但改以简洁的音调谱写，易于演奏；歌词则用浅近的文言文撰作，以期唱者、听者皆容易掌握词意①；舞蹈有时采用传统的舞步，有时则以新编较活泼而富变化的形式呈现。② 在祭器方面，以往皆采用青铜材质，但这种材质比较不容易清洗，春祭则请台湾艺术大学工艺制作系依原有形制，改为陶土制作，以期贴近现代生活中的用具。③

4. 当地化

台北市孔庙是在八十多年前，由清朝末年福建最有名望的建筑师王益顺先生负责设计建造的，为典型的闽南式建筑，许多墙面上的交趾陶剪黏工艺等亦充分显现出闽南式的台湾当地风格。④ 为此，在春祭的安排上，即以台湾较通行的闽南语（河洛汉音，颇近于中原古音）朗读祭文。正献官、分献官、陪祭官、正礼官皆穿着台湾早期庶民穿着的唐装。祭品虽参考《文庙礼乐考》《圣门礼志》诸书所载，但其中有多项食材并非当令或台湾所盛产者，则皆改用台湾本地盛产的当令食材。

（三）仪程的调整

台北市孔庙秋祭遵循的仪程，由内政部门于 1970 年定案，在台湾全面施行，共分为三十三个环节。⑤ 依序如下：

01. 释奠典礼开始；02. 鼓初严；03. 鼓再严；04. 鼓三严；05. 执事者各司其事；06. 纠仪官就位；07. 陪祭官就位；08. 分献官就位；09. 正献官就位；10. 启扉；11. 瘗毛血；12. 迎神；13. 行三鞠躬礼；14. 进馔；15. 上

① 如初献原用宁和之曲的曲词："自生民来，谁底其蕴。惟师神明，度越前圣。粢帛具成，礼容斯称。黍稷非馨，惟神之听。"以文言古文写成，较深奥难懂，故由本人改写为："天尊地卑，高下有序。天行刚健，自强不息。地道宽厚，万物涵育。不言不语，示人常理。法天之德，效地之功，人在其中，合为三才。高山仰止，景行行止，出类拔萃，圣德功宏。礼乐祇备，笾豆敬供，修其容止，诚其心意。奉承而进，庶神来享，以表景仰，以示遵从。"已较浅显易懂。其余各乐曲的曲词也都依此原则改写。

② 如今年的佾舞即由以往的挑选小学学童来训练、以传统舞步的方式呈现，改由台湾艺术大学舞蹈系教授编舞、学生表演的方式展出。由于是出自舞蹈专业之作，演出效果大获肯定。在其舞步中，甚至出现了背对孔子的动作，显现孔子乐于与众分享、与民同乐的心意，也得到了体谅支持。

③ 台湾艺术大学工艺制作系已在规划小组的要求下，用陶土将所有一百八十九件祭器制作完成，既不失朴雅的风味，又符合卫生的要求，各界反应甚佳。

④ 请详参李乾朗《台北市孔庙》，台北：台北市孔庙管理委员会，2001 年 10 月 6 刷。

⑤ 请详参董金裕《至圣先师孔子释奠解说》，台北：台北市孔庙管理委员会，2001 年 7 月 6 刷。

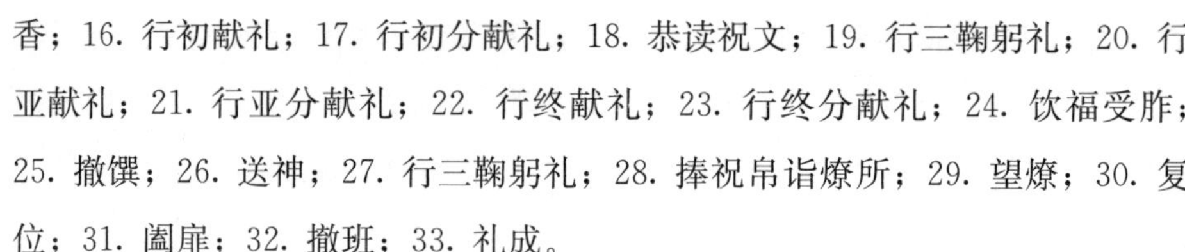

香；16. 行初献礼；17. 行初分献礼；18. 恭读祝文；19. 行三鞠躬礼；20. 行亚献礼；21. 行亚分献礼；22. 行终献礼；23. 行终分献礼；24. 饮福受胙；25. 撤馔；26. 送神；27. 行三鞠躬礼；28. 捧祝帛诣燎所；29. 望燎；30. 复位；31. 阖扉；32. 撤班；33. 礼成。

经春祭规划小组充分讨论后，结合现况（如不杀牲）以及现代议题（如节能减碳等），仪程由原有的三十三项增减为二十九项：

01. 春祭典礼开始；02. 鸣鼓；03. 执事者各司其事；04. 正礼官就位；05. 陪祭官就位；06. 分献官就位；07. 正献官就位；08. 启扉；09. 迎神；10. 全体行三鞠躬礼；11. 进馔；12. 上香；13. 朗诵经典；14. 行初献礼；15. 行初分献礼；16. 恭读祝文；17. 全体行三鞠躬礼；18. 行亚献礼；19. 行亚分献礼；20. 行终献礼；21. 行终分献礼；22. 饮福受果；23. 撤馔；24. 送神；25. 全体行三鞠躬礼；26. 复位；27. 阖扉；28. 撤班；29. 礼成。

两相对照，调整分为四种情形，各有其用意：

（1）文字调整：将“释奠典礼开始”改为“春祭典礼开始”、“行三鞠躬礼”改为“全体行三鞠躬礼”，作用在使意义与秋祭有分别而更明确。将“纠仪官”改为“正仪官”则有去除封建意味的用意在。将“饮福受胙”改为“饮福受果”，是因为既已不杀牲，则无胙可受，但祭品中有水果，故略作调整。

（2）归并项目：将“鼓初严”“鼓再严”“鼓三严”合并为“鸣鼓”，意在缩短典礼进行时间。

（3）减除项目：减除“瘗毛血”，因台北市孔庙实际上连在秋祭时也已不杀牲[①]，既无毛血可供掩埋，故删除之。又减除“捧祝帛诣燎所”“望燎”两项，因与目前世界各地群起响应的“节能减碳”运动有所抵牾，既有悖于时代潮流，故删除之。

（4）增加项目：为缩短典礼进行时间，调整的基本原则是归并、减除，但却增加了“朗诵经典”项目，作用在借朗诵四书文句唤起大家对经典的重视，

---

① 台北市孔庙早期仍依循古礼宰杀牛、羊、猪，以太牢祭奠，后因顾虑台湾地区阳历九月底时天气仍十分炎热，牲体容易腐败，故十多年来均未再杀牲。

并期许其对经典中的名言能身体力行[1]，以符合祭典完成后讲经的古制。

经过上述增减，整个典礼可以在一小时内完成，虽略有简化，但仍保持了庄严隆重的性质，更加进活泼的元素，以与春天的气息互相呼应，一方面延续秋祭的基本性质，另一方面又与秋祭有所分别。

（四）小结及延伸

透过以上的介绍，相信大家对台北市孔庙春祭的实施概况已有大略的了解。不过因举办至今只有四年，各界反应虽属良好，但规划小组并不以此自满，每年举办完毕以后，皆召开检讨会，以期来年举办时能精益求精。在此，也祈请各界不吝指教，赐予高见，让我们把活动办得更为美好。

值得一提的是，台北市孔庙举行春祭并不限于春祭本身，在典礼结束之后，还接续举行抽学运签、分送状元饼、学子才艺表演、学童读经、学童朗诵诗歌、书法茶道等技艺研习、戏剧表演等活动（活动内容每年略有调整），用意为寄寓祝福、鼓励学习、肯定成就等。活动从早上进行到下午，甚至晚上，富于多元性，也活化了孔庙，从而深受大家的欢迎。

——原发表于董金裕总编审《圣之时——台北市孔庙的蜕变与传承》，台北：台北市孔庙管理委员会，2011 年 12 月

四、商定孔子释奠礼仪节，向联合国申请为非物质文化遗产

（一）前言

相传在孔子死后的第二年（鲁哀公十七年，公元前 478 年），鲁哀公即下令在曲阜阙里孔子的旧宅立庙，将孔子生前使用的衣、冠、车、琴、书册等保存起来，并且按岁时祭祀，此为祭孔的始源。

祭孔一开始仅是一个地方性的活动，但随着孔子的日益受到尊崇，乃逐步由鲁国推展至各地，成为全国性的重要典礼。祭孔的仪节也逐渐趋于完备，

① 另外也有通过各种语言朗诵，以符合规划理念中“国际化”的要求，但此非最主要用意。

大抵至汉代奠定雏形。① 其后各朝代虽有损有益，基本上仍沿袭汉代之旧。因此总体而言，孔子释奠典礼已是延续了两千多年的盛大典礼，具有文化传承的重大意义。

自清政府被推翻，迄今已将近百年，国家因长期处于动乱分裂之中，祭孔典礼有时举行，有时未举行，有的地方举行，有的地方未举行，也不像历朝历代那样定有可供遵循的礼仪，诚为文化上的一大憾事。

时至今日，孔子已普遍受到人们的崇仰，每年孔子诞辰纪念日前后，全国各地以至海外地区，每每举办释奠典礼，却苦无可以共同遵循的仪节，只好各行其是。其中固然有极为庄严隆重者，但也有因陋就简者，实有失对万世师表的尊崇美意，是故商定孔子释奠典礼仪节实为刻不容缓之事。

1972 年 11 月 16 日，在巴黎召开的联合国教科文组织（UNESCO）第 17 届会议通过了著名的《保护世界文化和自然遗产公约》，界定了世界遗产的定义与范围，希望借由国际合作的方式，解决世界重要遗产的保护问题，意义十分重大。

目前世界遗产的类型共有四种：文化遗产、自然遗产、复合遗产（即兼具文化与自然两者之特性者）、非物质文化遗产②。其中新增的非物质文化遗产乃是基于世界快速的现代化与同质化，这类遗产比起具有实质形体的文化类遗产更为不易传承，但这些文化活动极具特殊价值，宜为大家重视、保护，以免失传。

曲阜的孔庙、孔林、孔府已被联合国教科文组织列入世界文化遗产，属具有实质形体者，至于无实质形体的孔子释奠典礼更具有文化意义，理当也被列入世界遗产，但其先决条件是必须要有一套前有所承，意涵丰富，而且能为大众所遵循的仪节。本文即在此前提之下，以笔者较熟悉的台湾祭孔仪节作为讨论基础，期望引起大家的重视，共同商定孔子释奠典礼仪节，进而向联合国申遗，使世人充分认识孔子思想及儒学的精华所在。

---

① 参见拙著《汉代孔子释奠礼的演进及其意义》，政治大学中国文学系主编《第五届汉代文学与思想学术研讨会论文集》，2005 年 12 月，第 371—390 页。

② 此为 2001 年新增之类别，原称“口述与无形人类遗产”，但据联合国教科文组织于 2003 年通过的《非物质文化遗产公约》，自 2009 年起改称“非物质文化遗产”。目前我国“昆曲”已被列入。

（二）台湾祭孔仪节现况概述

笔者曾多次应邀到曲阜参加孔子文化节，瞻仰孔子释奠礼，但见每次的仪节并不相同，背后或许有其考虑的因素，惜因无缘与主其事者请教而不明其所以，为此深感遗憾。又笔者也曾多次应邀在台北市孔庙秋祭时担任分献官，也参与了台北市孔庙春祭的筹划工作①，对释奠礼的仪节，包括仪程、服装、乐舞、祭器、祭品等略有认识。以下即以台湾现行的仪节作为讨论的基础，先概述现况，再提供笔者管见，以为商定孔子释奠礼仪节的参考。

台湾曾于1968年，由学者专家组成“祭孔礼乐工作小组”，敦请蒋复璁先生担任主任委员，分别成立礼仪、服装、乐舞、祭器四个研究组，礼聘方豪、王宇清、庄本立、孔德成四位先生为各组召集人，进行研究规划工作，大抵依循古代制度做调整，经试行后，于1970年正式定案，而在台湾全面施行。兹分就仪程及服装、乐舞、祭器两大部分介绍如下：

1. 仪程部分

台湾现行的祭孔仪程共分为三十三个节目，依序如下：

01. 释奠典礼开始；02. 鼓初严；03. 鼓再严；04. 鼓三严；05. 执事者各司其事；06. 纠仪官就位；07. 陪祭官就位；08. 分献官就位；09. 正献官就位；10. 启扉；11. 瘗毛血；12. 迎神；13. 行三鞠躬礼；14. 进馔；15. 上香；16. 行初献礼；17. 行初分献礼；18. 恭读祝文；19. 行三鞠躬礼；20. 行亚献礼；21. 行亚分献礼；22. 行终献礼；23. 行终分献礼；24. 饮福受胙；25. 撤馔；26. 送神；27. 行三鞠躬礼；28. 捧祝帛诣燎所；29. 望燎；30. 复位；31. 阖扉；32. 撤班；33. 礼成。

以上各仪程，对照《文庙祀典考》《文庙丁祭谱》等所载可知②，基本上

---

① 台北市孔庙首次于2008年仲春上丁日举行春祭，因当时大成殿尚在整修，改于孔庙旁的六艺广场进行，虽礼仪未备，但各界反应良好。为求趋于美善，于事后的检讨会中，决议成立2009年春祭孔子筹划小组，推举笔者为召集人，以年轻化、现代化、当地化为原则，于今年（2009）3月1日在整修完成的大成殿举行春祭，获得热烈回应，媒体大幅报道，谓纪念活动富有文化意涵。现已决定，台北市祭孔依春、秋两季进行，但会做某些区分。

② 参见庞钟璐《文庙祀典考》，台北：中国礼乐学会影印光绪戊寅刊本，1977年4月初版；蓝钟瑞《文庙丁祭谱》，《孔子文化大全》，济南：山东友谊书社据尊经阁道光乙巳刊本影印，未著出版年月。

是沿袭明清以来的旧制，唯程序上的标识更为明确而易于遵循。[①] 又此三十三项节目各有其用意，如能了解其义之所在，则观其仪而明其义，更能体会典礼的庄严性，表达对孔子的礼敬之意。[②]

2. 服装、乐舞、祭器（祭品）部分

（1）服装

服装依参与礼仪者身份、执掌的不同而有分别：

献官（含纠仪官、陪祭官、分献官、正献官），如为男性，着蓝色长袍、黑色马褂；如为女性则仅着蓝色长袍。皆不戴冠。

礼生着紫红色长袍，不戴冠。

乐生着红色长袍，领口圆，衬中单（类似领巾的衬里），加水裤，戴冠。

佾生着黄色长袍，领口圆，衬中单，加水裤，戴冠。

依以上服装来看，是明清形制的混合，乐生、佾生所采则为明制。

（2）乐舞

使用的乐曲及歌词，为北宋大晟府所编撰十四首中尚保留至今的六首。为了适应时代，曲调仍旧，但歌词已作更改。目前六首之中，迎神用咸和之曲的第一首，初献用宁和之曲，亚献用安和之曲，终献用景和之曲，撤馔用咸和之曲第二首，送神用咸和之曲第三首。

用乐时机与清代同，但乐曲及歌词则有明显的差异。[③]

（3）祭器（祭品）

所采祭器，如爵、镫、铏等用青铜器，笾、豆等则为竹制或木制，与明清时期所用者相同。

祭品之种类及数量依《文庙祀典考》所载摆设，唯部分食材因台湾不出产（如榛）或不易取得（如藁鱼、栗、鹿脯），而以其他类似的材料代之。

---

① 上两书及其他相关著作皆采文字叙述方式说明，不易掌握节目的区分，此则于每个节目名称前用序号标明次序。

② 笔者曾于 1994 年应台北市孔庙管理委员会之请，撰写《至圣先师孔子释奠解说》，逐项说明各节目的用意。除中文版外，还翻译成日文、英文等版本。此书每隔两三年即再刷，迄今已发行至六刷。

③ 据《文庙祀典考》《文庙丁祭谱》等所载，迎神用昭平之章，初献用宣平之章，亚献用秩平之章，终献用叙平之章，撤馔用懿平之章，送神用德平之章，属清朝制度。

（三）确定孔子释奠礼仪节的方向

上述台湾制定的孔子释奠礼仪节，自1970年颁布实施以来，已将近四十年，每年到了孔子诞辰纪念日，台湾各地孔庙皆行礼如仪。其间虽然也有人表示质疑，并经检讨而做了小幅度的修改，但基本上变动并不大，长期被沿用下来。

据《论语·八佾》载：

> 子贡欲去告朔之饩羊。子曰："赐也，尔爱其羊，我爱其礼。"①

朱熹注曰：

> 子贡盖惜其无实而妄费。然礼虽废，羊存，犹得以识之而可复焉。若并去其羊，则此礼遂亡矣。孔子所以惜之。②

按，礼有仪有义，朱熹注语中的"然礼虽废"的礼指的是礼仪，"此礼遂亡"的礼，则就礼义而言；如果礼仪确能蕴涵礼义，就算是经历百年千年仍有保有的价值，反之则否。当然，时代推移，环境改变，也必须适度调整，否则就是食古不化了。但不管变或不变，重点乃在于其仪是否能蕴涵其义，亦即仪式是否寓有深刻的用意。

以下笔者即本此理念，针对现行的祭孔仪节，提供管见，作为确定孔子释奠礼仪节方向的参考。

（1）掌握原则

依前所述，台湾现行的释奠礼礼仪，系于1968年由学者专家组成工作小组研拟而成，参与其事者有蒋复璁、方豪、王宇清、庄本立、孔德成诸先生，皆为学有专长的一时之选，其所下的考订功夫亦极为严谨，研究规划所得应该是有其依据而可以遵循者。

再者，该工作小组于1968年初步制定释奠礼仪节后，即于同年在台北市孔庙祭孔时试行，然后广征各界意见，再经过两年的研讨修正，始于1970

① 朱熹：《论语集注·八佾》，《四书章句集注》，台北：大安出版社，2005年8月第1版第5刷，第87页。

② 《论语集注·八佾》，《四书章句集注》，第88页。

年定案颁布。迨1975年，又略作修订，经1975、1976年两度试行后，各界反应良好，才定案而沿用至今。①

目前所采用的礼仪，大抵是综合明清时代的制度而成，且可上溯至汉朝。② 亦即这套礼仪虽然各朝代都有因革损益，但基本的精神已延续了两千多年，是我们整个民族引以为傲的共同文化财产，当然是弥足珍贵，宜为我们继续传承下去。

(2) 配合时势

时移势异，部分仪节当然得随着时代形势的演进而调整，如过去属农业社会，以体力为尚，造成男尊女卑的社会观念，女性无缘参与祭孔，如今则为工商业社会，男女平等，女性亦得担任献官或执事人员，显现孔子为“圣之时者”的精神。

就礼仪而言，笔者认为“捧祝帛诣燎所”及“望燎”两项，已经与目前世界各地群起响应的“节能减碳”运动有所抵牾，既有悖于时代潮流，则可考虑从仪程中删除。③

就服装、乐舞、祭器（祭品）而言，采用袍服虽非吾人日常生活穿着者，但表现出来的是宽大弘博之风度，则仍可以保留。乐曲曲调中正平和，也可以沿用，但歌词则宜适度修改。佾舞雍容娴雅，应继续采行，唯究竟是跳六佾或八佾，各界似仍有争议，笔者以为必须依孔子的地位，以八佾为确。

在祭器方面，爵、镫、铏皆采用青铜器，时日一久，容易锈蚀而难以清理；即如笾等以竹编成者，也因较易藏污纳垢而不易清洗；凡此皆有妨于卫生，可以改用其他材质，如陶瓷等制作，以符合现代人的要求。④

---

① 这次修订，将正献与分献的三次献礼同步进行，使典礼时间缩短为一小时；并将观礼证改为参礼证；也容许邀请女性为献官。凡此皆可表示孔子与时俱进的思想特色。同时既符合现代社会效率优先的要求，也显现了男女平等的精神。

② 参见拙著《汉代孔子释奠礼的演进及其意义》。

③ 在2009年3月1日台北市孔庙举行的春祭中，已依笔者的建议，将“捧祝帛诣燎所”“望燎”及第十一个节目“瘗毛血”删除。

④ 2009年3月1日，台北市孔庙举行的春祭，已在笔者的建议下，邀请台湾艺术大学工艺制作系师生先用陶土试作孔子牌位前摆放的镫、铏、簠、簋等七件祭器，既不失朴雅的风味，又符合卫生的要求，各界反应极佳，已决定于明年春祭时，将所有一百八十九件祭器改用适合的材质制作。

（3）保留弹性

祭孔最初只在曲阜举行，其后逐渐推广而成为全国性的活动，如今更普及海外地区，然而各地风土不同，如要以同一套仪节用于所有地区，势所不能，因此有必要在共同的标准之下保留若干幅度的弹性，让各地区随其特性做调整。

举例而言，台湾因地处亚热带，每年九月底，天气仍然炎热，虽遵奉古礼，以太牢祭孔，但牲体从宰杀、供奉到分食，历时较长，往往会腐坏。多年以来，都是用糯米、面粉制成牛、羊、豕的形状作为替代，亦即并未真正宰杀牛、羊、豕，并无毛血可瘗，但因仪程中有此节目，不得已只好改用太白粉和水，加上可食用之红色色素调制成血，显然已失去原本的用意。所以在台湾，释奠礼中“瘗毛血”的节目可以去除。“饮福受胙”也可改为“饮福酒”，因为实际上已无胙可受了。

又如祭品，因各地物产不同，某些食材或者并未出产，或者虽出产但非当令者，既不容易取得，则容许用类似者代之，如台北市孔庙即以龙眼干或莲子代替榛，以鲍鱼或吴郭鱼替代藁鱼，以生龙眼替代栗，以羊脯替代鹿脯等。

诸如以上所述，无非是希望有部分弹性空间，让各地区的人容易遵循而乐于采行。

（四）结语

礼有三义，一曰礼者理也，意谓礼必须合乎道理；二曰礼者体也，意谓礼必须体察人情；三曰礼者履也，意谓礼必须宜于履行。[①] 孔子对文化的贡献，理宜为众人所尊仰，设计仪节以表示崇敬之意，也合乎人情之常，但如何让大家奉行，当然必须讲究。

《礼记·礼器》云：

> 礼，时为大，顺次之，体次之，宜次之，称次之。[②]

---

① 高明：《礼学新探·原礼》，香港：香港中文大学联合书院中文系，1963 年 11 月初版，第 2—5 页。

② 郑玄注，孔颖达疏：《礼记正义·礼器》，台北：艺文印书馆影印嘉庆二十年江西南昌府学开雕《重刊宋本礼记注疏附校勘记》，第 450 页。

随时、达顺、备体、从宜、合称五者为制礼行礼的准则。[①] 讲求礼仪完备，设施不容因陋就简，程序不能前后颠倒，此为备体；与身份地位相称，不随意增隆，也不随意减杀，此为合称。此两者为我们必须掌握的原则。据前所述，台湾现行的孔子释奠礼仪节，基本上是沿袭汉代以来的制度，合乎祭孔的基本精神，应该继续保存，此即笔者所主张掌握的原则。

然而时代不同，环境有别，也必须配合时代做必要的调整，此为随时；更应该考虑天时、地利以及人的能力，容许做部分的改变，此为从宜。做到这两点既可免于食古不化之讥，又可顺应时势及各地区的个别需求，使人们不再视守礼为畏途，而乐于奉行，此即笔者所主张的配合时势与保留弹性。既能备体、合称地掌握原则，又能随时、从宜地配合时势与保留弹性，自然能符合人称其职、事得其理的达顺要求了。

笔者的拟议其实只是提供大方向，并非十分成熟周密，尤其是还有许多细节并未触及，因此诚恳地请求博雅君子予以赐教，更呼吁各界，尤其是国际儒学联合会、孔子基金会、孔子研究院、孔孟学会等机构能带头倡导，联合海内外儒学研究团体，共同组成委员会，研讨商议大家同遵共守的孔子释奠礼仪节，一方面将绵延两千多年的礼仪继续传衍下去，二方面为全国甚至全世界各地举办孔子释奠礼提供依循。期望借此彰显孔子的思想，进而向联合国申请成为世界非物质文化遗产，使儒学益加受到重视而广为弘扬。

——原发表于2009年9月山东曲阜第二届世界儒学大会

五、台北市孔庙春祭三献礼歌词

初献

天尊地卑　高下有序　天行刚健　自强不息　地道宽厚　万物涵育
不言不语　示人常理　法天之德　效地之功　人在其中　合为三才
高山仰止　景行行止　出类拔萃　圣道功宏　礼乐祇备　笾豆敬供

① 《礼学新探·原礼》，第5—10页。

修其容止　诚其心意　奉承而进　庶神来享　以表景仰　以示遵从

亚献

明德亲民　止于至善　仁道思想　既深且广　垂范后世　万古流芳
神既来享　我心欢畅　载歌载舞　俎豆馨香　再荐灵前　以符衷肠

终献

云行雨施　品物流行　文化遗产　端在六经　删之述之　以教子弟
金声玉振　化育功深　仰之弥高　钻之弥坚　博我以文　约我以礼
循序渐进　善于诱人　学思并重　欲罢不能　丝竹同奏　钟鼓齐鸣
酌彼醴酒　既旨且清　以仰圣德　以尊圣教　登献虽终　仰尊无穷

——原发表于董金裕总编审《圣之时——台北市孔庙的蜕变与传承》，台北：台北市孔庙管理委员会，2011 年 12 月

六、壬辰年（2012）山东曲阜孔庙祭孔圣文

维公元 2012 年 9 月 28 日，欣逢孔圣 2563 年诞辰纪念，我中华各族群同胞，以及国际嘉宾良朋，缅怀盛德伟业，以虔诚之心、景仰之情，谨备鲜花美果、佾舞雅乐，敬献于孔庙大成殿暨两庑，告祭大成至圣先师与夫诸圣哲贤儒。其辞曰：

天地设位，人在其中。天行刚健，地道宽弘。
品物流形，化育功隆。人禀五常，灵秀所钟。
法天之德，效地之用。赞之参之，与之同功。

唯我夫子，博通世务。上应天时，下顺风土。
远宗尧舜，近法文武。删述六经，以教生徒。
循序而进，孜孜矻矻。成德达材，栽培无数。

仁道思想，众德汇涵。明德亲民，止于至善。
推己及人，是为其方。礼以行之，益加发扬。
华夏文明，赖以发皇。驯致大同，协和万邦。

与时俱进，弥足珍贵。集圣大成，出类拔萃。
其所成就，卓越崔巍。典型既在，吾谁与归。
万民景从，仰承教诲。千秋万世，永蒙遗徽。

恭逢圣诞，我心欢畅。秉持诚意，其喜洋洋。
载歌载舞，俎豆馨香。奉承而进，伏惟尚飨。
护佑生灵，教化其昌。乐道好礼，同沐祯祥。

——*原发表于 2012 年山东曲阜孔子文化节*

七、尊孔·敬师·传承中华文化

（一）前言

基于对儒学的理解与热爱，四十多年来，笔者在台湾对儒学的研究与推广，不遗余力。其荦荦大者，如：1. 经常应邀到中国各地及世界各国参加儒学会议，发表论文，或应邀做儒学专题演讲。于担任学术行政主管中文系系主任、文学院院长任内，屡屡举办儒学研讨会或座谈会，以推动儒学的交流与研究。2. 担任孔孟学会执行秘书达十余年，多次举办孔孟学说论文竞赛、经学研习班、孔孟学说定期演讲、国学研究会等活动，并主编《孔孟月刊》《孔孟学报》，以推广孔孟学说，促进孔孟学说的研究。3. 主编原编译馆出版，自《论语》《孟子》《大学》《中庸》取材，供台湾全体高中生研读的《中国文化基本教材》教科书，以协助高中生认识儒家思想。4. 长期担任台北市孔庙管理委员会委员，为台北市孔庙规划春日祭孔（即春祭）、六艺体验、孔庙情景剧表演、4D 剧场展演等活动，以活化孔庙，推广儒家文化。其余如出版专书、编辑专刊等皆不在其列。对儒学的向下扎根、向上发展，以及对外推广，皆略尽绵薄之力。

自海峡两岸由对立逐步走向和解融合以来，将近三十年之中，笔者有许多机会，与大陆学者共同切磋，也曾到大陆各地参与各种儒学活动，更有机会向大陆各界人士分享自己对儒学的一点心得。笔者发现大陆对儒学的态度已有很大的转变，近十年来更兴起了一股儒学热或国学热，这是一种非常可喜的现象。但笔者也观察到在这种现象背后，仍有值得探究及改进之处，所以这几年曾多次在各种场合，针对某一论题提出建议。去年（2013）9月，在山东曲阜孔子研究院，借主持第六届世界儒学大会学术演讲之便，将这些论题归纳为三个：一为祭孔大典与历史接轨，以便向联合国教科文组织申请将孔子释奠礼列为世界非物质文化遗产。二为将大陆的教师节由现行的9月10日，改为孔子诞辰纪念日9月28日，使此节日具有教育及文化意义。三为将中华文化的精要安排到正式课程中，让青少年了解并接受，期使民族文化世代相传并发扬光大。[①]

以上三个论题，除第一个论题以外，其余两个论题皆以口头方式表达，并未撰成文章。[②] 为引起更为广泛的注意，并且获得响应，本论文即将此三个论题汇至一处，把笔者的看法及意见陈述于下，是否得当，尚祈对儒学的研究与推广具有兴趣以及经验的方家提供卓见，以补不足。

（二）祭孔大典与历史接轨，以表对孔子尊崇的一脉相承

祭孔大典习称“释奠礼”，语出《礼记·文王世子》：“凡学，春官释奠于其先师，秋冬亦如之。”[③] 意谓学校每年都要按四季献祭于先师，以表尊师重道之意。唯当时所谓先师，并非指特定的某一人或某些人，凡对教育有贡献、目前已过世的教师，皆属祭祀的对象。[④] 其后由于孔子对教育的贡献极大，影响甚深，所以“释奠”的对象逐渐以孔子为主。尤其是到了隋朝，尊称孔子为先师以后，释奠便成为祭孔大典的专属名称。由此可见“释奠”本为通称，其后才演变成为专称。

---

① 2013年9月28日《济宁晚报》即在A3版，以《一位儒学大家的三个愿望》为题，报道笔者的这三个论题。

② 笔者针对第一个论题，曾于2010年撰成《订定孔子释奠典礼仪节刍议》，在孔孟学会与国际儒学联合会共同于北京举办的儒学研讨会上发表。同年又撰成《共商释奠仪节，向联合国申遗》，于山东曲阜孔子研究院召开的第三届世界儒学大会上发表。

③ 郑玄注，孔颖达疏：《礼记正义·文王世子》，台北：艺文印书馆影印嘉庆二十年江西南昌府学开雕《重刊宋本礼记注疏附校勘记》，第394页。

④ 郑玄注云：“《周礼》曰：‘凡有道者有德者使教焉，死则以为乐祖，祭于瞽宗。’此之谓先师之类也。若汉，礼有高堂生，乐有制氏，《诗》有毛公，《书》有伏生，亿可以为之也。不言夏，夏从春可知也。”由是可证。《礼记正义·文王世子》，第394—395页。

据载，鲁哀公于孔子死后第二年（前478），下令在曲阜阙里孔子的旧宅立庙，将孔子生前使用的衣、冠、车、琴、书册等保存起来，并且按岁时祭祀，此为祭孔的开始。[①] 其后发展至汉代，尤其是在汉武帝制定独尊儒术的政策以后，释奠礼的规模已经奠定，而被以后各朝代承继者，计有下列五端：1. 帝王或亲自或遣使祭孔，2. 封孔子及其嫡系子孙为王侯，3. 建立配享制度，4. 礼乐趋于完备，5. 由地方性的活动发展为全国性的活动。[②] 按，《论语·为政》记载："子张问：'十世可知也？'子曰：'殷因于夏礼，所损益可知也。周因于殷礼，所损益可知也。其或继周者，虽百世可知也。'"[③] 礼虽然随着时代的不同，可以有损有益，但能够"虽百世可知也"，可见有其保持不变的基本要素在。上述五端可谓为释奠礼的基本要素。释奠礼自汉代传承迄今已超过二千年，诚为世界各国少见的一种仪典，不仅值得我们珍视，更应积极向联合国教科文组织申请成为世界非物质文化遗产，以彰显吾人对孔子的尊崇是一脉相传、永承不替的。

当然，上述五端中的某些点，可以因地制宜而略作调整，如2. 封孔子及其嫡系子孙为王侯，如今并无王侯的爵位，但仍然可以给予相当的名号，如台湾即在取消孔子第77代嫡孙孔德成先生的"衍圣公"封号以后，改称其为"孔子奉祀官"。[④] 又如5. 由地方性的活动发展为全国性的活动，目前更已发展为全球性的活动，顾及国际观瞻，则更应慎重其事，而与历史接轨，商定可以共同遵循的仪节，以便各界遵循。[⑤]

---

① 按，祭孔始于何时、于何处祭，学界有不同的说法，但非本文重点，故仅采取一般的说法，不再详细考辨。

② 参见拙著《汉代孔子释奠礼的演进及其意义》，政治大学中国文学系主编《第五届汉代文学与思想学术研讨会论文集》，2005年12月，第371页。

③ 朱熹：《论语集注·为政》，《四书章句集注》，台北：大安出版社，2005年8月第1版第5刷，第78页。

④ 目前的孔子奉祀官为孔子第79代嫡孙孔垂长先生。

⑤ 台湾目前所采行的释奠仪程，系参酌明、清礼制，经孔德成先生等人考订规划而成，可以作为参考。请参考拙著《至圣先师孔子释奠解说》，台北：台北市孔庙管理委员会，2002年7月第6刷。另拙著《订定孔子释奠典礼仪节刍议》，曾提出商定释奠礼的三个方向：掌握原则，配合时势、保留弹性，亦可作为思考之助。

（三）改定孔子诞辰纪念日 9 月 28 日为教师节，使此节日具有教育及文化意义

中国传统节日大抵皆与年节、民俗、宗教有关，几乎没有为特定身份人物设立者，故本无教师节，但并非表示不尊师重道，就如同以往也无父亲节、母亲节，但对父母的孝敬其实乃是传统文化中极为重要的一环。

中国之有教师节，迭经变易，归纳起来，曾先后出现过四个不同日期的教师节：1.1931 年由南京中央大学教授邰爽秋、程其保等人发起，建议以 6 月 6 日为教师节，称双六节，1932 年经国民政府确认。但以 6 月 6 日为教师节并不具有任何深刻的意涵，故实际上不被普遍认同，也少有庆祝的活动。2.1939 年教育部改定孔子诞辰纪念日 8 月 27 日为教师节。因具有深刻的意涵，故被普遍接受。考虑到古代历法与今日所通行者不同，后于 1952 年换算为 9 月 28 日，迄今台湾仍以此日为教师节。3.1949 年以后，实际上并无教师节，至 1951 年始宣布以五一劳动节为教师节，但劳动节为国际性节日，颇受各界重视，且其时教师的地位并不高，略似寄人篱下的教师节，可以说虽有而实无，并不具有任何意义，也几乎无人重视。4.1985 年，重定 9 月 10 日为教师节，在大陆地区普遍遵行至今。但由于 9 月 10 日也不具有深刻的意涵，而且距离开学之日颇近，学校的教学、行政皆尚未步入正常的轨道，所以实际上收效并不很大。①

上述四个日期，以 9 月 28 日孔子诞辰纪念日为最有意义。就教育方面而言，孔子收召生徒，而且有教无类，开创了中国的平民教育。在教学时又能因材而施，教法生动活泼，尤其重视培养学生的远大志向和高尚人格，为后来的教育工作者指示了明确的方向，树立了良好的典范，因而被尊称为万世师表。以其生日作为教师节，在教育上极具意义。就文化方面而言，孔子曾删述六经，有系统地整理了丰富的民族文化遗产，不仅使中国的古代文献获得保存，而且还抉发其中的精神，寄寓了自己的理想，使民族文化遗产具有更为深广的内涵。此外又竭力传播宣扬，让大家逐渐体认其重要性并加以珍

① 本段介绍，系汇集网络多种资料，并经反复比对求证而成。资料来源较多且杂，故不一一注明所出。

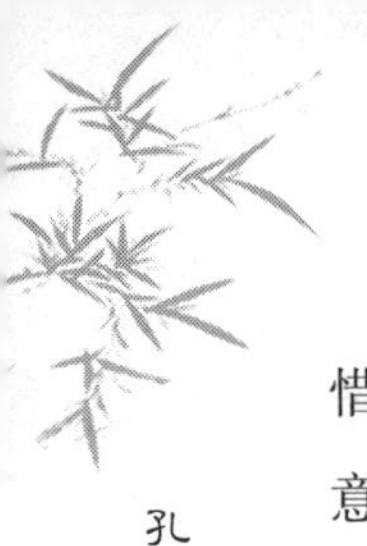

惜，使民族文化得以不断传衍下去。以其生日作为教师节，在文化上也饶富意义。就便于庆祝方面而言，9月28日距离开学日已将近一个月，学校的教学、行政基本上已步入正轨而趋于稳定，师生的互动也经历一段时间的磨合，而建立起一定的默契，此时庆祝教师节，当能收到相当的成效。[①]

可能是基于上述几个原因，自2004年起，政协委员李汉秋即多次呼吁，希望将教师节改为9月28日，可惜始终未能成功。2013年9月，国务院公布《教育法律一揽子修订草案（征求意见稿）》，拟将教师节调整至9月28日。据新闻报道，民众大多倾向赞成，此实为令人十分振奋的消息。据笔者私下与大陆学界朋友接触交谈的结果，大家无不期盼早日将教师节改为9月28日。

（四）将中华文化的精要安排到正式课程中，期使民族文化能世代传承并发扬光大

近十年，大陆掀起了一股儒学热或国学热，此现象固然十分值得欣喜，但也不免令人担心，这种热潮能否长久维持。根据笔者多年多方面的观察，要排除这种疑虑，必须克服的问题主要有两方面。

第一方面为缺乏系统的传授。目前有关传统文化的传授，大多以读经班、研习会、书院讲学等不同的形式进行。尽管形式不同，但大抵属于课外进修的性质，并未安排到正式课程当中。在此情形之下，各中小学只能或者在有限的教学时间中勉强挤出一两个课时，今年能挤出来，明年则未必既然；或者利用周六、周日等假日时间进行教学，但无法长期如此，只能勉强维持一个学期或一个学年。既然教学时间无法获得保障，长期规划和系统性规划就无从谈起。期望青少年以这种类似打游击的方式，对传统文化有比较完整而清楚的认识，恐怕不太现实。

第二方面为师资良莠不齐。目前有关传统文化的教学几乎都是由语文教师担任，虽然语文教师多毕业于各大学的中文系，课程中与传统文化相关者

---

① 在台湾，9月28日教师节当天，学生往往或向授课教师呈献鲜花，或书写卡片表达感谢教导之意，或购买茶点供师生共同享用同乐……以各种方式庆祝，对拉近师生距离、增进师生感情、促进教学效果，具有一定的作用。

却并不多。按，传统典籍以经、史、子、集四部分类，其中与儒学或国学密切相关者为经部、子部的著作，然而在经部之中，仅《诗经》因属于古典文学，得以在中文系开课，其他如《易经》《书经》《礼记》《左传》等，中文系皆未开课。[①] 子部之中，不论是儒家的《论语》《孟子》《荀子》，或者是道家的《老子》《庄子》，墨家的《墨子》，法家的《韩非子》，以至杂家的《吕氏春秋》《淮南子》等也都未在中文系开课。[②] 因此，语文教师在其养成阶段，几乎并未受到与传统文化相关的训练，其将如何胜任儒学或国学的教学工作？不免让人捏一把冷汗。

为克服上述两方面问题，笔者认为唯有将传统文化安排到正式课程中，才是根本解决之道。一则，列入正式课程中，有了课时的保障，教材就能循序渐进地做系统安排，学生也能由浅入深，逐步接受传统文化的熏陶。再则，既然列入正式课程中，对师资必须严格要求，如此可迫使培育师资的各大学中文系改革课程，将与儒学或国学相关的典籍列为必、选修的科目。当然也可以由目前不少大学已经成立的国学院来负责师资的养成。[③] 俗话说，巧妇难为无米之炊，但反过来说，虽然有米也得依赖巧妇炊煮，亦即虽然列入正式课程，有了课时的保障，可是如果没有训练有素且称职的师资，要达成教学的目标，也只是空谈。[④]

（五）结语

孟子说："人之所以异于禽兽者几希。"[⑤] 意指人具有恻隐、羞恶、辞让、是非之心，此为仁、义、礼、智之善端，乃禽兽所无，人与禽兽之差异仅在此"几希"之处。借用孟子之语，笔者认为人与禽兽的不同除此之外，实另有"几希"之处，即人发明了文字，禽兽则否。正因为人有文字的发明，故

① 《易经》虽在大学开课，但开在哲学系而非中文系。

② 上述课程，有些虽在大学开课，但皆开在哲学系而非中文系。

③ 据笔者所知，目前绝大部分的大学国学院并非实体，如要负责师资的培养，则必须转型成为实体的教学单位。

④ 据笔者观察，各讲习传统文化的单位或个人，其教学固然有上轨道者，但也不乏一知半解，或错误解读，甚至穿凿附会者，对儒学或国学的传承不仅无益，反而会造成严重的伤害。另有些地方或学校为因应实际需要，采取短期培训的方式，或一两个星期，或一两个月，来养成师资，极易造成偏蔽，而且这种方法也只能治标，不能治本。

⑤ 《孟子集注·离娄下》，《四书章句集注》，第 411 页。

可以将前人的经验记录下来，并不断累积，经过时代的淘洗，最后保留下来的就成为经典而流传至今。因此经典可谓为先人智慧的结晶，传统文化即相当程度地寄寓其中，理当为我们所珍惜重视。

传统文化固然是由诸子百家思想的精要汇集而成的，但对中国历朝历代的政教产生很大的作用，并渗透到广大的民间，对老百姓的生活造成深远的影响者，要以儒家为最大宗。是故研习儒家经典，以了解儒家思想，实为传承中华文化的主要途径。

儒家思想以仁为核心，但其落实则必须依赖礼的践行。所谓“礼也者，理之不可易者也”①，“礼也者，理也。……君子无理不动”②，可见礼必须合乎道理。另所谓“礼者，体也”，“礼者，体情制文者也”③，可见礼必须体察人情。还有所谓“礼者，人之所履也”④，“言而履之，礼也”⑤，可见礼不能徒托空言，必须付诸实践。达理合情而又注重实践，是故儒家思想被认为是一种生活哲学。

既然是一种生活哲学，那么最主要的就是能在日常生活中确实践履。为使传统文化融入我们的日常生活，笔者衷心期望透过能掌握基本要素的释奠礼，表达对儒家创始人孔子的尊崇；并且将孔子的生日定为教师节，以表达尊师重道之意；还要通过正式课程，将中华文化的精要传授给年轻的一代，期使传统文化能不断传衍并且发扬光大。

——原发表于2014年9月北京纪念孔子诞辰2565周年国际学术研讨会，后被收入《儒学：世界和平与发展——纪念孔子诞辰2565周年国际学术研讨会论文集》，北京：九州出版社，2015年5月1版1刷

---

① 杨倞注，王先谦集解：《荀子集解·乐论》，《新编诸子集成》第二册，台北：世界书局，1972年，第255页。

② 《礼记正义·仲尼燕居》，第854页。

③ 皆见高诱注《淮南子·齐俗训》，《新编诸子集成》第七册，台北：世界书局，1972年，第176页。

④ 《荀子集解·大略》，第327页。

⑤ 《礼记正义·仲尼燕居》，第856页。

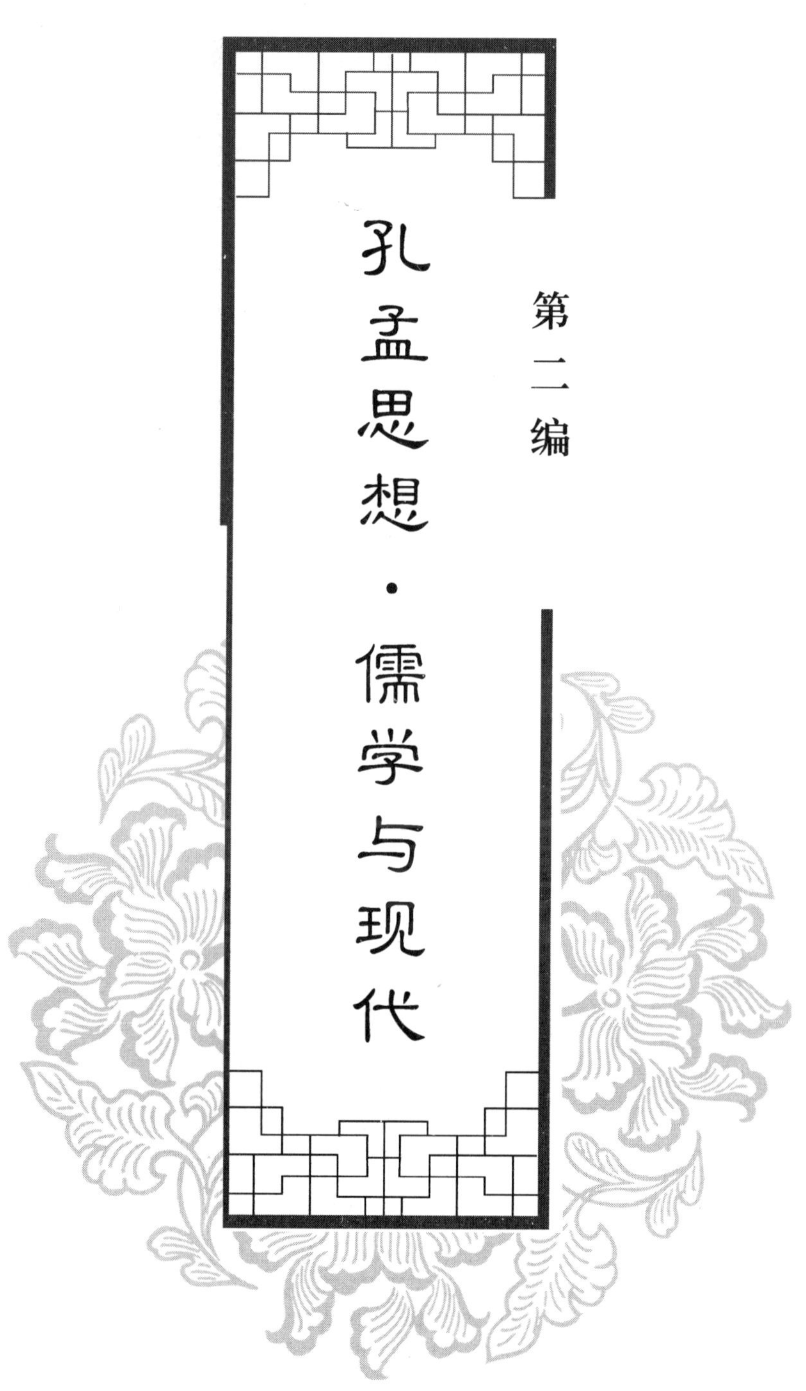

第二编

孔孟思想·儒学与现代

孔孟思想

一、孔孟仁爱思想对人、物的关怀及其现代意义

（一）前言

孔孟思想为我国传统思想的主流，对我国过去的社会曾产生相当深远的影响，成为稳定社会的一股最大力量。然则由于时移势异，近一两百年来，孔孟思想遭受到不少的冲击，极力为之辩护者固然不乏其人，但激烈批判者更是多如过江之鲫。因此，孔孟思想在现代是否仍有其效用，是否值得我们提倡，成为一个非常热门的话题。但是由于此一问题所牵涉的层面极为广泛，其中又夹杂着传统与现代、理想与现实等诸多复杂因素，所以颇不容易一一加以厘清。本文仅就孔孟仁爱思想对人、物的关怀所具有的时代意义提供浅见，所谓尝脔一鼎，或许有助于我们形成对此一大问题的认识。

（二）孔孟的仁爱思想

孔子的中心思想为仁，此从最能反映孔子生活与思想的《论语》中论仁之话语特别多[①]，可以获得证明。然而因为孔子所注重者在于如何践履仁，所以从未对仁下过明确的定义，可是我们仍然可以从下列话语中，略见孔子之意：

---

① 《论语》中“仁”字出现之次数，由于各家统计方式不一，结果难免有歧异，但不论采用何种方法，总数均在百次以上。

樊迟问仁，子曰："爱人。"[①]

子曰："夫仁者，己欲立而立人，己欲达而达人。"[②]

据此，则仁的意涵即是爱，然此爱显然有层次之分，盖必先已立已达，而后立人达人，此即所谓推爱是也。

孔子对仁虽极为重视，然而亦认为仁必须以义、礼作为考量标准：

子曰："由也，女闻六言六蔽矣乎?"对曰："未也。""居！吾语女。好仁不好学，其蔽也愚；好知不好学，其蔽也荡；好信不好学，其蔽也贼；好直不好学，其蔽也绞；好勇不好学，其蔽也乱；好刚不好学，其蔽也狂。"[③]

所谓学，所指究竟为何?

子路曰："君子尚勇乎?"子曰："君子义以为上。君子有勇而无义为乱，小人有勇而无义为盗。"[④]

是可见所学者为义。又：

颜渊问仁，子曰："克己复礼为仁。"[⑤]

又可见所学者为礼。按，义者，宜也；礼者，无过与不及之谓。故曰："君子义以为质，礼以行之……"[⑥] 彼此有可以相贯通之处。而所谓推爱即基于义与礼的考量而产生。[⑦]

能承继孔子思想，并且阐扬最为有力者为孟子，孟子言仁，亦以为仁即爱人：

孟子曰："君子所以异于人者，以其存心也。君子以仁存心，以礼存

---

① 《论语·颜渊》。
② 《论语·雍也》。
③ 《论语·阳货》。
④ 《论语·阳货》。
⑤ 《论语·颜渊》。
⑥ 《论语·卫灵公》，孔子语。
⑦ 义者有裁制，礼可别亲疏，故不能一视同仁，而必须有先后之序、轻重之分。

心。仁者爱人，有礼者敬人。”①

其对于爱的实践也采取推爱的方式：

> 孟子曰：“君子之于物也，爱之而弗仁；于民也，仁之而弗亲。亲亲而仁民，仁民而爱物。”②

又每与义、礼合而言之，如：

> 孟子见梁惠王。王曰：“叟！不远千里而来，亦将有以利吾国乎？”孟子对曰：“王何必曰利？亦有仁义而已矣。”③
>
> 孟子曰：“仁之实，事亲是也；义之实，从兄是也。……礼之实，节文斯二者是也。”④

综上所述，可见孔孟之仁爱思想盖具有三个特点：一为仁即是爱；二为采推爱方式，乃由己而人，由人而物，逐步推展完成；三为以义、礼为断，庶乎可以免于偏颇。其说合乎情理之常且极为平实。

（三）孔孟仁爱思想对人、物的关怀

孔子仁爱思想的实际表现，首在鼓励人努力修养，使自己成为具有仁德的君子：

> 子曰：“苟志于仁矣，无恶也。”⑤
>
> 子曰：“仁远乎哉？我欲仁，斯仁至矣。”⑥
>
> 子曰：“君子无终食之间违仁，造次必于是，颠沛必于是。”⑦

如是能自我建树以后，又进而协助他人，使能各得其所，安居乐业：

> 子路问君子。子曰：“修己以敬。”曰：“如斯而已乎？”曰：“修己以安人。”曰：“如斯而已乎？”曰：“修己以安百姓。修己以安百姓，尧舜

---

① 《孟子·离娄下》。

② 《孟子·尽心上》。

③ 《孟子·梁惠王上》。

④ 《孟子·离娄上》。

⑤ 《论语·里仁》。

⑥ 《论语·述而》。

⑦ 《论语·里仁》。

其犹病诸！”[①]

充分显现出对社会人群的关切。故当孔子与弟子周游列国，受到隐者长沮、桀溺的讥讽时，孔子即怃然以告子路曰：

鸟兽不可与同群，吾非斯人之徒与而谁与？天下有道，丘不与易也。[②]

而其对人群的关切，则又具体表现在先解决其基本生活问题，进而施以教化上：

子适卫，冉有仆。子曰：“庶矣哉！”冉有曰：“既庶矣。又何加焉？”曰：“富之。”曰：“既富矣，又何加焉？”曰：“教之。”[③]

期望以此使整个社会循序以达和谐安详的地步：

子路曰：“愿闻子之志。”子曰：“老者安之，朋友信之，少者怀之。”[④]

在使社会各阶层皆获得适当安顿以后，又推展此仁爱之心于草木鸟兽之上：

曾子曰：“树木以时伐焉，禽兽以时杀焉。夫子曰：‘断一树，杀一兽，不以其时，非孝也。’”[⑤]

盖孝弟为仁之本[⑥]，滥伐滥杀有害于仁，即有害于作为仁之根本的孝弟，故云“非孝也”。据载：

厩焚，子退朝，曰伤人乎不问马。[⑦]

对于此章，由于断句不一[⑧]，说解也有歧异，然不论说解为何，皆可看出孔子

---

① 《论语·宪问》。

② 《论语·微子》。

③ 《论语·子路》。

④ 《论语·公冶长》。

⑤ 《礼记·祭义》。

⑥ 《论语·学而》：“有子曰：‘……孝弟也者，其为仁之本与！’”有子此看法极可能承自孔子。

⑦ 《论语·乡党》。

⑧ 此章断句方式有三：一为厩焚，子退朝，曰：“伤人乎？”不问马。二为厩焚，子退朝，曰：“伤人乎不？”问马。三为厩焚，子退朝，曰：“伤人乎？”“不。”问马。

先人后物之精神。又据载：

> 子钓而不纲，弋不射宿。[①]

则又可见孔子取物之有节。是其恻隐之心不仅对人，而且及于禽兽，然亦有其先后，由仁民推而及于爱物，充分显现其蔼然仁者之胸怀。

孟子的仁爱思想承自孔子而有更进一步之发挥，他首先肯定人人皆具有恻隐之心，此恻隐之心即为仁之端：

> 孟子曰："所以谓人皆有不忍人之心者，今人乍见孺子将入于井，皆有怵惕恻隐之心。……由是观之，无恻隐之心，非人也。……恻隐之心，仁之端也。"[②]

又：

> 孟子曰："夫仁，天之尊爵也，人之安宅也。莫之御而不仁，是不智也。"[③]

故鼓励人应发扬此善性之端，勿自暴自弃，以高尚其志：

> 孟子曰："恻隐之心，仁之端也；羞恶之心，义之端也；辞让之心，礼之端也；是非之心，智之端也。人之有是四端也，犹其有四体也。有是四端而自谓不能者，自贼者也；谓其君不能者，贼其君者也。凡有四端于我者，知皆扩而充之矣，若火之始然，泉之始达。苟能充之，足以保四海；苟不充之，不足以事父母。"[④]

又：

> 孟子曰："自暴者，不可与有言也；自弃者，不可与有为也。言非礼义，谓之自暴也；吾身不能居仁由义，谓之自弃也。仁，人之安宅也；义，人之正路也。旷安宅而弗居，舍正路而不由，哀哉！"[⑤]

---

① 《论语·述而》。
② 《孟子·公孙丑上》。
③ 《孟子·公孙丑上》。
④ 《孟子·公孙丑上》。
⑤ 《孟子·离娄上》。

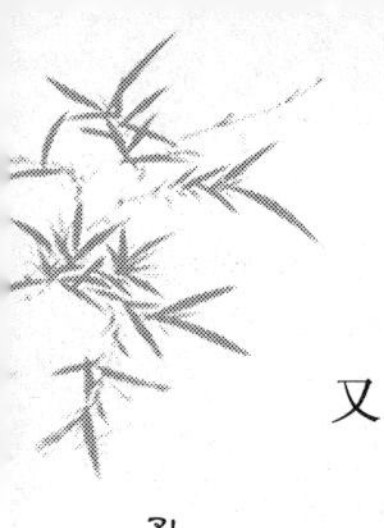

又：

王子垫问曰："士何事？"孟子曰："尚志。"曰："何谓尚志？"曰："仁义而已矣。杀一无罪，非仁也；非其有而取之，非义也。居恶在？仁是也。路恶在？义是也。居仁由义，大人之事备矣。"①

推广此仁爱之心，孟子颇津津乐道其心目中之理想政治——王政②，亦以解决人民基本生活问题为首务，而后再继续推行教化：

孟子对曰："五亩之宅，树之以桑，五十者可以衣帛矣；鸡豚狗彘之畜，无失其时，七十者可以食肉矣；百亩之田，勿夺其时，数口之家可以无饥矣；谨庠序之教，申之以孝悌之义，颁白者不负戴于道路矣。七十者衣帛食肉，黎民不饥不寒，然而不王者，未之有也。"③

其意以为人如果仅追求衣食的温饱，而缺乏礼义教化，则与禽兽无差别；为避免人之物化，故当再施以人伦之道，使社会趋于和谐的境地：

孟子曰："人之有道也，饱食、暖衣、逸居而无教，则近于禽兽。圣人有忧之，使契为司徒，教以人伦：父子有亲，君臣有义，夫妇有别，长幼有序，朋友有信。"④

此外，为使人之生活资源不虞匮乏，孟子亦主张取物当有节：

孟子对曰："不违农时，谷不可胜食也；数罟不入洿池，鱼鳖不可胜食也；斧斤以时入山林，材木不可胜用也。谷与鱼鳖不可胜食，材木不可胜用，是使民养生丧死无憾也。养生丧死无憾，王道之始也。"⑤

可见孟子实具有长远的眼光。孟子并非仅就实利观点而立论，盖其意以为对物之关怀，仍是仁爱的发露：

---

① 《孟子·尽心上》。

② 孟子或称王政为仁政，如《梁惠王上》"王如施仁政于民……"；或称不忍人之政，如《公孙丑上》"先王有不忍人之心，斯有不忍人之政"。

③ 《孟子·梁惠王上》。

④ 《孟子·滕文公上》。

⑤ 《孟子·梁惠王上》。

孟子曰：“人皆有所不忍，达之于其所忍，仁也。”①

人情常于亲近者有所不忍，而于疏远者有所忍，能由亲近者推而及于疏远者，而亦有所不忍，此即仁也。所以当齐宣王见有牵牛过堂下将以衅钟者，不忍见其觳觫，若无罪而就死地，而以羊易之，孟子即称许其有不忍之心，而勉励他推扩此心以施行仁政。② 由是可知孟子亦同具有仁民爱物的伟大胸怀。

（四）孔孟仁爱思想的时代意义

如上所述，孔孟的仁爱思想系由亲近推而及于疏远，先己而后人，先人而后物，从表面上看来，似尚未能混人己、人物而为一，而是采取有差别的对待方式，好像还不够完美圆满。所以，墨子于学习儒者之业以后，深感不满而另辟蹊径，提出兼爱之说，冀望以兼而无别的爱来替代儒家的推爱，一时之间，颇为众人所侧目，而成为当时的显学之一。无奈墨子的陈义虽高，可是罔顾人情之常，所以一落入实际人群社会，就遭遇窒碍而无法推行，以致墨学不旋踵即告衰微。由此反证，益发显现孔孟仁爱思想的平实而可遵循。再据此而检视现代的许多思想，其理念固然高超，口号也很响亮，可是却未能衡量人情事理，因此一旦勉强付诸实行，不但无法解决现有的难题，反而将大家导入另一种困境之中。今天，孔孟的仁爱思想因其能衡情入理，格外值得我们认取而加以师法。

民生所需，食、衣、住、行、育、乐六大项目，可分为两个层次：食、衣、住、行四者较偏重于生理的满足，此为人兽所共同需求者；育、乐两者较偏重于心理的满足，此为人类所独有者。人为生物之一，自然不能忽略生理的需求；但是如果只停留在满足生理需求的层面，则人与禽兽又有何差别？所以必须进而提高层次，以追求心理上的满足。孔孟的仁爱思想，肯定人有自觉的能力，具有仁的善性，能给人以自尊而懂得自重自爱。在实施之时，首重民生基本问题食、衣、住、行的解决，进而主张推行礼乐教化，以求精神的提升。此种理论，验之现代世界各先进国家的发展历程，完全合若符节。今天，我们要求中国现代化，以期能迎头赶上世界各先进国家的水平，对于

① 《孟子·尽心下》。

② 《孟子·梁惠王上》。

孔孟的仁爱思想固当奉行而勿失。

乍视之，孔孟的仁爱思想似乎有人我、人物的分别，但此仅是为适应人情之常而设定的实施程序，实际上仁道的具体表现在于忠恕。子曰："忠恕违道不远，施诸己而不愿，亦勿施于人。"① 自己既不愿受戕害，则可推之人、物亦不愿受戕害；自己既希望能生能活，则可推知人、物也希望能生能活，故其终极目标乃在使万物皆能各遂其生，各得其所，此即孟子所谓："万物皆备于我矣。反身而诚，乐莫大焉。强恕而行，求仁莫近焉。"② 因此为了延续生命的需要，我们固然不能不获取万物以作为生活的资源，但对于万物则主张取之有节，绝不妨害其繁衍生长，而使其能够繁殖畅茂，以至生生不息。此种观念在今天尤其有其意义，盖近百年以来，人类在人定胜天的自我膨胀观念误导下，对草木滥砍滥伐，对禽兽滥捕滥杀，已使许多动植物绝种或濒于绝种边缘，严重影响大自然生态的平衡，并因此而威胁到人类的生存。有识之士莫不为此感到忧心忡忡，大声疾呼，要求大家重视环境的保护及生态的维持。然则早在两千四百年前，孔子、孟子的主张即与此种观点相吻合，可见孔孟的仁爱思想实能计虑长久，值得现代人谨遵恪守，以为我们及后代子孙留下可供生存的空间。

（五）结语

综上所述，可见孔孟的仁爱思想由于能顾及人情事理，且有其循序渐进的施行步骤，能包容自己、人群以及万物（可大），其观念做法在今天仍有参考价值，值得我们学习效法（可久）。但我们又不能不知，由于孔子、孟子都是思想家，而非行政官僚，故其仁爱思想比较偏重在原则性的提示上，至于技术性的具体实施方案则较少论述。所幸近代各种学说、政制、科技等群起并兴，且日新月异，其中颇多可供吾人斟酌采用者。所以我们今天一方面当认取孔孟仁爱思想所提示的原则，保证大方向及总目标不至于有所偏差；另一方面则宜针对社会现况，研商可行且有效的办法，使理想付诸实现。如此，孔孟的仁爱思想始能真正落实，有益于社会人群以至天地万物，进而继续发

---

① 《中庸》第十三章。

② 《孟子·尽心上》。

挥其效用。

——原发表于1990年8月大连孔子思想研讨会，后刊登于《孔孟月刊》第29卷第2期，1990年10月；又被收录于《孔子研究》1990年第4期（总第20期），1990年12月

二、孔孟的阶梯哲学及其现代意义

（一）前言

已故朱子学大师陈荣捷先生于1987年11月在台北举行的孔学会议上，以《儒家之两轮哲学及现代化》为题，做主题演讲。认为儒家思想不倾于一边，举凡有关进德修业之道皆能兼采同纳，并行不悖，如车之两轮，鸟之双翼，相辅而行，可谓之两轮哲学。其论文当中，除征引孔孟之言作为证验之外，更大量引用朱子之语，指出朱子言修养之兼重尊德性与道问学，言体用之能两面着眼，亦属两轮哲学，承继了儒家的传统。[①] 见解精辟，言而有据，虽然论述的重点在于朱子，但已能充分阐发自孔孟以至朱子思想的共同特质。

笔者受其启示，以为儒家思想不仅具有两轮哲学的特质，而且还不倾于某一个层级，对高低不同的层级，只要有助于吾人的涵养，皆抱持肯定的态度；而且于肯定之余，更勉励人由较低层级进展至较高层级。这不仅可以适应当前社会日趋多元化的需要，也鼓舞众人做持续不懈的努力，以期精益求精，更上层楼，具有相当深切的意义，可以称之为两层哲学。1995年，笔者撰成《孔孟的两层哲学及其意义》一文，发表于《孔孟月刊》。[②]

文章发表之后，经反复思考，总觉得意有未尽，盖所谓“两层”，并非只有两个层级，而应该是有多重层级，称之为“两层哲学”并不谛当；且文中所指陈的意义，对现代人尤具有启示作用。因而决定将标题改为《孔孟的阶梯哲学及其现代意义》，并在内容上略作充实，而有本文之作。

---

① 见《国际孔学会议论文集》，台北：孔学会议秘书处，1988年6月，第27—37页。

② 见《孔孟月刊》第23卷第10期，1995年6月。

如上所述，本文乃是在前文的基础上，尝试从儒家代表人物孔子、孟子的思想中，发掘并开发其所具有的阶梯哲学意涵，进而指陈其所蕴含的现代意义，以作为现代社会中个人修养与群体发展的参考之资，而有裨于彼此境界的提升和整体的共存共荣。

（二）孔孟的阶梯哲学

按，《中庸》论及孔子的思想渊源云：

> 仲尼祖述尧、舜，宪章文、武。[①]

此从《论语》所载，孔子对于尧、舜、文、武的许多称述之语中，可以得到充分的证明。

孟子一生以绍述孔子之志业为己任，尝自谓：

> 乃所愿，则学孔子也。[②]

可见他对于尧、舜，以至文、武，也极为推尊，这也可以从《孟子》的许多记载中获得证明。

不过，孔子虽然是宗法尧、舜，并对他们极为推崇，可是从他的某些言论看来，似乎还认为尧、舜之所成就者尚有不足。如：

> 子贡曰："如有博施于民而能济众，何如？可谓仁乎？"子曰："何事于仁，必也圣乎！尧、舜其犹病诸！……"[③]

又如：

> 子路问君子。子曰："修己以敬。"曰："如斯而已乎？"曰："修己以安人。"曰："如斯而已乎？"曰："修己以安百姓。修己以安百姓，尧、舜其犹病诸！"[④]

认为如能做到"博施于民而能济众"或"修己以安百姓"，则已不仅止于

---

① 《中庸》第三十章，《四书集注》，台北：台湾书局，1961年再版，第36页。
② 《孟子·公孙丑上》，《四书集注》，第190页。
③ 《论语·雍也》，《四书集注》，第77页。
④ 《论语·宪问》，《四书集注》，第130页。

"仁"或"君子"，而达到"圣"的境界了。由此可见，在孔子的心目中，"圣"乃是一个至高无上的标准，虽尧、舜犹未能及之。因此，孔子从来不敢以"圣"自居：

> 子曰："若圣与仁，则吾岂敢？抑为之不厌，诲人不倦，则可谓云尔已矣。"①

但是根据《孟子》的记载，子贡却认为孔子实际上已经是"圣"了：

> 昔者子贡问于孔子曰："夫子圣矣乎？"孔子曰："圣则吾不能，我学不厌而教不倦也。"子贡曰："学不厌，智也；教不倦，仁也。仁且智，夫子既圣矣！"②

孟子则更进一步认为孔子不仅是"圣"，而且还是"圣"之集大成者。孔子之外，如伯夷、伊尹、柳下惠，虽不如孔子，但也都是"圣"了：

> 孟子曰："伯夷，圣之清者也；伊尹，圣之任者也；柳下惠，圣之和者也；孔子，圣之时者也。孔子之谓集大成。"③

其他如禹，如周公，孟子也都认为是"圣"，其言曰：

> 昔者禹抑洪水而天下平，周公兼夷狄、驱猛兽而百姓宁，孔子成《春秋》而乱臣贼子惧。《诗》云：'戎狄是膺，荆舒是惩，则莫我敢承。'无父无君，是周公所膺也。我亦欲正人心，息邪说，距诐行，放淫辞，以承三圣者；岂好辩哉？予不得已也。能言距杨墨者，圣人之徒也。④

如此则"圣"这一最高标准，到了孟子似乎已有往下拉之势。从孟子以为凡是人皆具有善性的观点而论，尧、舜、禹……以至周公、孔子固然可以成圣，普通人也有可能成圣，因此有以下问答：

> 曹交问曰："人皆可以为尧、舜，有诸？"孟子曰："然。"⑤

---

① 《论语 · 述而》，《四书集注》，第 85 页。
② 《孟子 · 公孙丑上》，《四书集注》，第 190 页。
③ 《孟子 · 万章下》，《四书集注》，第 264 页。
④ 《孟子 · 滕文公下》，《四书集注》，第 227 页。
⑤ 《孟子 · 告子下》，《四书集注》，第 285 页。

答语斩绝肯定而毫不迟疑，充分表达了他的信念，又引用颜渊之言曰：

> 舜何人也？予何人也？有为者亦若是。①

既然是有为者亦可以若是，则如舜之“圣”的境界，并非是至高无上而不能企及，只要肯奋发努力，人人都是可以达到的。不过值得我们注意的是，孟子虽然以为孔子、伯夷、柳下惠，以至于禹、周公都是“圣”，但同时又以孔子为圣之“集大成”者，因而引用有若之言曰：

> 麒麟之于走兽，凤凰之于飞鸟，太山之于丘垤，河海之于行潦，类也。圣人之于民，亦类也。出于其类，拔乎其萃，自生民以来，未有盛于孔子也。②

并自述其心愿为“学孔子也”。③

综合以上所述孔子、孟子之言，“圣”显然可以分为许多不同的层级，有的是人人皆可以及之的层级，有的则是虽如尧、舜犹有未至的层级；有的是得其一端的层级，有的则是集大成式的层级。此即为孔孟的阶梯哲学。

谈此阶梯哲学，其实并不需要综合孔子、孟子之言才能看出来，单就两人所各自论说者，即已可明显看出具有此意，兹分别阐述如下：

1. 孔子的阶梯哲学

孔子于师生问答之际，对于学生所提的修养境界，恒抱持肯定之意，于肯定之余，每每又提出一更高的境界，期勉学生能不以此自满，而更求精进。如：

> 子贡曰：“贫而无谄，富而无骄，何如？”子曰：“可也。未若贫而乐，富而好礼者也。”④

按，“贫而无谄，富而无骄”，这是一个层级，乃子贡所已能达到者；“贫而乐，富而好礼”，则又是另一个更高的层级，是子贡犹有待努力者。从孔子对

---

① 《孟子·滕文公上》，《四书集注》，第 207 页。
② 《孟子·公孙丑上》，《四书集注》，第 191 页。
③ 《孟子·公孙丑上》，《四书集注》，第 190 页。
④ 《论语·学而》，《四书集注》，第 47 页。

子贡的答语中，可以看出其所期勉子贡之意至深。故朱子曰：

子贡货殖，盖先贫后富，而尝用力于自守者，故以此为问。而夫子答之如此，盖许其所已能，而勉其所未至也。①

又如：

子曰："衣敝缊袍，与衣狐貉者立，而不耻者，其由也与？'不忮不求，何用不臧？'"子路终身诵之。子曰："是道也，何足以臧？"②

子路衣敝缊袍，与穿狐貉者立，而不以为耻，即能不以贫富动其心，而可以进于道，确属难能，故为孔子所赞许，这是一个层级。然而子路却终身诵之，显然已有自满之心，因此孔子又谓"是道也，何足以臧？"可见在此之上还有更高的层级，以激励子路不能画地自限，故朱子引谢良佐之言曰：

终身诵之，则非所以进于日新也，故激而进之。③

由于孔子认为修养有层级之分，故其论士、论成人，常先标举较高的层级，作为大家黾勉以赴的目标。可是如果力有未逮，但能不自甘于下流，而达到次一层级，也都为孔子所认可。如其论士云：

子贡问曰："何如斯可谓之士矣？"子曰："行己有耻，使于四方，不辱君命，可谓士矣。"曰："敢问其次。"曰："宗族称孝焉，乡党称弟焉。"曰："敢问其次。"曰："言必信，行必果，硁硁然小人哉！抑亦可以为次矣。"曰："今之从政者何如？"子曰："噫！斗筲之人，何足算也。"④

又论成人曰：

子路问成人。子曰："若臧武仲之知，公绰之不欲，卞庄子之勇，冉求之艺，文之以礼乐，亦可以为成人矣。"曰："今之成人者何必然？见

① 《论语·学而》，《四书集注》，第 47 页。
② 《论语·子罕》，《四书集注》，第 95 页。
③ 《论语·子罕》，《四书集注》，第 96 页。
④ 《论语·子路》，《四书集注》，第 120 页。

利思义，见危授命，久要不忘平生之言，亦可以为成人矣。”[①]

盖孔子可能已自知如陈义过高，则弟子难以企及，反而成为空言，乃主动降低层级，就子路之所可及者而语之。[②] 孔子教人之能因材而施，于此可以见之矣。

而在孔子的心目中，则希望能得到中行之人，以道传之。然中行之人不可必得，则狂狷者虽属较低层级，亦为其所取：

子曰：“不得中行而与之，必也狂狷乎！狂者进取，狷者有所不为也。”[③]

孟子颇能理解孔子的此种心意，故曰：

孔子岂不欲中道哉？不可必得，故思其次也。[④]

因此，孔子取人，当然是期盼得到高层级者，不过高层级者并不容易见到，所以如能见到较低层级者也就可以了：

子曰：“圣人，吾不得而见之矣；得见君子者，斯可矣。”子曰：“善人，吾不得而见之矣；得见有恒者，斯可矣。亡而为有，虚而为盈，约而为泰，难乎有恒矣。”[⑤]

在此不得不加以辨明者，即孔子虽然认为能见到较低层级者也可以，但并非漫无标准，如此章所指的“亡而为有，虚而为盈，约而为泰”之人即不在层级中者，亦即不入流者，而为其所不取，至于乡原，更为孔子所辟斥：

子曰：“乡原，德之贼也。”[⑥]

甚至于自己的弟子，行事如有悖于正道，亦不惜与之决裂，并要求大家同声讨伐：

---

① 《论语·宪问》，《四书集注》，第123—124页。
② 《论语·宪问》：“盖就子路之所可及而语之也。”《四书集注》，第124页。
③ 《论语·子路》，《四书集注》，第120页。
④ 《孟子·尽心下》，《四书集注》，第316页。
⑤ 《论语·述而》，《四书集注》，第83页。
⑥ 《论语·阳货》，《四书集注》，第144页。

> 季氏富于周公，而求也为之聚敛而附益之。子曰："非吾徒也。小子鸣鼓而攻之，可也。"①

由于孔子论人有其一定的标准，而在标准之上，又有层级的分别，亦即具有阶梯哲学的概念，故其对人并不求全责备，凡有所长，皆为其所肯定：

> 季康子问："仲由可使从政也与？"子曰："由也果，于从政乎何有？"曰："赐也，可使从政也与？"曰："赐也达，于从政乎何有？"曰："求也，可使从政也与？"曰："求也艺，于从政乎何有？"②

又当子路、曾皙、冉有、公西华侍于孔子时，孔子诱导他们各言其志，当四人分别述说了自己的心愿后，孔子虽然对曾皙"莫春者，春服既成，冠者五六人，童子六七人，浴乎沂，风乎舞雩，咏而归"的愿望深表赞赏，而有"吾与点也"之叹；可是当子路、冉有、公西华三人离开后，曾皙问"三子者之言何如"时，孔子仍然肯定了他们治国安邦的心意，以为其志皆属远大。③ 就是因为孔子具有此阶梯哲学的概念，所以能认取每个人的优点，四方之士乃乐于从学，以致门下济济多士。且孔子更能于其所长之外，知其所短，因材而教，勉励弟子们更上层楼，故诸弟子在经过其循循善诱之后，皆能德业日进而各有所成。

2. 孟子的阶梯哲学

孔子勉人更上层楼，以及对人不求全责备的态度，皆为孟子所继承。故孟子对齐宣王，虽明知其志在于称霸诸侯，仍然借"以羊易牛"之事，赞许他具有"仁术"，并不惮其烦地为其陈述王政，鼓励他发政施仁，以王天下。④

又如孟子虽然尝谓：

> 伯夷隘，柳下惠不恭。隘与不恭，君子不由也。⑤

但仍然认为伯夷、柳下惠都是圣人。盖各人所行虽有不同，乃是因为境遇有

① 《论语·先进》，《四书集注》，第104页。

② 《论语·雍也》，《四书集注》，第73页。

③ 《论语·先进》，《四书集注》，第106—108页。

④ 《孟子·梁惠王上》，《四书集注》，第165—170页。

⑤ 《孟子·公孙丑上》，《四书集注》，第196页。

别，不得不然，若论其归趋，则并无二致也。故曰：

> 居下位，不以贤事不肖者，伯夷也；五就汤，五就桀者，伊尹也；不恶污君，不辞小官者，柳下惠也。三子者不同道，其趋一也。一者何也？曰：仁也。君子亦仁而已矣，何必同？①

既然都是志在于仁，故所行虽然不同，但殊途同归，其实并无差异。因此若易地而处，则无不皆然：

> 禹、稷当平世，三过其门而不入，孔子贤之。颜子当乱世，居于陋巷。一箪食，一瓢饮。人不堪其忧，颜子不改其乐，孔子贤之。孟子曰："禹、稷、颜回同道。禹思天下有溺者，由己溺之也；稷思天下有饥者，由己饥之也，是以如是其急也。禹、稷、颜子易地则皆然。"②

盖能各尽其所应行之道，所以皆为孟子所推许，故又曰：

> 禹恶旨酒而好善言。汤执中，立贤无方。文王视民如伤，望道而未之见。武王不泄迩，不忘远。周公思兼三王，以施四事；其有不合者，仰而思之，夜以继日；幸而得之，坐以待旦。③

唯其如此，故孟子将古代圣王区分为两个不同的层级，曰：

> 尧、舜，性之也。汤、武，身之也。④

又曰：

> 尧、舜，性者也。汤、武，反之也。⑤

尧、舜顺性而行；汤、武修身体道，以复其性。较而论之，尧、舜不待勉强，为一较高之层级；汤、武有着力之迹，为另一个层级。但不论其层级为何，皆为孟子所尊崇而向往，此即孟子之阶梯哲学也。

就是因为孟子有此阶梯哲学的概念，所以他虽严于义利王霸之辨，以为

---

① 《孟子·告子下》，《四书集注》，第288—289页。
② 《孟子·离娄下》，《四书集注》，第245页。
③ 《孟子·离娄下》，《四书集注》，第245页。
④ 《孟子·尽心上》，《四书集注》，第302页。
⑤ 《孟子·尽心下》，《四书集注》，第315页。

霸者乃“以力假人”“以力服人”①，并且谓：

仲尼之徒，无道桓、文之事者。②

又曰：

五霸者，三王之罪人。③

对于管仲，每加以鄙薄，曰：

管仲得君，如彼其专也；行乎国政，如彼其久也；功烈，如彼其卑也。④

可是他也不得不承认齐桓公与管仲仍有其可取之处，曰：

故将大有为之君，必有所不召之臣。欲有谋焉，则就之。其尊德乐道，不如是不足与有为也。……桓公之于管仲，学焉而后臣之，故不劳而霸。⑤

对齐桓公之于管仲，能学焉而后臣之的态度，仍然表示赞赏。对齐桓公于葵丘之会中能立五禁，约束同盟之人在同盟之后言归于好，也抱持肯定的态度，以为非战国时代各诸侯所能及，⑥ 曰：

今之诸侯，五霸之罪人也。⑦

凡此皆可见孟子虽然瞧不起霸者，对其罪状，每每加以声讨，但其若有功绩，则并未一概抹杀。对于只会游说国君以挑起战端，并且从中取利者，

---

① 《孟子·公孙丑上》：“以力假仁者霸，霸必有大国；以德行仁者王，王不待大。汤以七十里，文王以百里。以力服人者，非心服也，力不赡也；以德服人者，中心悦而诚服也，如七十子之服孔子也。”《四书集注》，第 191 页。

② 《孟子·梁惠王上》，《四书集注》，第 165 页。

③ 《孟子·告子下》，《四书集注》，第 290 页。

④ 《孟子·公孙丑上》，《四书集注》，第 184 页。

⑤ 《孟子·公孙丑下》，《四书集注》，第 198—199 页。

⑥ 《孟子·告子下》：“五霸，桓公为盛。葵丘之会诸侯，束牲、载书而不歃血。初命曰：‘诛不孝，无易树子，无以妾为妻。’再命曰：‘尊贤育才，以彰有德。’三命曰：‘敬老慈幼，无忘宾旅。’四命曰：‘士无世官，官事无摄，取士必得，无专杀大夫。’五命曰：‘无曲防，无遏籴，无有封而不告。’曰：‘凡我同盟之人，既盟之后，言归于好。’今之诸侯，皆犯此五禁。”《四书集注》，第 290 页。

⑦ 《孟子·告子下》，《四书集注》，第 290 页。

如公孙衍、张仪等人，孟子则不假辞色，直斥其所为乃妾妇之道，而非大丈夫之行径：

> 景春曰："公孙衍、张仪岂不诚大丈夫哉？一怒而诸侯惧，安居而天下熄。"孟子曰："是焉得为大丈夫乎？子未学礼乎？丈夫之冠也，父命之；女子之嫁也，母命之，往送之门，戒之曰：'往之女家，必敬必戒，无违夫子！'以顺为正者，妾妇之道也。居天下之广居，立天下之正位，行天下之大道。得志与民由之，不得志独行其道。富贵不能淫，贫贱不能移，威武不能屈。此之谓大丈夫。"①

由此可见，孟子实能本其阶梯哲学的概念，对于王者，不论其为哪一个层级，皆加赞扬推崇。对于霸者，虽然一向鄙薄其行为，但若其有近乎正道的表现，则仍然予以肯定认可。至于所行悖离道义者，则严词辟斥。其褒其贬，自有一定的准则在。如其对于杨朱、墨翟诡于圣人之言，即不遗余力地加以排击，曰：

> 圣王不作，诸侯放恣，处士横议，杨朱、墨翟之言盈天下。天下之言，不归杨，则归墨。杨氏为我，是无君也；墨氏兼爱，是无父也。无父无君，是禽兽也。……杨墨之道不息，孔子之道不着，是邪说诬民，充塞仁义也。仁义充塞，则率兽食人，人将相食。吾为此惧，闲先圣之道，距杨墨，放淫辞。②

按，杨朱取为我，绝对不肯牺牲个人之分毫，以为团体尽能力，此谓其无君，盖指其没有团体的观念。又墨翟提倡兼爱，以兼易别，主张爱无差等，要求大家爱人之父若己父，如此则己父之地位等同于其他人之父，故谓其无父。两人之观念，一则只知有己，一则等人于己，表面上看似相反，其实都是走极端，都是拘执于一偏，而有妨于正道。故孟子又斥之曰：

> 杨子取为我，拔一毛而利天下，不为也。墨子兼爱，摩顶放踵利天下，为之。子莫执中，执中为近之，执中无权，犹执一也。所恶执一者，

---

① 《孟子·滕文公下》，《四书集注》，第220页。

② 《孟子·滕文公下》，《四书集注》，第226页。

为其贼道也，举一而废百也。[1]

既然拘执于一端，则他人之所行若与自己不同，必然不能加以肯定，从不考虑每个人所处环境是否有差异，更不可能从另外一个角度来欣赏其人所具有的长处。如此则顺我者是，逆我者非，显然与孟子所持的阶梯哲学大相径庭，宜乎为孟子所不取也。

（三）孔孟阶梯哲学的现代意义

综合以上的论述，我们已可充分看出孔孟思想实具有阶梯哲学的特质。而此阶梯哲学在现代社会中意义甚大，兹阐明如下：

1. 人生修养可以划分为各个不同的层级，而较低层级乃是人人都有能力达到的，故能激发人努力求上进而不自暴自弃；在较低层级之上又有更高层级，可以鼓舞人不满足于现状，在既有的基础上循阶梯而上，益求精进，具有勉励人持续努力的积极意义。

2. 在各个不同的层级中，最高层级可以视为终极目标，以下的各较低层级则可以看作阶段目标，如此即有步骤可遵循，由低至高，循序渐进；而最高层级又是难以企及的，则人生将永远处在奋斗中，生命因此而能凸显其意义。

3. 对于涵养的各个层级皆加以肯定认同，但并非毫无分辨，凡不入于层级中者，亦即悖离正道者，则会加以鄙斥，如孔子、孟子之对乡原的深恶痛绝，以及对异端的抨击等皆是。

4. 此阶梯哲学既肯定各人不同的成就，可以指示大家不必群趋一途，而是各就所长提供奉献，使社会呈现多彩多姿的美丽景象；此外又可以提醒大家，所谓社会多元化，并非可以随兴任意而为，漫无节制；举凡违背社会共同规范者，即必须加以裁抑，以避免造成乱象。由是可见孔孟阶梯哲学兼具指导与约束之双重作用。

——原发表于 2000 年 10 月北京经济全球化与中华文化走向国际学术研讨会，后收入香港东方红书社《经济全球化与中华文化走向》论文集，2001 年 5 月

---

① 《孟子·尽心上》，《四书集注》，第 201—202 页。

三、孔门的诚信之教

（一）前言

许慎《说文解字》说："信，诚也。从人言。……𠈑，古文信。"段玉裁于"从人言"下注解道："人言则无不信者，故从人言。"又于"古文信"下注解说："言必由衷之意。"据此看来，信的本意是讲话出自内心的诚意，能被人接受；亦即言行一致，能行其所言。① 《论语》所载孔子及其弟子的诸多言论中，确实反映出孔门对说话的重视。但我们仔细研究他们所说的话语，却可以发现，孔门所讲的，并非仅止于此，而是具有更为丰富深刻的内涵，以下即针对孔门的诚信之教，做一较全面的探讨。

（二）信所涉及的对象

信的本意既是说话算话，则其所涉及的对象，一般而言，当然是指听话的人，亦即你对谁讲话，就必须向谁负责。关于这一点，大家比较容易理解。不过，话是人讲出来的，发言的人是否言必由衷，就牵涉到自己的真诚问题，所以还必须要对自己负责。

1. 言而有信——对他人负责

孔子在谈到"成人"② 的条件之一时，曾说："久要不忘平生之言。"（《论语·宪问》）又在论及如何成为一个"士"时，说："言必信。"（《论语·子路》）并在阐述正名的必要时，说："言之必可行也。"（同上）此外，他告诫为人子弟者要"谨而信"（《论语·学而》），并多次提及"主忠信"③。凡此，都是在强调言而有信的重要。

---

① 徐灏《说文解字注笺》曰："谓使为信，盖古义也。使人传言，故从人言会意。信使既通，然后知其事实，因有诚信之意。又因之信所赍之书谓之信。"认为信的本义是使者。见《说文解字诂林正补合篇》，台北：鼎文书局，1983 年 4 月第 2 版，第 3 册，第 521 页。但目前文字学界对此种说法并未形成定论，所以本文仍采从许慎、段玉裁的说法。

② 成人，朱熹注云："成人，犹言全人。"蒋伯潜《广解》说："成人者，成德之人，犹现在说人格完全的人。"见《语译广解四书读本·论语》，台北：启明书局，未著出版年月，第 212—213 页。

③ 孔子提及"主忠信"，在《论语》中共有三处，分别见《学而》《子罕》《颜渊》。

孔门弟子中，曾子就以“与朋友交而不信乎”（《论语·学而》）作为每日反省的事项之一。子夏也曾说：“与朋友交，言而有信。”（同上）至于“子路无宿诺”（《论语·颜渊》），更是获得大家的肯定。

与人交往必须讲求信用，所以孔子认为夸夸而谈，言过其行，是件极为可耻的事，曰：“君子耻其言而过其行。”（《论语·宪问》）

基于这种原因，孔子非常重视慎言，唯恐说了话以后不能确实践履，曾说：“敏于事而慎于言。”（《论语·学而》）又说：“古者言之不出，耻躬之不逮也。”（《论语·里仁》）又说：“君子欲讷于言而敏于行。”（同上）[①] 甚至于认为能做到慎言，则可以近仁，说：“刚、毅、木、讷，近仁。”（《论语·子路》）

为什么说话要如此慎重？原因在于说话容易，但要付诸实践则有其困难，所以孔子说：“为之难，言之得无讱乎？”（《论语·颜渊》）又说：“其言之不怍，则为之也难。”（《论语·宪问》）

因此孔子要求学生先有行动再发议论：“先行其言，而后从之。”（《论语·为政》）而在观察人时，则要“听其言而观其行”（《论语·公冶长》），以确定其所行与所言是否一致。

以上所说，基本是从言行一致的立场，也就是针对信的本意而发的。

2. 诚而已矣——对自己负责

孔门的诚信之教，表现得更为深切的是能超越言行一致的层面，而接触到如何诚实面对自己的问题。如孔子面对知识学问时，即说：“吾有知乎哉？无知也。”（《论语·子罕》）这固然可以理解为孔子的谦虚，但从学海无涯的观点来看，人之所知，再怎么广博，其实仍属九牛一毛。所以我们也可以把这句话理解为孔子的坦诚。也正因为如此，孔子才不会无知妄作，曾自述道：“盖有不知而作者，我无是也。”（《论语·述而》）而对于“悾悾而不信”（《论语·泰伯》），亦即没有真才实学而又不坦诚的人，就不知道该怎么办才好了。

所以孔子才殷殷告诫子路说：“由！诲女知之乎！知之为知之，不知为不

① 《论语·为政》记载，子张学干禄，子曰：“多闻阙疑，慎言其余，则寡尤。”虽非就言行是否一致立言，但也有慎言之意。

知，是知也。”（《论语·为政》）一方面能坦诚面对自己的无知，而不会有自欺欺人的毛病；另一方面因能承认自己无知，才能虚心接受新知，使自己的知识日益增进。这也就是子贡为什么会“恶徼以为知者”（《论语·阳货》）的原因了。抄袭他人之说以为己有，这种不坦诚，当然会令人厌恶了。

对于坦诚如此重视，因此当漆雕开自承尚无居官为政的自信时，孔子深表高兴：“子使漆雕闻仕，对曰：‘吾斯之未能信。’子说。”（《论语·公冶长》）同样，对子贡自认为比不上颜回，也表示了嘉许之意：“子谓子贡曰：‘女与回也孰愈？’对曰：‘赐也何敢望回？回也闻一以知十，赐也闻一以知二。’子曰：‘弗如也！吾与女弗如也！’”（同上）

在知识能力方面必须坦诚，在道德涵养上更应如此，可是有很多人在面对自己品格上的缺失时，并不能自我要求，所以孔子感叹道：“已矣乎！吾未见能见其过而自讼者也。”（《论语·公冶长》）为此，他常告诫弟子要知过能改，曰：“过，则勿惮改。”[①] 而对于自己因别有考虑而犯了过失，经他人指出后，则深表庆幸：“陈司败问：‘昭公知礼乎？’孔子曰：‘知礼。’孔子退。揖巫马期而进之，曰：‘吾闻君子不党，君子亦党乎？君取于吴为同姓，谓之吴孟子。君而知礼，孰不知礼？’巫马期以告，子曰：‘丘也幸，苟有过，人必知之。’”（《论语·述而》）[②]

子贡、子夏秉承孔子的言教与身教，分别指出君子与小人对于犯过错的不同态度。子贡曰：“君子之过也，如日月之食焉。过也，人皆见之；更也，人皆仰之。”（《论语·子张》）子夏则曰：“小人之过也必文。”（同上）明白指出君子、小人的分野所在。而当曾子生病，孟敬子前往探视时，曾子即告诉他君子所崇尚的道理之一为“正颜色，斯近信矣！”（《论语·泰伯》）所谓诚于中则形于外，从外在的神色态度是否庄重，可以判断其内心的坦诚程度，也可以用来判别君子、小人。

基于对坦诚的重视，孔子固然要大家以诚待人，不可怀疑他人的诚信，

---

① 此语分别见于《学而》《子罕》。

② 关于此章，朱注以为孔子是讳君之恶，但不便明言，故而受以为过：“礼不娶同姓，而鲁与吴皆姬姓。谓之吴孟子者，讳之，使若宋女子姓者。然孔子不可自谓讳君之恶，又不可以取同姓为知礼，故受以为过而不辞。”见《四书集注》，台北：台湾书局，1961 年 10 月再版，第 84 页。

曰："不亿不信。"（《论语·宪问》）但如有人并非出于坦诚，而有了虚伪的言行时，他就明白地表现出引以为耻或厌恶的态度，说："巧言、令色，鲜矣仁!"[①] 又说："巧言、令色、足恭，左丘明耻之，丘亦耻之。"（《论语·公冶长》）此外，他说："色厉而内荏，譬诸小人，其犹穿窬之盗也与!"（《论语·阳货》）又说："乡原，德之贼也!"（同上）[②] 而对于道听途说，传述不实之言的人，也表达了不满，曰："道听而涂说，德之弃也。"（同上）

（三）信的效用

从上述信所涉及的对象可以看出，信不仅是言行一致而已，更在于能坦诚面对自己。孔子思想主要在于修己治人，能坦诚面对自己，是修己的一项重要功夫，盖发言行事能坦诚地面对自己，做到问心无愧，自然容易获得他人的信任。以此推广到治人方面，就可以得到百姓的信服。故孔子说"道千乘之国，敬事而信"（《论语·学而》），如此即能获致"信则人任焉"（《论语·阳货》）、"信则民任焉"（《论语·尧曰》）的效用。

百姓信服自己，必然会以真情相待，而争相前来归附，故孔子曰："上好礼，则民莫敢不敬；上好义，则民莫敢不服；上好信，则民莫敢不用情。夫如是，则四方之民襁负其子而至矣!"（《论语·子路》）

以此治民，虽然有时必须役使人民，但人民并不会认为是在虐待自己；以此事君，虽然对君王有所谏诤，但君王也不会认为是在毁谤自己。所以子夏说："君子信而后劳其民；未信，则以为厉己也。信而后谏；未信，则以为谤己也。"（《论语·子张》）

故当子贡问政，孔子就认为能获得人民的信服是最重要的。"子贡问政，子曰：'足食，足兵，民信之矣。'子贡曰：'必不得已而去，于斯三者何先?'曰：'去兵。'子贡曰：'必不得已而去，于斯二者何先？曰：去食。自古皆有

① 此语分别见于《学而》《阳货》。

② 对于乡原，孟子有进一步的描述："非之无举也，刺之无刺也；同乎流俗，合乎污世；居之似忠信，行之似廉洁；众皆悦之，自以为是，而不可与入尧舜之道。"（《孟子·尽心下》）依孟子之说，乡原有四个特点：第一，"非之无举也，刺之无刺也"——找不到明显的缺点。第二，"同乎流俗，合乎污世"——没有立场，同流合污。第三，"居之似忠信，行之似廉洁"——具有忠信廉洁的美名，而无其实。第四，"众皆悦之，自以为是，而不可与入尧舜之道"——能讨人喜欢，又自以为是，却不合乎正道。

死，民无信不立。'"（《论语·颜渊》）武备与粮食固然是维系国家的命脉，但相较于民心的归附，则仍属次要。否则，众叛亲离，尽管武备与粮米再怎么充实，国家终将不成其为国家。可见政权得失系于民心的向背。

不论修己或治人，信既然这样重要，难怪孔子要感叹道："人而无信，不知其可也。大车无輗，小车无軏，其何以行之哉？"（《论语·为政》）故当子张问行时，孔子回答说："言忠信，行笃敬，虽蛮貊之邦行矣！言不忠信，行不笃敬，虽州里行乎哉？"（《论语·卫灵公》）指出能诚信，则海阔天空，到处行得通；否则，就会遍地荆棘，寸步难行了。

（四）结语

信既然如此重要，而有其大效用，那么如何才能获得"信"这一美质呢？从孔子的话语推断，信似乎是许多人天生具有的美质之一，但也有赖于后天的学习："子曰：'十室之邑，必有忠信如丘者焉，不如丘之好学也。'"（《论语·公冶长》）

这是因为虽具备信的美质，但如不好学，则可能造成弊害，所以孔子说："好信不好学，其蔽也贼。"（《论语·阳货》）因此，孔子教学把"信"列为重点之一："子以四教：文、行、忠、信。"（《论语·述而》）

那么到底要学什么呢？前引"好信不好学，其蔽也贼"一语，出于《论语·阳货》六言六蔽章："子曰：'由也，女闻六言六蔽矣乎？'对曰：'未也。''居！吾与女，好仁不好学，其蔽也愚。好知不好学，其蔽也荡。好信不好学，其蔽也贼。好直不好学，其蔽也绞。好勇不好学，其蔽也乱。好刚不好学，其蔽也狂。'"将此章与《论语·泰伯》所载"子曰：'恭而无礼则劳，慎而无礼则葸，勇而无礼则乱，直而无礼则绞'"两相对照，可以推知所学乃在于礼。又有子曾说"信近于义，言可复也"（《论语·学而》），则所学在于义。

但不论是礼或义，在孔子思想中，都已统摄于仁的中心思想下，所以"颜渊问仁，子曰：'克己复礼为仁。一日克己复礼，天下归仁焉。为仁由己，而由人乎哉？'颜渊曰：'请问其目？'子曰：'非礼勿视，非礼勿听，非礼勿言，非礼勿动。'"（《论语·颜渊》）仁与礼形成表里的关系，礼必须以仁为基础，否则只是徒具形式，而仁必须透过礼的实践来体现；因此视听言动都能以礼为准绳，即是在具体实践仁的内涵。此外，《论语·卫灵公》载："子曰：'君子义以为质，礼以行之，孙以出之，信以成之，君子哉！'"以义为骨干，依礼而行，用谦逊的态度来表现，最后由信达成功效。其中环环相扣，孔门的诚信之教又与礼教、义教，以至于孔子的中心思想"仁"相结合，正可以看出孔子思想的圆融一贯。

——原发表于2002年9月曲阜孔子学术会堂讲座

四、孔子的人道关怀及其现代意义

（一）前言

孔子的中心思想为"仁"，这是众所熟知之事，但仁之所指为何，孔子并未对其下过定义，而是随机指点弟子应该如何实践仁道，由此也可见其注重践履的精神。在《论语》中，记载孔子与弟子论仁之处颇多，最值得我们注意的有下列两章，其一为：

> 樊迟问仁。子曰："爱人。"问知。子曰："知人。"樊迟未达。子曰："举直错诸枉，能使枉者直。"樊迟退，见子夏。曰："乡也吾见于夫子而问知，子曰，'举直错诸枉，能使枉者直'，何谓也？"子夏曰："富哉言乎！舜有天下，选于众，举皋陶，不仁者远矣。汤有天下，选于众，举伊尹，不仁者远矣。"①

此章樊迟所问有二：一为问"仁"，一为问"知"。孔子除了分别以"爱人""知人"答复以外；又说"举直错诸枉"，这句话其实是综合"仁""知"而作的解说。可惜樊迟不解其意，好在他勇于向同学请教，子夏举舜、汤对皋陶、伊尹的知人善任为例，表面上看起来是在论"知"，但就效果而言，能使"不仁者远矣"，正是"爱人"的表现。由此可见"仁"之所包甚广，可以涵摄"知"，并非徒有爱人之心，而必须把握正确的认知，并且采行合宜的方法。

---

① 《论语·颜渊》，朱熹《论语集注》，台北：世界书局，1967年，第85页。

另一章是：

> 子贡曰："如有博施于民而能济众，何如？可谓仁乎？"子曰："何事于仁，必也圣乎！尧、舜其犹病诸！夫仁者，己欲立而立人，己欲达而达人。能近取譬，可谓仁之方也已。"[①]

所谓"己欲立而立人，己欲达而达人""能近取譬"，其实都是推己及人的恕道。前贤对此已做了极为贴切的解释。[②] 能推己及人，则可以推扩己之所欲而施之于人，孟子所谓"老吾老以及人之老，幼吾幼以及人之幼"[③]，即此爱心的扩充；"禹思天下有溺者，由己溺之也；稷思天下有饥者，由己饥之也"[④]，即此爱心的自然流露。

这种能为他人设身处地着想的爱人之心，即是人道精神的表现。但是由于每个人的能力有其限度，所以人道的关怀就有先后缓急的顺序，对于孤苦无依者当然必须优先给予协助。《诗经·小雅·正月》云：

> 哿矣富人，哀此惸独[⑤]

孟子对此即有很适切的发挥：

> 老而无妻曰鳏，老而无夫曰寡，老而无子曰独，幼而无父曰孤，此四者，天下之穷民而无告者。文王发政施仁，必先此四者。[⑥]

孔子对于遭遇不幸者或身体有障碍者特别表示深切的同情，寄与高度的关切，并且在必要时适度地施以援手，其故就在于此。

---

① 《论语·雍也》，《论语集注》，第 40 页。

② 朱熹云："近取诸身，以己所欲，譬之他人，知其所欲亦犹是也。然后推其所欲以及于人，则恕之事，而仁之术也。"《论语集注》，第 40 页。又刘宝楠曰："《说文》：'恕，仁也。'如己之心，以推诸人，此求仁之道，故恕亦训仁，恕仁本一理。……孟子云：'强恕而行，求仁莫近焉。'即此近取譬之义。……《大学》言君子絜矩之道云：'所恶于上，毋以使下；所恶于下，毋以事上；所恶于前，毋以先后；所恶于后，毋以从前；所恶于右，毋以交于左；所恶于左，毋以交于右。'矩者，法也，即此所云譬也。絜者，结也，挈也，即此所云取也。"《论语正义》，《万有文章荟要》，台北：台北商务印书馆，1965 年，第 30—31 页。

③ 《孟子·梁惠王上》，朱熹《孟子集注》，台北：世界书局，1967 年，第 11 页。

④ 《孟子·离娄下》，《孟子集注》，第 122 页。

⑤ 《诗经·小雅·正月》，《十三经注疏》，台北：艺文印书馆，1993 年，第 401 页。

⑥ 《孟子·梁惠王下》，《孟子集注》，第 22—23 页。

（二）孔子的人道关怀理念

《说文解字》云："仁，亲也，从人二。"[①] 意指人与人的相处之道，显现出"仁"是以人为中心的，所以孔子对于万物虽然是不滥捕、不妄杀，取物有节，期望万物能不断地繁衍下去：

> 子钓而不纲，弋不射宿。[②]

但其所重更在于人：

> 厩焚。子退朝，曰："伤人乎？"不问马。[③]

孔子不问马，并非完全不关心马，只是相较之下，人的安危更为其所关注。

所以当子路向他请教君子之道时，师生之间就有以下一段精彩的对话：

> 子路问君子。子曰："修己以敬。"曰："如斯而已乎？"曰："修己以安人。"曰："如斯而已乎？"曰："修己以安百姓。修己以安百姓，尧、舜其犹病诸！"[④]

从独善其身的修己以敬做起，再逐步推展而为安人、安百姓的兼善天下，这种儒家由近及远的内圣外王之道，完全是站在人的立场而出发的。因此当一些隐者对孔子身处乱世却不知避世隐遁，做个洁身自好的人，反而风尘仆仆地奔走各国，明知不可为而为之，加以嘲讽时，孔子乃十分感慨地说：

> 鸟兽不可与同群，吾非斯人之徒与而谁与？天下有道，丘不与易也。[⑤]

基于这种积极救世的热忱，所以当孔子与弟子言志时，即自然流露出远较子路、颜渊更为开阔的胸襟：

> 颜渊、季路侍。子曰："盍各言尔志？"子路曰："愿车马，衣轻裘，与朋友共。敝之而无憾。"颜渊曰："愿无伐善，无施劳。"子路曰："愿

---

① 许慎：《说文解字》，台北：黎明文化事业公司，1978年，第369页。
② 《论语·述而》，《论语集注》，第46页。
③ 《论语·乡党》，《论语集注》，第66页。
④ 《论语·宪问》，《论语集注》，第104页。
⑤ 《论语·微子》，《论语集注》，第128页。

闻子之志。”子曰：“老者安之，朋友信之，少者怀之。”①

使年老的人得到适当的奉养，年幼的人获得关怀爱护，可见孔子所注重者乃在于这些力有未逮，更需要付出关爱的人。《礼记·礼运》引孔子之言曰：

> 大道之行也，天下为公。选贤与能，讲信修睦，故人不独亲其亲，不独子其子，使老有所终，壮有所用，幼有所长，矜、寡、孤、独、废疾者皆有所养。男有分，女有归。货恶其弃于地也，不必藏于己；力恶其不出于身也，不必为己。是故谋闭而不兴，盗窃乱贼而不作，故外户而不闭，是谓大同。②

除了注重“壮有所用”以外，也注重“老有所终，幼有所养”，更强调“矜、寡、孤、独、废疾者皆有所养”，对于这些弱势者寄与高度的关切。

而当孔子弟子公西华奉命出使齐国，冉有向孔子请求为他的母亲发放安家费时，孔子即借此提出“君子周急不继富”的观点：

> 子华使于齐，冉子为其母请粟。子曰：“与之釜。”请益。曰：“与之庾。”冉子与之粟五秉。子曰：“赤之适齐也，乘肥马，衣轻裘。吾闻之也，君子周急不继富。”③

由此可见，人道的关怀要有先后缓急之分。孔子认为必须审慎处理的事情，除了祭祀斋戒以外，还有战争与疾疫：

> 子之所慎：斋、战、疾。④

盖战争与疾疫极易为人民带来痛苦不幸，甚至死亡的威胁，所以孔子特别加以关注。

基于此故，当子张向孔子请教为政之道时，孔子除了以“尊五美，屏四恶”回答之外，又解释五美中的“泰而不骄”说：

---

① 《论语·公冶长》，《论语集注》，第 31—32 页。

② 《礼记·礼运》，陈澔《礼记集说》，台北：世界书局，1976 年，第 120 页。

③ 《论语·雍也》，《论语集注》，第 34 页。按，朱注云：“釜，六斗四升。庾，十六斗。秉，十六斛。”按，十斗为一斛。

④ 《论语·述而》，《论语集注》，第 43 页。

君子无众寡，无小大，无敢慢。斯不亦泰而不骄乎！①

不因为对方的人多势众或孤立无援，位高权重或人微位卑，而有差别地对待，对某些人心存轻慢之意。

当孟孙氏任命曾子门人阳肤为掌管司法业务的士师时，阳肤向曾子请教为政之道，由于受到孔子的影响，曾子即回答说：

上失其道，民散久矣！如得其情，则哀矜而勿喜。②

不因百姓犯罪被自己查出实情而沾沾自喜，反而体谅百姓在缺乏政府适当的教养之道下，或者被生活所迫铤而走险，或者由于无知而误触法网，寄与无限的同情，也同样表现出如孔子一般的人道关怀精神。

（三）孔子人道关怀的具体实践

《论语》一书以记言为主，只有少数几章述及孔子的行为举止，但从这些有限的记载中，已可看出孔子对于人道关怀，不仅有其理念，尤贵能在日常生活中确实践履。如：

子食于有丧者之侧，未尝饱也。子于是日哭，则不歌。③

在有丧事的人家旁边吃饭，从来没有吃饱过，这是由于见人忧伤，自己也就无法开怀而食了。在这天吊丧哭了，就整天不再唱歌，则是因为余哀尚在，自然快乐不起来。其悲悯之心的流露，自然而适切。又如：

子见齐衰者、冕衣裳者，与瞽者。见之，虽少必作，过之必趋。④

看到穿丧服的人，知道其家中有人去世；看到盲人，哀怜他身体有障碍。虽然他们有的比孔子年轻，但孔子一定会站起来；走过他们身旁时，也必定快步而走；以此表示对这些人处境的深切同情。另如：

见齐衰者，虽狎必变。见冕者与瞽者，虽亵必以貌。凶服者式之。⑤

---

① 《论语・尧曰》，《论语集注》，第 138 页。
② 《论语・子张》，《论语集注》，第 134 页。
③ 《论语・述而》，《论语集注》，第 43 页。
④ 《论语・子罕》，《论语集注》，第 57 页。
⑤ 《论语・乡党》，《论语集注》，第 67 页。

见到穿丧服的人，虽然是平素很亲近者，必定变容相待，以表示哀悼；如果当时自己坐在车上，也会凭轼敬礼，寄与关切之意。见到盲人，虽然是平日很熟习者，也必定以礼貌相对待。

尤其是当这些熟识者不幸遭遇大变故，其家人无力为他办理丧葬事宜时，孔子总会及时伸出援手，以解其困厄：

> 朋友死，无所归，曰："于我殡。"①

于此可以看出孔子能急人之难，及其对于朋友的情义之深。

前引资料，可知孔子对待瞽者是"见之，虽少必作，过之必趋""虽亵必以貌"，显现出他对于这些身体有障碍者的怜悯之心；而在必要时他更会予以适当的协助照顾：

> 师冕见，及阶，子曰："阶也。"及席，子曰："席也。"皆坐，子告之曰："某在斯，某在斯。"师冕出。子张问曰："与师言之道与？"子曰："然。固相师之道也。"②

师冕是名为冕的乐师，古代乐师多由盲人担任。师冕因为眼盲，行动有所不便，对身旁的人也不易辨识。孔子以同理心协助照顾师冕，不仅随时告诉他所到的位置，并且向他逐一介绍同坐的人，让这位盲乐师充分掌握自己所处的情境。孔子在此所自然流露出来的，即是关切他人的人道情怀，而且还适时地给予弟子子张最好的身教。

从以上这些例证，可见孔子不仅有其人道关怀的理念，更难能可贵的在于他并非徒托空言，而是能安之若素地依不同的对象，及时地以具体的行为适切地表现出来。

（四）孔子人道关怀精神的现代意义

儒家思想具有万物一体的胸怀，然在实践上则以血缘为基础，以人为本位，而发展出"亲亲而仁民，仁民而爱物"③ 的进程。这种实践的进程有其本

---

① 《论语·乡党》，《论语集注》，第67页。

② 《论语·卫灵公》，《论语集注》，第122页。

③ 《孟子·尽心上》，《孟子集注》，第202页。

末先后的顺序，指示了我们对待人、物的轻重缓急。虽然是有等差，但却合乎人情之所需。无奈人往往因为私心作祟，耽溺于个人一时欲望的满足而忽略了全体人类的共生共荣，以致造成种种弊病。这些弊病，古已有之，至于现代则愈演愈烈，约而言之，盖有下列几点。而这些正有赖于我们体认孔子的人道关怀精神并加以实践，以图补救。孔子的人道关怀精神实具有深刻的现代意义。

1. 避免“狗彘食人食而不知检，涂有饿殍而不知发”①

保育的观念，诚然已成为全人类的共识，但其成效仍属相当有限，不少动植物正日渐濒临绝种之虞，严重影响到生态的平衡。孔子对动植物颇为爱惜，他曾将亲亲之道推而及于爱物之情，说：

> 断一树，杀一兽，不以其时，非孝也。②

期望动植物也能如人类一般继续繁衍，生生不息，已具有保育的初步观念。

但是相较于动植物，孔子更重视人的生存。可惜的是现代人往往误解了真正的保育观念，在生活渐趋富足以后，即争相以豢养宠物为乐，平日花费在宠物身上的费用颇为庞大，这本来无可厚非，可是自然界的资源有限，厚于此则绌于彼，很多贫困落后地区的人民还在饥饿死亡的边缘挣扎，如此做法就很值得我们检讨了。而更令人困惑的是，一旦对豢养宠物感到厌烦了，就随便弃养，造成处理上的困扰：如要加以扑杀，显然有违人道精神；如不加扑杀，而任其自生自灭，还是违背人道精神，而且还会造成环境的脏乱，甚至危及人们的安全。凡此都是误解保育的真意，更有悖于仁民爱物之旨。孔子爱物而更重视人的主张及态度，对于我们思考人与物的关系，以及如何适切地对待万物，具有极高的参考价值。

2. 体践“哿矣富人，哀此惸独”③

前已述及，孔子主张“周急不济富”，认为雪中送炭的情操远较锦上添花

① 《孟子·梁惠王上》，《孟子集注》，第 5 页。

② 《礼记·祭义》，《礼记集说》，第 263 页。

③ 《诗经·小雅·正月》，《十三经注疏》，第 401 页。

可贵，对于有急难者应该适时予以济助。人类并非天生平等，许多人或者惨遭不幸，或者身有残疾，这些人在发展愈来愈快速、竞争愈来愈激烈的现代社会，显然居于劣势，如不能给予适当的照顾，恐将无法存活于世。如任其自然发展，势必造成弱肉强食，如此则人类社会与禽兽世界也就相去不远了。“人之所以异于禽兽者几希”[①] 中的那么一点点可贵的情操也将荡然无存了。因此现代许多文明的国家，无不重视社会福利制度，向弱势族群提供特别的协助。奈何仍有不少的主政者只知剥削而不懂得体恤，甚至于为了满足一己之私，来掠夺弱势族群本来已相当有限的资源。殊不知所谓“益”者，乃损上益下之谓，而损下益上，在上位者终究会尝到“损”的苦果。[②]

前引孔子对于“矜、寡、孤、独、废疾者皆有所养”的主张，以及他面对“齐衰者”与“瞽者”所自然流露的哀矜怜恤之情，与适时给予协助的行为举止，正可作为我们反省及效法的凭借。

3. 消除“朱门酒肉臭，路有冻死骨”[③] 现象

自从 18 世纪工业革命以来，资本主义兴起，迄今已使地球有限的资源集中于少数几个已开发的国家，其人民生活的富足固然让人歆羡，但其浪费的程度也往往令人咋舌。目前全球化已经成了世界不可避免的趋势，强国挟其政治、教育、经济、军事等各种优势，在将来的市场竞争中，当然可以捷足先登，占尽利基。顺此演变下去，可以想见富国会愈来愈富，而其浪费的情形也会更加惊人；而贫国则会愈来愈贫，其人民大众势必会沦为被剥削的对象，生活日益陷于困顿。孔子曾说：“不患寡而患不均，不患贫而患不安。盖均无贫，和无寡，安无倾。”[④] 一旦资源的分配极度不均，乱象必然出现，人类的和平必将遭受严重的威胁，我想这应该是大家所不乐见，但却又不得不为此感到忧心忡忡的所在。

---

① 《孟子·离娄下》，《孟子集注》，第 115 页。

② 程颐《易程传·损》：“损上而益于下，则为益；取下而益于上，则为损。在人上者施其泽以及下，则益也；取其下以自厚，则损也。”台北：世界书局，1979 年，第 183 页。朱熹《周易本义·损》：“损内益外，剥民奉君之象，所以为损也。”台北：世界书局，1979 年，第 36 页。

③ 杜甫《自京赴奉先县咏怀五百字》，《全唐诗》第七册第 216 卷，北京：中华书局，1985 年，第 2266 页。

④ 《论语·季氏》，《论语集注》，第 114 页。

孔子在他所描绘的大同世界图像中，有所谓“货恶其弃于地也，不必藏于己；力恶其不出于身也，不必为己”①。如何透过国际合作，结合各国人才，共同开发资源，并将成果让全人类分享，应该是全球化的正确目标，也是戡乱止争的唯一途径。孔子在两千五百多年前所展现出来的智慧，正是我们可以取用的最好资源。

——原发表于2003年10月吉隆坡华人与中华文化在多元社会的传承与发展研讨会

五、夫子循循然善诱人——论孔子的阶梯式教学

（一）前言

《论语·子罕》记载，颜渊对孔子的教学，曾深致赞叹道：

> 仰之弥高，钻之弥坚；瞻之在前，忽焉在后。夫子循循然善诱人，博我以文，约我以礼。②

以“仰之弥高”赞叹孔子之道的崇高伟大；以“钻之弥坚”赞叹孔子之道的深入雄厚；以“瞻之在前，忽焉在后”赞叹孔子之道的广博微妙；以“博我以文，约我以礼”说明孔子既重视知识的传授，更强调道德的涵养；而归结为“夫子循循然善诱人”，则指出孔子教学能循序渐进，进而收到良好的效果。故《论语集注》曰：

> 博文约礼，教之序也。言夫子道虽高妙，而教人有序也。③

究竟“博文约礼”是一种什么样的教学方式？笔者前曾指出孔子的哲学是一种阶梯哲学④，孔子的教学正是这种哲学的运用，故可谓为阶梯式的教

---

① 《礼记·礼运》，《礼记集说》，第120页。

② 《论语集注·子罕》，朱熹《四书章句集注》，台北：大安出版社，1999年12月第1版第4刷，第150页。

③ 《论语集注·子罕》，《四书章句集注》，第151页。《论语集注》又引程子曰：“圣人教人，惟此二事而已。”

④ 参见拙著《孔孟的阶梯哲学及其现代意义》，《经济全球化与中华文化走向》，香港：东方红书社，2001年5月，第659—674页。

学。但同为阶梯式教学又可以有不同的操作方式，以下即依《论语》所载，参考前贤的见解，辅以拙见，对孔子的阶梯式教学试作论述，期能对吾人今日的教学提供参考之资。

（二）阶梯式教学的模式

1. 降低层级以诱导升堂

孔子教人当然是期盼大家能朝向较高层级迈进，但每个人的资质不同，有的是如颜渊般的："语之而不惰者，其回也与！"[①] 或如子路般的："子路有闻，未之能行，唯恐有闻。"[②] 可是也有如冉求般画地自限的："冉求曰：'非不说子之道，力不足也。'子曰：'力不足者，中道而废。今女画。'"[③] 即对于个性较逡巡畏缩者，则必须加以诱引，以调动其积极性。故孔子教学，固然经常标举高的层级，作为大家黾勉以赴的目标，不过有时为了鼓励一时力有未逮者也能奋发向上，即使是只达到较低的层级，也为孔子所肯定。如其论成人曰：

> 子路问成人。子曰："若臧武仲之知，公绰之不欲，卞庄子之勇，冉求之艺，文之以礼乐，亦可以为成人矣。"曰："今之成人者何必然？见利思义，见危授命，久要不忘平生之言，亦可以为成人矣。"[④]

盖孔子可能已自知若陈义过高，则虽然如子路之勇于实行的人，恐怕也难以企及，反而成为空言，于是退而求其次，就子路之所可及者语之。[⑤]

又如其论士曰：

> 子贡问曰："何如斯可谓之士矣？"子曰："行己有耻，使于四方，不

---

① 《论语集注·子罕》，朱熹引范祖禹曰："颜子闻夫子之言，而心解力行，造次颠沛未尝违之。"《四书章句集注》，第 154 页。

② 《论语集注·公冶长》，朱熹引范祖禹曰："子路闻善，勇于必行，门人自以为弗及也，故着之。若子路，可谓能用其勇矣。"《四书章句集注》，第 106 页。

③ 《论语集注·雍也》，《四书章句集注》，第 117 页。《论语集注·先进》载："子路问：'闻斯行诸？'子曰：'有父兄在，如之何其闻斯行之？'冉有问：'闻斯行诸？'子曰：'闻斯行之。'公西华曰：'由也问闻斯行诸，子曰有父兄在；求也问闻斯行诸，子曰闻斯行之。赤也惑，敢问。'子曰：'求也退，故进之；由也兼人，故退之。'"《四书章句集注》，第 176 页。

④ 《论语集注·宪问》，《四书章句集注》，第 210 页。

⑤ 《论语集注·宪问》："盖就子路之所可及而语之也。"《四书章句集注》，第 210 页。

辱君命，可谓士矣。”曰：“敢问其次。”曰：“宗族称孝焉，乡党称弟焉。”曰：“敢问其次。”曰：“言必信，行必果，硁硁然小人哉！抑亦可以为次矣。”曰：“今之从政者何如？”子曰：“噫！斗筲之人，何足算也。”①

因子贡一再以“敢问其次”发问，孔子乃不得不降低层级回应，但当子贡问及“今之从政者何如”时，孔子即正色表示不以为然。由此可见孔子虽然认为有时可以降低层级，但也绝非漫无标准，不入流者即为他所否定。盖在孔子的心目中，当然是希望达到理想的标准，但在不可必得的情况下，才不得不退而求其次。如其于取人时，则曰：

不得中行而与之，必也狂狷乎！狂者进取，狷者有所不为也。②

对此，孟子可谓最能了解孔子的苦心，曰：

孔子“不得中道而与之，必也狂狷乎！狂者进取，狷者有所不为也”。孔子岂不欲中道哉？不可必得，故思其次也。③

同样是取人，孔子又曰：

子曰：“圣人，吾不得而见之矣；得见君子者，斯可矣。”子曰：“善人，吾不得而见之矣；得见有恒者，斯可矣。亡而为有，虚而为盈，约而为泰，难乎有恒矣。”④

如此章所指的“亡而为有，虚而为盈，约而为泰”之人，即属不入流者，而为孔子所不取。同样，“困而不学”之人也是孔子所不取者：

孔子曰：“生而知之者，上也；学而知之者，次也；困而学之，又其

① 《论语集注·子路》，《四书章句集注》，第202页。

② 《论语集注·子路》，《四书章句集注》，第203页。

③ 《孟子集注·尽心下》，《四书章句集注》，第526页。朱熹《论语集注·子路》亦引孟子之言曰：“孟子曰：‘孔子岂不欲中道哉？不可必得，故思其次也。如琴张、曾皙、牧皮者，孔子之所谓狂也。其志嘐嘐然，曰：古之人！古之人！夷考其行而不掩焉者也。狂者又不可得，欲得不屑不洁之士而与之，是狷也，是又其次也。’”《四书章句集注》，第204页。

④ 《论语集注·述而》，《四书章句集注》，第133页。

次也；困而不学，民斯为下矣。”[①]

至于乡原，更是为孔子所辟斥，曰：

子曰：“乡原，德之贼也。”[②]

其他如，子曰：“色厉而内荏，譬诸小人，其犹穿窬之盗也与？”[③] 子曰：“道听而涂说，德之弃也。”[④] 凡若此等，亦皆属于不入流，而为孔子所不取者。

综合上述可见，孔子阶梯式教学的模式之一，是在不得已的情况下，为诱导学生上进，降低层级，就学生之所能企及者告勉之，并非一味地求全责备，即所谓循循然善诱人，此为权衡变通的方式。但我们也当知，孔子于必要时容许降低层级，但并非毫无底线，凡不在层级中者皆为其所不许，甚至于还会严加指责。

2. 提高层级以鼓舞入室

前已言之，降低层级以诱导升堂，乃是出于不得已的权衡变通方式，在正常的情况下，当然是要鼓励学生更上层楼。这从孔子对于学生已达到的修养境界，常抱持肯定的态度，唯于肯定之余，每每期勉学生能不以此自满，以期愈加精进可以看出。如：

子曰：“衣敝缊袍，与衣狐貉者立，而不耻者，其由也与？‘不忮不求，何用不臧？’”子路终身诵之。子曰：“是道也，何足以臧？”[⑤]

子路衣敝缊袍，与衣狐貉者立，而不以为耻，盖能不以贫富动其心，而可以进于道，确属难能，故为孔子所赞许，这是一个层级。然而子路却经常诵念

---

① 《论语集注·季氏》，《四书章句集注》，第 242 页。

② 《论语集注·阳货》，《四书章句集注》，第 250 页。对于此章，《孟子集注·尽心下》有更进一步的阐述：“孔子曰：‘过我门而不入我室，我不憾焉者，其惟乡原乎！乡原，德之贼也。’曰：‘何如斯可谓之乡原矣？’曰：‘何以是嘐嘐也？言不顾行，行不顾言，则曰：古之人，古之人。行何为踽踽凉凉？生斯世也，为斯世也，善斯可矣。阉然媚于世也者，是乡原也。’万子曰：‘一乡皆称原人焉，无所往而不为原人；孔子以为德之贼，何哉？’曰：‘非之无举也，刺之无刺也；同乎流俗，合乎污世；居之似忠信，行之似廉洁；众皆悦之，自以为是，而不可与入尧舜之道，故曰德之贼也。’”《四书章句集注》，第 526 页。

③ 《论语集注·阳货》，《四书章句集注》，第 250 页。

④ 《论语集注·阳货》，《四书章句集注》，第 251 页。

⑤ 《论语集注·子罕》，《四书章句集注》，第 155 页。

此诗句，显然已有自满之心，因而孔子乃以“是道也，何足以臧”告诫之，可见在此之上还有更高的层级，勉励子路不能就此而止。故朱熹曰：“子路之志如此，则能不以贫富动其心，而可以进于道矣，故夫子称之。”① 又引谢良佐之言曰：

> 耻恶衣恶食，学者之大病。善心不存，盖由于此。子路之志如此，其过人远矣。然以众人而能此，则可以为善矣；子路之贤，宜不止此。而终身诵之，则非所以进于日新也，故激而进之。②

另如：

> 子贡曰：“贫而无谄，富而无骄，何如?”子曰：“可也。未若贫而乐，富而好礼者也。”子贡曰：“《诗》云：‘如切如磋，如琢如磨。’其斯之谓与?”子曰：“赐也，始可与言《诗》已矣！告诸往而知来者。”③

按，“贫而无谄，富而无骄”，这是一个层级，乃子贡所已能达到者；“贫而乐，富而好礼”，则又是另一个更高的层级，是子贡犹有待努力者。从孔子对子贡的答语中，可以看出他对子贡的期勉之意甚深。故朱熹曰：

> 子贡货殖，盖先贫后富，而尝用力于自守者，故以此为问。而夫子答之如此，盖许其所已能，而勉其所未至也。④

尤为可贵者，厥为子贡在听了孔子的答语以后，能有所体悟，而引《诗经·卫风·淇奥》“如切如磋，如琢如磨”之语以相互证明，故朱熹注云：

> 子贡自以无谄无骄为至矣，闻夫子之言，又知义理之无穷，虽有得焉，而未可遽自足也，故引是诗以明之。⑤

难怪孔子在听了子贡的心得后，要大加肯定，认为可以开始与子贡谈论《诗》中的义理了。

---

① 《论语集注·子罕》,《四书章句集注》，第155页。
② 《论语集注·子罕》,《四书章句集注》，第156页。
③ 《论语集注·学而》,《四书章句集注》，第68页。
④ 《论语集注·学而》,《四书章句集注》，第68页。
⑤ 《论语集注·学而》,《四书章句集注》，第69页。

类似的情形，又见于孔子与子夏的师生问答中：

> 子夏问曰：“‘巧笑倩兮，美目盼兮，素以为绚兮。’何谓也?”子曰：“绘事后素。”曰：“礼后乎?”子曰：“起予者商也，始可与言《诗》已矣。”[①]

子夏以《诗》“巧笑倩兮，美目盼兮，素以为绚兮”为问，从孔子“绘事后素”的答语中，领悟到人虽有美质，犹有赖于礼的文饰，然后才有可能成为文质彬彬的君子。[②] 同样得到孔子的肯定，认为可以开始与其谈论《诗》中的义理了。[③]

子贡等人之所以能从一个层级悟知还有更高的层级，有待自己持续精进，关键乃在于不自满足，此由以下的记载可以得知：

> 子谓子贡曰：“女与回也孰愈?”对曰：“赐也何敢望回。回也闻一以知十，赐也闻一以知二。”子曰：“弗如也！吾与女弗如也。”[④]

此从孔子对其最为器重的高弟颜渊之评价，更是可以看出。如“子曰：‘语之而不惰者，其回也与!’”“子谓颜渊，曰：‘惜乎，吾见其进也，未见其止也。’”[⑤] 夫唯虚然后才能容，孔子的许多弟子皆具有如此虚怀若谷的态度，故孔子每每于弟子已达到某一个层级后，又指出更高的层级，期勉他们益加奋发以更上层楼。所谓夫子循循然善诱人，提高层级以鼓舞学生在升堂之后，又能深造之以道而入于室，这才是孔子教学经常采用的方式。

---

① 《论语集注·八佾》，《四书章句集注》，第 84 页。

② 《论语集注·雍也》：“子曰：‘质胜文则野，文胜质则史。文质彬彬，然后君子。’”《四书章句集注》，第 119 页。

③ 《论语集注·八佾》引谢良佐曰：“子贡因论学而知《诗》，子夏因论《诗》而知学，故皆可与言《诗》。”《四书章句集注》，第 84 页。

④ 《论语集注·公冶长》，《四书章句集注》，第 104 页。朱熹引胡寅曰：“闻一知十，上知之资，生知之亚也。闻一知二，中人以上之资，学而知之之才也。……夫子以其自知之明，而又不难于自屈，故既然之，又重许之。”《四书章句集注》，第 105 页。按，子夏在《论语》中虽不见类似记载，但从子夏曰“日知其所亡，月无忘其所能，可谓好学也已矣”“博学而笃志，切问而近思，仁在其中矣”“百工居肆以成其事，君子学以致其道”诸语，皆可见子夏亦属能不自足以笃于学者。皆见《论语集注·子张》，《四书章句集注》，第 264 页。

⑤ 皆见《论语集注·子罕》，《四书章句集注》，第 154 页。除上举两语以外，《论语集注·泰伯》记载：“曾子曰：‘以能问于不能，以多问于寡，有若无，实若虚，犯而不校，昔者吾友尝从事于斯矣。’”朱熹集注曰：“马氏以为颜渊是也。”亦可为佐证。《四书章句集注》，第 140 页。

（三）结语

孔子尝自言并非生而知之者[①]，其所成就实来自好学[②]，虽谦辞圣、仁之名，但颇自许能为之不厌、诲人不倦：

> 子曰："若圣与仁，则吾岂敢？抑为之不厌，诲人不倦，则可谓云尔已矣。"公西华曰："正唯弟子不能学也。"[③]

不论是为之不厌的学或诲人不倦的教，必定有其一定的程序而不可随意躐等，然后始能有成。对此，孔子即有深刻的体悟，曾自述其成学历程曰：

> 子曰："吾十有五而志于学，三十而立，四十而不惑，五十而知天命，六十而耳顺，七十而从心所欲，不踰矩。"[④]

朱熹集注引胡寅曰：

> 圣人言此，一以示学者当优游涵泳，不可躐等而进；二以示学者当日就月将，不可半途而废也。[⑤]

从孔子的成学历程，可知他之为学乃是不断地从一个层级提升至另一个更高的层级，以至达到"从心所欲，不踰矩"的最高层级，此即一种阶梯式的学习。由于孔子能深得其中三昧，故其教导弟子，即采取阶梯式的教学，对"苗而不秀者有矣夫！秀而不实者有矣夫！"[⑥] 倍感惋惜，而对"饱食终日，

---

① 《论语集注·述而》："子曰：'我非生而知之者，好古，敏以求之者也。'"《四书章句集注》，第131页。

② 《论语集注·公冶长》："子曰：'十室之邑，必有忠信如丘者焉，不如丘之好学也。'"《四书章句集注》，第112页。

③ 《论语集注·述而》，《四书章句集注》，第136页。《孟子集注·公孙丑上》有类似的记载："昔者子贡问于孔子曰：'夫子圣矣乎？'孔子曰：'圣则吾不能，我学不厌而教不倦也。'子贡曰：'学不厌，智也；教不倦，仁也。仁且智，夫子既圣矣！'"《四书章句集注》，第319页。故此知孔子不敢以圣自居乃其谦辞，但学不厌而教不倦则不遑多让。

④ 《论语集注·为政》，《四书章句集注》，第70—71页。

⑤ 《论语集注·为政》，《四书章句集注》，第71页。

⑥ 《论语集注·子罕》，《四书章句集注》，第154页。

无所用心”者，则以“难矣哉”表达他的无奈[①]，但基于教不倦的精神，乃采取降低层级以诱导其升堂的方式，竭其所能教导之[②]，此即胡寅所言“示学者当日就月将，不可半途而废也”。

至于对“譬如为山，未成一篑，止，吾止也”的半途而废者之外的“譬如平地，虽覆一篑，进，吾往也”的肯持续努力者，孔子即采取鼓舞的方式，勉励其往更高层级发展，以期弟子既升堂矣又能入室，此即胡寅所言“示学者当优游涵泳，不可躐等而进”。

由于孔子论人有其一定的标准，而在标准之上，又有层级的划分，亦即采取阶梯式的教学方式，故其对人并不求全责备，弟子凡有所长，皆为其所肯定：

> 季康子问：“仲由可使从政也与？”子曰：“由也果，于从政乎何有？”曰：“赐也，可使从政也与？”曰：“赐也达，于从政乎何有？”曰：“求也，可使从政也与？”曰：“求也艺，于从政乎何有？”[③]

又当子路、曾皙、冉有、公西华侍坐于孔子时，孔子诱导他们各言其志。四人分别述说了自己的心愿后，孔子虽然对曾皙“莫春者，春服既成，冠者五六人，童子六七人，浴乎沂，风乎舞雩，咏而归”之能乐于日用之常的愿望深表赞赏，而有“吾与点也”之叹；可是当子路、冉有、公西华三人离开后，曾皙问“三子者之言何如”时，孔子仍然肯定了他们治国安邦的心意，以为其志皆属远大，亦皆有其可取之处。[④]

正因为孔子采取阶梯式的教学，所以能认取每个人的所长所短，于其所长之上鼓舞其往更高层级发展；若有所短，则百般劝诱，勉励其不可中道而废而应更上层楼。因此四方之士乃乐于从学，而孔子也能考量弟子资质之不同，采取不同的方式施教，此即所谓因材而施教，而诸弟子也能在其循循善

---

① 《论语集注·阳货》：“子曰：‘饱食终日，无所用心，难矣哉！不有博弈者乎，为之犹贤乎已。’”《四书章句集注》，第254页。

② 此即《论语集注·子罕》“子曰：‘吾有知乎哉？无知也。有鄙夫问于我，空空如也，我叩其两端而竭焉’”之意。《四书章句集注》，第149页。

③ 《论语集注·雍也》，《四书章句集注》，第115—116页。

④ 《论语集注·先进》，《四书章句集注》，第179页。

诱之下，达德成材，在各方面有所表现，由此更加可以证明前言所引颜渊对孔子的赞叹之言，乃是深有体会的由衷之言。

——原发表于2010年9月曲阜第三届世界儒学大会

六、孔孟对弱势者的关怀及其现代省思

（一）前言

《论语·公冶长》记载，有一天颜渊、子路侍立于孔子身旁，孔子诱导他们言志，在子路、颜渊先后表达了自己的志愿以后，子路本于好问的精神，曰："愿闻子之志。"孔子乃从容不迫地道出：

> 老者安之，朋友信之，少者怀之。①

老者因为年高体衰，少者则由于年幼体弱，与青壮者相比，属于更需要我们付出关怀的人。孔子希望年老者都能得到安适的奉养，年少者都能得到怀抚照顾，透露出他对弱势者的关切之情。《礼记·礼运》更记载孔子为子游陈述大同之治时说：

> 大道之行也，天下为公。选贤与能，讲信修睦，故人不独亲其亲，不独子其子，使老有所终，壮有所用，幼有所长，鳏、寡、孤、独、废疾者皆有所养。男有分，女有归。货恶其弃于地也，不必藏于己；力恶其不出于身也，不必为己。是故谋闭而不兴，盗窃乱贼而不作，故外户而不闭，是谓大同。②

除了期盼"老有所终""幼有所长"之外，更要做到"鳏、寡、孤、独、废疾者皆有所养"，愈加显现出其对弱势者的恻隐之心。

孟子私淑孔子，也继承了孔子的这种精神，在回答齐宣王"王政可得闻与"之问时，引述周文王的施政方针道：

---

① 《论语集注·公冶长》，朱熹《四书章句集注》，台北：大安出版社，2005年8月第1版第5刷，第111页。

② 郑玄注，孔颖达疏：《礼记正义·礼运》，台北：艺文印书馆影印嘉庆二十年江西南昌府学开雕重刊宋本，第413页。

> 老而无妻曰鳏，老而无夫曰寡，老而无子曰独，幼而无父曰孤，此四者，天下之穷民而无告者。文王发政施仁，必先斯四者。《诗》云："哿矣富人，哀此茕独。"[①]

同样对亟须特别照顾的弱势者寄与极大的关怀，认为是实施不忍人之政的先务。

孔孟虽然皆对弱势者表示深切的同情，希望他们得到适切的照顾，但从相关的记述来看，孔子似乎较偏重同理心的抒发，尚未言及制度面的设计；到了孟子，则已能进一步在制度上考量，提出其王政的构想，增加了具体落实的可能，可谓是一种很大的进展。

不过孔孟的时代距今已超过两千四五百年，不论是政府的形态、社会的结构、民间的组织……皆已迥然不同于以往，所以对弱势者的关怀也要有相应的思考，才能够与时俱进，掌握孟子称美孔子为"圣之时者"[②] 的精神，设计出更切实可行的制度，使孔孟的心意得以充分展现。

本文即基于上述理念，先论述孔孟对弱势者的关怀从同理心到制度面的发展，再站在现代的立场，提供笔者的浅见以供参考，期使孔孟的仁爱思想，在21世纪的今天，因为能顺应时势、具体可行而受到重视，继续发挥其救世济人的作用。

（二）从同理心到制度面

《论语》一书，以记言为主，只有少数的几章述及孔子的行为举止，不过从这些有限的记载中，仍可看出孔子对于遭遇不幸的弱势者所表现的同理心，如：

> 子食于有丧者之侧，未尝饱也。子于是日哭，则不歌。[③]

在有丧事者的旁边吃饭，从来没有吃饱过，这是由于见人忧伤，自己也就无法开怀而食了。在这天吊丧哭了，就整天不再唱歌，则是因为余哀仍在，自

---

① 《孟子集注·梁惠王下》，《四书章句集注》，第302页。

② 《孟子集注·万章下》："伯夷，圣之清者也；伊尹，圣之任者也；柳下惠，圣之和者也；孔子，圣之时者也。孔子之谓集大成。"《四书章句集注》，第440页。

③ 《论语集注·述而》，《四书章句集注》，第128页。

然快乐不起来而无法引吭高歌。又如：

朋友死，无所归，曰："于我殡。"①

死是人生的大事，孔子的朋友死了，其家属迫于贫困，没有能力将死者安葬，孔子乃毅然为其办理殓葬事宜，可以看出他对朋友的情义之深及急人之难的胸怀。又如：

子见齐衰者、冕衣裳者，与瞽者。见之，虽少必作，过之必趋。②

见齐衰者，虽狎必变。见冕者与瞽者，虽亵必以貌。凶服者式之。③

遇见家有丧事、身穿丧服的人，都会向他们表示哀悼敬礼之意。遇见盲人，也会心怀怜悯，向他们致敬。总之，孔子对于遭遇不幸的人，一向充满了哀伤悲悯之情，显现出他的至情至性。《论语》另有一则记载亦极有意味：

师冕见，及阶，子曰："阶也。"及席，子曰："席也。"皆坐，子告之曰："某在斯，某在斯。"师冕出。子张问曰："与师言之道与？"子曰："然。固相师之道也。"④

师，指乐师，古代例由盲人担任，孔子以同理心协助照顾名为冕的乐师，不仅随时告诉他所到的位置，并且向他逐一介绍同坐的人，让这位盲乐师充分掌握自己所处的情境。孔子自然表现出来的，依然是关切他人的情怀。至于在盲乐师离开以后，回答子张之问，则是以随机教育的方式，教导弟子应以同理心对待弱势者。师生之间的一问一答，在和谐的气氛下相悦以解的情境，实令人十分向往。

然而不可讳言的是，从《论语》有限的记载中，固然已可看出孔子对弱势者的深厚同理心，但如何使其受到应有的照顾，孔子也有原则性的提示，如：

---

① 《论语集注·乡党》，《四书章句集注》，第165页。另《礼记正义·檀弓》："宾客至，无所馆。夫子曰：'生，于我乎馆；死，于我乎殡。'"第149页。

② 《论语集注·子罕》，见《四书章句集注》，第150页。

③ 《论语集注·乡党》，见《四书章句集注》，第165页。

④ 《论语集注·卫灵公》，《四书章句集注》，第236页。

> 道千乘之国：敬事而信，节用而爱人，使民以时。[①]
>
> 丘也闻有国有家者，不患寡而患不均，不患贫而患不安。盖均无贫，和无寡，安无倾。[②]
>
> 君子无众寡，无小大，无敢慢。斯不亦泰而不骄乎！[③]

凡若此等，虽亦有其深切的道理，但究竟仍嫌不够具体。至孟子则进而本其性善的理念，提出“以不忍人之心，行不忍人之政”[④] 的主张，规划出王政的理想：

> 不违农时，谷不可胜食也；数罟不入洿池，鱼鳖不可胜食也；斧斤以时入山林，材木不可胜用也。谷与鱼鳖不可胜食，材木不可胜用，是使民养生丧死无憾也。养生丧死无憾，王道之始也。五亩之宅，树之以桑，五十者可以衣帛矣；鸡豚狗彘之畜，无失其时，七十者可以食肉矣；百亩之田，勿夺其时，数口之家可以无饥矣；谨庠序之教，申之以孝悌之义，颁白者不负戴于道路矣。七十者衣帛食肉，黎民不饥不寒，然而不王者，未之有也。[⑤]
>
> 王如施仁政于民，省刑罚，薄税敛，深耕易耨。壮者以暇日修其孝悌忠信，入以事其父兄，出以事其长上，可使制梃以挞秦楚之坚甲利兵矣。[⑥]
>
> （齐宣）王曰：“王政可得闻与？”对曰：“昔者文王之治岐也，耕者九一，仕者世禄，关市讥而不征，泽梁无禁，罪人不孥。老而无妻曰鳏，老而无夫曰寡，老而无子曰独，幼而无父曰孤，此四者，天下之穷民而无告者。文王发政施仁，必先斯四者。……王如好货，与百姓同之，于王何有？……王如好色，与百姓同之，于王何有？”[⑦]

---

① 《论语集注·学而》，《四书章句集注》，第 63 页。
② 《论语集注·季氏》，《四书章句集注》，第 237 页。
③ 《论语集注·尧曰》，《四书章句集注》，第 272 页。
④ 《孟子集注·公孙丑上》，《四书章句集注》，第 328 页。
⑤ 《孟子集注·梁惠王上》，《四书章句集注》，第 282 页。
⑥ 《孟子集注·梁惠王上》，《四书章句集注》，第 285 页。
⑦ 《孟子集注·梁惠王下》，《四书章句集注》，第 301—302 页。

由上述之语，可以看出王政包含三点：一为轻徭薄敛，使人民的基本生活获得满足，尤须照顾穷民，此即保民之政。二为于民生问题获得解决以后，还要施以教化，使知孝悌忠信之道而能敬长养老，此即教民之政。于以上两点完成后即可以达到第三点的与民同好乐的境界。[①]

很显然，孟子的王政构想虽系针对全体臣民而发，但是从“七十者衣帛食肉”“发政施仁，必先斯四者”等看来，他对弱势者的关怀已溢于言表，此从下引之文也可得到证明：

> 为民父母，使民盻盻然，将终岁勤动，不得以养其父母，又称贷而益之。使老稚转乎沟壑，恶在其为民父母也?[②]

> 所谓西伯善养老者，制其田里，教之树畜，导其妻子，使养其老。五十非帛不暖，七十非肉不饱。不暖不饱，谓之冻馁。文王之民，无冻馁之老者，此之谓也。[③]

> 禹、稷、颜回同道。禹思天下有溺者，由己溺之也；稷思天下有饥者，由己饥之也；是以如是其急也。[④]

文王以及禹、稷、颜回都是孟子所推尊的人物，从他们人溺己溺、人饥己饥的表现，对比孟子当时诸侯的“率兽而食人”行径[⑤]，孟子之意已益加彰明矣。

从孔子对弱势者同理心的自然流露，到孟子提出王政的构想，显然已注意到制度面的设计，良好的制度如能建立起来，则大家按章行事，就不至于有人存政举、人亡政熄的顾虑，弱势者即能得到持续而妥善的照顾，这才是我们关怀弱势者的正道。故儒家的仁爱思想，从孔子到孟子已有很大的发展。

---

① 有关孟子王政的构想，请详参拙著《孟子》“（四）政治思想 2·王政（仁政）”部分，见《国学导读（二）》，台北：三民书局股份有限公司，2004 年 7 月第 2 版第 1 刷，第 384—391 页。

② 《孟子集注·滕文公上》，《四书章句集注》，第 355 页。按，此为孟子引龙子之语。

③ 《孟子集注·尽心上》，《四书章句集注》，第 498 页。

④ 《孟子集注·离娄下》，《四书章句集注》，第 418 页。

⑤ 《孟子集注·梁惠王上》：“庖有肥肉，厩有肥马，民有饥色，野有饿殍，此率兽而食人也。兽相食，且人恶之。为民父母，行政不免于率兽而食人。恶在其为民父母也?”见《四书章句集注》，第 284 页。

（三）轻徭薄敛下的现代思考

孔孟对于弱势者的关怀，不论是表现同理心抑或试图建立制度，其主轴乃立基于轻徭薄敛，亦即期望当政者不要剥削人民以奢华自奉，而是要尽量减少人民的负担，孔子强调治理国家要“节用而爱人”的出发点即在于此。他对于弟子冉求，盛赞他具有政治的才干，曰：“求也，千室之邑，百乘之家，可使为之宰也”[①]，“求也艺，于从政乎何有”[②]，并使其名列孔门政事科的首位。[③] 但当季氏拟实施田赋制度以增加税收，派冉求去请教孔子的意见时，孔子即本着“施取其厚，事举其中，敛从其薄”的原则，断然不表赞同。[④] 其后冉求支持季氏的举措，孔子即深表不满并对他进行声讨：

> 季氏富于周公，而求也为之聚敛而附益之。子曰：“非吾徒也。小子鸣鼓而攻之，可也。”[⑤]

另如孔子对于管仲，虽称许他辅佐齐桓公安定天下，使华夏免于沦为夷狄之功，曰：“管仲相桓公，霸诸侯，一匡天下，民到于今受其赐，微管仲，吾其被发左衽矣。”[⑥] 但也因为管仲不俭、不知礼而批评其器局狭小。[⑦]

也正是因为基于“敛从其薄”的原则，当鲁哀公问孔子弟子有若“年饥，用不足，如之何”时，有若的回答竟然是为什么不采用十分取一的“彻”法？鲁哀公大惑不解地反问：“二，吾犹不足，如之何其彻也？”然则有若所持的

---

① 《论语集注·公冶长》，《四书章句集注》，第 104 页。

② 《论语集注·雍也》，《四书章句集注》，第 116 页。

③ 《论语集注·先进》：“子曰：‘从我于陈、蔡者，皆不及门也。’德行：颜渊、闵子骞、冉伯牛、仲弓。言语：宰我、子贡。政事：冉有、季路。文学：子游、子夏。”《四书章句集注》，第 169 页。

④ 杜预注，孔颖达疏《左传正义·哀公十一年》：“季孙欲以田赋，使冉有访诸仲尼。……仲尼不对，而私于冉有曰：‘君子之行也，度于礼，施取其厚，事举其中，敛从其薄。……若不度于礼，而贪冒无厌，则虽以田赋，将又不足。’”台北：艺文印书馆影印嘉庆二十年江西南昌府学开雕重刊宋本，第 1019 页。

⑤ 《论语集注·先进》，《四书章句集注》，第 174 页。

⑥ 《论语集注·宪问》，《四书章句集注》，第 213 页。

⑦ 《论语集注·宪问》：“子曰：‘管仲之器小哉！’或曰：‘管仲俭乎？’曰：‘管氏有三归，官事不摄，焉得俭？’‘然则管仲知礼乎？’曰：‘邦君树塞门，管氏亦树塞门；邦君为两君之好，有反坫，管氏亦有反坫。管氏而知礼，孰不知礼？’”朱熹注曰：“愚谓孔子讥管仲之器小，其旨深矣。或人不知而疑其俭，故斥其奢以明其非俭。或又疑其知礼，故又斥其僭，以明其不知礼。盖虽不复明言小器之所以然，而其所以小者，于此亦可见矣。”《四书章句集注》，第 89—90 页。可见批评管仲器小，奢而不俭乃是原因之一。

理由却是：

> 百姓足，君孰与不足？百姓不足，君孰与足？[①]

这种藏富于民的主张始终是儒家在财政上的基调，而为孟子所继承，他除了同样对冉求的作为表示不满外[②]，又说：

> 古之为关也，将以御暴。今之为关也，将以为暴。[③]
>
> 有布缕之征、粟米之征、力役之征。君子用其一，缓其二。用其二而民有殍，用其三而父子离。[④]

因而孟子颇津津乐道于井田均地之法，曰：

> 夫仁政，必自经界始。经界不正，井地不钧，谷禄不平。是故暴君污吏必慢其经界。经界既正，分田制禄可坐而定也。……请野九一而助，国中什一使自赋。……死徙无出乡，乡田同井。出入相友，守望相助，疾病相扶持，则百姓亲睦。方里而井，井九百亩，其中为公田。八家皆私百亩，同养公田。公事毕，然后敢治私事，所以别野人也。[⑤]

所以然者，乃在于井田之制既富有均产的精神，十分取一更合乎儒家轻徭薄敛的一贯原则。

为避免君王横征暴敛，致使民不聊生，因而主张轻徭薄敛以藏富于民，在实行诸侯分封制度的农业社会，采行井田之制，于诸侯封土皆不甚大的情况下[⑥]，固然不失为一种可以推行且有益于民生的方法。但在诸侯兼并日亟，封土日益扩张的时势演进下，井田制已难以推动，更何况对生产力极低甚至于毫无生产力的弱势者而言，赋敛再轻再薄甚至轻薄至零，他们也无法维持最基本

---

① 《论语集注·颜渊》，《四书章句集注》，第 187 页。

② 《孟子集注·离娄上》："孟子曰：'求也为季氏宰，无能改于其德，而赋粟倍他日。孔子曰："求非我徒也，小子鸣鼓而攻之可也。"由此观之，君不行仁政而富之，皆弃于孔子者也。'"《告子下》："孟子曰：'今之事君者曰："我能为君辟土地，充府库。"今之所谓良臣，古之所谓民贼也。君不向道，不志于仁，而求富之，是富桀也。'"《四书章句集注》，第 396、483 页。

③ 《孟子集注·尽心下》，《四书章句集注》，第 514 页。

④ 《孟子集注·尽心下》，《四书章句集注》，第 521 页。

⑤ 《孟子集注·滕文公上》，《四书章句集注》，第 355—356 页。

⑥ 《礼记正义·王制》："天子之田方千里，公侯田方百里，伯七十里，子男五十里。不能五十里者，不合于天子，附于诸侯，曰附庸。"第 212 页。

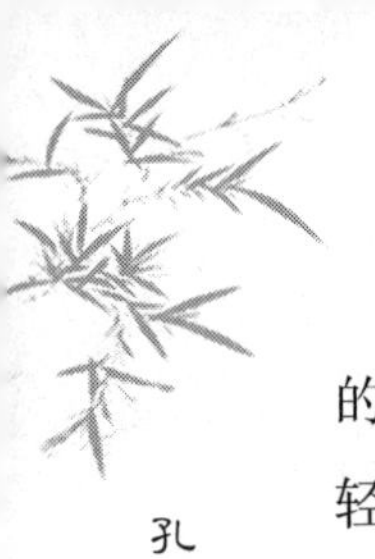

的生活。另外，由于当时基本上并无第三部门的设置①，一般百姓虽然可以因为轻徭薄敛获得较富足的生活，弱势者的生活改善则不大；而一些善心人士，如黔敖者虽然也会在行有余力时，对弱势者伸出援手②，但却不能提供持久稳定的协助。

由上述可知，轻徭薄敛的思维在现代已因时移势异而不符其宜，此从当今世界上推行社会福利制度成效良好的国家，如北欧挪威、瑞典、丹麦、芬兰诸国，其对弱势者无微不至的照顾可以获得证明。所以我们如果真正关怀弱势者，就必须配合情势，与时俱进地调整旧有思维，并在制度上做更有效的设计，以达成真正照顾弱势者的目标。

（四）结语

从孔子对弱势者流露同理心，到孟子提出王政的构想，试图从制度面对弱势者提供协助，皆可以看出孔孟对弱势者的关怀之情。但就孔孟以来儒家一贯的轻徭薄敛思维来看，依这种思维所采取的任何举措，在现代似乎已难再发挥大的效能，而必须改弦更张，做更合乎时宜的调整。

然则我们并不能遽然否定孔孟的用心，对弱势者的关怀首重同理心，假如没有充分的同理心，在执行时即容易产生偏差，有时反而会造成对弱势者的伤害。③ 进而言之，虽有充分的同理心，却无良善的制度作为执行的依据，也会成为一派空言，无法真正落实，对弱势者并不能提供实际的照顾。

只不过无论是同理心或制度面，其背后的思维都必须顺应时宜，才能产生功效。而孔孟原有的轻徭薄敛思维则已因时异势移而不适用于现代，故我们在认取孔孟的用心之余，除了要掌握其对弱势者关怀的精神，更应本着“礼，时为大”④ 以及孟子盛称孔子为“圣之时者”的原则，做适度的调整，以真正达到关怀照顾弱势者的目标，这样才算是善述先人之志，而能继往开

---

① 第三部门是指由政府编列预算或私人企业出资，交由非政府单位维持经营的事业体，一般常见的社团法人、基金会或非政府组织（NGO）属之，通常是以社会公益为其活动目标。

② 《礼记正义·檀弓》：“齐大饥，黔敖为食于路，以待饥者而食之。”第196页。

③ 据上注，黔敖于大饥时为食于路，以待饥者而食之。“有饥者蒙袂辑屦，贸贸然来。黔敖左奉食，右执饮，曰：‘嗟！来食。’扬其目而视之，曰：‘予唯不食嗟来之食，以至于斯也。’从而谢焉，终不食而死。”即属其例。

④ 《礼记正义·礼器》，第450页。

来，使孔孟的仁爱思想在现代因能确实实践而历久弥新。

——原发表于2009年10月重庆儒家文化与青年精神国际学术研讨会

七、孟子、荀子性论似异而实同探析

（一）前言

孔子而后，儒家的两大巨擘孟子与荀子对人性皆有所论述，且各成为其思想的核心。据《孟子·滕文公上》云："孟子道性善。"[①] 孟子也曾言："人性之善也，犹水之就下也。人无有不善，水无有不下。"[②] 至于荀子，则著有《性恶篇》，明言"人之性恶"[③]，且屡屡声言"人之性恶明矣"[④]。由此可见孟子、荀子两人，一主性善，一主性恶，从表面上看来，其说显有不同，故论者皆以为两家之性论"相异"或"相反"。然则若细加探究，却可以发现两家之说似异而实同，何以会如此？又所同者为何？凡此皆为本文所欲析论者。

（二）孟子、荀子对"性"的定义不同

孟子、荀子论性之所以会让大家误以为其说"相异"或"相反"的关键，乃在于两人对于"性"的定义并不相同。

要了解孟子对于"性"的定义，必须先掌握他对"性""命"的区分。据《孟子·尽心下》记载：

> 孟子曰："口之于味也，目之于色也，耳之于声也，鼻之于臭也，四肢之于安佚也，性也，有命焉，君子不谓性也。仁之于父子也，义之于君臣也，礼之于宾主也，智之于贤者也，圣人之于天道也，命也，有性焉，君子不谓命也。"[⑤]

---

① 《孟子集注·滕文公上》，《四书章句集注》，台北：大安出版社，2005年5月第1版第5刷，第351页。

② 《孟子集注·告子上》，《四书章句集注》，第455—456页。

③ 杨倞注，王先谦集解：《荀子集解·性恶》，《新编诸子集成》第2册，台北：世界书局，1972年10月新1版，第289页。

④ 仅《性恶》篇中，此语即出现达九次之多。见《荀子集解·性恶》，《新编诸子集成》第2册，第289—300页。

⑤ 《孟子集注·尽心下》，《四书章句集注》，第519页。

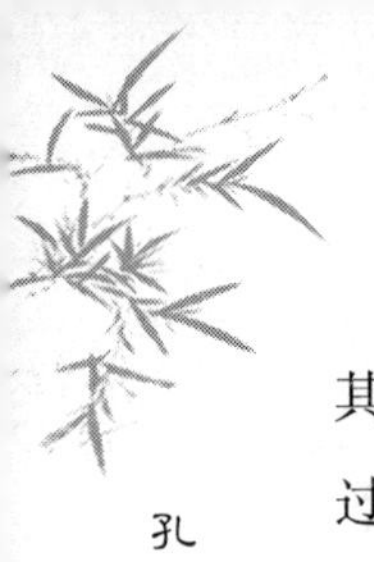

其意以为耳、目、口、鼻、四肢等生理的欲望，虽然可以说是人的本性，不过是否能充分满足此本性，会受到客观因素的影响，并非完全操之在己，强求可得，只好归之于命中注定，因此并不是真正的人的本性。至于仁、义、礼、智、天道等是上天赋予我们的，只要肯存养扩充，必然可以拥有，这才是操之在己，真正的人的本性，而不认为是命。亦即孟子所谓的性是专指人性而言，并非泛指动物之性，为孟子所说"人之所以异于禽兽者几希"[①] 的人兽相异之处。

至于荀子所言之性则与孟子大异其趣，显然比较偏向于人的情欲。《荀子·性恶篇》云：

> 今人之性，生而有好利焉，顺是，故争夺生而辞让亡焉；生而有疾恶焉，顺是，故残贼生而忠信亡焉；生而有耳目之欲，有好声色焉，顺是，故淫乱生而礼义文理亡焉。然则从人之性，顺人之情，必出于争夺，合于犯分乱理而归于暴。[②]

又曰：

> 今人之性，饥而欲饱，寒而欲暖，劳而欲休，此人之情性也。[③]

又曰：

> 若夫目好色，耳好声，口好味，心好利，骨体肤理好愉佚，是皆生于人之情性者也。[④]

类似之话语尚多有之，此不一一具引，但已可看出荀子言性常与情欲混而言之。

两相对照，可以断定孟、荀二人对于"性"的认识截然相反，故陈大齐先生曰：

> 两家人性学说之所以貌似相反而实不相反，关键所在，在于两家所

---

① 《孟子集注·离娄下》，《四书章句集注》，第 411 页。
② 《荀子集解·性恶》，《新编诸子集成》第 2 册，第 289 页。
③ 《荀子集解·性恶》，《新编诸子集成》第 2 册，第 291 页。
④ 《荀子集解·性恶》，《新编诸子集成》第 2 册，第 291 页。

用性字之名同而义异。名同而义异，则其所指，是两件不同的事情，不复是一件事情。衡量同一事情，此方谓之善，彼方谓之恶，自当谓为彼此相反。衡量两件不同的事情，此方谓之善，彼方谓之恶，便不得谓为彼此相反。①

徐复观先生更直言道：

孟子不把由耳目所发生的欲望当作性，而荀子则正是以欲为性。两人所说的性的内容并不相同，则荀子以孟子为对手来争论性的善恶，不仅没有结果，也没有意义。②

两家对“性”的定义既然不同，而只注意到表象的一主性善，一主性恶，便断言其说“相异”或“相反”，确实并不恰当，也缺乏意义。

（三）孟子、荀子性论相同之处

孟子、荀子由于对“性”所下定义不同，导致对性究竟是善或是恶，产生了不同的看法，因此两人的性论根本无从相互比较。但两人既然同宗尧、舜、禹，同学孔子，或强调人人皆具有善端，或认为化性可以起伪，都强调礼乐教化的重要性，故其所提性论，仍倾向于肯定人的努力，以鼓舞人向上，显然有其共通之处。约而言之，盖有下列三点：

1. 一明言，一暗寓，皆以为性中具有向善的可能

孟子认为，凡是人天生即具有恻隐、羞恶、恭敬（或称辞让）、是非之心，此为仁、义、礼、智之端，其言曰：

恻隐之心，人皆有之；羞恶之心，人皆有之；恭敬之心，人皆有之；是非之心，人皆有之。恻隐之心，仁也；羞恶之心，义也；恭敬之心，礼也；是非之心，智也。仁、义、礼、智，非由外铄我也，我固有之也。③

---

① 陈大齐：《浅见集》第二编　孟子思想及孟荀同异，孟子性善说与荀子性恶说不相抵触，台北：台湾中华书局，1968 年 4 月初版，第 243 页。

② 徐复观：《中国人性论史·先秦篇》第八章　由心善向心知——荀子经验主义的人性论，台北：台湾商务印书馆，1969 年 1 月初版，第 238 页。

③ 《孟子集注·告子上》，《四书章句集注》，第 459 页。

又曰：

> 无恻隐之心，非人也；无羞恶之心，非人也；无辞让之心，非人也；无是非之心，非人也。恻隐之心，仁之端也；羞恶之心，义之端也；辞让之心，礼之端也；是非之心，智之端也。人之有是四端也，犹其有四体也。①

明白指出每个人皆具有恻隐、羞恶、辞让、是非之善心，此为仁、义、礼、智善性的“端”，称之为“四端”。更强调这四端“非由外铄我也，我固有之也”“人之有是四端也，犹其有四体也”，可见四端乃是先天本有的。

按，四端的“端”本作“耑”，乃植物的萌芽，引申有开端之意。② 人性中因有此善的萌芽、开端，亦即具有善的因子，才有可能发展而为善，孟子即据此而言性善。

荀子并不认为善是出于“性”，而认为是出于“伪”的，他说：

> 人之性恶，其善者伪也。③

所谓“伪”即人为，也就是人之所学而能、所事而成者，当然是属于后天的，他曾说明性、伪的分别道：

> 凡性者，天之就也，不可学不可事。礼义者，圣人之所生也，人之所学而能所事而成者也。不可学不可事而在人者谓之性，可学而能可事而成之在人者谓之伪，是性伪之分也。④

礼义之善出于圣人，为人之所学而能所事而成者，当然有赖后天的努力，而非先天本有的。

据上所述，荀子确实认为善并非人天生所具有，而是通过后天的学习从事乃能获得。然而荀子又曰：

---

① 《孟子集注·公孙丑上》，《四书章句集注》，第 328—329 页。

② 许慎：《说文解字》：“耑，物初生之题也。上象生形，下象根也。”段玉裁注曰：“题者额也，人体额为最上，物之初见即其额也。古发端字作此，今则端行而耑废，乃多用耑为专矣。”见许慎著，段玉裁注《说文解字注》，台北：黎明文化事业公司，1978 年 11 月第 4 版，第 340 页。

③ 《荀子集解·性恶》，《新编诸子集成》第 2 册，第 289 页。

④ 《荀子集解·性恶》，《新编诸子集成》第 2 册，第 290 页。

性者，本始材朴也；伪者，文理隆盛也。无性则伪之无所加，无伪则性不能自美。性伪合，然后圣人之名一，天下之功于是就也。①

固然是“无伪则性不能自美”，亦即性之所以为美有赖于人为的功夫，但是“无性则伪之无所加”，亦即人为的功夫仍然必须以性作为基础。若性中全无善的因子，则伪无论怎么加也开展不出善来，可见荀子虽未明言，其实已暗寓先天之性具有善的可能，亦即具有善的因子。

2. 一讲扩充存养，一重师法礼义，所重皆在后天

孟子虽然认为每个人先天即具有善端，但善端只是善的开端、萌芽，仍有待于后天的培养，才有可能发展成为善，故极为强调扩充的重要性，并阐明其效用，曰：

凡有四端于我者，知皆扩而充之矣，若火之始然，泉之始达。苟能充之，足以保四海；苟不充之，不足以事父母。②

如何扩充？消极面乃在不让本有的善心（即善性之端）放失，亦即首先要求回放失的本心，曰：

仁，人心也；义，人路也。舍其路而弗由，放其心而不知求，哀哉！人有鸡犬放，则知求之；有放心，而不知求。学问之道无他，求其放心而已矣。③

积极面则是存养，让善的萌芽、开端如同植物获得水分、养料、日晒一般而得以逐渐滋长，其言曰：

求则得之，舍则失之，是求有益于得也，求在我者也。④

又曰：

苟得其养，无物不长；苟失其养，无物不消。孔子曰：“操则存，舍

① 《荀子集解·礼论》,《新编诸子集成》第 2 册，第 243 页。
② 《孟子集注·公孙丑上》,《四书章句集注》，第 329 页。
③ 《孟子集注·告子上》,《四书章句集注》，第 467 页。
④ 《孟子集注·尽心上》,《四书章句集注》，第 463 页。

则亡；出入无时，莫知其乡。”惟心之谓与？[1]

如此掌握到我们本来具有的善心善性，进而存其心而养其性，则可以知天事天而达到天人合德的境地，曰：

尽其心者，知其性也。知其性，则知天矣。存其心，养其性，所以事天也。殀寿不贰，修身以俟之，所以立命也。[2]

如上所述，所谓“求其放心”“存其心，养其性”等扩充之道，是每个人都必须善尽的修养功夫，由是可见孟子虽阐明人先天具有善的因子，但是否能成为善，尤有赖于后天的努力。

荀子认为善并非出于性而是起于伪，所谓“伪”，指的是师法之化，礼义之道，其言曰：

人之性恶，其善者伪也。……故必将有师法之化，礼义之道，然后出于辞让，合于文理，而归于治。……今人之性恶，必将待师法然后正，得礼义然后治。今人无师法，则偏险而不正；无礼义，则悖乱而不治。古者圣王以人之性恶，以为偏险而不正，悖乱而不治，是以为之起礼义，制法度，以矫饰人之情性而正之，以扰化人之情性而导之也，始皆出于治而合于道者也。[3]

礼义法度从何而来？其意以为起于圣人的积思虑、习伪故，也就是生于圣人之伪，故曰：

圣人积思虑、习伪故，以生礼义而起法度，然则礼义法度者，是生于圣人之伪，非故生于人之性也。[4]

所谓“其善者伪也”，伪既然是人为，显然是后天的功夫，由此可见荀子对于后天之重视已到了无以复加的地步。

---

① 《孟子集注·告子上》，《四书章句集注》，第459页。

② 《孟子集注·尽心上》，《四书章句集注》，第489页。

③ 《荀子集解·性恶》，《新编诸子集成》第2册，第289—290页。

④ 《荀子集解·性恶》，《新编诸子集成》第2册，第291页。

3. 一在激励，一在警惕，皆意在鼓舞人奋发向上

孟子认为人性具有善的因子，对人性抱持肯定的态度，强调依照人性的实情，人皆可以为善，至于有人为不善，并非人性本质的罪责。其言曰：

> 乃若其情，则可以为善矣，乃所谓善也。若夫为不善，非才之罪也。[①]

每个人的行为，或善或恶，之所以相去甚远，关键都在于不能充分发挥人性本质，因此又曰：

> 仁、义、礼、智，非由外铄我也，我固有之也，弗思耳矣。故曰："求则得之，舍则失之。"或相倍蓰而无算者，不能尽其才者也。[②]

故极力鼓励人扩充存养，其所说如"凡有四端于我者，知皆扩而充之矣，若火之始然，泉之始达。苟能充之，足以保四海；苟不充之，不足以事父母"，"求则得之，舍则失之，是求有益于得也，求在我者也"，"苟得其养，无物不长；苟失其养，无物不消"，语气皆以肯定者为先，让人感受到其用心的恳切，故钱穆先生曾言：

> 盖孟子道性善，其实不外二义：启迪吾人向上之自信，一也。鞭促吾人向上之努力，二也。[③]

"启迪吾人向上之自信"是对人性的肯定，"鞭促吾人向上之努力"是对人性的激励，由是可见孟子用心之深挚。

至于荀子则改从另外的角度，强调"人之性恶，其善者伪也"。更指出人性中天生即有"好利""疾恶""有耳目之欲，有好声色焉"等情欲，如顺从此等情欲发展，则会导致"争夺生而辞让亡焉""残贼生而忠信亡焉""淫乱生而礼义文理亡焉"的结果。类似的话还有"从人之性，顺人之情"，则"必出于争夺，合于犯分乱理而归于暴"，以及"人生而有欲，欲而不得，则不能

---

① 《孟子集注·告子上》，《四书章句集注》，第 459 页。

② 《孟子集注·告子上》，《四书章句集注》，第 459—460 页。

③ 钱穆著，《钱宾四先生全集》编辑委员会编：《孟子要略·孟子之性善论》，《钱宾四先生全集》甲编第二册《四书释义》，台北：联经出版社，1992 年 7 月，第 252 页。

无求。求而无度量分界，则不能不争。争则乱，乱则穷”。[①]

从语气上来看，明显带有警告的意味，试图以此惕厉人。

尽管如此，荀子还是认为人如果能接受师法之化、礼义之道，则每个人都有可能成为圣贤，其言曰：

> 涂之人可以为禹，曷谓也？曰：凡禹之所以为禹者，以其为仁义法正也。然则仁义法正，有可知可能之理，然而涂之人也，皆有可以知仁义法正之质，皆有可以能仁义法正之具，然则其可以为禹明矣。[②]

其意与孟子之“人皆可以为尧、舜”[③] 并无二致，可见其用心皆在勉人奋发向上。故戴震《孟子字义疏证》曰：

> 此于性善之说不惟不相悖，而且若相发明。[④]

盖孟子讲扩充，意在充其善端；荀子讲化性，意在化除人性之恶。充其善端，化除人性之恶，本为同一件事。故谢墉《荀子笺释·序》说：

> 孟子言性善，盖勉人以为善而为此言；荀子言性恶，盖疾人之为恶而为此言。[⑤]

钱大昕《跋荀子》也说：

> 夫《孟子》言性善，欲人之尽性而乐于善；《荀子》言性恶，欲人之化性而勉于善。言性虽殊，其教人以善则一也。[⑥]

所谓“勉人以为善”“欲人之尽性而乐于善”，重在激励；“疾人之为恶”“欲人之化性而勉于善”，则偏于警惕；但同归于善，则无二致也。

（四）结语

就读大学时，不论是教“国学概论”“中国思想史”或“《孟子》选读”

---

① 《荀子集解·礼论》，《新编诸子集成》第2册，第231页。

② 《荀子集解·性恶》，《新编诸子集成》第2册，第295页。

③ 《孟子集注·告子下》：“曹交问曰：‘人皆可以为尧、舜，有诸？’孟子曰：‘然。’”《四书章句集注》，第474页。

④ 戴震：《孟子字义疏证·性》，北京：中华书局，1982年5月第2版，第31页。

⑤ 谢墉：《荀子笺释》，严灵峰编辑《无求备斋荀子集成》第18册，台北：成文出版社影印清嘉庆九年姑苏聚文堂刊“十子”本，第5页。

⑥ 钱大昕：《潜研堂序跋》，上海：上海古籍出版社，2010年12月第1版第1刷，第99页。

“《荀子》选读”的老师，都异口同声地说孟子、荀子的性论是“相反相成”，笔者当时心中即有疑惑。考试时偶尔碰到类似“孟荀性论异同”的考题，同学皆以“相反相成”的标准答案回答，笔者乃在不甚认同该答案的情况下，改以“相辅相成”作答，承蒙授课老师理解包容，所得成绩并不低于其他同学。尽管如此，疑惑始终存在。

及至研究所毕业后，在大学任教，也先后开设过“国学概论”“《孟子》选读”“中国思想史”课程，年轻时的想法不仅并未动摇，反而更加坚定。尤其是读了多位当代前辈学者，如钱穆先生、徐复观先生、陈大齐先生等人的著作，发现他们其实已先得我心之所同然，更是感到欣喜。

基于以上所述背景，借此次研讨会之便，将蓄积已久的一得之愚，撰成本文。全文先阐述因孟子、荀子对于“性”的定义并不相同，实不宜据而比较其性论，并因此断定二说为“相异”或“相反”。进而分就立基、功夫、目的三方面探讨，发现两家之性论异曲（立论角度）而同工（目标），似相异而实同。《周易·系辞下传》所谓“天下同归而殊途，一致而百虑”，用来描述孟子、荀子的性论，应属贴切。

——原发表于2018年4月西安中华五千多年文明与民族伟大复兴学术交流会

儒学与现代

一、孝道思想的扩大诠释与现代实践

（一）前言

注重孝道为传统社会的美德，自孔子以来即十分重视，据《论语》所载，孔门弟子即多次以“孝”为主题向孔子请教。且从汉代以后，历朝政府无不标榜以孝治天下，对于能躬行孝道者每每加以优礼表扬。但孝道的本义为善事父母，其范围及效用仅及于家庭，是否有过于狭隘之嫌？尤其是在现代这种亲属关系日益淡薄，家庭成员间愈来愈疏离，人际关系越来越多元，与家庭之外的人接触更加频繁的情形下，孝道是否值得我们注重？即使要注重，又应该怎么去实践？确实是很值得探讨的课题。

其实，注重孝道的精神，自孔子极力倡导以来，经过许多儒者的阐发，不断随时代的演进而扩充其范围，已不仅限于家庭，而由亲亲推广为仁民爱物，关注到整个社会人群，以至于天地万物，发挥万物一体的高尚情操，层面极为开阔。这种阐发诠释不仅与以孔子为代表的儒家思想本意吻合，且能配合时代的潮流，成为一种普世的价值，继续对世界文明做出贡献。

唯在实践孝道方面，由于时代及环境的转变，形态上已由农业社会转而为工商社会，观念上已由安土重迁变成迁徙频繁。再加上孝道已由家庭推展到社会人群、天地万物，传统的行孝方式显然已无法因应，而必须做适切的调整。如何在制度上妥为设计，以保证其易于推广落实，达成老吾老以及人之老，与夫以其所不忍达之于其所忍[①]的目标，既符合儒家的理想，又能与现代社会接轨，即成为我们应该黾勉以赴者。

以下即针对上述的两个问题，先探讨孝道思想如何由亲亲扩展至仁民爱物，以合乎现代的潮流；再探讨于现代社会中如何践行孝道，使儒家的理想具体实现。所论是否得当，尚祈方家有以教之。

（二）孝道思想的扩大诠释

孝道的本义为善事父母，属于亲亲的层次，其后乃逐渐扩大为仁民爱物，遂由家庭伦理拓展为社会伦理、自然伦理，兹分点述之如下：

1. 孝道的本义——亲亲

孝道的本义，据《说文解字》对“孝”字的解释为：

> 孝，善事父母者，从老省从子，子承老也。[②]

段玉裁注曰：

> 《礼记·祭统》曰：“孝者，畜也。”[③]

徐灏笺曰：

> 《孝经说》曰：“孝，畜也。畜，养也。”[④]

凡此解说，皆可见孝道的本义为善于奉养父母。试观《论语》所载，诸弟子向孔子问孝，孔子所对答者，如：

> 孟懿子问孝。子曰：“无违。”樊迟御，子告之曰：“孟孙问孝于我，我对曰‘无违’。”樊迟曰：“何谓也?”子曰：“生，事之以礼；死，葬之以礼，祭之以礼。”
>
> 孟武伯问孝。子曰：“父母唯其疾之忧。”

---

① 《孟子集注·尽心下》：“人皆有所不忍，达之于其所忍，仁也。”此取其语，意指不忍父母未受适当之照顾，因而能善事父母，并将此心意推广至其他的人、物上。《四书章句集注》，台北：大安出版社，2005 年第 1 版第 5 刷，第 522 页。

② 许慎著，段玉裁注：《说文解字》，台北：黎明文化事业公司，1978 年 11 月第 4 版，第 402 页。

③ 许慎著，段玉裁注：《说文解字》，第 402 页。

④ 许慎著，段玉裁注，徐灏笺：《说文解字》，台北：广文书局，1972 年，第 2871 页。

子游问孝。子曰："今之孝者，是谓能养。至于犬马，皆能有养；不敬，何以别乎？"

子夏问孝。子曰："色难。有事弟子服其劳，有酒食先生馔，曾是以为孝乎？"①

抑或是孔子论述孝道，如：

子曰："事父母几谏。见志不从，又敬不违，劳而不怨。"

子曰："父母在，不远游。游必有方。"

子曰："三年无改于父之道，可谓孝矣。"

子曰："父母之年，不可不知也。一则以喜，一则以惧。"②

不论是孔子直接论述孝道，还是答复弟子的问孝，基本上都没有超出家庭父子的范围，与孝道的本义相符。即使是《孟子》中的记载，仍然有极大部分属于这种范围，如：

壮者以暇日修其孝悌忠信，入以事其父兄，出以事其长上，可使制梃以挞秦楚之坚甲利兵矣。③

是故明君制民之产，必使仰足以事父母，俯足以畜妻子，乐岁终身饱，凶年免于死亡。然后驱而之善，故民之从之也轻。今也制民之产，仰不足以事父母，俯不足以畜妻子，乐岁终身苦，凶年不免于死亡。此惟救死而恐不赡，奚暇治礼义哉？王欲行之，则盍反其本矣。五亩之宅，树之以桑，五十者可以衣帛矣；鸡豚狗彘之畜，无失其时，七十者可以食肉矣；百亩之田，勿夺其时，数口之家可以无饥矣；谨庠序之教，申之以孝悌之义，颁白者不负戴于道路矣。老者衣帛食肉，黎民不饥不寒，然而不王者，未之有也。④

舜尽事亲之道而瞽瞍厎豫，瞽瞍厎豫而天下化，瞽瞍厎豫而天下之

---

① 上引四则皆见《论语集注·为政》，《四书章句集注》，第72—73页。

② 上引四则皆见《论语集注·里仁》，《四书章句集注》，第98页。唯第三则属重出而较略，《论语集注·学而》载："子曰：'父在，观其志；父没，观其行；三年无改于父之道，可谓孝矣。'"《四书章句集注》，第66页。

③ 《孟子集注·梁惠王上》，《四书章句集注》，第285页。

④ 《孟子集注·梁惠王上》，《四书章句集注》，第290页。

为父子者定，此之谓大孝。[①]

凡此所说的孝，也都是指事父母而言，与孝道的本义相符。可见不管是孔子或孟子，所谈论的孝道，概括而言，几乎都是针对亲子关系进行阐述，属于家庭伦理范畴。

2. 孝道的扩充——由亲亲而仁民爱物

孝道的本义既然是善事父母，属于亲亲的层次，但《论语》却载："（有子曰）……君子务本，本立而道生。孝弟也者，其为仁之本与！"[②] 这是因为对父母的爱出于良知良能，是非常自然的[③]，与仁为自然感情的发露，性质正相一致，故孝可以作为行仁的根本。按，所谓仁，《论语》载有子贡与孔子的对话：

> 子贡曰："如有博施于民而能济众，何如？可谓仁乎？"子曰："何事于仁，必也圣乎！尧、舜其犹病诸！夫仁者，己欲立而立人，己欲达而达人。能近取譬，可谓仁之方也已。"[④]

仁为诸德之总称，乃是一个抽象的概念；圣则是成德之名，必须有具体的事功表现。所以必须以"能近取譬"的仁之方，达到"己欲立而立人，己欲达而达人"的地步，亦即做到"博施于民而能济众"，才可以算是已臻于圣的境界。因此仁与圣并非毫无关联的两件事，仁为圣的内涵，圣则为仁的实践，相须而成为一种体用关系。又按《礼记·祭义》记载：

> 曾子曰："身也者，父母之遗体也。行父母之遗体，敢不敬乎？居处不庄，非孝也；事君不忠，非孝也；莅官不敬，非孝也；朋友不信，非孝也；战陈无勇，非孝也；五者不遂，灾及于亲，敢不敬乎？"[⑤]

---

① 《孟子集注·离娄上》，《四书章句集注》，第 403 页。

② 《论语集注·学而》，《四书章句集注》，第 62 页。

③ 《孟子集注·尽心上》："人之所不学而能者，其良能也；所不虑而知者，其良知也。孩提之童，无不知爱其亲；……亲亲，仁也；……无他，达之天下也。"《四书章句集注》，第 495 页。

④ 《论语集注·雍也》，《四书章句集注》，第 123 页。

⑤ 戴圣编，郑玄注，孔颖达疏：《礼记正义》，台北：艺文印书馆影印嘉庆二十年江西南昌府学开雕重刊宋本，第 8 册，第 821 页。

意谓不管是做什么，只要是分内所应行的事，都应竭尽心力，黾勉以赴，为社会群体贡献力量，都包含在孝的范围之内。这种孝显然已不限于父子之间的伦理关系，扩而及于其他伦理范畴了。

综上所述，孝为行仁的根本，仁者"己欲立而立人，己欲达而达人"，实践仁则可以达到"博施于民而能济众"的境界。又据孔门之中以孝著称的曾子之推衍阐发，孝还可涵盖"庄""忠""敬""信""勇"诸德，几乎可谓等同于仁了。至此，则属于亲亲之道的孝，已扩充为仁民矣！

不仅如此，《礼记・祭义》又载曾子尝引述孔子之言，以为取物宜注重配合时令，适当节制，曰：

> 树木以时伐焉，禽兽以时杀焉。夫子曰："断一树，杀一兽，不以其时，非孝也。"①

孝既为行仁之本，滥伐滥杀有害于仁，即有害于作为行仁根本的孝，故孔子以为非孝也。至此，孝道又扩充至爱物矣！

按，仁道的具体表现在于忠恕，孔子曰："忠恕违道不远，施诸己而不愿，亦勿施于人。"② 自己既不愿受戕害，则可推知人、物也希望能生能活，故其终极目标乃在于使所有的人、物皆能各遂其生，各得其所。此即孟子所谓"君子之于物也，爱之而弗仁；于民也，仁之而弗亲；亲亲而仁民，仁民而爱物"③，"万物皆备于我。反身而诚，乐莫大焉。强恕而行，求仁莫近焉"④。而后来张载所强调的"民吾同胞，物吾与也"⑤ 的精神，正是孝道由亲亲扩充为仁民爱物的至高境界。

（三）孝道的现代实践

儒家思想的最大特色为不尚空言而注重实践，孝道思想当然也是如此。时移势异，到了现代，古人的行孝方式，固然有值得我们参考者，但也有需

---

① 《礼记正义》，第8册，第821页。
② 《中庸章句》第十三章，《四书章句集注》，第30页。
③ 《孟子集注・尽心上》，《四书章句集注》，第509—510页。
④ 《孟子集注・尽心上》，《四书章句集注》，第491页。
⑤ 张载：《张载集・正蒙・干称》，台北：汉京文化事业公司，1983年9月，第62页。

要改弦更张或补充加强之处。兹分亲亲与仁民爱物两方面叙之如下：

1. 就亲亲而言

孔子论孝之实践，依前引孔门师生有关孝道的问答，如“今之孝者，是谓能养”“有事弟子服其劳，有酒食先生馔”等，属于子女对父母提供物质的奉养；另如“不敬，何以别乎”“色难”等，则属于让父母在精神上感到受尊重或愉悦。再看孟子之论孝，他曾说：“世俗所谓不孝者五：惰其四支，不顾父母之养，一不孝也；博弈好饮酒，不顾父母之养，二不孝也；好货财，私妻子，不顾父母之养，三不孝也；从耳目之欲，以为父母戮，四不孝也；好勇斗狠，以危父母，五不孝也。”[①] 虽说是世俗认定的不孝，孟子似乎也认同而加以引述。至于《礼记·祭义》则两度记载曾子之论孝：“孝有三：大孝尊亲，其次弗辱，其下能养。’”“孝有三：小孝用力，中孝用劳，大孝不匮。思慈爱忘劳，可谓用力矣；尊仁安义，可谓用劳矣；博施备物，可谓不匮矣！”[②]所说虽不尽相同，但都兼重物质的供养与精神的尊重或愉悦，仍有其共通之处。

综合上述孔子、孟子、曾子所言，盖有两个共通之处：一为他们都兼重物质、精神两个层面，二为偏于物质层面的“养”，虽属世俗之见而归于“其下”“小孝”，但皆被认可而属于较基本者。

以现代我们对孝道的实践而言，第一个共通点仍然值得重视遵循，举凡可以使父母感到受尊重或心情愉悦的各种举措皆可采行。至于第二个共通点中的“养”，当然指的是子女对父母的奉养，亦即子女对父母的“反哺”，这也就是传统的“养儿防老”观念。这种观念虽然不能说是错误，但对已无谋生能力的老者而言，却缺乏明确有力的保障。有太多的因素，举如未生儿育女，或虽有儿女但其能力不足……都会影响到对老者应有的照顾。因此“养儿防老”的观念显然已经落伍，而必须要改弦易辙，以保证老者在基本的生活需求上无所匮乏。

因此养老制度的建立，便成为我们现代实践孝道的最佳途径。各国政府

① 《孟子集注·离娄下》，《四书章句集注》，第 419 页。
② 《礼记正义》，第 8 册，第 820—821 页。

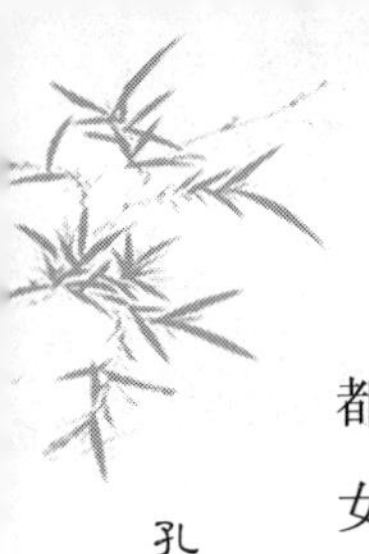

都有必要依据国情，设计出符合国人需求的养老制度，不再像过去一样由子女做个人式的“反哺”，而是由国家整体对曾为社会做出贡献的老者做集体式的“反哺”，确保老者在物质供应方面能独立自主。如此，老者不必在生活上乞怜于人，可以很有尊严地安度余年，也可以获致精神上的满足，而达到与第一个共通点相同的目标。

2. 就仁民爱物而言

前已引述《论语·雍也》所载孔子回答子贡之问时曾说：“夫仁者，己欲立而立人，己欲达而达人。能近取譬，可谓仁之方也已。”亦即能推己及人则可以达到“博施于民而能济众”的地步。另外，《论语·宪问》又记载孔子回答子路之问，曰：

> 子路问君子。子曰：“修己以敬。”曰：“如斯而已乎?”曰：“修己以安人。”曰：“如斯而已乎?”曰：“修己以安百姓。修己以安百姓，尧、舜其犹病诸!”①

修己以敬者，己立己达之事；修己以安人、修己以安百姓者，立人达人之事。彼此所讲，可相互发明，而皆属仁民之事。孟子在这方面，也提出了“人溺己溺，人饥己饥”的关怀弱势者的看法，曰：

> 禹、稷当平世，三过其门而不入，孔子贤之。颜子当乱世，居于陋巷，一箪食，一瓢饮。人不堪其忧，颜子不改其乐，孔子贤之。孟子曰：“禹、稷、颜回同道。禹思天下有溺者，由己溺之也；稷思天下有饥者，由己饥之也，是以如是其急也。禹、稷、颜子易地则皆然。”②

“人溺己溺，人饥己饥”的胸怀，建基于能为对方设身处地着想，具有同理之心，此与推己及人的观念并无二致。

在爱物方面，《论语·述而》记载：

> 子钓而不纲，弋不射宿。③

---

① 《论语集注·宪问》，《四书章句集注》，第 222 页。
② 《孟子集注·离娄下》，《四书章句集注》，第 418 页。
③ 《论语集注·述而》，《四书章句集注》，第 133 页。

可见孔子之取物有节，其仁爱之心已由人推展至禽兽。孟子的思想承自孔子而有进一步的发挥，首先肯定恻隐之心是每个人都具有的，此恻隐之心即为仁之端，曰：

> 人皆有不忍人之心……所以谓人皆有不忍人之心者，今人乍见孺子将入于井，皆有怵惕恻隐之心。……由是观之，无恻隐之心，非人也。……恻隐之心，仁之端也。[①]

以此仁之端推而及于爱物，孟子也极力主张取物有节，以期众民养生丧死而无憾，认为这是推行仁政的始基，曰：

> 不违农时，谷不可胜食也；数罟不入洿池，鱼鳖不可胜食也；斧斤以时入山林，材木不可胜用也。谷与鱼鳖不可胜食，材木不可胜用，是使民养生丧死无憾也。养生丧死无憾，王道之始也。[②]

此可见孟子实具有长远的眼光，而非短视务近利者可比。不过孟子并非仅就实利的观点而有此看法，这是由于对物的关怀其实也是仁心的自然流露，所以他说：

> 人皆有所不忍，达之于其所忍，仁也。[③]

人情常于其亲近者有所不忍，而于疏远者有所忍，能由亲近者推而及于疏远者，而亦有所不忍，此即仁也。因此当齐宣王见有牵牛过于堂下将被杀以衅钟者，不忍见其觳觫若无罪而就死地，而以羊易之，孟子即就此一事称许其有不忍之心，而鼓励他推扩此不忍之心以施行仁政。[④]

在对人上，不论是孔子所提的“己欲立而立人，己欲达而达人”，或孟子所讲的“人溺己溺，人饥己饥”，观念其实相同。在对物上，孔子、孟子皆注重取物之有节，孟子还主张赋予仁的基础。凡其所行所言，立意皆非常可取，值得我们尊崇并且认取实践。但是拿来作为对自我的要求虽然极为适当，责

① 《孟子集注·公孙丑上》,《四书章句集注》，第 328 页。

② 《孟子集注·梁惠王上》,《四书章句集注》，第 282 页。

③ 《孟子集注·尽心下》,《四书章句集注》，第 522 页。

④ 详见《孟子集注·梁惠王上》,《四书章句集注》，第 287—289 页，文长，不具引。

成大家同遵共守，却缺乏必要的约束力，亦即其属性为道德的，并不具有强制性。既然如此，其成效也就会大打折扣而无法彰显了。

因此在仁民方面，建立社会福利制度，才能普遍提供对鳏、寡、孤、独、废疾等弱势者的适切照顾，而非由具有善心的个人或慈善团体，做比较零散，甚至所谓即兴式的济助。在爱物方面，建立保育制度，才能使草木不被滥砍滥伐，禽兽不被滥捕滥杀，进而使动植物都在妥当照顾下生生不息。所以各国政府也都有必要依据国情，设计出符合国人需要的社会福利制度与保育制度，庶使由亲亲推而扩之的孝道，在现代实践中，都能获得全面而充分的保障，达成真正落实的目标。

（四）结语

孝道本来是家庭父子之间的伦理，但经扩大诠释之后，可由亲亲推而仁民爱物，其层面已拓展至整个社会人群以至大自然。我们为了满足生活的需要，一方面必须经营分工式的群体生活，另一方面不能不获取万物作为资源，对于人群理应相互扶持，以求共生共荣；对于万物也该取之有节，而不妨害其继续繁衍生长。此种观念在现代尤其具有重要意义，盖近一两百年以来，人们由于自我意识过度膨胀，强者予取予求，弱者任人宰割，造成弱肉强食，贫富差距愈来愈大，社会骚动不安。对自然界的草木则滥砍滥伐，禽兽则滥捕滥杀，已使许多动植物绝种或濒于灭亡，严重影响生态的平衡，并因此而威胁到人类的生存。注重孝道的精神，不论是“善事父母”或“民胞物与”，正可用来唤醒大家关怀年长者及社会弱势族群，注重生态的维持及环境的保护。

孝道思想首重实践，在这方面，不论是提供必要的奉养，使老者不饥不寒，也兼重精神上的满足；或者能推己及人，怀抱“人溺己溺，人饥己饥”的胸怀，尽所其所能来照顾孤苦无依者，对于万物又能取之有节，都是今天仍然值得我们遵循的。不过传统的实践方式固然有可取之处，但也有值得检讨改善的地方。这些方式大多偏于情感的回报或关怀，只是一种道德性的诉求，因而缺少强制性，无法保证亲亲或仁民爱物的充分实现。因此在现代要实践孝道，就要补传统的不足，在情感之外加进理性的因素，在道德诉求之上增添法律的规范，建立适切的养老制度、社会福利制度及保育制度，使孝道的实践确实获得保障。

——原发表于2010年首尔儒学思想国际学术研讨会，后被收入《儒学复兴与现代社会》，成均馆大学校，2014年9月

二、传统礼俗在法治社会中的作用

（一）前言

儒家思想极为重视礼教，主张以礼来教化人民，逐渐在民间蔚成风俗，此即为礼俗。既称之为礼俗，则必须合乎礼的本质，兼顾事理、人情，因而能够行之久远，成为在大区域内通行的传统。此传统经长期的发展，常会不期然而然地融入各种宗教或民间的信仰，这些信仰虽非源自儒家，但与儒家思想每每能够发挥相辅相成的效用，因而被吸纳而成为传统礼俗。

以往的东方社会，由于教育不是很普及、法律制度不够完善、各地区的差异性大等各种因素，主要是以通行于民间的各种传统礼俗来维系秩序，使社会保持一定的安定和谐。自从西方势力东渐以后，传统礼俗的地位已逐步被法取代，而失去了其原有的功能，大家对于传统礼俗也就不再像过去那么重视了。

可是在强调法治的现代社会中，我们却感觉到社会好像并不如以往一般纯朴良善。究竟问题出在哪里？是单纯地由于法治的功能并没有完全发挥，还是因为仅依赖法治并不能充分达到维持社会秩序的目标？答案如果是前者，那么我们只有从加强法治入手以求改善；但如果是后者，则重新检视传统礼俗的现代价值，就十分必要了。

以下笔者先从礼的意义来探讨礼的本质，进而比较礼与法的异同，最后发掘传统礼俗中所蕴含的时代价值，以期引起大家的重视，使传统礼俗在现代社会中依然能发挥其作用，以与法治相辅，来促进社会的安定和谐。

（二）从礼的名义看礼的本质

礼的名义，综合儒家典籍及相关著作的论述，可从三个角度加以说明：

(1) 礼者，理也

意指礼必须合乎道理。理有其仪式节目，但这些仪式节目的设定必须合乎道理，否则就不能称之为礼。故《荀子·乐论》曰：

礼也者，理之不可易者也。①

又《白虎通义》亦云：

礼者，履也，履道成文也。②

可见仪式节目的设定实际上是依据道理而来的，合于道理，则仪式节目虽然简略，仍然是礼；不合于道理，尽管仪式节目极为详备，也不够格成为礼。故孔子说：

礼也者，理也。……君子无理不动。③

是否为礼，主要是看所行所为能不能合于道理，而不是在仪式节目上讲求，仪式节目只是形式，作用在于将内在的道理表现出来，虽然不能没有，但到底只是外在的。④

(2) 礼者，体也

意指礼必须体察人情。礼如果不能体察人情以顺应之，就会窒碍难行。所以《淮南子·齐俗训》云：

礼者，体也。⑤

又云：

礼者，体情制文者也。⑥

---

① 王先谦：《荀子集解》，《新编诸子集成》第二册，台北：世界书局，1972年10月新1版，第254页。又此语亦见《礼记·乐记》，陈澔《礼记集说》，台北：世界书局，1976年8月3版，第214页。

② 班固：《白虎通义》，《国学基本丛书》，台北：台湾商务印书馆，1968年3月1版，第319页。

③ 《礼记·仲尼燕居》，《礼记集说》，第280页。

④ 《论语·八佾》："子曰：'人而不仁，如礼何？人而不仁，如乐何？'"《论语·阳货》："子曰：'礼云礼云，玉帛云乎哉？乐云乐云，钟鼓云乎哉？'"皆可证此理。朱熹：《四书集注》，台北：台湾书店，1961年10月再版，第54、143页。

⑤ 高诱注：《淮南子》，《新编诸子集成》第七册，台北：世界书局，1972年10月新1版，第176页。

⑥ 《淮南子》，《新编诸子集成》第七册，第176页。

这是因为不能体察人情，就无法掌握人情的好恶，根本不可能将人情导入正轨。故《礼记·礼运》曰：

饮食男女，人之大欲存焉；死亡贫苦，人之大恶存焉；故欲恶者，心之大端也。人藏其心，不可测度也。美恶皆在其心，不见其色也。欲一以穷之，舍礼何以哉？[①]

礼因为能体察人情，所以才能穷究人情。《礼记·坊记》又说：

子云："小人贫斯约，富斯骄。约斯盗，骄斯乱。礼者，因人之情而为之节文，以为民坊者也。"[②]

掌握人情，就可以防范人情因不同情况所造成的放滥，以收规约之效。是故程颐曰：

礼者因人情也，人情之所宜则义也。[③]

可见礼必须依据人情，从而因势利导，才能使其朝向合宜之道发展，而不至于放滥为非。

（3）礼者，履也

意即礼必须实际践履。这是因为尽管合乎道理，也顺应了人情，但并不实地去做，一切也只是徒托空言。《说文解字》解释礼为"履"，意即在此。[④]又《荀子·大略篇》云：

礼者，人之所履也。[⑤]

阐明礼之所重在于实践，而不是空谈。故《礼记·仲尼燕居》记载：

子张问政。子曰："师乎！前，吾语女乎！君子明于礼乐，举而错之而已。"子张复问，子曰："师！尔以为必铺几筵，升降酌献酬酢，然后

① 《礼记集说》，第 129 页。
② 《礼记集说》，第 284 页。
③ 《二程遗书》，文渊阁《四库全书》子部第四，第 698 册，台北：台湾商务印书馆影印，第 698—702 页。
④ 许慎著，段玉裁注：《说文解字注》，台北：汉京文化事业有限公司，1980 年 3 月初版，第 2 页。
⑤ 《荀子集解》，《新编诸子集成》第二册，第 326 页。

谓之礼乎？……言而履之，礼也。”[①]

正可见礼之所重并不在于仪式节目，而在于能掌握所蕴含的人情、事理而身体力行之。

综上所述，礼的名义，可知礼乃是依据道理、人情，来制定仪式节目，然后透过仪式节目的践履，以发挥其效用，所以其本质实在于道理、人情，亦即其所蕴含的精神内涵，而非外在的形式。

（三）礼与法的异同

礼与法的性质不同，但有其相近之处，儒家荀子隆礼一派到了后来会演变成为以韩非为代表的法家，就是明证。其异同可大略述之如下：

（1）就作用方面言

礼兼具有指导与节制的作用。[②]

就指导作用来看，如《论语·为政》记载：

> 孟懿子问孝。子曰：“无违。”樊迟御，子告之曰：“孟孙问孝于我，我对曰‘无违’。”樊迟曰：“何谓也？”子曰：“生，事之以礼；死，葬之以礼，祭之以礼。”[③]

明白指出孝顺父母，不论生前的奉养，或死后的丧葬、祭祀，都必须依循礼的规定。又如《论语·颜渊》记载：

> 颜渊问仁，子曰：“克己复礼为仁。一日克己复礼，天下归仁焉。为仁由己，而由人乎哉？”颜渊曰：“请问其目？”子曰：“非礼勿视，非礼勿听，非礼勿言，非礼勿动。”[④]

一切行为必须回归于礼，亦即以礼作为依循的准则。上举二例，皆可看出礼之具有指导的作用。

就节制作用来看，如《论语·泰伯》记载：

---

① 《荀子集解》，《新编诸子集成》第二册，第281页。

② 礼除了具有指导与节制的作用以外，又具有贯串的作用。参见陈大齐《与青年朋友们谈孔子思想》，台北：孔孟学会，1967年7月初版，第76—77页。

③ 《四书集注》，第49页。

④ 《四书集注》，第108—109页。

子曰："恭而无礼则劳，慎而无礼则葸，勇而无礼则乱，直而无礼则绞。"①

恭、慎、勇、直皆是美德，但如不受礼的约束，则可能造成弊病而流为劳、葸、乱、绞。又《论语·阳货》载：

子曰："由也，女闻六言六蔽矣乎?"对曰："未也。""居！吾语女。好仁不好学，其蔽也愚。好知不好学，其蔽也荡。好信不好学，其蔽也贼。好直不好学，其蔽也绞。好勇不好学，其蔽也乱。好刚不好学，其蔽也狂。"②

两相对照，可以明白看出孔子之所谓学，乃在于学礼。

由上述可见，即使是美德，但因不合乎礼，或过或不及，皆有可能造成弊害，故孔子教导人要学礼，即是由于礼具有节制的作用。

就法而言，也兼具有指导与约束的作用。

（2）就权利与义务方面言

在法治的国家，人民或采直接方式，更多数是采间接方式，拥有立法的权利。法令制度一旦制定且公布实施以后，人民有遵守的义务。如不遵守，则事情必定不能办成，或者要接受法定的惩罚。

制定礼的仪式节目，由于必须合乎道理、人情，尤其是传统礼俗是经由民间长期的约定俗成而逐渐演化而来的，故就某种意义而言，礼也等于是人民制定的，亦即人民有立礼的权利。礼制或礼俗一旦制定或形成以后，人民如不遵循，则行事便会到处碰壁，甚至于为众人所唾弃，由此看来，也等于人民有遵守礼的义务，只不过没有像法那么直接及具强制性而已。

（3）就时效方面言

所谓礼防未然，法禁已然，礼所重者在于事前的引导疏通，使人的言行举止都能合乎规范，以避免不合宜的事情发生。但一方面，要让大家的所言所行都能从容中礼，必须通过长期的教化，收效比较缓慢；另一方面，如果

---

① 《四书集注》，第86页。

② 《四书集注》，第143页。

有人不守礼，同时他并不在乎事情是否能办得通，或众人是否会对他产生嫌弃，则大家对他也就无可奈何，亦即是说礼比较缺乏强制性。

至于法则重在事后的惩罚及改善，以阻止类似行为的再度发生，或避免他人起而效尤。倘若犯法的行为已经发生，对犯法者再如何施予严厉的惩罚，其所造成的伤害也无法补救。不过就执行面而言，法治国家因为都设有执法机构，以行使公权力，所以一旦犯罪行为发生，在搜集了充分证据的情形下，便能立即给予处罚，因此收效会比较快速，而且也具有强制性。

（四）传统礼俗的现代价值

综前所述，礼既然是必须合于道理、体察人情，而又注重履行的，其在作用、权利义务、时效等方面虽然与法并不完全相同，却也有许多相通之处。尤其是传统礼俗由于长期以来已遍及于东方社会，且曾发挥过深入的影响，如今虽然因时移势异，不再那么为人重视，但我们如能掘发其精神内涵，妥加运用，则在法治时代依然可以发挥其价值。兹举其较荦荦大端者述之如下：

（1）浚本清源，防微杜渐

礼的作用在于防患未然，重在事前的引导疏通，具有劝化良善风气，以避免不轨行为发生的功效。盖人的生活可分为精神与物质两个层面，物质层面的欲望即所谓物欲，往往会不断地强化及扩充，而永远无法获得满足。所以欲望如不能适度加以节制，就会造成弊害，荀子即因此论定人性为恶。① 节制欲望，则有待于精神的陶冶，以净化心灵，提升境界。传统礼俗在这一方面正可发挥其效用。

在传统礼俗中，每逢年节，都会举办各种艺文活动，如新年的贴春联、剪年纸、舞龙舞狮……元宵节的赛花灯、猜灯谜……端午节的举行诗人击钵吟……还有一年到头的各种戏剧或游艺表演等。这些活动都是在祠堂、庙宇举办，祠堂、庙宇的建筑、雕刻、绘画、楹联及其他工艺制作等，其实就是各种艺术的综合；而其雕刻、绘画往往取材自历史上的忠孝节义故事，寓有

---

① 《荀子·性恶篇》：“今人之性，生而有好利焉；顺是，故争夺生而辞让亡焉。生而有疾恶焉；顺是，故残贼生而忠信亡焉。生而有耳目之欲，有好声色焉；顺是，故淫乱生而礼义文理亡焉。……用此观之，则人之性恶明矣。”《荀子集解》，《新编诸子集成》第二册，第289页。

劝世警俗的功效。人们流连其间或参与在那里举办的活动，无形中会受到艺文的熏陶，让心灵有所寄托，精神获得提振，不至于过度沉迷物欲。久而久之，自然可以使人心趋于淳厚，彼此以作奸犯科为戒，而达到防微杜渐的目标。

（2）饮水思源，继往开来

传统礼俗的各种活动，绝大部分与祭祀有关。祭祀的对象大抵可分为以下各类：1. 祖先，如各姓宗祠所祭祀者，2. 有功德者，如文庙、武庙、关帝庙、妈祖庙等所崇奉者，3. 天地万物，如天公、土地公、谷神、树神等，4. 宗教神祇，如道教的太上老君、吕洞宾，佛教的观音菩萨、弥勒佛等。

祭祀祖先旨在缅怀其对子孙的生养之恩，也对其筚路蓝缕，以启山林的开创之功表示敬仰，期使后人不忘其所自出，而思继承祖业且更加发扬光大。祭祀有功德者则在感激其对人类社会所做的贡献，祈盼后人在崇仰之余，也能兴起效法之志，达到如曾国藩《圣哲画像记》所云“感发兴起”的效果。祭祀天地万物在于感谢其为我们提供了各种生活资源，更进而将天地万物道德化，产生了法天的思想，盼望能赞天地之化育，以与天地同功。对宗教诸神祇的崇奉，也寓有劝善去恶，并诱导人感恩、施舍的作用在。凡此皆可见祭祀的作用，一方面在饮水思源，感怀恩德；另一方面更在于借此引发效法之志，以达承先启后、继往开来的目标。

（3）同甘共苦，敦亲睦邻

过去的东方社会，生产以农业为主，由于当时农耕的器械不够发达，所以农作必须集结众人的力量以竟其功；另外，为了对抗自然的灾害，更需要大家群策群力；于是便很自然地透过血缘或地缘关系，将亲族或邻里结合成为一个群体。为使这种群体团结一致而不涣散，成员间祸福与共，以凝聚向心力，便成为关键之所在。

传统礼俗中，如祭祀时的分胙，将祭肉分发给亲友共同食用，便寄寓了有福同享之意。又如丧家三日不举火，而由邻里提供糜粥；逢年过节，则不制粿，不包粽，而由邻里馈赠……也都寄寓了有难同当之意。凡此做法，无非希望大家出入相友，守望相助，形成一个甘苦与共的生命共同体。

现代社会已由农业社会转型为工商社会，而用来维护社会秩序者，主要

是法治。但法令是刚硬而冰冷的，不如礼俗的柔软而温暖，以致造成社会群体间的日趋冷漠。为补偏救弊，发挥互相关怀照顾的精神，凝聚社会向心力，传统礼俗所蕴含的情意，就愈发令人感到可贵了。

(4) 休息解闷，调剂身心

借助艺文的熏陶，以净化心灵，提升精神生活，已如上述，传统礼俗中的许多活动又具有卫生保健的用意。最明显的例子莫如端午节，除纪念爱国诗人屈原，以培养爱国精神并重视艺文活动以外；举行划龙船比赛，意在注重运动，并培养团队合作精神，以强身睦群。又在家家户户的门口，插上菖蒲、艾叶，并与家人共喝雄黄酒，则因时值盛夏，想借助菖蒲等物的驱毒功效，做好个人保健及家庭消毒工作，讲求夏令卫生。其他如清明节的踏青、拔河，中秋节的赏月，重阳节的登高等等，都是利用大好春光或秋高气爽之时，到户外山野活动，寓有强健体魄、调剂身心的用意。

现代人由于社会发展的步调快，生活的压力大，因而衍生了不少生理、心理的疾病，连带着也造成了各种社会问题。如果能在繁忙的工作之余，做适度的休闲或运动，则可以疏解压力，不仅对个人的身心有所裨益，即对于社会风气亦能发挥改善之效。

（五）结语

礼有其外在的仪式节目，也有其内在的精神内涵，外在的仪式节目可因时因地以制宜，做适当的调整改变；但精神内涵大抵都具有正面的功能，值得我们加以保留。举例而言，端午节时尽可不必如前人般在门口插菖蒲、艾叶，或饮雄黄酒，但注重夏令卫生的原则却不容忽略。如前所述，儒家以礼化民形成的传统礼俗，在现代社会中仍具有其不可抹灭的价值，目前东方社会虽已步入法治时代，但仍应正视礼俗所能发挥的功能，设法将之贯注于我们的日常生活当中，以收端正人心、移风易俗的效用，来促进社会的和谐安定。

——原发表于2002年首尔儒教文化国际学术会议，被收录于《儒教文化研究》3期，2003年2月；后经改写发表于2011年9月曲阜第四届世界儒学大会，被收录于《第四届儒学大会学术论文集》，北京：文化艺术出版社，2012年8月

三、四书中的“圣”及其现代诠释

（一）前言

儒家所标榜的最高修养境界为“圣”，四书之中，《大学》虽然并未直接提到“圣”字，但所述三纲领、八条目，其实已是成圣之道；《论语》《孟子》《中庸》皆多处述及“圣”字，凡其所讲，确实可以看出“圣”的境界并不容易企及。不过从上述三书的记载中，其所言圣人的境界虽然极高，但并不只是一种高悬的理想，而是人人皆可以达到的。

经过历代儒者的阐释，圣人的境界还是士人所应达成的目标，如宋儒周敦颐就说：“圣希天，贤希圣，士希贤。”[①] 期盼读书人循序渐进地修养自己，由士人而成为贤人，再由贤人成为圣人，以达天人合德的地步。就连训勉童蒙的教材《弟子规》也说：“圣与贤，可驯致。”[②] 朱柏卢《朱子家训》亦言：“读书志在圣贤。”[③] 以上这些儒者的说法难道只是一种门面话吗？

基于此，本文尝试归纳四书中“圣”的涵养境界，并结合后儒的阐述，进而掘发其在现代社会中所具有的意义与价值，以看出虽时移势易，但如能做适当的转化，传统观念仍能发挥很大的效用，继续成为我们应该具备的涵养。

（二）四书中的圣

《论语》所言之圣，显然是一种极高超的修养境界，据《雍也》记载：

> 子贡曰：“如有博施于民，而能济众，何如？可谓仁乎？”子曰：“何事于仁？必也圣乎！尧、舜其犹病诸！夫仁者，己欲立而立人，己欲达而达人。能近取譬，可谓仁之方也已。”[④]

---

① 周敦颐：《元公周先生濂溪集・通书・志学》，长沙：岳麓书社，2006 年 9 月第 1 版 1 刷，第 59 页。

② 李毓秀：《弟子规》，《蒙学全书》，长春：吉林文史出版社，1991 年 7 月第 1 版，第 92 页。

③ 朱柏卢：《朱子家训》，《蒙学全书》，第 77 页。

④ 朱熹：《论语集注・雍也》，《四书章句集注》，台北：大安出版社，2005 年 8 月第 1 版第 5 刷，第 123 页。

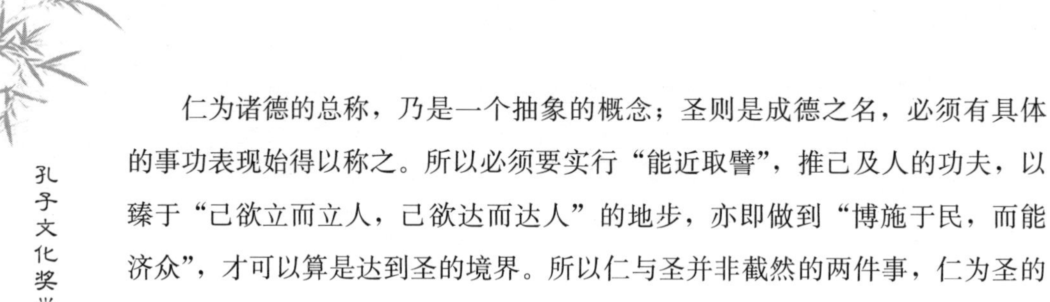

仁为诸德的总称，乃是一个抽象的概念；圣则是成德之名，必须有具体的事功表现始得以称之。所以必须要实行“能近取譬”，推己及人的功夫，以臻于“己欲立而立人，己欲达而达人”的地步，亦即做到“博施于民，而能济众”，才可以算是达到圣的境界。所以仁与圣并非截然的两件事，仁为圣的内涵，圣则为仁的实践，相须而形成一种体用关系。

《论语·宪问》有一章也同样提到“尧、舜其犹病诸”：

> 子路问君子。子曰：“修己以敬。”曰：“如斯而已乎?”曰：“修己以安人。”曰：“如斯而已乎?”曰：“修己以安百姓。修己以安百姓，尧、舜其犹病诸!”[1]

修己以敬者，己立己达之事；修己以安人、修己以安百姓，立人达人之事。子路所问者虽为君子，但他在孔子的答语之后又层层追问，最后孔子所答显然已非君子的层次，而达到圣的境界了。

据《论语》以上两章记载，或者要做到“博施于民，而能济众”，或者要做到“修己以安人”“修己以安百姓”，连孔子都说“尧、舜其犹病”，可见并非常人所能企及。除此之外，《论语·述而》云：

> 子曰：“圣人，吾不得而见之矣；得见君子者，斯可矣。”[2]

另孔子也曾自述圣与仁之名，并非己所敢承当，《论语·述而》记载：

> 子曰：“若圣与仁，则吾岂敢？抑为之不厌，诲人不倦，则可谓云尔已矣。”公西华曰：“正唯弟子不能学也。”[3]

此章所记固然是孔子的谦辞，但也不难由此看出圣绝对是一种极高的修养境界。后来被孟子称赞为“圣之清者”的伯夷、叔齐，以及“圣之和者”

---

① 《论语集注·宪问》，《四书章句集注》，第 222 页。

② 《论语集注·述而》，《四书章句集注》，第 133 页。

③ 《论语集注·述而》，《四书章句集注》，第 132 页。按，《孟子·公孙丑上》：“昔者子贡问于孔子曰：‘夫子圣矣乎?’孔子曰：‘圣则吾不能，我学不厌而教不倦也。’子贡曰：‘学不厌，智也；教不倦，仁也。仁且智，夫子既圣矣!’”《四书章句集注》，第 319 页。所载与此略同，历来注家皆以为乃孔子自谦之语，固然可以成立，但对照下文孟子“尧舜，性者也”之说，据孔子自述其为学之历程，在尚未达到“七十而从心所欲，不逾矩”之前，则未必即属自谦之语。

的柳下惠，孔子并未以“圣”许之，而仅谓为“逸民”，也可作为旁证：

逸民：伯夷、叔齐、虞仲、夷逸、朱张、柳下惠、少连。子曰：“不降其志，不辱其身，伯夷、叔齐与！”谓：“柳下惠，少连，降志辱身矣。言中伦，行中虑，其斯而已矣。”①

然而《论语》对圣所立的极高标准，到了《孟子》，已有所转化，《滕文公上》记载：

孟子道性善，言必称尧舜。……孟子曰：“……颜渊曰：‘舜何人也？予何人也？有为者亦若是。’”②

可见孔子高弟颜渊，以至于孟子，并不认为尧、舜等圣者的境界是不可企及的，关键乃在于我们是否能奋发有为。再观察《孟子》所载，在孟子的心目中，除尧、舜之外，伯夷、伊尹、柳下惠、孔子等，亦皆明言其为圣者，曰：

伯夷，圣之清者也。伊尹，圣之任者也。柳下惠，圣之和者也。孔子，圣之时者也。③

其余虽未明言其为圣者，但显然也是圣者的人也所在多有，如：

禹、稷当平世，三过其门而不入，孔子贤之。颜子当乱世，居于陋巷，一箪食，一瓢饮，人不堪其忧，颜子不改其乐，孔子贤之。孟子曰：“禹、稷、颜回同道。禹思天下有溺者，由己溺之也。稷思天下有饥者，由己饥之也。是以若是其急也。禹、稷、颜子，易地则皆然。”④

又如：

孟子曰：“禹恶旨酒，而好善言。汤执中，立贤无方。文王视民如

---

① 《论语集注·微子》，《四书章句集注》，第 260 页。

② 《孟子集注·滕文公上》，《四书章句集注》，第 351 页。按，孟子类似之说，又见于《离娄下》：“舜人也，我亦人也。舜为法于天下，可传于后世，我由未免为乡人也，是则可忧也。忧之如何？如舜而已矣。”《四书章句集注》，第 418 页。另《告子下》：“曹交问曰：‘人皆可以为尧舜，有诸？’孟子曰：‘然。’”《四书章句集注》，第 474 页。

③ 《孟子集注·万章下》，《四书章句集注》，第 440 页。

④ 《孟子集注·离娄下》，《四书章句集注》，第 418 页。

伤，望道而未之见。武王不泄迩，不忘远。周公思兼三王，以施四事。其有不合者，仰而思之，夜以继日；幸而得之，坐以待旦。”①

细加分辨，孟子明显已将圣分为两个层级，由下引两章的内容即可推知：

孟子曰：“人之所以异于禽兽者几希，庶民去之，君子存之。舜明于庶物，察于人伦，由仁义行，非行仁义也。”②

孟子曰：“尧舜，性者也；汤武，反之也。”③

尧、舜“由仁义行”“性者也”，是顺着天生本有的善性，不待勉强，自能从容中道，这是一种较高的层级。至于汤、武等人，则是“行仁义也”“反之也”，努力在后天做修养功夫，以复其本性，则属稍次的层级。

有了这种层级的区别，我们才不难理解，孟子对其称许的一部分圣者，仍不免有所微词，如：

孟子曰：“伯夷隘，柳下惠不恭，隘与不恭，君子不由也。”④

孟子既称许两人为圣之清者、和者，但也指出其处事态度的不足，可见孟子对人并不求全责备，但也由此推知，如果不以较高的层级作为要求，要成为圣者其实也非十分困难。

再看《中庸》所讲的圣，似乎也跟孟子相同，将之分为两个不同的层级，如云：

诚者，天之道也；诚之者，人之道也。诚者不勉而中，不思而得，从容中道，圣人也。诚之者，择善而固执之者也。博学之，审问之，慎思之，明辨之，笃行之。有弗学，学之弗能，弗措也；有弗问，问之弗知，弗措也；有弗思，思之弗得，弗措也；有弗辨，辨之弗明，弗措也；有弗行，行之弗笃，弗措也；人一能之己百之，人十能之己千之。果能此道矣，虽愚必明，虽柔必强。⑤

---

① 《孟子集注·离娄下》，《四书章句集注》，第412页。

② 《孟子集注·离娄下》，《四书章句集注》，第411页。

③ 《孟子集注·尽心下》，《四书章句集注》，第524页。

④ 《孟子集注·公孙丑上》，《四书章句集注》，第332页。

⑤ 《中庸章句》第二十章，《四书章句集注》，第38页。

所谓“诚者不勉而中，不思而得，从容中道，圣人也”，此圣人显然类似于孟子所讲的“由仁义行”“性者也”的较高层级；至于“诚之者，择善而固执之者也”以下所述，则属于孟子所讲的“行仁义也”“反之也”的稍次的层级。但《中庸》既云“诚之者，人之道也”，则可以得知其所强调的，乃在于人皆可以达成者，较接近孟子所云之“人皆可以为尧舜”。依此所言，《中庸》也认为要成为圣者并非十分困难。

至于《大学》全书虽未出现圣字，但所述三纲领，从明明德到亲民，再到止于至善；以至八条目的格物、致知、诚意、正心，到修身、齐家、治国、平天下，无非循序渐进，必须要下功夫去达成的成圣之道，接近于《中庸》所述“诚之者，人之道也”，切合于孟子所讲的稍次的层级，亦即同样认为要成为圣者并不是十分困难。

综上所述，四书中的圣，《论语》所讲者为一种极高的境界，但从《孟子》到《中庸》《大学》则已开始分化为两个层级，较高的层级并非常人所能达到，至于稍次的层级，则一般人只要肯下勉力而学的功夫，则并非难以企及，其勉励人致力于涵养的用心，可谓十分深切。

（三）希圣观念的现代诠释

圣字的意义，《说文解字》云：

> 圣（聖），通也。从耳呈声。[①]

段玉裁注曰：

> 圣（聖）从耳者，谓其耳顺。《风俗通》曰：“圣者，声也，言闻声知情。”[②]

就《说文解字》的解释，圣字“从耳呈声”，为一形声字，但依形声多兼会意的原则，“呈”既为声符，亦可以作为意符，其义，《说文解字》云：

> 呈，平也。从口，壬声。[③]

① 许慎著，段玉裁注：《说文解字注》，台北：黎明文化事业公司，1978年11月4版，第598页。
② 《说文解字注》，第598页。
③ 《说文解字注》，第59页。

段玉裁注曰：

壬之言挺也，故训平。①

“壬”字为声符，依形声多兼会意原则，亦为意符，其义，《说文解字》曰：

一曰象物出地挺生也。②

段玉裁注曰：

上象挺出形，下当是土字也。③

综合以上所言，圣（聖）字从耳从口从壬。按，耳代表接收能力，口代表表达能力，壬则有挺拔、杰出之意，则圣字意谓既具有杰出的吸收能力，又能将所吸收者融会贯通，适切地表达出来以作奉献。故《说文解字》以“通”解之，谓其能通达事理也。

按，具有杰出的吸收能力者，己立己达之事；能将所吸收者融会贯通，适切地表达出来以作奉献者，立人达人之事。但所谓立人达人，据前引《论语·宪问》所载，孔子回答子路问君子，则有“修己以安人”“修己以安百姓”的程度之分，虽范围广狭有别，然同为立人达人则一，亦即程度尽管不同，但就本质而论，一样可以称之为圣。可见，圣除了孟子所讲有层级的差异以外，也有范围的差异，但皆不妨碍其成为圣。

宋明时代，理学兴起，程朱一派讲求存天理、去人欲，以为修养的最高境界在于纯任天理而不杂人欲之私。陆王一派更直承孟子“学问之道无他，求其放心而已矣”④之说，强调复其本心以符天理的重要性。陆九渊以为本心若复，“某则不识一字，亦须还我堂堂地做个人”⑤。王守仁更在提出致良知之说后，以成色与分两的生动譬喻，认为每个人都有可能成为“纯乎天理，而

① 《说文解字注》，第59页。

② 《说文解字》：“壬，善也。从人、士。士，事也。一曰象物出地挺生也。”有两解，按文字创造，恒先具体而后抽象，后解当是其本义，前解则引申而言之。《说文解字注》，第391页。

③ 《说文解字注》，第391页。

④ 《孟子集注·告子上》，《四书章句集注》，第467页。

⑤ 陆九渊：《陆九渊集·语录下》，台北：里仁书局，1981年1月初版，第447页。

无人欲之杂”的圣人，其言曰：

> 圣人之所以为圣，只是其心纯乎天理，而无人欲之杂，犹精金之所以为精，但以其成色足而无铜铅之杂也。……圣人之才力亦有大小不同，犹金之分两有轻重……所以为精金者，在足色而不在分两，所以为圣者，在纯乎天理而不在才力也。①

每个人所禀受的才力不同，有如金的分两有轻重，苟能行事纯乎天理，则能因成色足而不妨其成为精金。因此“博施于民，而能济众”的圣人事业，关键不在于有多博、多众，而在于能施、能济，亦即能秉持为人服务之心即可成为圣人，孙文说得好：

> 人人当以服务为目的，而不以夺取为目的。聪明才力愈大者，当尽其能力以服千万人之务，造千万人之福；聪明才力略小者，当尽其能力以服十百人之务，造十百人之福。所谓巧者拙之奴，就是这个道理。至于全无聪明才力者，亦当尽一己之力，以服一人之务，造一人之福。②

或为千万人服务，或为十百人服务，或只为一人服务而不成为社会的负担，这是分两问题；但其服务造福人之心相同，则是成色问题。如此，人人皆以服务为目的，依王守仁之说，即是人人皆可成圣。

再据王守仁四传弟子罗汝芳的捧茶童子之喻，上述说法更加明白，语录记载：

> 问：“吾侪日来请教，或言观心，或言行己，或言博学，或言主静，先生皆未见许。然则谁人方可以言道耶？”曰：“此捧茶童子却是道也。”众皆默然。有顷，一友率尔言曰：“终不然此小童子也能戒慎恐惧耶？”子不暇答，但徐徐云：“茶房到此，有几层厅事？”众曰：“有三两层。”叹曰：“好造化，过许多门限阶级，幸未打破一个瓯子。”其友方略省悟，曰：“小童于此果也似解戒惧，但奈何他日用不知？”子又难之曰：“他若

① 王守仁：《王阳明全书·传习录上》，台南：和裕出版社，2003年初版，第23页。

② 孙文：《三民主义·第三讲》，台北：黎明文化事业股份有限公司，1979年7月3版，第124页。

是不知，如何会捧茶？捧茶又会戒惧？”①

端茶奉客是捧茶童子的本分，他心怀戒慎恐惧，端着茶杯穿堂过户，爬阶升梯，顺利完成自己的工作，其所行所为即是合乎天理的道。易言之，就此一事而论，捧茶童子能敬其业，其实就是圣人了。

综合以上各人所论，盖不难推知，能殚心竭力，善尽职责，即可称之为圣。社会为一分工的群体，所谓一日之所需，百工斯为备，每个人如能在工作岗位上充分发挥敬业的精神，以施济他人，不仅可以促进社会的进步繁荣，而且个人也可以从工作中获得成就感。希圣观念即认为人人皆可为圣，这种观念可以指导人们发挥安分守己的精神，导正急功近利的心态，在今天仍具有相当大的价值。

（四）结语

透过以上的诠释，我们盖可发现，所谓“圣”应有不同的层级与范围：一为人人皆可企及者，此即敬业的精神，不计服务对象的多寡，只要在自己的岗位上善尽职责，即可称之为圣。二为于“修己以安人”以外更能“修己以安百姓”，为千千万万人服务，这种层级则非一般人所能企及。由于前一个层级要求不高，人人皆可以达到，故能激发人努力求上进而不自暴自弃；后一个层级要求较高，是难以达到的，可激励人不断努力，更上层楼，而逐步接近理想。② 既肯定人人皆具有此能力，又让大家不至于因小有所成而自满，则希圣观念在今日实饶具意义焉。

——*原发表于 2011 年台北海峡两岸儒学交流研讨会*

① 罗汝芳著，曹胤儒编：《盱坛直诠》，台北：广文书局，1980 年 2 月初版，卷二，第 49—50 页。

② 参见拙著《孔孟的两层哲学及其意义》，《孔孟月刊》第 33 卷第 10 期，台北：孔孟学会，1995 年 6 月，第 28—33 页。

第三编

《论语》《孟子》·儒学推广

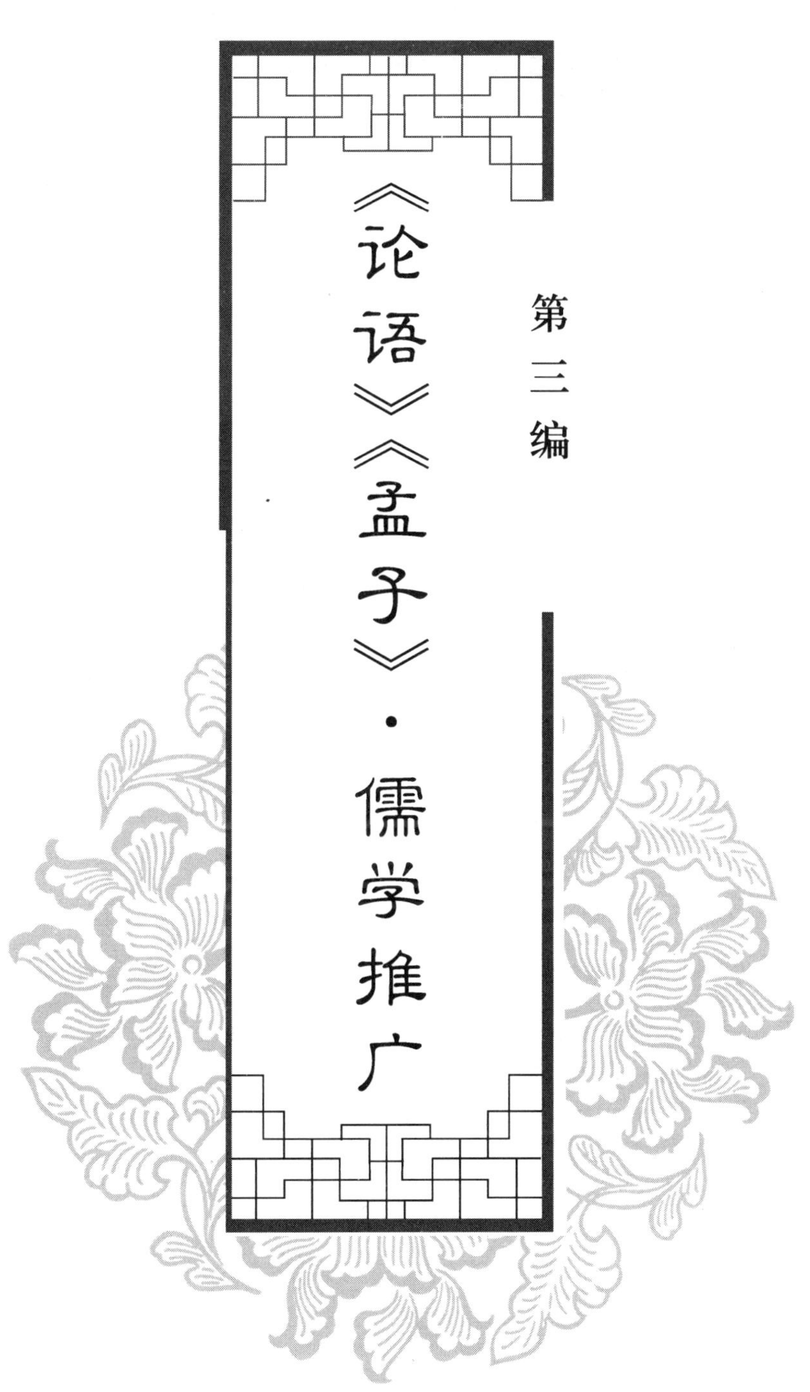

《论语》《孟子》

一、半部《论语》治天下?!

《论语》是我国为数甚伙的古代典籍中，流传最广、影响最深的一部。书中记载了许多有关孔子言论和行事的内容，不仅是我们研究孔子思想的最可靠资料，其中所显现的孔子思想，更对两千多年来的中国，不论个人的立身处世，抑或国家的施政布教，都起了很大的指导作用。因此，大家对这本书极为推崇。

为了表示推崇，自从宋代以来，便有许多人不断以“半部《论语》治天下”这句话来强调《论语》的重要性，却很少有人肯进一步去探讨这句话的典据，并且思考其是否能够成立。久而久之，讲的人依旧在讲，可是听的人眼见天下的事务扰攘如故，并未呈现治平的景象，心中难免会起疑惑。有些人干脆就把这句话当作马耳东风，虽听而不闻；有些人则跟讲的人一般，把天下未能治平，归咎于主政者不肯从《论语》中汲取治国理民的智慧，而不时地抨击或感慨一番。

以上两种心态于事并无所补，当然是不健康的，有待我们加以扭转。因此本文拟就此问题加以探讨，首先查考“半部《论语》治天下”典故的由来，及其可能的解说；接着介绍《论语》中的政治思想；进而分析《论语》政治思想的得失，并且归纳其与治天下的关系；最后再提出笔者的一些看法，作为大家的参考，期能有助于形成对《论语》的正确认识。

（一）半部《论语》治天下的典据及各种不同的解说

“半部《论语》治天下”的典故起于宋朝的第一位宰相赵普。赵普与《论语》的关系究竟如何？据王称《东都事略》记载：

> 普佐太祖、太宗定天下，平僭伪，大一统。当其为相，每朝廷遇一大事，定一大议，才归第，则亟阖户，自启一箧，取一书而读之，有终日者，虽家人，不测也。及翌日出，则是事决矣。用是为常。后普薨，家人始得开其箧而见之，则《论语》二十篇。[①]

王称为南宋初期人，其后元人所编撰的《宋史》，于《赵普传》中也有相同的说法，可能就是根据《东都事略》的记载而来。从这些资料判断，赵普读过《论语》应该是可信的，不过其中仍有相当大的疑点存在。

至于赵普“半部《论语》治天下”之说，则见于李衡《乐庵语录》的附录：

> 先生所至授徒，其教人也，无他术，但以《论语》朝夕讨究。能参其一言一句者，莫不有得。或曰：“李先生教学且三十年，只是一部《论语》。”先生闻之曰：“此真知我者。”太宗欲相赵普，或谮之曰：“普山东学究，惟能读《论语》耳。”太宗疑之，以告普。普曰：“臣实不知书，但能读《论语》。佐艺祖定天下，才用得半部；尚有一半，可以辅陛下。”太宗释然，卒相之。又有一前辈，平生蓄一异书，虽子弟莫得见。及其终，发箧以视，乃《论语》一部。此书诚不可不读；既读之，又须行之。[②]

《乐庵语录》的编辑者为李衡的学生龚昱，这一条附录很可能就是他所记的。李、龚都是南宋初期人，到了南宋中晚期，如赵善璙的《自警编》、罗大经的《鹤林玉露》、黄震的《东发日钞》也都有相同的记载，明清时代，这样的说法乃愈来愈多，并逐渐被大家所乐于引用。

不过我们是否就可以完全相信了呢？笔者以为不然。因为如果进一步追

---

① 《东都事略·赵普列传》，文渊阁《四库全书》史部一四〇，第382册，台北：台湾商务印书馆影印。

② 《乐庵语录》，台北：台湾商务印书馆影印《四库全书珍本初集》。

究，则可以发现对于“半部《论语》治天下”至少有下列三种不同的解说：

1. 认为赵普以半部《论语》治天下是可信可从的

此可分为两层了解，一是相信赵普确实曾自谓以半部《论语》治天下。二为运用半部《论语》中所含的政治智慧确实可以治理好天下。如前所述，持这种说法者最为普遍习见。

2. 认为赵普自谓以半部《论语》治天下之说是不可信的

持此看法者认为赵普其实并没有说过这样的话，之所以有此传说乃是出于后人的附会，如《纲鉴合纂》袁了凡的评语说：

> 按，普临政处事，自是渠习于吏事，非关《论语》。普事中《论语》有几？夫读书致用，乃以义理厌悦于心，久而出之沛然，岂今日读之，明日用之也？然普传所载只此。今世传《少微通鉴》却附会增云：“普尝自言其读《论语》”，“以半部佐太祖定天下，以半部佐太宗致太平”。则已极夸诞，匪征于实矣。夫简帙太重，离部上下可也；前十篇为戡乱之略，后十篇为致治之谟，此何物语哉！[①]

今人洪业即据此撰有《半部论语治天下辨》，自谓：

> 要从《论语》之为书的角度，从赵普之为政的角度，从史料之重轻的角度，共三方面，来辩论赵普半部《论语》之传说，是不可信的。[②]

其文论据充分，推理清楚，完全否定了赵普曾自谓以半部《论语》治天下的传说。不过洪先生仍肯定《论语》中有关于政事的名言隽语，可用以治天下，如他说：

> 《论语》中有关于政事之名言隽语，多是只就事君立朝，执政临民，而说其根本原则。所以有时只消一章或一节，一句或一字，已足以标仰望之目的，得方向之南针，掣解决之钥牡。[③]

---

① 《纲鉴合纂·宋纪》，上海：共和书局石印本，1914 年冬月。

② 《洪业论学集》，台北：明文书局，1982 年 7 月初版，第 412 页。

③ 《洪业论学集》，第 413 页。

又说：

> 倘有人说《论语》这一部书，或说其中有一篇、一章、一句、一字，可用以治天下，其说都能言之成理，持之有故。①

基本上对《论语》之有裨于治理天下，还是采取认同的态度。

3. 认为赵普以半部《论语》治天下乃讥讽赵普之语

此可从前引相关记载中“或人”的话语中看出端倪，如《乐庵语录》的“或谮之曰：‘普山东学究，惟能读《论语》耳。’”另如罗大经《鹤林玉露》云：

> 杜少陵诗云：“小儿学问只《论语》，大儿结束随商贾。”盖以《论语》为儿童之书也。赵普再相，人言普山东人，所读只《论语》，盖亦少陵之说也。②

汪钹《读书录》则说得更直接明白：

> 赵普自谓以半部《论语》佐太祖定天下，人皆讥其大言无实。窃谓赵普既读《论语》，亦必有用着《论语》处，但究竟未识得用《论语》耳。汉儒引经断事，何尝有当于经？今人用四子之书以致科名，何尝识得四子？下之而市井卖卦之人，亦自以为用《易》；侏儒优倡之贱，亦自以为知音；赵普之用《论语》，或者其似此乎？③

这些人都认为赵普读书不多，所读只有《论语》而已，甚至还认为赵普对于《论语》中的义理也未必能真正了解。④ 如果依照他们的语意加以推衍，则赵普半部《论语》治天下，大概可以诠释为：赵普只读了半部《论语》（或只读《论语》，却一知半解），居然就以此来治理天下。甚至还可以进一步引申为：再加上一些错误的政策，难怪宋朝的开国根基不稳，以至于始终积弱

---

① 《洪业论学集》，第 419 页。

② 《鹤林玉露》，《丛书集成新编》第 87 册，台北：新文丰出版公司，第 132 页。

③ 转引自洪业《半部论语治天下辨》，第 424 页。

④ 按，《论语》之政治思想散布于全书二十篇各章之中，很难说半部用于宋太祖朝，半部用于宋太宗朝。赵普如果真讲过这样的话，正可以说明他并未读通《论语》。

不振。

如此说来，半部《论语》治天下并不是在推崇《论语》，而是在讥讽赵普的不学无术，其实是一种贬抑之语。

以上三种理解各包含了两层意思，不过总归而言，却只有两个问题：一是赵普是否曾自谓以半部《论语》治天下？二是《论语》中的政治思想是否可以治天下？

对于第一个问题，洪业先生的《半部论语治天下辨》已做了极为详审的考辨，据此我们可以断言赵普其实并没有说过这样的话，所以有这种说法，完全是出于后人的附会。

然而第一个问题并不重要，因为赵普是否说过这句话，与《论语》的重要性并没有多大关系。如果确实能以《论语》治天下，赵普即使并未说过这句话，也无损于《论语》的价值；反之，如果并不能以《论语》治天下，就算赵普真的讲过这句话，也无法因此而抬高《论语》的地位。

所以关键乃在于第二个问题，而要获得对此问题比较客观平允的看法，就得探讨《论语》中的政治思想，并且进而评述其得失，才能据以下结论。

(二)《论语》中的政治思想

对于《论语》中所蕴含孔子之政治思想，相关的著作已经很多，也非本文的论说重心，但是为了替下节的评述奠定基础，谨归纳各家之说，概略介绍以下几个要点：

1. 德化

孔子论政，颇注重在上位者的修德行道，以为民表率，促使人民向化而归善，如：

> 子曰："为政以德，譬如北辰，居其所，而众星拱之。"[①]

又如：

> 季康子问政于孔子曰："如杀无道，以就有道，何如？"孔子对曰：

① 《论语·为政》，《四书集注》，台北：台湾书店，1961年10月再版，第48页。

“子为政，焉用杀？子欲善，而民善矣！君子之德，风；小人之德，草；草上之风，必偃。”[①]

因此在上位者的首务，即在修养自身的品德，使能合乎正道，如：

季康子问政于孔子。孔子对曰：“政者，正也。子帅以正，孰敢不正？”[②]

又如：

子曰：“其身正，不令而行；其身不正，虽令不从。”[③]

其目的无非是期望在上位者能端正己身，以身作则，让人民有所取法，以收上行下效的成果。

2. 礼治

相应于德化政治，孔子又强调礼治的重要，如：

子曰：“道之以政，齐之以刑，民免而无耻；道之以德，齐之以礼，有耻且格。”[④]

又如：

子曰：“上好礼，则民易使也。”[⑤]

就是因为如此，所以孔子诱导弟子言志，对于子路的志向远大颇为赞许，而对于他的出言不让则不免感到遗憾，曰：

为国以礼，其言不让，是故哂之。[⑥]

极力申明治国应当以礼让为本：

子曰：“能以礼让为国乎？何有？不能以礼让为国，如礼何？”[⑦]

---

① 《论语·颜渊》，《四书集注》，第113页。
② 《论语·颜渊》，《四书集注》，第113页。
③ 《论语·子路》，《四书集注》，第117页。
④ 《论语·为政》，《四书集注》，第48页。
⑤ 《论语·宪问》，《四书集注》，第130页。
⑥ 《论语·先进》，《四书集注》，第108页。
⑦ 《论语·里仁》，《四书集注》，第62页。

期望能透过礼的熏陶，使人民的行为有一共同遵循的规范，进而促进社会的安定。

3. 正名

孔子很重视伦理，认为循名责实才能端正伦理；否则伦理不正，将会导致人际关系的解体，引发一连串的不良后果，使国家的政治陷于动乱之中，如：

> 子路曰："卫君待子而为政，子将奚先?"子曰："必也正名乎!"子路曰："有是哉，子之迂也！奚其正?"子曰："野哉由也！君子于其所不知，盖阙如也。名不正，则言不顺；言不顺，则事不成；事不成，则礼乐不兴；礼乐不兴，则刑罚不中；刑罚不中，则民无所措手足。故君子名之必可言也，言之必可行也。君子于其言，无所苟而已矣。"①

又如：

> 齐景公问政于孔子。孔子对曰："君君，臣臣，父父，子子。"公曰："善哉！信如君不君，臣不臣，父不父，子不子，虽有粟，吾得而食诸?"②

盖能正名，然后才能使名实相符，使人人各守其分，各安其职，而维持整个国家社会的稳定秩序。

4. 富教兼施

孔子认为治理国家先要解决民生问题，使人民生活富足，然后再施行教化，使人民能修德守礼，如：

> 子适卫，冉有仆。子曰："庶矣哉!"冉有曰："既庶矣，又何加焉?"曰："富之。"曰："既富矣，又何加焉?"曰："教之。"③

为达到富之的目标，孔子有如下主张：

---

① 《论语·子路》,《四书集注》，第116—117页。

② 《论语·颜渊》,《四书集注》，第112页。

③ 《论语·子路》,《四书集注》，第118页。

子曰："道千乘之国，敬事而信，节用而爱人，使民以时。"[①]

因而对于只会为权臣季氏搜括民财的学生冉求，孔子深致其不满之意：

季氏富于周公，而求也为之聚敛而附益之。子曰："非吾徒也，小子鸣鼓而攻之可也。"[②]

为达到教之的目标，乃强调德化、礼治、正名的重要，期使人民能慕德向化，循礼守分。

5. 举用贤良

既要实施德化、礼治，又要兼施富教，则不能没有人才来推动，因而如何用人，也是孔子所关注的问题。他以为必须举用正直贤良之士，如：

哀公问曰："何为则民服？"孔子对曰："举直错诸枉，则民服；举枉错诸直，则民不服。"[③]

又如：

仲弓为季氏宰，问政。子曰："先有司，赦小过，举贤才。"曰："焉知贤才而举之？"曰："举尔所知，尔所不知，人其舍诸？"[④]

盖能举直用贤，则正直贤良之士既可以作为人民的表率，又可以尽其职分来教养人民，自然能获得人民的信服，使政权趋于稳固。

（三）《论语》政治思想的得失

孔子的政治思想虽然有许多重点，但是归根结底，最后还是要落实到对人民的富教兼施上，其他各点无非是为了达成此一目标而设定的。而对人民富教兼施的思想，又本于孔子的中心思想"仁"而来，盖"仁者爱人"[⑤]，既要爱人，则当然要设法使人民的生活富足，以免于冻馁之苦。又"仁者己欲

---

① 《论语·学而》，《四书集注》，第44页。
② 《论语·先进》，《四书集注》，第104页。
③ 《论语·为政》，《四书集注》，第51页。
④ 《论语·子路》，《四书集注》，第116页。
⑤ 《论语·颜渊》："樊迟问仁，子曰：'爱人。'"《四书集注》，第114页。

立而立人，己欲达而达人”[①]，既要推己及人，使人人都能通达正道，依正道立身处世，则必须要博施教化，使人民崇礼尚义。此不仅可见孔子思想的一贯性，更可以看出孔子的政治思想并非只停留在“政事”，而已经达到“政道”的层次，深具道德理想的色彩。且孔子一生皆在为此理想而奋斗努力，虽明知其不可为而仍毅然为之。这是孔子思想及人格的崇高伟大之处，也是最令我们敬仰之处。

但是不可讳言的是，理想尽管高卓，落到现实层面则不免会有所扞格。孔子要求为政者在正人之前先正己，要求在位者崇尚礼让，要求国君正名定分，要求当道选用贤良，在道理上都是正确而无可置疑的。然而人性究竟有其弱点，主政者也特别容易受到蒙蔽，实在很难期望他们每个人都具有道德自觉的能力，都能够做到去谗远邪。因此孔子所讲求的理想在付诸实践的时候，便有可能落空或难以着力。如前所引，齐景公虽然明知“信如君不君，臣不臣，父不父，子不子，虽有粟，吾得而食诸”，但是却未必能做到“君君，臣臣，父父，子子”，就是一个明显的例证。

此外，孔子本于其仁道思想，处处为人民设想，以期为人民谋取幸福，然则政治的大权都掌握在君王的手里，君王的所作所为又未必都能合乎孔子的要求，那么要如何节制君王权力的过度膨胀，以避免危害到人民的幸福，便成为一个非常重要的课题。孔子周游列国，却到处碰壁；历史上有许多有心的儒者虽然尝试过各种努力，可是最后都徒劳无功，甚至弄得自己头破血流，关键即在于此。可见孔子的政治思想，由于受到时代的限制，并未能充分实践，而仍有其尚欠周全之处。

更糟糕的是孔子的政治思想深具道德理想色彩，比较偏向于指导性而缺乏强制性，后代儒者为了使其具有强制性，竟然严重扭曲了孔子的思想。在历史的演进下，孔子思想被逐渐教条化、权威化，再加上专制帝王的有心利用，遂成为片面的要求，在位者其身不正却责求人民正，上不好礼却苛求人民易使，而与孔子的思想背道而驰。不仅人民的幸福得不到保障，孔子也成了最大的受害者，受到了许许多多的诬蔑攻击。

---

① 《论语·雍也》：“夫仁者，己欲立而立人，己欲达而达人。”《四书集注》，第 77 页。

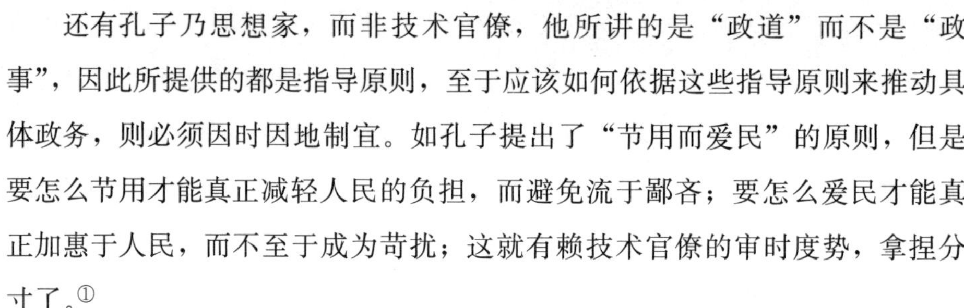

还有孔子乃思想家，而非技术官僚，他所讲的是“政道”而不是“政事”，因此所提供的都是指导原则，至于应该如何依据这些指导原则来推动具体政务，则必须因时因地制宜。如孔子提出了“节用而爱民”的原则，但是要怎么节用才能真正减轻人民的负担，而避免流于鄙吝；要怎么爱民才能真正加惠于人民，而不至于成为苛扰；这就有赖技术官僚的审时度势，拿捏分寸了。①

综合言之，孔子的政治思想有其崇高可贵的一面，在许多方面都可以作为施政的指导方针。不过由于受到时代的限制，难免仍有未能充分考虑到者。再则我们要了解孔子的思想，当然主要是依据《论语》的记载，可是如果读了《论语》却只是一知半解，不能深切体会其意，则很可能对孔子的思想产生误解而扭曲其本意。还有大家必须充分了解思想只是一种准则，如同画方圆时所使用的规矩一般，不以规矩，固然不能成方圆，倒过来说，徒有规矩，却不去画或不善于画，依旧无法成方圆。所以除了思想以外，还必须有施政的技术，才可能运作良好，而这正是我们每个当代人所必须努力的。

基于以上各点，不要说只靠半部《论语》，就算是依据整部《论语》，是否就足以治理天下，应该是可以不辨而自明的。

（四）结语

透过前面各节的说解分析，笔者谨提出以下几点看法，以供参考：

1. 半部《论语》治天下的说法既不可信，也不可从。因为赵普实际上并没有说过这样的话，而仅凭半部《论语》所讲的政治思想来治理天下，也还不够周全。

2.《论语》绝对是值得我们仔细阅读，并深切体会其中义理的好书，有其一定的地位及重要性。但是我们要推崇《论语》，方式很多，却不宜以“半部《论语》治天下”之说来表示。否则不仅达不到推崇的目的，还有可能引起反感。

① 按，孔子深知此种道理，尝谓：“殷因于夏礼，所损益可知也；周因于殷礼，所损益可知也。”（《论语·为政》）可见制度应随时损益，以通其宜，但后人不知其义，往往胶柱鼓瑟，这也是扭曲了孔子的思想。

3. 不仅对于《论语》如此，凡是我国古代的重要典籍，都有其本身的价值，值得我们善加珍视。可是千万不要盲目推崇，如有人谓《易经》中有相对论、高分子物理学……这种做法只会贻人笑柄而已。

4.《论语》中所蕴含孔子的政治思想足以作为我们施政的指导原则，不过具体的施政方法应如何配合时代及环境的实际需要，以收到良好的成效，则有赖于我们审时度势，集思广益，妥加规划，并切实执行。

5. 除了《论语》中的政治思想以外，我们还应该参酌古今中外其他各家的政治思想，兼纳并蓄，取其长而去其短，以收取精用宏之效，来淑世济民。

6. 对于《论语》思想中被扭曲误解的部分，我们必须设法加以澄清，以避免大家继续误会下去，以致贬损了《论语》本有的价值。

——原发表于 1994 年 3 月中国学术研讨会——纪念高明先生八秩晋六冥诞

二、《论语·阳货》之“唯女子与小人为难养也”章试释

（一）前言

在《论语》的所有篇章中，最常被人用来作为抨击孔子的口实者，盖莫过于以下两章：一为《泰伯》的“子曰‘民可使由之，不可使知之’”；二为《阳货》的“子曰‘唯女子与小人为难养也，近之则不孙，远之则怨’”。论者每以前一章作为孔子提倡愚民政策的论据，而以后一章判定孔子乃是一个歧视女性的人。孔子究竟是不是这样的一个人，当然跟对这两章的解读有莫大的关系。

已有不少学者就孔子的整体思想，以及他一生努力从事教育工作方面加以考量，认为他不可能是一个提倡愚民政策者，而分别从各种不同的角度对前一章做解读，来替孔子辩护。① 至于后一章，则虽然也有为其作辩护者，但其说法颇觉勉强，不仅难以发挥澄清的作用，反而可能造成相反的效果。②

---

① 谭承耕《孔子提倡愚民政策吗？——“民可使由之，不可使知之”新解》曾归纳有关此章之解说计五种，再加上谭先生之说法，共有六种，其中有五种说法皆是为孔子作辩护者。见《孔孟月刊》第 34 卷第 2 期，1995 年 10 月。

② 参见本文第二节“对本章的两种说解”中的第二种。

依笔者之见，不论对前一章或后一章的解读，历来的各种说解，似乎都没有掌握问题的症结，终究不免有刻意回护之嫌。因此本文即尝试就“唯女子与小人为难养也”章（以下皆简称为本章），依孔子所处的时代背景及其立言的实际状况做解释。如果这种解读可以成立，则对于前一章所造成的误解，亦可一并获得解决。

（二）对本章的两种说解

考察历来各家对于本章的诠释，盖不外两种，其中一种是完全不解释，或是随文释义，并未加以申辩，如何晏《论语集解》，对本章即毫无解说。现代学者，如杨伯峻《论语译注》亦不做任何注释，而仅做如下的翻译：

> 孔子道：“只有女子和小人是难得同他们共处的，亲近了，他会无礼；疏远了，他会怨恨。”①

至于皇侃《论语义疏》则谓：

> 女子小人并禀阴闭气多，故其意浅促，所以难可养立也。②

而刘宝楠《论语正义》乃曰：

> 此为有家国者戒也。养，犹待也。《左·僖二十四年传》：“女德无极，妇怨无终。”杜注：“妇女之志，近之则不知止足，远之则忿怨无已。”即此难养之意。《易·家人》九三云：“家人嗃嗃，悔厉吉；妇子嘻嘻，终吝。”《象》传：“家人嗃嗃，未失也；妇子嘻嘻，失家节也。”此即不孙之象。故初九云：“闲有家。”言当教之于始也。六二云：“无攸遂，在中馈，贞吉。”言妇人惟酒食之议，故能顺以巽也。《师》上六云：“开国承家，小人勿用。”小人即此篇上章所指乡原、鄙夫之意。③

凡此皆是属于此种类型。按照这种说解，盖无异于承认孔子确有歧视女性之意，因而不见有任何为孔子申辩之语。

另外一种解说则将“女子”的范围加以缩小，认为是指特定的某些女性，

---

① 杨伯峻：《论语译注》，台北：华正书局，1986年8月初版，第198页。

② 皇侃：《论语集解义疏》，台北：广文书局，1977年7月再版，第637页。

③ 刘宝楠：《论语正义》，《新编诸子集成》第一册，台北：世界书局，1972年10月新一版，第386页。

而不是所有的女性，如邢昺《论语正义》云：

> 此言女子，举其大率耳，若其禀性贤明，若文母之类，则非所论也。①

朱熹《论语集注》则曰：

> 此小人，亦谓仆隶下人也。君子之于臣妾，庄以莅之，慈以畜之，则无二者之患矣。②

近代学者，如蒋伯潜《广解四书》亦谓：

> 女子小人，指宫闱的嫔妾、阉官，和士大夫的婢仆而言。③

钱穆《论语新解》亦云：

> 此章女子小人指家中仆妾言。④

凡此各家都认为孔子所指的只是部分女性，并非全部女性。虽意在为孔子做辩护，但如顺其语意，则在他们的心目中，至少也认定孔子对于部分女性是采取轻视侮蔑态度的。

由是可见，不论是哪一种解释，其实都坐实了孔子歧视女性的说法，而颇值得吾人再做进一步的商榷。

（三）从小人之义来推究女子之义

前此的各种说解既然皆有待斟酌，那么对于本章究竟应该如何理解？由于“女子”一词在《论语》中仅于本章出现了这么一次，所以其意到底为何，我们不妨先从与其相提并论，且在《论语》中屡次出现的“小人”着手，再加以类推。

按，“小人”在《论语》中有时指地位卑者，亦即与贵族相对的一般平民百姓，如：

---

① 邢昺：《论语正义》，《十三经注疏》第八册，台北：艺文印书馆影印嘉庆二十年江西南昌府学刊本，1979年3月7版，第159页。

② 朱熹：《四书集注》，台北：台湾书局，1961年10月再版，第146页。

③ 蒋伯潜：《广解四书·论语》，台北：启明书局，未注出版时间，第276页。

④ 钱穆：《论语新解》下册，台北：自印本，1973年8月3版，第618页。

> 季康子问政于孔子曰："如杀无道，以就有道，何如？"孔子对曰："子为政，焉用杀？子欲善，而民善矣。君子之德风，小人之德草。草上之风，必偃。"[①]

又如：

> 子之武城，闻弦歌之声。夫子莞尔而笑，曰："割鸡焉用牛刀？"子游对曰："昔者偃也闻诸夫子曰：'君子学道则爱人，小人学道则易使也。'"[②]

凡若此等皆是。有时则指道德涵养差者，如：

> 子曰："君子周而不比，小人比而不周。"[③]

又如：

> 子夏曰："小人之过也必文。"[④]

凡若此等皆是。唯小人虽有此两义，但地位卑者是本义，道德涵养差者乃引申义。何以由地位卑者可以引申出道德涵养差者之意？这乃是因为在先秦以前，只有贵族才有机会接受教育，由于能接受教育，懂得知识道理，所以道德涵养比较高尚。至于平民百姓则受限于无法接受教育，因而缺乏知识，不明事理，道德涵养也就比较不足。是故君子、小人本来是分指在位的贵族和在野的平民百姓，可是两者受教育的机会不同，因而影响到知识学问的多寡，更连带影响到道德涵养的高下，后来即用来作为有德者与无德者的分别。

依笔者之见，本章中的小人应该是取其本义，亦即泛指一般的平民百姓；而且也没有范围的限定，并非如朱熹所谓的专指仆隶下人而言。依此定义，则本章所指者，是孔子看到当时一般的平民百姓，因为没有机会接受教育，对知识道理的认识有限，道德涵养也比较差，所以认为他们"难养"，而有"近之则不孙，远之则怨"的感觉。

---

① 《论语集注·颜渊》，《四书集注》，第113页。
② 《论语集注·阳货》，《四书集注》，第142页。
③ 《论语集注·为政》，《四书集注》，第51页。
④ 《论语集注·子张》，《四书集注》，第152页。

按小人的定义类推，则女子之意也应该是取其本义，而且没有范围的限定；亦即女子是泛指所有的女性，并非部分的女性。这是由于在孔子所处的时代，所有的女性也都没有接受教育的机会，欠缺知识学问，道德修养相对不足，与小人的情形完全一致，所以孔子同样感到她们“难养”，觉得与其相处会“近之则不孙，远之则怨”，因而将对这两种人的相同感觉，合并在一起谈论。

（四）结语

依照以上的论述，孔子在本章中把他对一般平民百姓和所有女性的感觉，毫不掩饰地表达出来，从表面上看起来，似乎是很不客气，但所说却是当时的实际情形，完全是就事论事，据实陈述。试观当孔子说“君子之德，风；小人之德，草；草上之风，必偃”，或当他说“君子学道则爱人，小人学道则易使也”时，对于平民百姓何尝有任何轻视侮蔑之意？据此而推，我们亦可断定在本章中，孔子对女子与小人，也不可能有什么轻视侮蔑的意味。由是可见，本章乃是孔子的事实陈述语，而不是价值判断语，因此绝对不能以本章作为抨击孔子歧视女性的口实，也就皎然可辨了。

更进一步来看，正因为孔子对小人有如本章所述的感觉，所以才发挥其有教无类的精神，而致力于推展平民教育，以期这种情况有所改善。其情操之高贵，更值得我们敬仰效法。遗憾的是，由于受到时代环境的限制，按照可靠的文献记事，孔子并没有将其施教的对象推广到女性，也没有任何一位女性主动前来受教。但这并不能责怪孔子，因为许多观念和做法的突破，总是循序渐进的，而非可以一蹴而成的。

抑又有言者，孔子乃是一位很有历史演进观念的人，他在论及各朝代的典章制度时，认为每个朝代固然难免有承袭前朝之处，但也主张要有损有益，也就是要随着时代环境的变革，做适度的修正。既能守常，又能达变，深通人情事理，并不是一个迂腐拘泥的人①，所以孟子称赞他是“圣之时者”。因此如果孔子生于现代，则其所致力推动者，当不止于平民教育，还会包括女

① 参见陈大齐《与青年朋友们谈孔子思想》第一章“孔子思想误解的澄清”，“孔子不是复古主义者”“孔子不偏重保守”两节。台北：孔孟学会，1983 年 3 月重排版，第 4—9 页。

性教育。此外，当他目睹现代女性和平民百姓都有机会接受教育，也具备了知识学问，有良好的道德涵养，必然会很高兴地根据实情，就事论事地说“唯女子与小人为不难养也，近之则孙，远之则不怨”了。

由本章而推，鄙意以为前所述及的《泰伯》“子曰‘民可使由之，不可使知之’”，亦当是事实陈述语，而非价值判断语，而孔子也绝对不是愚民政策的提倡者。

以上论述，虽不敢自认为确论，但也并非毫无凭据。因而此种说法如果能够成立而被接受，相信对于澄清大家对孔子的一些不必要的误解，当有所助益。

——原发表于《金景芳九五诞辰纪念文集》，长春：吉林文史出版社，1996年4月第1版

三、《孟子》导读

（一）孟子的名义

孟子本是战国时代的一位杰出儒者，他继承孔子的思想，并且进一步发挥，使儒家“尊德性”这一系的学问，得到更大的阐扬。有关孟子的思想行谊都记载在一本书当中，大家为了方便，就称这本书为《孟子》。东汉赵岐《孟子注·孟子题辞》说：

> 孟，姓也。子者，男子之通称也。此书，孟子之所作也，故总谓之《孟子》。①

《孟子》这本书是否就是孟子本人所撰写的，底下会加以探讨。但是关于孟子的许多资料，都保留在这本书中，则是无可置疑的。因此，我们要认识孟子，了解他在思想及文学上的成就贡献，都得借助于《孟子》。

（二）认识孟子这个人

孟子曾说：“颂其诗，读其书，不知其人可乎？是以论其世也。”② 因此，

---

① 赵岐：《孟子注·孟子题辞》。

② 《孟子·万章下》。

我们研读《孟子》，便须对孟子这个人的身世先下一番考证的功夫。

1. 孟子的姓名字号

孟子姓孟，名轲，可以从《孟子》中得到证明，但是他的字号是什么？东汉赵岐《孟子注·孟子题辞》说：

> 孟子……名轲，字则未闻也。①

可见孟子的字号后来已经不可考知。不过宋代王应麟《困学纪闻》却引述道：

> 《孔丛子》云："子车。"注："一作子居，居贫坎轲，故名轲，字子居，亦称子舆。"《圣证论》云："《子思书》《孔丛子》有孟子居，即是轲也。"《傅子》云："孟子舆。"②

然而《孔丛子》《子思书》都是后人所伪托的著作，《圣证论》的作者为三国魏人王肃，《傅子》的作者为晋人傅玄，时代都在赵岐之后。他们的说法是否可信，颇令人怀疑，所以王应麟在引述了这些资料以后，也说："疑皆附会。"清代焦循《孟子正义》更因而判定道：

> 王肃、傅玄生赵氏后，赵氏所不知，肃何由知之？《孔丛子》伪书，不足证也。王氏疑其附会，是矣。③

另外，唐代林宝《姓纂》说：

> 孟子，字子展。④

但是《姓纂》的资料欠严谨，也很难令人信服。因此，对于孟子的字号，后代虽然有字子车、子舆、子居、子展等各种说法，可是都不可采信。

2. 孟子的籍贯

根据《史记·孟子荀卿列传》记载：

---

① 赵岐：《孟子注·孟子题辞》。
② 王应麟：《困学纪闻》。
③ 焦循：《孟子正义》。
④ 林宝：《姓纂》。

孟轲，邹人也。[1]

又赵岐《孟子注·孟子题辞》说：

孟子，邹人也。……邹本春秋邾子之国，至孟子时改曰邹矣。国近鲁，后为鲁所并。又云邾为楚所并，非鲁也。今邹县是也。[2]

可知孟子确实是邹人，但是邹是一个国家，还是鲁国或是楚国的一个邑呢？《孟子·梁惠王下》记载：

邹与鲁哄，穆公问曰……[3]

赵岐《孟子注》说："邹穆公。"又《孟子·告子下》云：

交得见于邹君，可以假馆，愿留而受业于门。[4]

在孟子生前，邹既然有国君，可见是一个独立的国家，还没有被鲁国或楚国并吞，因此孟子是邹国人，其地即今山东省邹城市。

3. 孟子的生卒年

孟子究竟生于何年，死于何年，《史记·孟子荀卿列传》及赵岐《孟子注·孟子题辞》都没有记载，这是由于文献难征的缘故。后代学者分别考订，众说纷纭，总计有十多种说法，很难判定哪一种说法才是正确的。不过以赞同生于周烈王四年（前372），卒于周赧王二十六年（前289）与生于周安王十七年（前385），卒于周赧王十二年（前303）两种说法为最多。根据《孟子·尽心下》的记载，孟子曾自言：

由孔子以来，至于今，百有余岁。[5]

可知孟子所处的时代，上距孔子生年（鲁襄公二十二年，公元前551年）至少有一百多年。

至于孟子享年多少，各家考订的结果也很不一致，除了极为离谱（超过

---

① 司马迁：《史记·孟子荀卿列传》。
② 赵岐：《孟子注·孟子题辞》。
③ 《孟子·梁惠王下》。
④ 《孟子·告子下》。
⑤ 《孟子·尽心下》。

一百岁，甚至超过两百岁）的以外，有寿七十四、七十五、八十四、九十四、九十七诸说，而以认为年八十四的人为最多，但都缺乏确实可靠的凭据；不过孟子享有高寿，则是可以肯定的。

4. 孟子的先世及家属

根据赵岐《孟子注·孟子题辞》记载：

> 或曰："孟子，鲁公族孟孙之后。故孟子仕于齐，丧母而归葬于鲁也。三桓子孙既以衰微，分适他国。"①

焦循《孟子正义》说：

> 鲁桓公生同，为庄公；次庆父，为仲孙氏；次叔牙，为叔孙氏；次季友，为季孙氏；是为三桓。仲孙氏即孟孙氏。②

仲孙氏为何即孟孙氏？宋代邢昺《论语正义》解释道：

> 至仲孙后世，改"仲"曰"孟"。孟者，庶长之称也。言已是庶，不敢与庄公为伯仲叔季之次，故取庶长为始也。③

由孟孙氏到孟子，到底传了多少代，焦循《孟子正义》说：

> 世系不可详。④

根据元代程复心《孟子年谱》记载：

> 父名激公宜，母仉氏，妻田氏，仲子名泽。⑤

又明代陈士元《孟子杂记》引《孟氏谱》说：

> 轲父孟孙激公宜，孟孙姓，激公字，宜名。或云：激名，公宜字也。⑥

---

① 赵岐：《孟子注·孟子题辞》。
② 焦循：《孟子正义》。
③ 邢昺：《论语正义》。
④ 焦循：《孟子正义》。
⑤ 程复心：《孟子年谱》。
⑥ 陈士元：《孟子杂记》引《孟氏谱》。

又说：

> 孟子取由氏。……孟仲子名睪，孟子之子也。[①]

但是陈士元怀疑“由”为“田”之误。

又清代林春溥《孟子列传纂》说：

> 父激名也，公宜字也。母仉氏。[②]

然而清代崔应榴《吾亦庐稿》却说：

> 孟子父名激公宜，仅见于《列女传》。《瓦釜漫记》云：“孟子父名璞。”尤所未闻。[③]（按，今本《列女传》并没有孟子父亲的名字）

清代周广业《孟子出处时地考》也说：

> 孟子父名失考（《孟氏谱》名激，字公宜）。孟母氏亦不详。《孟母墓记》云“旧唯片石，题曰‘邹公坟庙碑’”，言母李氏，未知何据。妻由氏，见《续文献通考》，亦无古据。[④]

综合以上资料，孟子父亲或说名激，字公宜；或说名宜，字激公；或说名仲璞。母亲或说仉氏，或说李氏。妻或说田氏，或说由氏。儿子或说仲子名泽；或说子名睪，字仲子。传闻不一，但都缺乏明确可信的证据，因此元代何异孙《十一经问对》判定道：

> 父母名氏未闻，取谁氏，有几子，皆无所考，此阙疑。[⑤]

孟子父母的名氏虽然已经失考，但是从《韩诗外传》以及汉代刘向《列女传》所记载的有关孟子的传说，如“孟母三迁”“孟母断机”等判断，孟子的父亲大概很早就过世了，而孟子后来能有如此伟大的成就，实得力于母亲的教导。

5. 孟子的师承

关于孟子的师承，有三种不同的说法：

---

① 陈士元：《孟子杂记》引《孟氏谱》。
② 林春溥：《孟子列传纂》。
③ 崔应榴：《吾亦庐稿》。
④ 周广业：《孟子出处时地考》。
⑤ 何异孙：《十一经问对》。

(1) 师事子思的门人

《史记·孟子荀卿列传》说：

> 受业子思之门人。①

赞同这一说法的有程复心《孟子年谱》、陈士元《孟子杂记》、焦循《孟子正义》等。

(2) 师事子思

刘向《列女传》说：

> 师事子思。②

赞同这一说法的有班固《汉书·艺文志》、赵岐《孟子注·孟子题辞》、应劭《风俗通》等。

(3) 师事子思的儿子子上

《孟子外书》说：

> 曼殊（姓）不择（名）问于孟子曰："夫子焉学？"孟子曰："鲁有圣人曰孔子。曾子学于孔子，子思学于曾子。子思，孔子之孙，伯鱼之子也。子思之子曰子上，轲尝学焉。"③

以上这三种说法，《孟子外书》是伪书，所述内容不可信。又子思、孟子的确实生卒年虽已无法考知，但就二人大略的生存年代考察起来，孟子出生时，子思已经逝世，所以师事子思的说法也不能成立。因此孟子所师事的人，比较可能的是子思的门人。但究竟是子思的哪位或哪些门人，则由于文献难征，已经无从考知了。

(三) 认识孟子这本书

1.《孟子》的编撰者

对于《孟子》的编撰者，有三种不同的说法：

---

① 司马迁：《史记·孟子荀卿列传》。
② 刘向：《列女传》。
③ 《孟子外书》。

（1）孟子自己编撰

赵岐《孟子注·孟子题辞》说：

> 此书孟子之所作也，故总谓之《孟子》。……（孟子）以儒道游于诸侯，思济斯民，然由不肯枉尺直寻，时君咸谓之迂阔于事，终莫能听纳其说……于是退而论集所与高第弟子公孙丑、万章之徒难疑答问，又自撰其法度之言，著书七篇。①

赞同这一说法的有陈士元《孟子杂记》、阎若璩《孟子生卒年月考》、焦循《孟子正义》等。

（2）孟子与门徒共同编撰

《史记·孟子荀卿列传》说：

> 退而与万章之徒，序《诗》《书》，述仲尼之意，作《孟子》七篇。②

赞同这一说法的有应劭《风俗通》、苏辙《古史·孟子传》等。

（3）孟子弟子及再传弟子共同编撰

张籍《上韩昌黎第二书》说：

> 古之学君臣父子之道，必资于师。师之贤者，其徒数千人，或数百人，是以没则记其师之说以为书，若《孟子》是也。传者犹以孟子自论其书，不云没后其徒为之也。③

韩愈《答张籍书》赞同道：

> 孟轲之书，非轲自著。轲既没，其徒万章、公孙丑相与记轲所言耳。④

可见唐代张籍、韩愈都认为《孟子》是孟子的门徒所编撰的。后来宋代林之奇《孟子讲义·序》又根据他们的说法，加以推论道：

---

① 赵岐：《孟子注·孟子题辞》。
② 司马迁：《史记·孟子荀卿列传》。
③ 张籍：《上韩昌黎第二书》，《全唐文》卷六四八。
④ 韩愈：《答张籍书》，《韩昌黎集》。

《孟子》之书乃公孙丑、万章诸人之所录，其称“万子曰”者，则又万章门人之所录，盖集众人之闻见而后成也。[1]

又周广业《孟子出处时地考》也说：

此书叙次数十年之行事，综述数十人之问答，断非辑自一时，出自一手。其始章、丑之徒追随左右，无役不从，于孟子言动，无不熟察而详记之。每章冠以孟子曰者，重师训，谨授承，兼法《论语》也。其后编次遗文，又疑乐正子及公都子、屋庐子、孟仲子之门人与为之。何也？诸子皆孟门高第，七篇中无斥其名者。[2]

可见林之奇、周广业又以为除了孟子的弟子以外，还有孟子的再传弟子也参加了《孟子》的编撰工作。

以上三种说法，究竟以那一种比较合乎事实？清代崔述《孟子事实录》：

余按谓《孟子》一书，为公孙丑、万章所纂述者近是，谓孟子与之同撰，或孟子所自撰，则非也。《孟子》七篇之文，往往有可议者，如“禹决汝、汉，排淮、泗，而注之江”“伊尹五就桀，五就汤”之属，皆于事理未合。果孟子所自著，不应疏略如是，一也。七篇中称时君皆举其谥，如梁惠王、襄王、齐宣王、鲁平公、邹穆公皆然。乃至滕文公之年少亦如是。其人未必皆先孟子而卒，何以皆称其谥？二也。七篇中于孟子门人多以子称之，如乐正子、公都子、屋庐子、徐子、陈子皆然，不称子者无几。果孟子所自著，恐未必自称其门人皆曰子，三也。细玩此书，盖孟子之门人万章、公孙丑等所追述，故二子问答之言，在七篇中为最多，而二子在书中亦不以子称也。[3]

又屈万里《孟子七篇的编者和〈孟子外书〉的真伪问题》说：

更进一步说，《孟子》书中对他自己也称子——例如那些数不清的“孟子曰”；这显然地不是孟子自己的口气。……从这些证据看来，《孟

---

① 林之奇：《孟子讲义·序》。

② 周广业：《孟子出处时地考》。

③ 崔述：《孟子事实录》。

子》一书决不是孟子自己作的。[①]

综合以上崔述、屈万里二人所提的四点理由，我们可以确定：《孟子》并非孟子自己编撰，也不是孟子与门徒共同编撰；而是孟子的弟子所编撰的。而林之奇、周广业的说法也颇合乎情理，因此其中可能又杂有孟子再传弟子的记载。

2.《孟子外书》的真伪

《史记·孟子荀卿列传》说："作《孟子》七篇。"[②] 但是应劭《风俗通》却说："孟子作书，中外十一篇。"[③] 班固《汉书·艺文志》也记载："《孟子》十一篇。"[④] 可见《孟子》除了今所传的七篇以外，另有四篇。根据赵岐《孟子注·孟子题辞》记载：

> 又有《外书》四篇，《性善辩》《文说》《孝经》《为政》。其文不能宏深，不与《内篇》相似，似非《孟子》本真，后世依傍而托也。[⑤]

《孟子外书》四篇，除了赵岐据"其文不能宏深，不与《内篇》相似"而断定为伪托外，《孟子》七篇的篇名，依序是《梁惠王》《公孙丑》《滕文公》《离娄》《万章》《告子》《尽心》，各篇命名的方式都是模仿《论语》，拿每篇的第一章，去除开头的"孟子见""孟子曰"等字，而以其次的两三字作为篇名，也就是说每篇的篇名都没有意义。但是《外书》四篇的篇名，则皆有意义。由此更可判定《外书》确实是后人所伪造的。

《孟子外书》虽然是伪造的，可是仍然流传于世，不过在唐、宋时代所修的《隋书·经籍志》《旧唐书·艺文志》《新唐书·艺文志》中，就已经没有著录了。因此可以推知汉代出现的《孟子外书》，到唐代已经亡佚了。

南宋时，孙奕《示儿篇》记载："昔尝闻前辈有云：'亲见馆阁中有《孟子外书》四篇，曰《性善辩》、曰《文说》、曰《孝经》、曰《为政》。'"又刘

---

① 屈万里：《孟子七篇的编者和〈孟子外书〉的真伪问题》，《孔孟学报》第七期。
② 司马迁：《史记·孟子荀卿列传》。
③ 应劭：《风俗通》。
④ 班固：《汉书·艺文志》。
⑤ 赵岐：《孟子注·孟子题辞》。

昌诗《芦浦笔记》也说："新喻谢氏，多藏古书，有《性善辩》一帙，则知与《文说》《孝经》《为政》，是谓四篇。"但是宋代的图书目录著作，如《宋史·艺文志》《崇文总目》《文献通考》《玉海》等，都没有著录。因此二人所讲是否可信，后代学者多抱持怀疑的态度。

到了明代，出现今传熙时子注的《孟子外书》，这个本子由姚士粦传出，书前有宋代马廷鸾的序。按，马廷鸾是马端临的父亲，可是《文献通考》却未著录，颇不合情理；又姚士粦本好造伪书；而且书中内容有许多伪谬；所以后代学者都认为这本书根本就是姚士粦所伪造的，焦循《孟子正义》即肯定地判断道："《外书》四篇，赵氏斥为伪托，其亡已久。孙奕所闻，新喻所藏，已难据信。况此又赝之尤者乎！"[①]

3.《孟子》地位的提升

《孟子》被班固《汉书·艺文志》列于诸子略儒家类中，与《荀子》、扬雄《法言》等地位相当，并没有受到特别的重视。因此从汉代一直到唐代，研究注释的著作并不多，总计两汉七种、晋一种、唐五种而已。

到了唐代，韩愈开始对《孟子》大加表彰，说：

> 吾读孟轲书，然后知孔子之道尊，圣人之道易行，王易王，霸易霸也。以为孔子之徒没，尊圣人者，孟氏而已……孟氏醇乎醇者也，荀与扬，大醇而小疵。[②]

并且在《原道》中，将孟子列入道统之传，说：

> 尧以是传之舜，舜以是传之禹，禹以是传之汤，汤以是传之文、武、周公，文、武、周公传之孔子，孔子传之孟轲。轲之死，不得其传焉。[③]

此后，时人才逐渐重视《孟子》。根据《新唐书·选举志》记载，肃宗宝应二年（763），礼部侍郎杨绾疏请将《论语》《孝经》《孟子》兼为一经。又根据《文献通考·选举志》记载，懿宗咸通四年（863），进士皮日休上疏请

① 焦循：《孟子正义》。
② 韩愈：《读荀》，《韩昌黎集》。
③ 韩愈：《原道》，《韩昌黎集》。

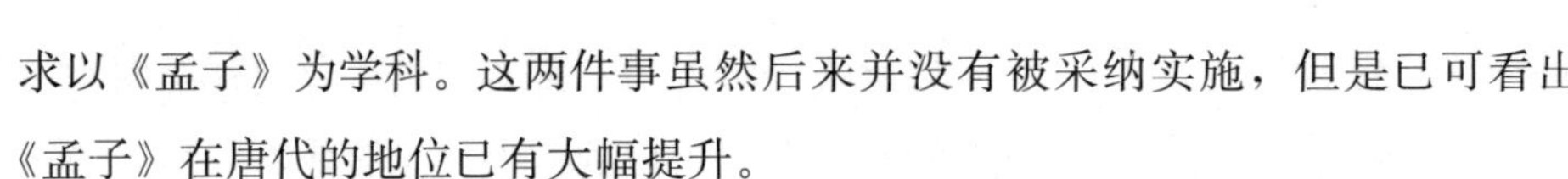

求以《孟子》为学科。这两件事虽然后来并没有被采纳实施，但是已可看出《孟子》在唐代的地位已有大幅提升。

到了宋代，根据《宋史·选举志》记载，神宗采纳王安石的建议，罢除诗赋墨义，以经义取士，士各专治《易》《诗》《周礼》《礼记》一经，兼治《论语》《孟子》。哲宗、徽宗还屡次诏令讲官进讲《孟子》。河南程颢、程颐更极力表扬《孟子》。南宋高宗绍兴十三年（1143），由皇帝抄写《孟子》，刻石于国子监。唐文宗开成年间的十二经（《诗》、《书》、《易》、三礼、三传，加《论语》《孝经》《尔雅》）石刻，到这时已成为十三经。大儒朱熹又取《孟子》与《论语》，以及《礼记》中的《大学》《中庸》两篇，合为“四子书”。光宗绍熙年间（1190—1194），黄唐开始合刻《十三经注疏》，陈振孙《直斋书录解题》也把《孟子》列于经部。从此，《孟子》就由子部之书正式被提升为经部的著作。

（四）探讨孟子的思想

孟子为先秦诸子之一，主要的成就表现在思想上，因此研读《孟子》，重点必须放在思想的探讨上。孟子的思想以性善论为中心，并由此引申出涵养论、教育思想、政治思想。以下即依次论述。

1. 性善论

（1）性的定义

要了解孟子的性善论，首先必须掌握孟子对性所下的定义，才不会造成误解。孟子曾说：

> 口之于味也，目之于色也，耳之于声也，鼻之于臭也，四肢之于安佚也，性也。有命焉，君子不谓性也。仁之于父子也，义之于君臣也，礼之于宾主也，智之于贤者也，圣人之于天道也，命也。有性焉，君子不谓命也。[①]

在此，孟子以为口目耳鼻四肢等生理的欲望，虽然也可说是人的本性，但是能否满足并非强求可得，而是命中注定的，因此君子不认为是真正的本性。

① 《孟子·尽心下》。

至于仁义礼智天道等，是上天所赋予我们的，只要肯存养扩充，必然可以拥有，这才是真正的本性。由是可知，孟子所谓的性是专指人性而言，并非泛指动物之性，亦即孟子所说“人之所以异于禽兽者几希”[①] 的人兽相异点。

(2) 由心识性

孟子认为仁义礼智等人之本性，乃根源于心，而且是所有的人都共同具有的。他说：

> 仁义礼智根于心。[②]

又说：

> 非独贤者有是心也，人皆有之，贤者能勿丧耳。[③]

这个心到底是什么心呢？孟子说：

> 恻隐之心，人皆有之；羞恶之心，人皆有之；恭敬之心，人皆有之；是非之心，人皆有之。恻隐之心，仁也；羞恶之心，义也；恭敬之心，礼也；是非之心，智也。仁、义、礼、智，非由外铄我也，我固有之也。[④]

又说：

> 恻隐之心，仁之端也；羞恶之心，义之端也；辞让之心，礼之端也；是非之心，智之端也。人之有是四端也，犹其有四体也。[⑤]

由是可知，恻隐、羞恶、恭敬、是非之心乃是所有的人天生共同具有的；而此心又是仁、义、礼、智的端绪，因此仁、义、礼、智也是所有的人天生所共同具有的，为人的良知良能：

> 人之所不学而能者，其良能也；所不虑而知者，其良知也。孩提之童，无不知爱其亲者；及其长也，无不知敬其兄也。亲亲，仁也；敬长，

① 《孟子·离娄下》。
② 《孟子·尽心上》。
③ 《孟子·告子上》。
④ 《孟子·告子上》。
⑤ 《孟子·公孙丑上》。

义也。无他，达之天下也。[①]

心不同于耳目口鼻等器官，能思想，具有道德自觉的能力，因而可以自作主宰，不至于受声色气味等外在事物的引诱：

耳目之官，不思而蔽于物，物交物，则引之而已矣。心之官则思，思则得之，不思则不得也。此天之所与我者。[②]

心既然具有道德自觉的能力，而能得其义理，因此为善。心为善，则根源于心的仁、义、礼、智等人的本性当然也是善的。由是可见，孟子乃是由心善而论定性善。但我们又不可不知，孟子所谓性善，并非指人性纯善，而是说人因为具有恻隐、羞恶、恭敬、是非等善心，而具有仁、义、礼、智等善端；此善端虽然是先天的，可是如果后天不知培养扩充，仍然无法发挥其效用：

凡有四端于我者，知皆扩而充之矣；若火之始然，泉之始达。苟能充之，足以保四海；苟不充之，不足以事父母。[③]

由此可见孟子的性善论除肯定人人先天具有善端以外，也强调后天努力的重要，虽侧重于鼓励性，却仍含有警惕性。

2. 涵养论

人性既然都具有善端，只要能顺此善端加以扩充培养，人人皆可以表现善行。无奈有些人却不知自重自爱，任由此天生所具的善端丧失掉。

（1）善性丧失的原因

A. 陷溺于环境，受外物影响

孟子说：

人性之善也，犹水之就下也。人无有不善，水无有不下。今夫水，搏而跃之，可使过颡；激而行之，可使在山；是岂水之性哉？其势则然

---

① 《孟子·尽心上》。
② 《孟子·告子上》。
③ 《孟子·公孙丑上》。

也。人之可使为不善，其性亦犹是也。[①]

水性就下如同人性之善，都是出于自然，可是如果施以外力，则能让水高过人的额头，甚至引到高山上，可见外物影响之大。又说：

富岁子弟多赖，凶岁子弟多暴。非天之降才尔殊也，其所以陷溺其心者然也。今夫麰麦，播种而耰之，其地同，树之时又同，浡然而生，至于日至之时，皆熟矣。虽有不同，则地有肥硗，雨露之养，人事之不齐也。[②]

富岁、凶岁，子弟或多赖，或多暴，并非子弟的才性有所殊异，而是环境所造成的。麰麦成熟时机不同，则是由于受到地有肥硗，雨露之养，人事之不齐等外在因素的影响。又说：

牛山之木尝美矣，以其郊于大国也，斧斤伐之，可以为美乎？是其日夜之所息，雨露之所润，非无萌蘖之生焉；牛羊又从而牧之，是以若彼濯濯也。人见其濯濯也，以为未尝有材焉，此岂山之性也哉？[③]

牛山的草木本具有生长的本性，但是由于受到斧斤的砍伐、牛羊的践踏，虽然草木还能长出新的枝芽，但受不了外力的摧残，以致变得光秃秃的。

由以上孟子所举的例子，皆可看出环境及外物，都有可能使我们的善性受到陷溺而丧失。

B. 以小害大（以贱害贵）

孟子说：

体有贵贱，有小大。无以小害大，无以贱害贵。养其小者为小人，养其大者为大人。……饮食之人，则人贱之矣，为其养小以失大也。[④]

所谓小大或贱贵，所指的到底是什么？从以下孟子与弟子公都子的问答中可以看出来：

公都子问曰："钧是人也，或为大人，或为小人，何也？"孟子曰：

---

① 《孟子·告子上》。
② 《孟子·告子上》。
③ 《孟子·告子上》。
④ 《孟子·告子上》。

“从其大体为大人，从其小体为小人。”曰：“钧是人也，或从其大体，或从其小体，何也?”曰：“耳目之官，不思而蔽于物，物交物，则引之而已矣。心之官则思，思则得之，不思则不得也，此天之所与我者。先立乎其大者，则其小者弗能夺也。此为大人而已矣。”①

可见所谓小指耳目口鼻等生理欲望，所谓大则指本心。如果过于注重生理欲望的追求满足，将会以小害大，影响对本心，亦即对善性之端的培养扩充，使其逐渐萎缩丧失。

(2) 如何发扬善性

由于以上所述的两个原因，使我们天生所具的善性之端有可能丧失，所以在涵养功夫上，我们必须做到以下各点。

A. 求放心

仁、义、礼、智等善性既然源于心，所以涵养的基本功夫乃在于寻回放失的本心：

仁，人心也；义，人路也。舍其路而弗由，放其心而不知求，哀哉！人有鸡犬放，则知求之；有放心，而不知求。学问之道无他，求其放心而已矣。②

本心是我们天生所具有的，只要肯寻求，即可为我们所有，所以孟子又说：

求则得之，舍则失之，是求有益于得也；求在我者也。③

寻回本心，并且保存勿失，就可以成为君子，而有异于一般人：

君子所以异于人者，以其存心也。④

这是由于放心既已寻回，又可恢复原有的善性之端所致。

B. 寡欲

本心寻回，重复善端，就应该加以护持，使其不再丧失。前已述及，小

---

① 《孟子·告子上》。
② 《孟子·告子上》。
③ 《孟子·尽心上》。
④ 《孟子·离娄下》。

（欲望）会害大（心性），因此在消极上必须寡欲：

孟子曰："养心莫善于寡欲。其为人也寡欲，虽有不存焉者，寡矣。其为人也多欲，虽有存焉者，寡矣。"①

能寡欲则不至于为欲望所引诱而放失本心，但生理欲望既然是人所不能避免的，因此孟子并无完全禁绝的意思，只告诫我们要尽量节制，不要因为欲望而忘失本心的涵养，故曰：

饮食之人，则人贱之矣，为其养小以失大也。饮食之人，无有失也，则口腹岂适为尺寸之肤哉？②

重视本心的涵养，尽量节制欲望，则不至于以小害大：

先立乎其大者，则其小者不能夺也。③

不仅不至于以小害大，而且修大还能得小：

有天爵者，有人爵者。仁义忠信，乐善不倦，此天爵也。公卿大夫，此人爵也。古之人，修其天爵而人爵从之。今之人，修其天爵以要人爵，既得人爵而弃其天爵，则惑之甚者也，终亦必亡而已矣。④

由此我们即可了解为什么孟子初见梁惠王，梁惠王问他何以利吾国，而孟子乃正色回答"王何必曰利，亦有仁义而已矣！"⑤ 的原因所在了。

C. 扩充培养

寡欲的作用在使本心存而不失，但是保有本心，也仅是具有善性之端而已，所以还必须做积极的涵养功夫：

孟子曰："尽其心者，知其性也。知其性，则知天矣。存其心，养其性，所以事天也。"⑥

---

① 《孟子·尽心下》。
② 《孟子·告子上》。
③ 《孟子·告子上》。
④ 《孟子·告子上》。
⑤ 《孟子·梁惠王上》。
⑥ 《孟子·尽心上》。

那么应该如何养其性呢？孟子以为首在尚志：

> 王子垫问曰："士何事？"孟子曰："尚志。"曰："何谓尚志？"曰："仁义而已矣。杀一无罪，非仁也。非其有而取之，非义也。居恶在？仁是也。路恶在？义是也。居仁由义，大人之事备矣。"①

志在仁义，确定方向之后，又须持志养气：

> 夫志，气之帅也；气，体之充也。夫志，至焉；气，次焉。故曰：持其志，无暴其气。②
>
> "敢问何谓浩然之气？"（孟子）曰："难言也。其为气也，至大至刚，以直养而无害，则塞于天地之间。其为气也，配义与道，无是，馁也。是集义所生者，非义袭而取之也。行有不慊于心，则馁矣。……必有事焉而勿正，心勿忘，勿助长也。"③

浩然之气既然是配道与义的，所以我们必须明道，使我们的行为都合乎义，如此不断累积义行，不要有预期心理，也不要忘却不管，更不要急切助长，只要顺着道义，自然而毫无勉强地去行，最后必能水到渠成，培养出崇高的人格而成为一个大人。

3. 教育思想

孟子认为君子有三乐，其中即包括"得天下英才而教育之"④ 之乐，可见他对于教育极为重视。

（1）教育目标

孟子以为教育的目标乃在于明人伦，曾说：

> 设为庠、序、学、校以教之。庠者，养也；校者，教也；序者，射也。夏曰校，殷曰序，周曰庠，学则三代共之；皆所以明人伦也。⑤

---

① 《孟子·尽心上》。
② 《孟子·公孙丑上》。
③ 《孟子·公孙丑上》。
④ 《孟子·尽心上》。
⑤ 《孟子·滕文公上》。

又说：

人之有道也，饱食，暖衣，逸居而无教，则近于禽兽。圣人有忧之，使契为司徒，教以人伦：父子有亲，君臣有义，夫妇有别，长幼有序，朋友有信。[①]

按，孟子最强调人之所以有异于禽兽者，这就是伦理的观念，亦即是天所赋予我们的善性的具体表现，因此教育的目标乃在充分发扬此善性，以表现于人伦日用之中，而有别于禽兽。

（2）教育方法

孟子所述教育方法，大抵踵袭孔子，较少有突破之处，兹述之如下：

A. 因材施教

孟子虽未明言因材施教，但曾提示多种教学方法：

君子之所以教者五：有如时雨化之者，有成德者，有达财者，有答问者，有私淑艾者。此五者，君子之所以教也。[②]

又说：

教亦多术矣！予不屑之教诲也者，是亦教诲之而已矣。[③]

施教方法既然如此多样，当然得视学生的材质，做适当的选择，以达到最好的功效。

B. 注重学习环境

孟子本人深得孟母三迁之教的助益，而且深切体认到人常会因陷溺于环境而丧失善性，因此对于学习环境特别重视：

孟子自范之齐，望见齐王之子。喟然叹曰："居移气，养移体，大哉居乎！夫非尽人之子与？王子宫室车马衣服，多与人同，而王子若彼者，其居使之然也。"[④]

---

① 《孟子·滕文公上》。
② 《孟子·尽心上》。
③ 《孟子·告子下》。
④ 《孟子·尽心上》。

所谓“大哉居乎”即是对于环境对人影响之大的一种赞叹。又：

> 孟子谓戴不胜曰：“子欲子之王之善与？我明告子：有楚大夫于此，欲其子之齐语也，则使齐人傅诸？使楚人傅诸？”曰：“使齐人傅之。”曰：“一齐人傅之，众楚人咻之，虽日挞而求其齐也，不可得矣。引而置之庄、岳之间数年，虽日挞而求其楚，亦不可得矣。”①

此以语言的学习为例，明白显示环境的重要。

C. 自强不息，循序渐进

孟子承孔子之教，深有得于水的启示，领悟到正确的学习之道：

> 徐子曰：“仲尼亟称于水，曰：‘水哉，水哉！’何取于水也？”孟子曰：“原泉混混，不舍昼夜，盈科而后进，放乎四海；有本者如是，是之取尔！”②

又曾说：

> 流水之为物也，不盈科不行；君子之志于道也，不成章不达。③

所谓“原泉混混，不舍昼夜”，即寓有自强不息之意；所谓盈科而行，意指学当循序渐进。既然应该循序渐进，所以孟子非常反对拔苗助长：

> 无若宋人然。宋人有闵其苗之不长而揠之者，芒芒然归，谓其人曰：“今日病矣！予助苗长矣。”其子趋而往视之，苗则槁矣。天下之不助苗长者寡矣。……助之长者，揠苗者也。非徒无益，而又害之。④

此以农夫播植秧苗为例，指陈过于急切的弊害。

D. 专心致志，持之以恒

孟子曾举下棋为喻，说明专心致志的重要：

> 今夫弈之为数，小数也；不专心致志，则不得也。弈秋，通国之善弈者也。使弈秋诲二人弈，其一人专心致志，惟弈秋之为听。一人虽听

---

① 《孟子·滕文公下》。
② 《孟子·离娄下》。
③ 《孟子·尽心上》。
④ 《孟子·公孙丑上》。

之，一心以为有鸿鹄将至，思援弓缴而射之；虽与之俱学，弗若之矣。为是其智弗若与？曰非然也。[①]

又多方设譬，以强调为学不可间断或半途而废：

> 虽有天下易生之物也，一日暴之、十日寒之，未有能生者也。[②]
>
> 有为者，譬若掘井；掘井九轫而不及泉，犹为弃井也。[③]
>
> 孟子谓高子曰："山径之蹊间，介然用之而成路，为间不用，则茅塞之矣。今茅塞子之心矣。"[④]

因为如果间断或半途而废，则会前功尽弃，得不到预期的效果，故孟子期期以为不可。

E. 强调自我反省

教育的目标既然在于明人伦，则在与人相处时是否能获得适切的回应，自然是我们所该注重的。如果我们的表现未能得到适切的回应，孟子以为此时宜自我反省：

> 爱人不亲，反其仁；治人不治，反其智；礼人不答，反其敬。行有不得者，皆反求诸己。[⑤]

如若不然，则是自暴自弃：

> 自暴者，不可与有言也。自弃者，不可与有为也。言非礼义，谓之自暴也。吾身不能居仁由义，谓之自弃也。仁，人之安宅也。义，人之正路也。旷安宅而弗居，舍正路而弗由，哀哉！[⑥]

不知自我省察而甘于堕落，怪不得孟子会为其感到悲哀了。

F. 掌握要领，归于自得

孟子以为学习应采取正确的法则，始能有所成就，因而做比喻道：

---

① 《孟子·告子上》。
② 《孟子·告子上》。
③ 《孟子·尽心上》。
④ 《孟子·尽心下》。
⑤ 《孟子·离娄上》。
⑥ 《孟子·离娄上》。

> 羿之教人射，必志于彀；学者亦必志于彀。大匠诲人，必以规矩；学者亦必以规矩。[①]

并于广博的研究后，再详细地解说，进而掌握其精要：

> 博学而详说之，将以反说约也。[②]

这样才能融会贯通，有所心得：

> 君子深造之以道，欲其自得之也。自得之，则居之安；居之安，则资之深；资之深，则取之左右逢其原。故君子欲其自得之也。[③]

既能融贯于心，自然可以无往而不利，收到学习的效果了。

4. 政治思想

孟子论政治，虽仍有承继孔子之处，但已有许多突破创发，尤其在两千多年前，诸侯征战频繁、君权炽盛之时，更显其难能可贵。

（1）民本思想

在孟子以前，一般的观念都认为政权转移的关键在于天命的眷顾与否，孟子则以民心解释天命：

> 万章曰："尧以天下与舜，有诸?"孟子曰："否，天子不能以天下与人。""然则舜有天下也，孰与之?"曰："天与之。""天与之者，谆谆然命之乎?"曰："否，天不言，以行与事示之而已矣。"曰："以行与事示之者，如之何?"曰："……昔者尧荐舜于天而天受之，暴之于民而民受之。……"曰："敢问荐之于天而天受之，暴之于民而民受之，如何?"曰："使之主祭，而百神享之，是天受之。使之主事而事治，百姓安之，是民受之也。……尧崩，三年之丧毕，舜避尧之子于南河之南，天下诸侯朝觐者，不之尧之子而之舜；讼狱者，不之尧之子而之舜；讴歌者，不讴歌尧之子而讴歌舜；故曰天也。夫然后之中国，践天子位焉。……

① 《孟子·告子上》。
② 《孟子·离娄下》。
③ 《孟子·离娄下》。

《太誓》曰：‘天视自我民视，天听自我民听。’此之谓也。”[①]

孟子虽然动辄称天，但是其实朝觐者、讼狱者、讴歌者都是人，而非天。如此则是否能得到人民的拥戴才是真正的关键所在：

桀、纣之失天下也，失其民也；失其民者，失其心也。得天下有道：得其民，斯得天下矣。得其民有道：得其心，斯得民矣。得其心有道：所欲与之聚之，所恶勿施尔也。[②]

因此天下的得失实系于民心的向背，而要争取民心的归附，又在于为民兴利除弊。所以人民乃国家中地位最尊贵者：

民为贵，社稷次之，君为轻。[③]

人民既然是最尊贵的，则为政者想维系政权，保有职位，当然就应该善尽保民的职责。而君或臣，虽有等级的分别，但其职责并无不同，所以君臣的关系乃是相对的，并非绝对的：

孟子告齐宣王曰：“君之视臣如手足，则臣视君如腹心；君之视臣如犬马，则臣视君如国人；君之视臣如土芥，则臣视君如寇雠。”[④]

而凡负有保民之责者，如果不能善尽其职守，都应该撤换：

诸侯危社稷，则变置。[⑤]

孟子谓齐宣王曰：“王之臣，有托其妻子于其友，而之楚游者，比其反也，则冻馁其妻子，则如之何?”王曰：“弃之。”曰：“士师不能治士，则如之何?”王曰：“已之。”曰：“四境之内不治，则如之何?”王顾左右而言他。[⑥]

据此，孟子以为汤、武革命并非弑君，而是为民诛除残贼：

齐宣王问曰：“汤放桀，武王伐纣，有诸?”孟子对曰：“于传有之。”

---

① 《孟子·万章上》。
② 《孟子·离娄上》。
③ 《孟子·尽心下》。
④ 《孟子·离娄下》。
⑤ 《孟子·尽心下》。
⑥ 《孟子·梁惠王下》。

曰："臣弑其君，可乎？"曰："贼仁者谓之贼，贼义者谓之残，残贼之人，谓之一夫，闻诛一夫纣矣，未闻弑君也。"①

孟子虽然赞同革命，然而并不认为任何人皆有权革命：

……（齐宣）王曰："请问贵戚之卿。"曰："君有大过则谏，反复之而不听，则易位。"王勃然变乎色。……王色定，然后请问异姓之卿，曰："君有过则谏，反复之而不听，则去。"②

又：

公孙丑曰："伊尹曰：'予不狎于不顺。'放太甲于桐，民大悦。……贤者之为人臣也，其君不贤，则固可放与？"孟子曰："有伊尹之志则可，无伊尹之志则篡也。"③

是以在孟子心目中，只有与国君有亲族关系的贵戚之卿，以及具有伊尹之志的人臣，才可以起而革命。具有伊尹之志的人臣或许可以引申解释，然不论如何，有资格革命者终究是有所限制的。

（2）王政（仁政）

孟子理想中的政治为不忍人之政，亦即仁政：

人皆有不忍人之心。先王有不忍人之心，斯有不忍人之政矣。以不忍人之心，行不忍人之政，治天下可运之掌上。④

此仁政又称王政，其较具体的内容为：

王如施仁政于民，省刑罚，薄税敛，深耕易耨，壮者以暇日，修其孝悌忠信，入以事其父兄，出以事其长上，可使制梃以挞秦、楚之坚甲利兵矣。⑤

又：

---

① 《孟子·梁惠王下》。
② 《孟子·万章下》。
③ 《孟子·尽心上》。
④ 《孟子·公孙丑上》。
⑤ 《孟子·梁惠王上》。

> （齐宣）王曰："王政可得闻与？"对曰："昔者文王之治岐也，耕者九一，仕者世禄，关市讥而不征，泽梁无禁，罪人不孥。老而无妻曰鳏，老而无夫曰寡，老而无子曰独，幼而无父曰孤；此四者，天下之穷民而无告者，文王发政施仁，必先此四者。……王如好货，与百姓同之，于王何有？……王如好色，与百姓同之，于王何有？"[①]

由以上两段话，可看出王政包含以下三点：一为轻徭薄敛，照顾穷民，使人民的基本生活获得保障，此即保民之政。二为于民生问题获得解决以后，施以教化，使知孝悌忠信。三为与民同好乐。至此王政即告完成，人民必悦服归附，而可以无敌于天下。兹申述之如下。

A. 保民

分以下四步骤进行：

a. 制民之产

孟子认为一般人如果没有恒产，不仅无法维生，而且容易作奸犯科，陷于罪刑：

> 无恒产而有恒心者，惟士为能。若民，则无恒产，因无恒心。苟无恒心，放辟邪侈，无不为已。及陷于罪，然后从而刑之，是罔民也。焉有仁人在位，罔民而可为也？是故明君制民之产，必使仰足以事父母，俯足以畜妻子；乐岁终身饱，凶年免于死亡；然后驱而之善，故民之从之也轻。今也制民之产，仰不足以事父母，俯不足以畜妻子；乐岁终身苦，凶年不免于死亡；此惟救死而恐不赡，奚暇治礼义哉？[②]

此言制民之产有其必要，至于制产之法，孟子主张采行井田均地之制：

> 夫仁政，必自经界始，……经界既正，分田制禄，可坐而定也。……请野，九一而助。……死徙无出乡，乡田同井，出入相友，守望相助，疾病相扶持，则百姓亲睦。方里而井，井九百亩，其中为公田；

① 《孟子·梁惠王下》。

② 《孟子·梁惠王上》。

八家皆私百亩，同养公田。公事毕，然后敢治私事，所以别野人也。①

每家皆有私田百亩，土地分配平均，寓有均产的精神；而且采取九分取一的助法，税负不至于过重，也符合轻徭薄敛的原则。

b. 鼓励农作生产

土地分配以后，就应努力生产，以供应民生的需要：

五亩之宅，树之以桑，五十者可以衣帛矣；鸡豚狗彘之畜，无失其时，七十者可以食肉矣；百亩之田，勿夺其时，数口之家，可以无饥矣。②

不违农时，谷不可胜食也。数罟不入洿池，鱼鳖不可胜食也。斧斤以时入山林，材木不可胜用也。谷与鱼鳖不可胜食，材木不可胜用，是使民养生丧死无憾也。养生丧死无憾，王道之始也。③

农作必须配合时节，故孟子强调“勿夺其时”“不违农时”。又孟子主张“数罟不入洿池”“斧斤以时入山林”，已有保育的观念，更属难得。

c. 轻徭薄敛

孟子认为照顾民生，应尽量减轻百姓的负担；如其不然，后果可虑：

是故贤君必恭俭礼下，取于民有制。④

有布缕之征、粟米之征、力役之征。君子用其一，缓其二。用其二而民有殍，用其三而父子离。⑤

因此对于横征暴敛的统治者，常加以指责：

求也为季氏宰，无能改于其德，而赋粟倍他日。孔子曰：“求非我徒也，小子鸣鼓而攻之可也。”由此观之，君不行仁政而富之，皆弃于孔子者也。⑥

---

① 《孟子·滕文公上》。
② 《孟子·梁惠王上》。
③ 《孟子·梁惠王上》。
④ 《孟子·滕文公上》。
⑤ 《孟子·尽心下》。
⑥ 《孟子·离娄上》。

今之事君者曰："我能为君辟土地，充府库。"今之所谓良臣，古之所谓民贼也。君不乡道，不志于仁，而求富之，是富桀也。[1]

这样的统治者，终将免不了自食其恶果：

诸侯之宝三：土地、人民、政事。宝珠玉者，殃必及身。[2]

所以应当轻徭薄敛，如此将可获得人民的归附拥戴：

尊贤使能，俊杰在位，则天下之士皆悦而愿立于其朝矣。市廛而不征，法而不廛，则天下之商皆悦而愿藏于其市矣。关，讥而不征，则天下之旅皆悦而愿出于其路矣。耕者，助而不税，则天下之农皆悦而愿耕于其野矣。廛，无夫里之布，则天下之民皆悦而愿为之氓矣。信能行此五者，则邻国之民仰之若父母矣。……然而不王者，未之有也。[3]

五者之中，"尊贤使能，俊杰在位"属于人才的晋用，其余四项皆与赋税有关，由是可见孟子对此之重视程度。

d. 兴发补助

以上三项都属于平时的人事，不过虽然已经尽了平时的人事，偶发的天灾却不可能完全避免，因此如遭遇凶荒，主政者就应该发仓以补助人民。无奈当时的诸侯只图个人的享受，无视民生的疾苦，所以孟子极为痛切地向时君进言：

狗彘食人食而不知检，涂有饿殍而不知发。人死，则曰："非我也，岁也。"是何异于刺人而杀之？曰："非我也，兵也。"王无罪岁，斯天下之民至矣。……庖有肥肉，厩有肥马，民有饥色，野有饿殍，此率兽而食人也。兽相食，且人恶之。为民父母行政，不免于率兽而食人，恶在其为民父母也？[4]

凡此都是由于主政者不能善尽其保民的职责所致，因而设喻道：

---

① 《孟子·告子下》。
② 《孟子·尽心下》。
③ 《孟子·公孙丑上》。
④ 《孟子·梁惠王下》。

孟子之平陆，谓其大夫曰："子之持戟之士，一日而三失伍，则去之否乎？"曰："不待三。""然则子之失伍也亦多矣！凶年饥岁，子之民，老羸转于沟壑，壮者散而之四方者，几千人矣。"曰："此非距心之所得为也。"曰："今有受人之牛羊而为之牧之者，则必为之求牧与刍矣。求牧与刍而不得，则反诸其人乎？抑亦立而视其死与？"曰："此则距心之罪也。"他日，见于王曰："王之为都者，臣知五人焉。知其罪者，惟孔距心。为王诵之。"王曰："此则寡人之罪也。"①

似此情形，又怎能责怪百姓不肯为主政者尽力效忠呢？

邹与鲁哄。穆公问曰："吾有司死者三十三人，而民莫之死也。诛之，则不可胜诛；不诛，则疾视其长上之死而不救，如之何则可也？"孟子对曰："凶年饥岁，君之民，老弱转乎沟壑，壮者散而之四方者，几千人矣。而君之仓廪实，府库充，有司莫以告，是上慢而残下也。曾子曰：'戒之！戒之！出乎尔者，反乎尔者也。'夫民今而后得反之也，君无尤焉。君行仁政，斯民亲其上死其长矣。"②

因此唯有主政者及早醒悟，幡然改图，当百姓遭遇凶荒时，及时施以援手，百姓自然会感恩戴德，亲附长上，而于必要时，为长上尽力效劳了。

B. 教民

富而后教为孔子的政治主张，孟子承继此一思想，亦认为保民之后必须教民：

谨庠序之教，申之以孝悌之义，颁白者不负戴于道路矣。③

壮者以暇日，修其孝悌忠信，入以事其父兄，出以事其长上。④

因为如果不再进而施以教化，则人与禽兽则无所差别，所以必须设置学校，来教导人伦：

---

① 《孟子·公孙丑下》。
② 《孟子·梁惠王下》。
③ 《孟子·梁惠王上》。
④ 《孟子·梁惠王上》。

后稷教民稼穑，树艺五谷，五谷熟而民人育。人之有道也，饱食、暖衣、逸居而无教，则近于禽兽。圣人有忧之，使契为司徒，教以人伦：父子有亲，君臣有义，夫妇有别，长幼有序，朋友有信。①

设为庠、序、学、校以教之。庠者，养也；校者，教也；序者，射也。夏曰校，殷曰序，周曰庠，学则三代共之；皆所以明人伦也。人伦明于上，小民亲于下，有王者起，必来取法，是为王者师也。②

能明于人伦，则人与人相处自能守其分际，不至于相冲突侵犯，而有别于禽兽。而就主政者而言，人伦明于上，则小民亲于下，也有助于治道的推行、政权的维系，又何乐而不为呢！

C. 与民同乐

保民、教民而外，孟子又强调主政者应该要与民同乐：

乐民之乐者，民亦乐其乐；忧民之忧者，民亦忧其忧。乐以天下，忧以天下，然而不王者，未之有也。③

因此于获知齐宣王喜好音乐后，乃乘势利导，劝其做到与民同乐：

今王鼓乐于此，百姓闻王钟鼓之声、管籥之音，举疾首蹙頞而相告曰："吾王之好鼓乐，夫何使我至于此极也！父子不相见，兄弟妻子离散。"今王田猎于此，百姓闻王车马之音，见羽旄之美，举疾首蹙頞而相告曰："吾王之好田猎，夫何使我至于此极也！父子不相见，兄弟妻子离散。"此无他，不与民同乐也。今王鼓乐于此，百姓闻王钟鼓之声、管籥之音，举欣欣然有喜色而相告曰："吾王庶几无疾病与！何以能鼓乐也？"今王田猎于此，百姓闻王车马之音，见羽旄之美，举欣欣然有喜色而相告曰："吾王庶几无疾病与！何以能田猎也？"此无他，与民同乐也。今王与百姓同乐，则王矣。④

其实能做到保民、教民，自然可以达到与民同乐的地步。孟子之所以再度强调，或许是为了描绘出一幅欢乐的景象，以打动国君之心而推行仁政，

① 《孟子·滕文公上》。
② 《孟子·滕文公上》。
③ 《孟子·梁惠王下》。
④ 《孟子·梁惠王下》。

其用心之深切，益发可见。

(3) 法先王

仁政固然出自仁心，但是孟子认为只有仁心，未必即能实施仁政，必须再遵循先王之道，才不至于造成偏差：

> 离娄之明，公输子之巧，不以规矩，不能成方员。师旷之聪，不以六律，不能正五音。尧、舜之道，不以仁政，不能平治天下。今有仁心仁闻而民不被其泽，不可法于后世者，不行先王之道也。……遵先王之法而过者，未之有也。……故曰："为高必因丘陵，为下必因川泽。"为政不因先王之道，可谓智乎?①

规矩为制器物的准则，六律为正音阶的准则，此可见先王之法实为施政的准则。孟子的用意乃在指明施政必须遵循一定的准则。否则，师心自用，漫无章法，极可能弄巧成拙，达不到预期的功效。

在孟子的心目中，所谓先王，指的是尧、舜、禹、汤、文、武等人。并且将这些先王分成两个层级，说：

> 尧、舜，性之也。汤、武，身之也。②

意谓尧、舜乃是自然而然顺着天生的仁性，以行其不忍人之政；汤、武则尽力修身体道，以复其天生的仁性，而行其不忍人之政。虽然有此差异，但所行者都是仁政则无二致。再据《孟子》全书中对这些先王的多处称道之语，可以发现其所行所事，皆与孟子所言的仁政具体内容相符。由此可以推知，孟子主张法先王的本意，乃在指陈施政应遵循保民、教民、与民同乐的准则而行，才能真正达到为民兴利除弊的目标。

(4) 用贤

孟子认为"徒善不足以为政"③，因而强调施政必须遵循准则，主张法先王，有重视"治法"的用意。但是他也认为"徒法不能以自行"④，所以还得

---

① 《孟子·离娄上》。
② 《孟子·尽心上》。
③ 《孟子·离娄上》。
④ 《孟子·离娄上》。

有赖贤能之士的治理，政治才能上轨道。所谓“离娄之明，公输子之巧，不以规矩，不能成方员”，规矩固然重要，可是徒有规矩，却缺乏离娄之明与公输子之巧，依然无法制作合乎规矩的器物，可见人才的重要。因此孟子又重视“治人”，主张用贤：

> 仁则荣，不仁则辱。今恶辱而居不仁，是犹恶湿而居下也。如恶之，莫如贵德而尊士，贤者在位，能者在职。国家闲暇，及是时，明其政刑，虽大国必畏之矣。①

因为只有贤能之士才能具有远见，于国家闲暇时，明其政刑，以防患于未然，故当信任之。否则，即会造成不良后果：

> 惟仁者宜在高位。不仁而在高位，是播其恶于众也。②
>
> 不信仁贤，则国空虚。③

所以，孟子乃比喻道：

> 孟子见齐宣王曰：“为巨室，则必使工师求大木。工师得大木，则王喜，以为能胜其任也。匠人斫而小之，则王怒，以为不胜其任矣。夫人幼而学之，壮而欲行之。王曰‘姑舍女所学而从我’，则何如？今有璞玉于此，虽万镒，必使玉人雕琢之。至于治国家，则曰‘姑舍女所学而从我’，则何以异于教玉人雕琢玉哉？”④

此可见治国不能不重用人才，故君王对于贤能之士应当礼遇而善任之，使其能发挥所长，以福国利民。

（五）欣赏孟子的文章

孟子曾表示：“乃所愿，则学孔子也。”⑤ 其最大的心志乃在于“正人心，息邪说，距诐行，放淫辞”⑥，从未以文学自命。然而《孟子》七篇的文章却

---

① 《孟子·公孙丑上》。
② 《孟子·离娄上》。
③ 《孟子·尽心下》。
④ 《孟子·梁惠王下》。
⑤ 《孟子·公孙丑上》。
⑥ 《孟子·滕文公下》。

具有许多特点，对后世的古文家造成很大的影响，获得一致的赞誉，值得我们仔细去欣赏学习。

唐代韩愈倡导古文运动，主张文以载道，所标榜者即孟子承继自尧、舜、禹、汤、文、武、周公、孔子的一贯之道；并将孟子所注重的浩然之气运用到古文中，造成文章气势的磅礴生动。柳宗元自述为文之道，曾说：“参之孟、荀以畅其支。”[①] 此外，赵岐曾称述道：

> 孟子长于譬喻，辞不迫切，而意已独至。[②]

又苏洵说：

> 孟子之文，语约而意尽，不为巉刻斩绝之言，而其锋不可犯。[③]

苏辙说：

> 孟子曰：“我善养吾浩然之气。”今观其文章，宽厚宏博，充乎天地之间，称其气之小大。[④]

凡此都可见《孟子》的确有其过人之处。兹举其较明显者分述如下：

1. 笔力曲折，气势充沛

文章最忌平铺直叙，缺乏变化，《孟子》之文则能以曲折的笔力，显现磅礴的气势，如《梁惠王上》“梁惠王曰寡人之于国也尽心焉耳矣”章，从表面上看来，梁惠王理由充分，确实很难答复，孟子乃岔开话题，先以战争为喻，指出梁惠王的做法只不过是五十步笑百步，接着即向梁惠王阐明王政。说完王政，并不放松，又将矛头指向梁惠王，以杀人以兵做比喻，暗指梁惠王所行者乃杀人之政，逼使梁惠王不得不认错。但孟子仍不肯罢手，又指陈率兽食人者何以能为民父母，以设问方式教训了梁惠王一番，使梁惠王辞穷理屈，无言以对。在此章中，梁惠王本站在主动发问的地位，孟子却能化被动为主动，完全是因为能以转折的口吻，雄浑的气势，来压服对方所致。

---

① 《柳河东·答韦中立论师道书》。

② 《孟子注·孟子题辞》。

③ 《嘉祐集·上欧阳内翰第一书》。

④ 《栾城集·上枢密韩太尉书》。

又如《滕文公上》“有为神农之言者许行”章，当孟子听完陈相叙说许行的思想后，即一连串提出许多问题，逼得陈相不得不承认许行以粟交换其他生活用品，以子之矛攻子之盾，指出许行思想的偏失，接着说明劳心、劳力有别，人类必须分工合作，才能经营群居生活。本来文章到此已可结束，但是孟子并不放松，又列举先王们劳心民事而不用亲耕，对人民提供大贡献为证。最后还对陈相不能用夏变夷，违背其师陈良之教训，严厉责备一番。陈相勉强再举许行另一较次要的以量制价主张做辩护，孟子又继续予以痛击，指出只问量而不问质之不可通，使得陈相毫无招架之力。这也是由于笔力、气势所致。

在《孟子》全书中，类似之例很多，限于篇幅，仅举以上二例为证。以下各点亦各以二例说明。

2. 描述贴切，刻画生动

如《万章上》“万章问曰取妻如之何”章中，描述象以为谋害舜成功了，用得意的口气准备接收舜的财物和妻子；及至到了舜所住的地方，发现舜并没有死，语气及神情都相当不自然。把象原先的洋洋自得和后来的忸怩不安，均非常生动贴切地刻画了出来。

又如《离娄下》“齐人有一妻一妾而处室者”章，把齐人乞食于人，以为妻妾不知，而骄其妻妾的嘴脸，以及其妻偷偷跟踪他，终于发现真相，回来后与其妾抱头痛哭、责怨良人的动作、言语等，描写得极为自然生动，对人物身份的掌握也相当贴切合理。

3. 能创造新语，合宜而深刻

如在《梁惠王上》“齐宣王问曰齐桓晋文之事”章中，以“力足以举百钧，而不足以举一羽；明足以察秋毫之末，而不见舆薪”，比喻说明事情的不可能。以“挟太山以超北海”“为长者折枝”分别喻指不能与不为。以“缘木求鱼”比喻徒劳无功。

又如在《滕文公上》“景春曰公孙衍张仪岂不诚大丈夫哉”章中，分别以“居天下之广居，立天下之正位，行天下之大道”，“得志，与民由之；不得志，独行其道”，“富贵不能淫，贫贱不能移，威武不能屈”，来形容大丈夫的志向

操守。

像以上引号内所引的，都是孟子所创造的新语词，用来表达其所要阐述的道理，皆非常适合而且深切。

4. 不避俚言俗语，质朴而自然

如《滕文公上》“滕文公问为国”章中，有“使民盻盻然，将终岁勤动，不得以养其父母”之句，“盻盻然”如同我们今日所言的“勤苦不休”。

又如《滕文公下》“匡章曰陈仲子岂不诚廉士哉”章中，有“他日归，则有馈其兄生鹅者，己频顣曰：‘恶用是鶃鶃者为哉？’他日，其母杀是鹅也，与之食之。其兄自外至，曰：‘是鶃鶃之肉也。’出而哇之”之句，其中“频顣”如同我们今日所言的“皱着眉头”，“鶃鶃”如今言“哇哇叫”，“哇”如今言“呕吐”。

像以上所提到的词语，都是比较俚俗的，孟子加以引用，不仅显得质朴自然，而且在描述上也相当生动传神。

5. 善用助词，以加强语气

如在《万章下》“孟子曰伯夷目不视恶色”章的最后一节，从“孟子曰伯夷圣之清者也”到“其中非尔力也”，连用十个“之”字，九个“者”字，十七个“也”字。

又如《告子上》“孟子曰鱼我所欲也”章的开头一段，从“孟子曰鱼我所欲也”到“故患有所不避也”，连用八个“所”字，八个“也”字，六个“者”字，五个“亦”字。

像以上例子，在短短一段文字中，用了那么多的助词，可是我们阅读时不但不觉得累赘，反而感到语气顺畅，印象深刻，可见其对于助词的运用确实高明。

6. 善用重言叠句，以助长文气

如《梁惠王下》“孟子见齐宣王曰所谓故国者”章中，运用“左右皆曰贤”“诸大夫皆曰贤”“国人皆曰贤”，“左右皆曰不可”“诸大夫皆曰不可”“国人皆曰不可”，“左右皆曰可杀”“诸大夫皆曰可杀”“国人皆曰可杀”，重叠反复，使文章显得有力量，有气势。

又如《离娄下》“孟子曰君子深造之以道”章，以连锁推论方式，以上一句的结语作为下一句的前导，并推出更进一步的道理。首尾相扣，逐层逼进，使所要阐述的道理十分显豁，文气也因此而更觉顺畅。

7. 善用对比手法，以烘托主题

如《公孙丑下》“燕人畔王曰吾甚惭于孟子”章的最后，有“古之君子，过则改之；今之君子，过则顺之。古之君子，其过也，如日月之食，民皆见之，及其更也，民皆仰之；今之君子，岂徒顺之，又从为之辞”。本意是在说明古之君子知过能改的可贵，又拿今之君子作为对比，使我们更能感受到古之君子的伟大。

又如《告子上》“孟子曰鱼我所欲也”章的最后一段，有“乡为身死而不受，今为宫室之美为之；乡为身死而不受，今为妻妾之奉为之；乡为身死而不受，今为所识穷乏者得我而为之”。以前后态度不同的对比方式，指明失其本心的悲哀，把所要阐明的道理更深切地显现出来。

8. 善用排比手法，以加深印象

如《公孙丑上》“孟子曰尊贤使能”章中，阐述如能用贤及轻徭薄敛，则可以使天下之士、天下之商、天下之旅、天下之农、天下之民争相前来归附的道理，连用五个相似的句法加以排列，使人印象深刻，而且也有助于气势的加强。

又如《公孙丑上》“公孙丑问曰夫子加齐之卿相”章中，有一段谈到伯夷、伊尹、孔子三圣的不同时，以“非其君不事，非其民不使”形容伯夷，以“何事非君，何使非民”形容伊尹，以“可以仕则仕，可以止则止，可以久则久，可以速则速”形容孔子。在排比中，论伯夷时，以双重否定式的肯定句表达；论伊尹时，则以反诘式肯定句表达；论孔子时，又以斩绝语气的肯定句表达。虽皆肯定其处世态度，但也通过表达方式显示出他们处事态度的差别，读后印象自然更觉深刻。

9. 喜运用譬喻，以阐明事理

如《离娄上》“孟子曰桀纣之失天下也”章中，有“民之归仁也，犹水之就下，兽之走圹也”，有“今之欲王者，犹七年之病求三年之艾也”，都是采

取譬喻的方式，使所要阐述的事理，具体明显地表现出来。

又如《梁惠王下》“孟子谓齐宣王曰王之臣”章，以“王之臣，有托其妻子于其友，而之楚游者。比其反也，则冻馁其妻子”来比喻“士师不能治士”“四境之内不治”。也是运用譬喻，极为适切而浅明地使道理显示出来。

10. 喜编撰寓言，以推言义理

如《公孙丑上》“公孙丑问曰夫子加齐之卿相”章中，以宋人悯其苗之不长而揠之的寓言，推论“助之长者，揠苗者也。非徒无益，而又害之”的道理，使人印象深刻地了解其所要说明的主旨。

又如《离娄下》“齐人有一妻一妾而处室者”章，以齐人乞食墦间，以为妻妾不知而骄其妻妾，其妻妾于获悉真相后，深以其行为为耻的寓言，推论一个人求富贵利达，却不择手段，必定被亲人引以为羞的道理。以生动的情节，使读者加深印象，明确掌握其所阐述的义理。

其实《孟子》文章的特点，并不仅止于上举的十项，因限于篇幅，只能举其荦荦大者加以介绍。我们如能用心体会，仔细揣摩，必定可以发现其优美动人之处，有助于欣赏文章及文章的写作。

（六）重要古代注本

《孟子》在宋代以前，地位虽并不特别重要，但是已有人为之做注解；宋代以后，既然倍受重视，相关的论著就更多了。我们研读《孟子》，最好先选择比较好的注本研读，然后再选取其他相关著作作为参考。由于有关《孟子》的著述相当多，难以一一胪列，因此只能选取比较重要的古代注本，做详细些的介绍；至于近今人的著作，大家可自行择要参考。

1. 《孟子注》，十四卷，赵岐

这本书开头有赵岐所撰的《孟子题辞》，对孟子这个人，以及《孟子》这本书的一些相关问题，做简要的介绍。全书依《孟子》七篇，每篇各分上下，共为十四卷。每章末尾，总括大要以为章旨，有些地方还以韵语的形式表达（但是这些章旨被唐代陆善经注《孟子》时删除，题为孙奭所撰的《孟子正义》也是如此，现在已经无法看到原貌）。

这本书有下列三个特点：一为汉代为《孟子》作注的人，除赵岐以外，还有刘向、程曾、刘熙、高诱、郑玄，可是他们的注本都已经亡佚了，因此这本书就成了现存完整而最早的《孟子》注本，保留了汉儒对《孟子》的看法。二为这本书笺释文句，非常浅要简明，类似后代的口义，与汉儒注经偏重于讲明训诂名物的方式不同。三为这本书的许多解释，往往被后来注解《孟子》的人所采从，或许不如后来者精密，但是为后来者奠定基础，使他们能进一步发挥的功劳，并不容抹杀。

这本书现收入《十三经注疏》中，后代为之作疏的有题为孙奭所撰的《孟子正义》和焦循《孟子正义》（《十三经注疏》中的《孟子疏》，题为宋代孙奭所撰，但是内容很肤浅，文字也不通畅。朱熹认为是邵武一士人所假作，可能性极大）。

2.《孟子集注》，十四卷，朱熹

这本书是朱熹投入平生精力所萃的主要著作之一，经过多次的修订才定稿。征引了从汉朝以后，总共三十四家的说法，但还是以程颢、程颐的说法为主，并且旁及二程的朋友及门生。

这本书有下列五个特点：一为书名虽称集注，可是并非只是会集各家的说法而已，其中有很多朱熹个人的心得。而且所征引各家虽然是朱熹所尊崇者，也都各有去取，态度相当可取。二为所会集的各家，虽然不完全是宋朝人，但是以宋朝人之说为主，因此可视为集宋朝人说解《孟子》大成的著作。三为这本书特别注重义理的阐发，很能掌握《孟子》内容的精要。四为这本书的训诂，大抵采自赵岐的说法；汉、宋时代，因为声韵训诂之学还不昌盛，所以对于名物制度的考论尚不如清儒精密，不过还算平稳妥切。五为朱熹乃理学大师，在注解中偶尔有以理学的说法解释《孟子》的情形，说理固然很精当，不过已经不是《孟子》的本义了。

这本书是宋朝以来最通行的《孟子》注本；尤其是元朝仁宗皇庆二年（1313），诏令科举考试四书科以朱熹章句集注作为定本，影响更为深远。

3.《孟子正义》，三十卷，焦循

这本书是为赵岐《孟子注》所作的疏。博采清代学者从顾炎武以下六十多家的说法而成。焦循先与其子焦廷琥广泛搜集资料，编为长编，然后加以

荟萃折衷，先后经过五年才告完成。

这本书有下列五个特点：一为所会集的各家都是清朝人，因此可视为集清朝人说解《孟子》大成的著作。二为所征引的资料极为广博丰富。三为清代声韵训诂之学非常兴盛，所以对于名物制度的考论相当精审。四为这本书虽然以考据见长，但是焦循本来就精通身心之学，因此也能兼重义理，对《孟子》的精义颇能适度掌握。五为这本书虽然是为赵岐注所作的疏，可是对赵岐的说法如有怀疑，则能不惜抉发并作补正，虽然违背了作疏的原则，但对读者却有很大的帮助。

——原收录于台北三民书局《国学导读（二）》，1993年9月，部分内容已删改

儒学推广

一、向下扎根——对儒学普及的一些看法

（一）前言

弘扬儒学不外两个面向，一为纵向，包括向下扎根及向上发展。向下扎根指的是将儒学普及社会大众，重在厚植根基；向上发展指的是对儒学的专门研究，重在力求高深。二为横向，即对外推广，指的是从儒学母国扩展至其他国度，以至于全世界，发挥儒学的影响力。但不论向上发展或对外推广，都必须以向下扎根作为基础。基础愈厚实，则向上发展及对外推广的可能性愈大，儒学研究的成果必然可观，儒学发挥的影响力也可以更为广远。所以儒学普及化是儒学精深化、儒学国际化的前提。

如何使儒学普及化？各人之所见及各团体之所行并不一致。举例而言，笔者于 2011 年应教育部门之聘，担任“中华文化基本教材”课程大纲修订小组召集人，经过小组二十多次的讨论，完成草案之后，分别于北、中、南、东四区召开公听会，以广泛搜集意见，会中虽然绝大多数人认同在高级中学开设该课程，却有部分人士建议将此课程提前至初中、小学，甚至幼儿园开设。可见对此问题的看法可谓仁智互见，莫衷一是。

笔者关注此一问题多年，经常与儒学推广者、研究者交换意见，也每每被媒体或中小学教师要求提供看法，有时甚至还互相质问辩驳。综合长期以来所体会的心得，大致可归纳为须经拣择、务求易晓、切合当代、融入生活

四点。以下即针对此四点，说明理由，并各举例证，以阐述观点。所述卑之而无高论，但自信比较平实可行，且容易达成效果，与世俗之常炫于一时的方式不同，也与专门研究的不避艰深迥不相同。所论是否得当，尚请不吝指教并相互切磋，以期集思广益，使儒学能更为普及。

（二）普及之道

1. 须经拣择

儒学寄托于儒家的典籍之中，除了四书五经以外，还包括许多后儒阐述的著作。这些著作有比较浅显的，也有比较艰深的，当然可以循序渐进，由浅入深，而掌握儒学的精义。但这些著作的完成，时间长的撰述于两千多年前，时间短的离现在也有几十年。部分内容的时空已经改变，其明显者，如《论语·学而》所载："子曰：'父在观其志，父没观其行。三年无改于父之道，可谓孝矣！'"又如《孟子·离娄上》所载："孟子曰：'不孝有三，无后为大。舜不告而娶，为无后也。君子以为犹告也。'"又如《三字经》云："香九龄，能温席，孝于亲，所当执。"又如《弟子规》云："亲有疾，药先尝。"其中所述的丧葬之礼、传宗接代观念，以及事亲之道等，皆与现代的观念或做法并不相同。透过这些记载以了解古人看法尚可，但是如果要实施于现代，那就是食古不化，不仅窒碍难行，更甚会成为笑柄了。

部分内容则语境不明，难以确实掌握其真正意旨，如《论语·公冶长》所载："宰予昼寝。子曰：'朽木不可雕也，粪土之墙不可圬也。于予与何诛？'"宰予名列孔门四科十二哲之一，孔子如此深切责备，必定有其当时的特殊背景，此背景如今已难以知晓，则对于此章的意旨阙疑可也，不必强以为宰予是怠惰不思上进之人，而厚诬古人。再如常被人引以为攻击孔子的口实者，《论语·阳货》所载："子曰：'唯女子与小人为难养也，近之则不逊，远之则怨。'"有人即据此认定孔子歧视女性。但这章所言是否为价值判断语，很难确定，因为孔子说此话的背景为何，我们已无法考知，贸然以此指责孔子，显然并不恰当。又如《孟子·尽心上》所载："桃应问曰：'舜为天子，皋陶为士，瞽叟杀人，则如之何？'孟子曰：'执之而已矣！''然则舜不禁与？'曰：'夫舜恶得而禁之？夫有所受之也。''然则舜如之何？'曰：'舜视弃天下犹弃敝屣也。窃负而逃，遵海滨而处。终身欣然，乐而忘天下。'”对于此章，古今以来聚讼纷纭，莫衷一是。首先是所说乃假设性问题，已难有定解。再则桃应与孟子对话的情境究竟为何，也无从知晓，是非对错又将怎么判断？

再者由于经籍记载不够详细明白，有些篇章在解读时会产生歧义，到底哪一种说法才是对的，也会造成困惑。如《论语·为政》记载："子曰：'攻乎异端，斯害也已。'”此章扣除“子曰”两字，只有八个字而已，但是“攻”“异端”“已”四个字皆有异解。究竟以何者为是，各有其理论的依据。另如《孟子·尽心下》所载：“孟子曰：'逃墨必归于杨，逃杨必归于儒。归，斯受之而已矣。今之与杨、墨辩者，如追放豚，既入其苙，又从而招之。'”当中“今之与杨、墨辩者”所指是什么人，就有不同的说法。总此两章，可有截然不同的见解：一为对异端必须穷追猛打，不能有丝毫手软；二为对于异端应当适可而止，不为已甚；关系到心胸与态度的开放与否（而这还不包括对异端的不同解释），彼此相异，各有立场，根本无法判定孰是孰非。

总之，经籍所载，或时空已经改变，或语境并不明确，或对内容的了解有歧义，甚至于还有其他的原因，都会造成对原义掌握的困难。因此在普及儒学时就不能不加拣择而全盘照收，否则很容易造成误解，产生反效果，不可不慎。

2. 务求易晓

儒家经籍，以至后儒的阐述之作，都是用文言文写成，一般社会大众对文言文的接受能力并不高，阅读起来既不容易，也就难以掌握其内容。即使是古代的童蒙之书，如《三字经》《弟子规》之类，现代人读起来还是会感到吃力。所以改写为白话文，或适度注释、讲解，就很有必要了。

以改写为白话文为例，如孔子教导学生，能因材施教，最好的例证，莫过于《论语·先进》所载：“子路问：'闻斯行诸？'子曰：'有父兄在，如之何其闻斯行之？'冉有问：'闻斯行诸？'子曰：'闻斯行之。'公西华曰：'由也问闻斯行诸，子曰有父兄在。求也问闻斯行诸，子曰闻斯行之。赤也惑，敢问？'子曰：'求也退，故进之。由也兼人，故退之。'”若以原文呈现，则

一般人恐怕难以了解适才适性发展的重要。又如孟母三迁的故事，能让大家知道良好学习环境的可贵，但如直接引用故事所出的刘向《列女传·母仪传》原文，能充分掌握其文义的人并不多。过去编译馆所编小学语文课本，就曾以白话文改写，让小学生体会其启示的意义。另如《礼记·檀弓》中经常被引来说理的“曾子寝疾”“苛政猛于虎”“不食嗟来食”等故事，分别说明遵守礼制的重要、行暴虐之政将会被人民唾弃，以及知耻、改过的必要，这些都是儒学中的精义。但直接用《礼记·檀弓》原文传达，效果必然不如改写为白话文来得好。

以略加注释或讲解而言，作为儒家经典的四书五经，不论是哪一本，除了有注以外又有疏，甚至于注、疏还有多种，用意即在疏通文句，让读者掌握文义。如不了解文义，则将不知所云，即使是童蒙之书《三字经》，其中有不少文字，如不加以解释，理解起来是相当有难度的。像“有《连山》，有《归藏》，有《周易》，三《易》详。有典谟，有训诰，有誓命，《书》之奥。我周公，作《周礼》，著六官，存治体。大小戴，注《礼记》，述圣言，礼乐备。曰《国风》，曰《雅》《颂》，号四诗，当讽咏。《诗》既亡，《春秋》作，寓褒贬，别善恶。三传者，有《公羊》，有《左氏》，有《穀梁》”，这段话备述《易》《书》《礼》《诗》《春秋》五经的大要，如不加说明，就无从了解。类似之例颇多，如《弟子规》中的“冬则温，夏则凊，晨则省，昏则定”，何谓温尚可意会，但何谓“凊”，何谓“省”，何谓“定”，如不加说解，则不明白其意义。至于“勿践阈，勿跛倚，勿箕踞，勿摇髀”，恐怕更没有几个人知晓是什么意思了。

笔者数十年前到一朋友家中拜访，闲聊时，朋友夸耀他刚就读幼儿园的小孩能背诵《三字经》，并当场要其小孩背诵。小朋友张嘴就来：“人之初，性本善，性相近，习相远，苟不教……”突然他停下来说：“爸爸！狗会叫哟，汪汪汪！”惹得大家哈哈大笑。原来小朋友并不知道“苟不教”的意义，而以他的生活经验，用“狗会叫”来回应，才造成笑话。可见适度的讲解确实有其必要性。

总之，普及的对象既然是一般社会大众，则不能不顾及他们的阅读、理解能力，否则不求甚解，或者造成误解，就很容易成为填鸭式教学，而招致反效果。所以将儒家经籍与后儒的阐述之作，改写为白话文或略加注释、讲解，就非常有必要了。

3. 切合当代

前已述及，儒学著作的部分内容因为时空已经改变，必须拣择排除，但指的是在形式或做法上变更，至于其中所蕴含的精神仍然值得我们遵循。举例而言，如冬温夏清、晨昏定省，已比较不合时宜，但对父母身体健康的关心、对父母的请安问好等，仍然应该重视。亦即做到《论语·为政》所述孟懿子问孝，孔子最后答语中“生，事之以礼”的原则。另如《礼记·问丧》所载“亲始死，鸡斯、徒跣、扱上衽、交手哭，……水浆不入口，三日不举火……”其做法已经不符合现代社会实情，但子女遭遇至亲不幸去世的大变故，哀伤悲痛自所难免，生活方面也会有所调整节制，以表达深沉悼念之意，这是出于人情之常，当然要顺应感情的自然流露，不必勉强压抑。但总以心情哀痛为主，不能如陋俗讲究排场，也不应矫情而故作放旷，应该谨守《论语·八佾》所记，林放问礼之本，孔子答语“礼，与其奢也，宁俭；丧，与其易也，宁戚”这一原则而行。总之，精神内涵仍应保持，形式仪节则宜随时代、环境的改变而适当调整。

除了调整以外，也可以将儒学中的某些观念适度转化，来配合时代需求，如儒家极为重视孝道，《论语》记载孔门弟子问孝之语颇多，《孝经》更是体系完整的论孝之作。孝的本义是善事父母，孔子表示其志愿乃在于《论语·学而》所述“老者安之，朋友信之，幼者怀之”，发展至孟子成为《孟子·梁惠王上》所言“老吾老以及人之老，幼吾幼以及人之幼”，更推而广之为《孟子·尽心上》的“亲亲而仁民，仁民而爱物”，以及《礼记·祭义》所载“曾子曰：‘树木以时伐焉，禽兽以时杀焉。夫子曰：断一树，杀一兽，不以其时，非孝也。’”范围已从家庭扩展到社会，以至于天地万物。秉承孔子、孟子的此种理念，则我们也当于行有余力时，将孝心推而及于他人与动、植物。另如《礼记·祭义》记载曾子论孝曰：“居处不庄，非孝也；事君不忠，非孝也；莅官不敬，非孝也；朋友不信，非孝也；战陈无勇，非孝也。”所谓“居处不庄”“事君不忠”“莅官不敬”“朋友不信”“战陈无勇”皆属不守其分、

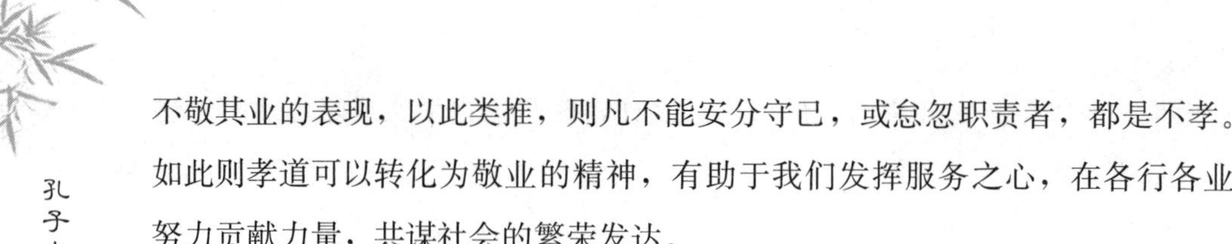

不敬其业的表现，以此类推，则凡不能安分守己，或怠忽职责者，都是不孝。如此则孝道可以转化为敬业的精神，有助于我们发挥服务之心，在各行各业努力贡献力量，共谋社会的繁荣发达。

总之，儒学所蕴含的精神内涵，我们应该珍惜保留，至于形式仪节则宜适当调整，以符合时代的需求。另外，儒学的义理也可以适度扩充其内涵，或者加以类比转化，并与时代更密切结合，而发挥更大的效用。

4. 融入生活

儒家思想以仁为中心，仁者爱人，仁者忠恕而已矣，从消极的“己所不欲，勿施于人”，到积极的“己欲立而立人，己欲达而达人”，希望达到“人不独亲其亲，不独子其子。使老有所终，壮有所用，幼有所长，矜、寡、孤、独、废疾者皆有所养”的太平和乐境地。至于如何行仁？《论语·颜渊》记载颜渊问仁，孔子回答说“克己复礼为仁”，并且进而指示实行的条目为“非礼勿视，非礼勿听，非礼勿言，非礼勿动”，可见行仁在礼。而所谓礼者，《荀子·乐论》说：“礼也者，理之不可易者也。”《礼记·仲尼燕居》说：“礼也者，理也。……君子无理不动。”可见礼必须合乎道理。另外《淮南子·齐俗训》说：“礼者，体也。”又说：“礼者，体情制文者也。”可见礼必须体察人情。还有《荀子·大略》说：“礼者，人之所履也。”《说文解字》也说：“礼者，履也。”可见礼必须实际践履。既合乎道理，又能体察人情，而最重要的是能实际践履。因为不实地去做，一切只是徒具形式或徒托空言，故《论语·阳货》记载孔子曾感慨道：“礼云礼云，玉帛云乎哉！乐云乐云，钟鼓云乎哉！”《礼记·仲尼燕居》也记载：“子张问政，子曰：‘师乎！前。吾语女乎！君子明于礼乐，举而错之而已。’子张复问，子曰：‘师！尔以为必铺几筵、升降酌、献酬酢，然后谓之礼乎？尔以为必行缀兆、兴羽籥、作钟鼓，然后谓之乐乎？言而履之，礼也；行而乐之，乐也。’”可见礼之所重并不在于仪式节目，而在于能掌握所蕴含的人情事理而身体力行之。论者常谓儒家哲学乃是一种生活哲学，即是指能融入生活而实践之而言。

合情达理而又注重实践，久而久之，不待勉强而成为一种习惯，成为我们的性分之一，此即所谓习性。养成了好的习性，则表现在日常生活上，自然会礼让尊长、关怀弱势、注重整洁、遵守秩序、谨守本分、热诚待人、不图非分、急人之难……形成一股安定社会，促进和谐的力量。为达成此一目标，在做法上不妨多举实例，诸如学校的导护妈妈、社区的巡守队员、各医院或其他团体的志愿者等等；也可以举有口皆碑、热心公益的个人或团体，如陈树菊女士、伊甸基金会、慈济功德会等等。让大家有学习效仿的对象，因感动而发愤，引起见贤思齐之心，逐渐形成一种善的循环。

总之，必须将从经典中学习到的儒家思想，融入生活之中，确实践履。时日既久，自然能安之若素，表现在日常的言行举止上面，让自己成为彬彬有礼的君子，与他人也能互动良好，共同形成良风美俗。

（三）结语

犹记得小时候，常常听到父祖辈告诫儿孙："孔子公说，做人要老实。"吃饭时，如果不小心把饭粒掉在饭桌上面，父母总会要求子女捡起来吃掉，并且恐吓说，糟蹋粮食，就会被雷公打。及今思之，父祖辈大多不识字，并不可能读过四书五经等儒家典籍，儒家典籍中也未载有类似"子曰：'为人应诚实'"的话语。而糟蹋粮食与被雷劈之间，其实并无必然的关系。不过为人处事应该诚信不欺，确属儒家思想的重要内涵；节俭不浪费，亦即是《朱柏庐治家格言》所言"一粥一饭，当思来处不易；半丝半缕，恒念物力维艰"的惜物态度，也是儒家思想十分讲究的理念。先民就是这样通过父传子、子传孙的方式，选择明确而适合当代的内容，采用明白易晓的语言，与现实生活相结合，将儒学在家庭中代代承传下来的。

如今人人都接受义务教育，都能识字读书，中小学教科书中也选有相关的教材，让儿童及少年认识儒学。因此除了传统的家庭教育以外，学校教育也担负着儒学传承的任务；而且累积了一段时日以后，形成良好的社会风气，社会也能发挥引导或制约的功能，则社会教育也能成为传承儒学的一环；儒学普及的管道已较往日拓展许多。但不论家庭教育、学校教育或社会教育，皆宜掌握适切的普及之道，才能日起有功，达成目标。因不揣浅陋，提供管见如上，敬请指教。

附记：本文所谈的是儒学普及之道，为配合内容性质，不采用严谨的论

文格式写作，所有文句的引用以及补充说明，都融入文章之中，故全文无注释，特此说明。

——原发表于2013年11月台南孔孟学会南部推广中心“2013年儒学交流研讨会”

二、台湾中小学语文课程中的传统文化教育

（一）前言

语文除带有工具的性质，又具备载体的功能，故语文课程必须在训练学生对语言文字的了解与运用之外，将文化传授给学生，并要求其于生活中实践；以及培养学生欣赏文学的能力以陶冶情操；因此选材应兼具语文训练、文化陶冶、文艺欣赏的价值。台湾中小学语文课程长期以来即十分注重此三方面的需求，既在课程纲要中明确规定，并且于编选教材时落实。

就文化的传授与要求实践而言，台湾中小学语文课程，从小学到高级中学，皆将与传统文化相关的材料编入教科书，传授给学生知晓，进而要求将其精神融入生活，付诸实践。以下即先依照小学、初中、高中三个阶段，分别介绍其实施情形，并归纳每个阶段的特色。再针对实施的得失提出检讨，分析其已显现的成效，以及尚有待改进之处，以期让此种传统文化的教育发挥更大的功能。

（二）实施情形

1. 小学阶段

早期皆从古书中取材，将传统社会所注重的事情或观念，如孔子的因材施教（注重适性教育）、孟母三迁（注重学习环境）、闵子骞孝亲（注重孝道）、孔融让梨（注重悌道）等，改写成白话文。近年来则转从现代实际生活中取材，如下雨时杂货店老板免费提供爱心伞给行人使用，卖菜小贩长期以微薄的收入济助贫苦，警察、消防人员为民众纾难解困、清洁工作人员维护环境整洁等。基本上不再以古代的圣贤故事为主，改以当代社会能为大众奉献服务的各阶层人物作为大家效仿的对象。

此阶段的特色是为了顾及学生的文化程度，文字讲求浅显明白，且内容偏重于故事性，期能引发学习兴趣。从圣贤人物转而以庶民大众的实例来讲述道理，不再像过去般比较不切实际地想“成为人上人”，转而鼓励学生做一个能服务社会的“人中人”。由于比较贴近生活，感觉亲切，基本上颇受肯定。

2. 初中阶段

此阶段已经开始直接从古书中选取篇章，基本上以儒家的著作为主，如《论语》常选取《学而》“颜渊季路侍子曰盍各言尔志”章、《子罕》“譬如为山未成一篑”章、《卫灵公》“子贡问曰有一言而可以终身行之者乎”章、《季氏》“孔子曰益者三友损者三友”章、《子张》“子夏曰日知其所亡”章等。因《论语》各章多属数十字为一章的短章，故每每以三四章合编为一课。又如《孟子》则常选取《滕文公下》“孟子谓戴不胜曰子欲子之王之善与”章（成语“一傅众咻”语出于此）、《离娄下》“齐人有一妻一妾”章（成语“齐人之福”语出于此）、《告子上》“孟子曰无或乎王之不智也”章（成语“一暴十寒”“专心致志”语出于此）、《告子下》“孟子曰舜发于畎亩”章（成语“动心忍性”“困心衡虑”“生于忧患，死于安乐”等语出于此）等。因《孟子》各章多属超过百字的长章，故每每以一章，或以两章为一课。又如《礼记》几乎皆选取《檀弓》的“不食嗟来食”“苛政猛于虎”为课文。另外选取像清儒彭端淑的《为学一首示子侄》，文中以西蜀贫富二僧相对比，贫僧意志坚定，勉力而为，终于至南海礼拜观音而回，富僧则因畏难而始终未能成行，以之勉励读者不自限而力学不倦。凡若此等材料，皆采用原典而不再改写为白话文。

此阶段的特色为因学生已具备阅读文言文的能力，故皆直接从古书取材，但所选篇章以简短为主，虽如《孟子》之长章，一般都在二百字以内。至于内容虽已有说理者，但整体而言，较偏重于故事性，用意也在于引发学习的兴趣，以期达到比较良好的学习效果。

3. 高中阶段

前述小学阶段系将传统文化的材料安排于语文课中，初中阶段则安

排于语文课中，但课数比较有限，所选材料相对为少。到了高级中学阶段，则设有语文及“中华文化基本教材”课，选录传统文化材料作为课文，故分量乃大幅增加。兹针对此两种课程分别述之如下：

（1）语文课

依据课程纲要的规定，教科书必须选录“六子书”的篇章，即应分别从《论语》（代表孔子）、《孟子》、《老子》、《庄子》、《墨子》、《韩非子》六书中选材。让学生对中国的主要学术流派，包括儒家、道家、墨家、法家的思想有一概略的了解。而就实际操作的情形来看，各出版社所编教科书，于“六子书”之外，皆选有《荀子》的篇章，所以事实上是“七子书”，每书一课，总共七课，分别安排于高中三学年六学期之教科书中。

除此之外，课程纲要还规定了三十篇古文篇目，其中有些篇必须从《诗经》《楚辞》《左传》《礼记》中选材。除《楚辞》以外，其余三种皆属十三经中的一经，由是亦可见还是以儒家的著作为主。

（2）中华文化基本教材课

此课程自1956年开始实施，迄今已将近六十年，历经三个阶段的演变。原名“中国文化基本教材”，附属于语文课，因语文课为必修，故也属必修，在高级中学三学年六学期中，每星期授课一小时，教材全部从《论语》《孟子》《大学》《中庸》选辑而来。2006年改称“论孟选读”，由必修变成选修，授课时数大幅减少，只安排一学期两小时或一学年四小时，教材顾名思义，只选录《论语》《孟子》的篇章。2012年又改名称为“中华文化基本教材”，由选修改成必选（等同于必修），于高级中学三学年中开设两学年四学期，每星期授课一小时，教材恢复为自《论语》《孟子》《大学》《中庸》中选辑。

不论是哪一阶段，教材全部选自儒家经典，而且绝大部分年代因授课时数多，故选录的材料不少，以笔者负责主编的康熹文化版《中华文化基本教材》为例，共选入《论语》168章、《孟子》50章、《大学》4章、《中庸》4章，分别约占原书的四分之一到三分之一。

此阶段的特色为不论语文课或中华文化基本教材课，皆直接从古书选材，而且由短章扩充到五六百字以上的长章。其内容虽然仍有叙事者，但更多的是说理者，以此让学生知晓儒家以及各家学说的内容大要。

（三）检讨

由以上所述实施情形看来，可知重点集中于高级中学阶段，以下所述实施成效及待改善之处，主要系针对此阶段而言。

1. 实施成效

（1）有助于语文教育

从初中到高中阶段，已直接采用古书的篇章作为教材，学生学习之后，对原典的文义大抵已能了解，尤其是原典中的一些名句，如《论语》中的"学而时习之，不亦说乎""有朋自远方来，不亦乐乎""己所不欲，勿施于人""巧言令色""慎终追远""有事弟子服其劳，有酒食先生馔""温故而知新""君子不器""学而不思则罔，思而不学则殆""知之为知之，不知为不知""见义不为，无勇也"……《孟子》中的"一傅众咻""一暴十寒""生于忧患，死于安乐""五十步笑百步""仁者无敌""挟泰山以超北海""老吾老以及人之老，幼吾幼以及人之幼""缘木求鱼""与民同乐""出类拔萃""亲亲而仁民，仁民而爱物"……《大学》之"大学之道，在明明德，在亲民，在止于至善""心不在焉，视而不见，听而不闻，食而不知其味""心诚求之，虽不中，亦不远矣"……《中庸》之"忠恕违道不远，施诸己而不愿，亦勿施诸人""知、仁、勇三者，天下之达德也""凡事豫则立，不豫则废""博学之，审问之、慎思之，明辨之，笃行之""人一能之己百之，人十能之己千之"等等。皆能朗朗上口，并于言谈时或写作中加以运用。换句话说，站在语文教育的立场，已经收到相当不错的效果。

（2）对传统文化的要义已能知晓

从选用材料的情形，可以明显看出传统文化教育是以儒家思想为主，儒家思想以仁为中心，仁者爱人，仁者忠恕而已矣，从消极的"己所不欲，勿施于人"，到积极的"己欲立而立人，己欲达而达人"，期望能达到"老者安之，朋友信之，少者怀之""老吾老以及人之老，幼吾幼以及人之幼""人不独亲其亲，不独子其子，使老有所终，壮有所用，幼有所长，矜、寡、孤、独、废疾者皆有所养"的太平和乐境界。甚至于推而广之，由亲亲而仁民，由仁民而爱物，而与天地万物为一体。在具体做法上，则注重礼乐的陶冶，

以此教化众人，形成良风美俗，而以忠孝节义作为强调的重点。凡此儒家思想的要义，学生基本上已能了然于胸。

除了儒家以外，在先秦时代也曾风靡一时，并对中国历代政教以及民间活动，产生深远影响的，还有道、墨、法等诸家，像老子的顺应自然、清净无为；庄子的泯除物我、达观自适；墨子的主张兼爱、反对战争，以期利济生民；韩非子的审时度势、强调法治，以求富国强兵等，学生也基本能掌握其大概。

其他如《诗经》之反映风土民情，《楚辞》显现了屈原的高尚人格，《荀子》劝学隆礼、化恶为善的学说，《礼记·礼运》所揭举的大同与小康之不同境界等，学生原则上已有所认识。

不过对传统文化的要义已能知晓，属于能知的层次，但能知是否皆能行，其实还有相当的努力空间。如何检验并加强其成效，则将在以下所述待改进之处以及结论中申说。

2. 待改进之处

(1) 师资方面

中小学的语文课程分别由小学的级任教师、初中及语中的国文教师教授。小学、初中阶段，由于课程内容并不甚深，授课尚不成问题，但是到了高级中学阶段，因课程内容牵涉到儒、道、墨、法各家思想，也就难以保证教师都能精通。目前高级中学的语文教师虽然毕业于各大学的中文系，其中不乏具有硕士学位，甚至博士学位者。各大学也都开设了与四书相关的课程，以及《老子》《庄子》《墨子》《韩非子》《荀子》等课程，不过几乎都是选修，亦即并非所有的语文教师都选修过这些课程，对传统文化的内涵均能明确掌握，所以教学效果难免会因教师素质之不同而造成差异。

对此问题固然已采取了一些补济措施，如要求教师自我充实，或对教师实施在职培训，或举办各种研习活动，以增加教师在此方面的素养。但因缺乏强制性，很难做到全面而系统化，成效当然会打折扣了。

(2) 教学方面

传统文化的教学，重点本在于深切体会其义理，并在日常生活中躬行实践，以培养修己助人的美好德性。在小学阶段，因所学义理并不是很深，而且内容偏重于故事性，加上学生的心性较天真纯挚，对教师所言接受度高，故对所学常于能知之后又能行。到了中学阶段，由于受升学竞争的影响，因而不论教师教学，抑或学生学习，都有偏重于字词义的倾向，属于一种知性的教育。再者所学的义理日益加深，学生能否充分体悟也是问题。另外学生正值容易叛逆，而且血气方刚的青少年时期，于学习之后，是否皆乐于将其中的道理充分表现在行为举止上，确实还有加强的空间。

对此问题的改善之道，大抵是要求教师于授课时多举实例，让学生有所取法或引以为借镜；另外在教科书中都会设计一些问题，或与课文内容相关，或让学生抒发感受，或延伸到现实社会中遭遇的问题，让学生思辨或互相讨论；以加深其印象，并懂得如何落实于生活。

（四）结语

在中小学语文教材中选录与传统文化相关的内容，让年轻一代借此认识并践履中华文化的精髓，以期达成文化传承的目标，用意极为可取。长期实施下来，确实已经收到效果，大多数学生基本上已能知晓传统文化的要义，而且对语文教育也起了相辅相成的作用。不过在师资以及教学方面仍存在上述这些问题，有待于设法克服改善。

所幸从小学到中学，在持续的潜移默化之下，随着学生年龄的日益增长，人生阅历的逐渐扩展，经过不断的反刍，对传统文化义理的体会越发深切，更不期然而然地内化，成为良好的习性，很自然地表现在日常生活上面。诸如礼让尊长、关怀弱势、注重整洁、遵守秩序、不图非分、急人之难等等，形成一股安定社会、促进和谐的力量。

尤其令人感到欣慰的是由此显现出的良好的人民素质，也在国际上赢得了很高的评价，已有多位到过中国台湾的人士，包括来自中国大陆、新加坡、日本等地者，陆续发表言论，认为台湾最美的风景，不是日月潭，也不是阿里山，而是“人情”。传统文化已成为一种宝贵的无形资产。

传统文化的教育，必须有系统而且持续不断进行，才能日起有功。否则零碎拼凑，随意讲说，不仅于事无补，反而会造成负面影响，不可不慎。因

此笔者极力主张将这种延续民族命脉的教育，纳入正式课程之中，以优质的师资、精选的教材，进行系统化的教学。

——原发表于2013年10月南宁第9届海峡两岸经贸文化论坛，后被收入《中国教师》2016年2月上半月刊（总250期）

三、台湾高级中学“中华文化基本教材”课程[①]的演变

（一）绪言

由台湾的孔孟学会与国际儒学联合会共同举办的“2012年海峡两岸儒学交流研讨会”，于当年5月在四川大学召开，我有幸应邀参加。在考虑论文题材时，想到台湾高级中学开设了一门“中华文化基本教材”课程，该课程透过选录四书的材料，将传统文化的基本内涵传授给学生。从实施到当时已将近六十年，取得了一定的成果。又顾及近年来，中国大陆掀起了一股国学热（或儒学热），对台湾高级中学所设的这门课程很感兴趣。因而以《台湾高级中学“中华文化教材”课程及教材编辑方式的演变与检讨》为题，发表论文，获得与会学者的关注。我当时很高兴，但事后回想，一方面由于题目所牵涉的范围太广，再则材料的搜集仍觉不够充分，所以对该论文并不是很满意。因此拟将原题一分为二，分就课程、教材编辑方式两方面，补充这几年来陆续搜集到的材料，重加绍述，期使内容更加充实完整。兹先针对课程的演变，依其属性分为四个阶段，将其设置依据、课程名称、选材状况、授课时数、起讫时间等情形述之于后。

（二）无课程标准依据而以行政命令推行的“中国文化基本教材”阶段

在正常的情况下，课程的开设必须要有课程标准或课程纲要的依据。最早在课程标准中规定必须将“中国文化基本教材”纳为教学材料者，为1962

---

① 严格而论，并不能称为课程，因为该教材绝大部分时间皆附属于语文学科课程之内，为语文学科教材之一。但因该教材编有独立的课本，与语文课本并列，为求方便，故以课程称之。
又该课程与课本名称“中国文化基本教材”，自2012年起已改称为“中华文化基本教材”。

年公布的课程标准，但各高级中学早在此前就已经设有“中国文化基本教材”课程了。据唐士毅《中学语文课程标准及教材问题》说：

> 自1954年起，教育当局曾通令师范学校加授“中国文化基本教材”……接着又通令普通中学高中部也加授此项教材。所以目前各中学和师范学校的学生，都已开始和中国文化基本教材的经典接触了。①

由此可见“中国文化基本教材”课程最先是于1954年在师范学校实施，后来也在高级中学实施。经查1954年10月18日，教育部门曾颁发《师范学校学生研读四书实施办法要点》，规定三学年六学期，在语文教学时间内每周授课一小时，第一学年授《论语》，第二学年授《孟子》，第三学年授《大学》《中庸》。可以确定此课程的成立，并没有课程标准的依据，而是以行政命令来推行的，从上引文章中“教育当局曾通令……”“接着又通令”的“通令”一词，也可以推知。

李曰刚《中国文化基本教材与读经问题》对此课程的由来、课程的名称，以及教材编选的情况等，有清楚扼要的说明：

> 什么叫中国文化基本教材？中国文化基本教材，就是教育部门为师范中学而选辑的四书读本。它的命名是有来由的：在1954年纪念孔子诞辰的日子，昭示大家要研读四书五经，来发扬中华民族的正统文化，至少应该先从师范学校做起。于是教育部门便召集一次座谈会讨论如何把四书的精华先编撰起来。当时推定潘重规教授和笔者负责其事。复因潘教授正忙于赶编标准语文，就由笔者勉为其难。依照会议决定的原则，选录《论语》四分之三，约一万二千字，《孟子》五分之三，约一万八千字，《大学》全部，约一千七百字，《中庸》五分之二，约一千四百字，总计约三万三千字，都为一册，分别标点，并将《大学》《中庸》《孟子》三部分，分章冠题，借醒眉目。初衔《四书精读》，后定今名曰《中国文化基本教材》，名正而言顺。②

---

① 台北《中等教育》第10卷第2期，1959年2月，第7页。按，当时的师范学校学生，从初级中学毕业生中考选，入学后修业三年，与高级中学同。享有公费待遇，毕业后全部分发至小学任教。

② 台北《中等教育》第9卷第11、12期，1958年11月，第4页。

原来是因为蒋中正重视中华民族的正统文化，于是便由张其昀（中国文化大学创办人）召集，请李曰刚教授负责将四书的精华编撰起来，作为师范学校学生研读中国文化的基本教材。

这套教材的名称据李教授所述，原为《四书精读》，后改为《中国文化基本教材》。

这套教材的选材情况，李文中已有很清楚的交代，另据唐士毅云：

> 现行《中国文化基本教材》是一种“四书”的模板。其录取原书分量为：《论语》录四分之三，《孟子》录五分之三，《大学》全录，《中庸》录五分之二，总计约三万余字。[①]

所述选录情形虽然详略有别，但基本一致，都是从四书中取材。从教育部门所颁发的实施办法要点看来，当时“中国文化基本教材”只是教材的名称，并非课程的名称，仅附属于语文课程，而由语文教师讲授。

此阶段自 1956 学年度起，至 1962 学年度止，在高级中学共实施了七年。

（三）依语文课程标准设置的“中国文化基本教材”阶段

1962 年教育部门公布的课程标准，已明白规定语文学科的教学材料必须包括《中国文化基本教材》。从此以后，包括 1971 年、1983 年、1995 年公布的课程标准，皆将《中国文化基本教材》列为语文学科的教学材料。由此可见，这个阶段的“中国文化基本教材”皆附属于语文学科，因语文学科属于必修，所以此课程也属于必修，在语文学科的授课时数中，每周抽出一节作为其授课时间。依每学期上课至少 18 周计，三学年六学期共有 108 节以上的上课时间。至于教科书则与语文课本分别编辑，然皆由语文教师教授，教师可灵活与语文课本搭配运用。

此阶段教材的选录，不同的时期情况不同：1962 年、1971 年公布的课程标准，皆规定选授《论语》及《孟子》。但 1983 年、1995 年公布的课程标准，则规定其选材范围包括《论语》《孟子》《大学》《中庸》。其授课钟点为三学年六学期，每星期一个小时，与第一阶段相同。

---

① 台北《中等教育》第 10 卷第 2 期，1959 年 2 月，第 7—8 页。

此阶段自 1963 学年度起，[1] 至 2005 学年度止，前后共历时四十三年，为期最久。

（四）依独立课程纲要设置的“论孟选读”阶段

2005 年公布的课程纲要，在草拟的过程中，由于“去中国化”意识的主导，已决定将“中国文化教材”从语文学科教材中废除。但因反对的人很多，为平息反弹的声浪，最后妥协而决定在语文类学科的选修科目中，列入“论孟选读”。[2] 既然成为语文类学科选修科目的一种，所以已独立出来而有自己的课程纲要，[3] 但其属性已由必修转为选修。

依“论孟选读”课程纲要的规定，“各校可依实际教学需要，设计成一学期二学分或一学年四学分之课程，每周授课二节”。授课时数或只开设一学期，每周二小时；或开设一学年两学期，每周二小时。由于受到选修时数的限制，绝大部分学校所开设者为一学年，每周一小时（等同于一学期每周二小时）。授课时数已较“中国文化基本教材”阶段减少许多，教材的内容也随之大幅减少。

此阶段，根据课程名称所示，当然只能从《论语》《孟子》中选材。[4]

此阶段自 2006 学年度起，至 2011 学年度止，前后共历时六年。

（五）依独立课程纲要设置的“中华文化基本教材”阶段

从依语文学科课程标准设置的“中国文化基本教材”，改为依独立课程纲要设置的“论孟选读”，表面上已从附属于语文学科的地位中独立出来，但实质上却从必修变成选修，教学时数及教材内容皆大幅缩减。因而在实施之后，

---

① 课程标准虽于 1962 年公布，但因顾及编辑教科书必须耗费时日，故至次年，即 1963 年才正式实施。以下各次课程标准、课程纲要的公布，与正式实施皆有一年的时间间隔。

② 语文类学科选修科目计有“论孟选读”“区域文学选读”“小说选读”“语文表达与应用”四种，2011 年又增加“国学常识”一种。但由于选修的时数有限，大部分学校只开设一种而已，又以“论孟选读”占大多数。

③ 从 1999 年起，各科课本已由编译馆编辑的统编本，改为各出版社编辑的审定本，故自 2005 年起公布的编辑教材依据，已将课程标准改称为课程纲要。

④ 不过后来大部分出版社所编的课本，为顺应教学现场的要求，另编有《大学中庸选读》作为附录，所以实际上还是从四书中选材。

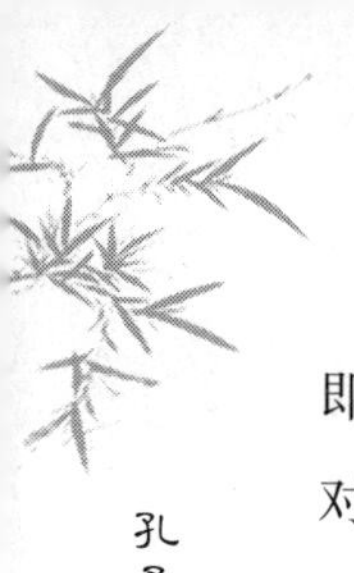

即不断有人呼吁恢复为必修，以利文化的传承。[①] 为此教育部门乃于 2011 年对所有高级中学进行普查，发现开设“论孟选读”课程的学校，比率竟高达百分之七十以上。

既然有那么多学校开设“论孟选读”课程，教育部门遂决定修改课程纲要，以强化课程的内容。首先将课程名称由过去惯用的“中国文化基本教材”改为“中华文化基本教材”，以避免反对者的口实。其次是课程仍然独立于语文学科之外，为语文类学科选修科目中的一种，性质仍属于选修，但为求所有学生都选修此课程，乃在《高级中学课程纲要》之总纲中，增列所有学生皆必须选修的规定。此阶段的选材，依课程纲要的规定，必须连续开课两学年，第一、二学期选授《论语》、第三学期选授《孟子》，第四学期选授《孟子》及《大学》《中庸》，亦即四书皆在选材的范围中。

此阶段自 2012 学年度起实施，即将于 2019 学年度（顺应 2019 年推行十二年义务教育的政策）截止，前后共历时七年。与前三个阶段相加，四个阶段的实施时间总计六十三年。

（六）余论

《中华文化基本教材》自 1956 年起，被纳为高级中学语文学科的教材之一，实施迄今已超过一甲子，历经四个阶段的演变，名称由“中国文化基本教材”改为“论孟选读”，再改为“中华文化基本教材”；选材由四书改为《论语》《孟子》，再改回四书；教学时数由三学年六学期、每周一小时，改为一学年两学期、每周一至二小时，再改为两学年四学期、每周一小时。

就“中华文化基本教材”的教学效果而言，可以概分为三点：（1）有助于语文教育。学生对四书中仍为我们今天习用的大量词语，如“学而时习之，不亦说乎”“有朋自远方来，不亦乐乎”“慎终追远”“温故而知新”“学而不思则罔，思而不学则殆”……“不远千里而来”“以五十步笑百步”“明察秋毫”“缘木求鱼”“乐民之乐者，民亦乐其乐；忧民之忧者，民亦忧其忧”……“大学之道，在明明德，在亲民，在止于至善”“诚于中，形于外”“视而不见，

① 最为众所熟知的是名作家余光中、张晓风等组成的“抢救‘国文’联盟”，除于 2005 年极力反对废除“中国文化基本教材”课程外，并于此后不断呼吁恢复以往的做法。

听而不闻，食而不知其味”……“施诸己而不愿，亦勿施诸人”“行远必自迩”“登高必自卑”等等，皆能明白其意，且于说话或写作时运用。(2) 对传统文化的要义已能知晓。学生对于作为传统文化主流之儒家思想的要义，诸如孔子的思想乃以仁为核心，以礼作为施行的准则，强调“克己复礼为仁”“礼之用，和为贵”“己欲立而立人，己欲达而达人”“己所不欲，勿施于人”……孟子思想强调先义而后利，阐明人皆有仁、义、礼、智之性，认为乃是人人不学而能、不虑而知，天生所具备的良知良能，鼓励大家善推其所为，以达到“亲亲而仁民，仁民而爱物”的目标。《大学》的三纲领八条目。《中庸》所讲的“诚者，天之道也；诚之者，人之道也”，以及博学、审问、慎思、明辨、笃行之道等等，都能了解掌握。(3) 由积累到内化，驯致百姓日用而不知。由于高级中学学生的身心发展已渐趋成熟，经过传统文化的熏陶，对自己的行为已知有所规范。毕业后不管进入大学就读，或进入职场就业，伴随着人生阅历的不断增加，对四书中所蕴含的圣贤智慧，遂能有较为深刻的体会，并且融入言行举止当中，逐渐养成良好的生活习惯，对个人品德的提升、社会风气的养成，以至自然环境的维护，都发挥了正面的影响。

在肯定中华文化基本教材的教学成效之余，我们也不难发现，这个课程在前两个阶段还算稳定，除选材略有调整以外，其名称及教学时数皆未变动。但自第三阶段开始即遭受冲击，不仅名称不同，属性也由必修改为选修，教学钟点更是大幅减少。到了第四阶段，情况虽略有改善，但仍不如当初。推究原因，乃是受到政治因素的严重影响。再就预计于 2019 年实施的十二年义务教育而观，根据目前已公布的课程大纲，中华文化基本教材虽回归语文课程，纳为语文学科教学材料之一，性质由选修改为必修，但教学时间已严重减缩，只剩下一学年两学期每周一小时。虽然仍从四书选材，但因教学时数已远不如过去，所选录的材料势必随之减少，学生受到熏陶的程度当然会受到影响。

所幸对个人品格的陶冶、社会风气的改善，以至整个自然环境的维护，皆有赖于全方位的配合，所以除了学校教育以外，家庭教育、社会教育也都能发挥很大的作用。在家庭中，不论是父母或祖父母，在社会上，不论是还

在职者或已退休者，由于他们大抵都接受过中华文化基本教材的教育，对传统文化的要义已能知而行之。所以平日就会要求子女或晚辈孝顺父母，敬重长辈，照顾幼小，关怀弱势，善待动物……社会上如果发生不公不义，违反公序良俗，或虐待动物及破坏环境之事，舆论就会谴责挞伐……凡此皆可见经过长达六十多年的浸润，传统文化已融入人们的生活之中，对修己、善群、爱物等各方面都发挥了正面的影响，更加显现其可贵之处，值得我们传承并发扬光大。

——原发表于 2017 年 5 月太原第五届全国儒学社团联席会议

四、台湾高级中学《中华文化基本教材》教科书编辑方式的演变与检讨

(一) 绪言

在 2012 年海峡两岸儒学交流研讨会上，我以《台湾高级中学“中华文化教材”课程及教材编辑方式的演变与检讨》为题，发表论文，获得与会学者的关注。事后觉得题目范围太广，材料的搜集也不够充分。因此又将原题一分为二，分就课程、教材编辑方式两方面，补充这几年来陆续搜集到的材料，重加绍述，期使内容更加充实完整。其课程的演变情形，笔者前已撰有专文在 2017 年 5 月山西太原举行的“第五届全国儒学社团联席会议”上发表。但是该课程究竟是如何选录教学材料的，以及选定了教学材料以后又是如何编辑的呢？本文将分四个阶段，介绍选材及编辑方式的演变，并探讨其得失以供参考。

(二) 编辑方式的演变情形

此方面的演变可分为四个阶段，皆在统编本时期完成。由统编本改为审定本以后，基本上是沿袭第四阶段的做法。兹分述如下：

1. 白文本阶段

此阶段又分为两个时期：前一个时期自 1956 年开始，选录《论语》《孟子》《大学》《中庸》的重要篇章；后一个时期自 1963 年开始，只选录《论

语》《孟子》的重要篇章。两个时期皆依照原书的篇章次序贯串成书。两个时期的差异仅在选录材料时，前者包括《论语》《孟子》《大学》《中庸》，后者则只选录《论语》《孟子》而已。

此阶段两个时期都是只选录《论语》《孟子》，或《大学》《中庸》的原文，没有注释或其他说明的文字。授课时由教师讲解，学生做笔记。但这种教学方式所占时间较多，基于实际的需要，就有多家出版社分别出版了不同的注译本[①]，学生可以自由选购，以补听课的不足；甚至有不少学校直接取来作为教科书，以方便师生的教与学。

2. 李曰刚编注本阶段

由于上一阶段后期出现了各出版社编印的注译本，所注译的内容良莠不齐，所以自 1971 年开始，就由编译馆组成编审委员会，请李曰刚教授负责编注。选材方式与上一阶段后期相同，仍然是选取《论语》《孟子》中的重要篇章，并依原书的篇章为序编排。

此阶段与上一阶段后期不同的是对所选录各章的生难词语做了注释，有助于教师的讲授及学生的理解。引用了许多古代儒者的注疏，如何晏《论语集解》、朱熹《论语集注》、刘宝楠《论语正义》等，以及赵岐《孟子注》、朱熹《孟子集注》、焦循《孟子正义》等。这些古代儒者的注疏皆属文言文，学生未必都看得懂，因而形成有些注释仍有待解释的情形；又因为引用多家之说，而所引各家的义理系统并不完全相同，以致造成注释偶有互相抵牾的情形。类似上述两种状况，皆会造成困扰，有赖于教师授课时设法解决。

3. 陈立夫、林品石编注本阶段

此阶段系依据陈立夫先生所著《四书道贯》的架构，选录《论语》《孟子》《大学》《中庸》的重要篇章，将之打散，分别纳入《大学》格物、致知、

① 以笔者所见，有正中书局于 1963 年出版，由柯树屏、万骊编著的《中国文化基本教材》三册，每学年一册；又有启明书局于 1961 年出版，直接从蒋伯潜《广解四书》节取内容的《中国文化基本教材》一册；还有东华书局于 1967 年出版，也是直接从蒋伯潜《广解四书》节取内容的《中国文化基本教材》一册。

诚意、正心、修身、齐家、治国、平天下八条目之中，已经有分类编辑的概念。[①] 架构虽然来自陈立夫先生的《四书道贯》，实际负责编注者则为林品石。

此阶段对选录的四书各章并不注释，但皆附有整章的白话翻译。在选录的四书各章之间，则以编者的阐述加以贯串。不过有时编者的阐述稍嫌过多或过度，而且也未必能将所选各章形成一个比较严整的体系，因此给教与学都带来了不少困扰。

此教科书自1983年开始使用以后，由于不便于教学，反对的声浪持续出现，甚至于愈演愈烈。原因乃在于四书各有其义理系统，现将其冶为一炉，但高中生对四书只是入门，难以融会贯通，学习起来势必事倍功半。[②]

4. 董金裕编注本阶段

由于前一阶段的编注本遭到反对，教学效果不彰，于是而有改编之议，最后由笔者于1988年起，负责此一工作。

此阶段的最大特色为打破第一、二阶段的框架，不以四书原篇章的次序排列，而是将所选录的四书重要篇章依内容分类，如《论语》部分即分为《孔子之为人》《论学》《论仁》《论孝》《论道德修养》《论士》《论君子》《论诗礼乐》《论教育》《论政治》《论古今人物》《孔门弟子》共十二单元，分别编成前三册；《孟子》部分则分为《孟子之抱负》《道性善》《辨义利》《论涵养》《论教学》《论治道》《尚论古人》共七个单元，分别编成第四、五册；

---

① 陈立夫先生所著《四书道贯》系本于孔子“吾道一以贯之”（《论语·里仁》）之旨，并依朱熹“读《大学》以定其规模”（《朱子语类》）之意，全书除“总论”及“结论”外，计分八章，以《大学》格物、致知、诚意、正心、修身、齐家、治国、平天下八条目作为架构，将《论语》《孟子》《大学》《中庸》的所有文句纳于此架构之下，并以己意加以贯串而成。此种做法为朱熹结集四书以来所未尝有，确实可以成为一家之言。该书出版后很受重视，出版社不断再版，并被翻译成英、日、韩文。参照它编成的《中国文化基本教材》教科书，因受限于授课时数，只能选录四书中的部分篇章纳入架构中，与原著的精神已有不同。又，此时的课程标准规定只选录《论语》《孟子》的材料，但实际上《大学》《中庸》的材料也被选录进来了。

② 其详可参拙著《我所认识的文化人陈立夫先生》，台北：台湾学生书局《二十世纪人文大师的风范与思想——后半叶》，2007年2月初版，第483—493页；以及拙著《高仲华师的为人与处事》，台北：政治大学中国文学系《高明教授百岁冥诞纪念学术研讨会论文集》，2009年10月1版，第1—7页。此两文后来皆编入拙著《统编本初中、高中语文教科书丛谈》（台北：万卷楼图书股份有限公司，2014年5月）中。

《大学》《中庸》部分因考虑到学生不易理解体会，故选录之章并不多，而且不分类，合编为第六册。

分类分册既定，对所选录的四书各章皆附有章旨，并对生难词语用浅白的文字加以注释，而且统一以朱熹《四书章句集注》之说为准，以免造成义理的分歧、解说的困扰。至于其他重要注家的不同解说则列入教师手册，作为教师教学的参考。

此教科书自1988年印行之后，即普遍受到欢迎。从1999年起，统编本改为审定本以后，其架构被各出版社接受而一直沿用至今。①

（三）检讨

就教材编辑方式的演变而言，在第一阶段前后期、第二阶段皆依《论语》《孟子》及《大学》《中庸》原篇章次序编排，并未造成强烈反对。到了第三阶段，则将四书教材打散而安置于《大学》八条目相应架构之下，但因四书有其各自的义理系统，勉强将其纳入统一的架构内，难免会有扞格不通之处。其实施的结果，从采用时间只有五年来看，显然是受到了排斥。至于第四阶段，主要系依四书的内容各自分类编排，一方面，按四书原篇章编排似乎缺乏严整的次序；另一方面，按各自的内容分类编排，较有体系而且能保持各书的义理系统，比较容易让学生理解掌握，所以被接受的程度很高。然而，仍有人认为应该按照原典排列次序编纂，实际上编注者已顾及这种意见，将所选录的篇章，按照原典排列次序，分别编为索引，安置于各册之后作为附录。因此总体而言，第四阶段的编排方式明显受到欢迎，从由统编本改为审定本后，各出版社编辑教材所采架构皆与第四阶段相同可知。

除此之外，《论语》《孟子》，或《大学》《中庸》中，哪些章该选用，哪些章不该选用，仍有见仁见智的不同看法，最明显的例子是《孟子》的“养气知言”章，由于考虑到高中生可能无法充分理解掌握，所以有人主张不选；但是因为这一章是《孟子》中颇重要者，因而有人认为还是要选。如果要选，是全选还是节选，仍然有不同的意见。类似此种意见虽然存在，但因后来已

① 审定本推出后，仅一家出版社不依内容分类而按四书原篇章顺序编排，但自第二年起又改依内容分类。至今各出版社尽管划分的单元略有不同，但皆以内容分类。

采用审定制，各出版社的版本很多，只要各选其所好，实际上并不成为很严重的问题。

课程开设了，教材也编纂了，当然是希望在教学时达到良好的效果。不过在实际教学时却遭遇到两方面的困难：一方面为师资问题，因为课程基本上是由语文教师担任，目前高级中学的语文教师，虽然都出身于各师范大学的中文系和各综合大学的中文系，其中不乏具有硕士学位，甚至博士学位者，但各大学虽然绝大多数开设有与四书相关的课程，不过几乎都是选修，亦即并非所有的高级中学语文教师都选修了与四书相关的课程，并明确掌握了四书的内容，如此一来，教学的成效难免会因教师素质的不同而造成差异。

二方面为教法问题，四书教学的重点，本在深切体会其义理，并在日常生活中躬行实践，以培养修己助人爱物的美好德性。可是就实际情形而言，由于受到升学压力的影响，所以不论教师施教，抑或学生学习，都偏重于了解字词义。学生是否能于学习以后，将其中的道理充分表现在行为举止上，确实还有相当大的努力空间。

尽管有上述师资不整齐，以及教学未必能把握重点的困难，不过总的来说，学生接受四书教学以后，对于原典中的字词义，大抵能够了解，对原典中的一些名句皆能朗朗上口，并于言谈时或写作中运用出来。站在语文教育的立场，已收到相当不错的效果。

如就选录四书教材以涵养学生德性的教学目标而言，虽然还不够理想，但至少通过教学，学生大都已能知道中华文化具备哪些重要的伦理道德。所欠缺者，乃学生仍处于血气方刚的青少年时期，未必都能深切体悟并实际践履。这是大家所引以为憾而亟思突破改善者。不过据观察，随着学生进入大学就读，或到社会上工作，年龄日渐增长，身心发展趋于成熟，人生阅历逐步增加，对中华文化基本教材所传授的义理不仅体会日深，而且还会表现在日常生活中。如台湾在公共交通工具上让座给老弱妇孺、有序排队、路见伤病即勇于协助、拾金不昧的现象非常普遍，不论是自己的同胞还是外国人民遇有灾难，皆能本着人溺己溺、人饥己饥的精神倾力相助，这些都是安定社会、促进和谐的无形资产，有助于在国际上树立良好的形象。

整体而言，目前在台湾高级中学实施的“中华文化基本教材”教学，虽然尚不能尽如人意，但是大家基本上还是持肯定的态度。争议固然难免，也存在一些困难，不过在长期的经营之下，已显现出一定的功效。今后应如何在课程及教材、教法上求改进，以期收到更好的教学效果，则是大家必须集思广益、黾勉以赴的。

——原发表于 2018 年 5 月合肥第六届全国儒学社团联席会议

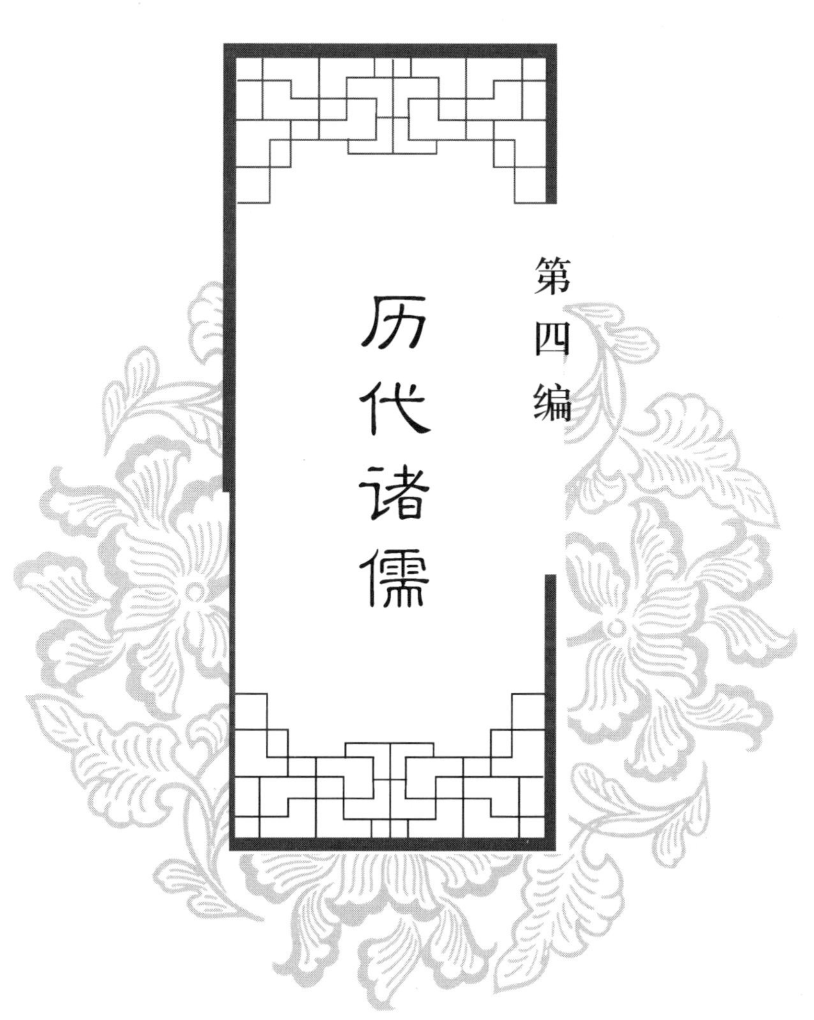

第四编

历代诸儒

一、董仲舒的崇儒重教及其现代意义

（一）前言

《三国演义》第一回开头即云："话说天下大势，分久必合，合久必分。"所讲虽就政治形势而言，其实学术的发展也是如此。春秋、战国时代，诸子蜂起，百家争鸣，呈现的是"分"的局面；但是到了战国末期以至西汉初年，就出现了"兼儒、墨，合名、法"的《吕氏春秋》《淮南子》等融合诸子思想的杂家之作[①]，呈现的是"合"的局面。董仲舒顺承此种趋势，其学也是融合诸家，兼具儒与阴阳、道、法各家思想，但《汉书》曰：

> 仲舒遭汉承秦灭学之后，六经离析，下帷发愤，潜心大业，令后学者有所统一，为群儒首。[②]

又曰：

> 汉兴，承秦灭学之后，景、武之世，董仲舒治《公羊春秋》，始推阴阳，为儒者宗。[③]

一则曰"令后学者有所统一，为群儒首"，再则曰"始推阴阳，为儒者宗"，可见董仲舒之学虽杂糅诸家，而以阴阳家之说推阐其意，但仍然是以儒家为其学术的宗旨。

董仲舒的思想可从其著名的《举贤良对策》中觇知大要，《举贤良对策》共有三策，其第二策云：

> 臣愿陛下兴太学，置明师，以养天下之士，数考问以尽其材，则英俊宜可得矣。[④]

---

① 班固撰，颜师古注，王先谦补注：《汉书·艺文志》，台北：艺文印书馆 1996 年影印光绪庚子春日长沙王氏校刊本，第 897 页。

② 《汉书·董仲舒传》，第 1173 页。

③ 《汉书·五行志》，第 600 页。

④ 《汉书·董仲舒传》，第 1168 页。

于主张兴学养士之外，更在第三策云：

> 臣愚以为诸不在六艺之科、孔子之术者，皆绝其道，勿使并进，邪辟之说灭息，然后统纪可一而法度可明，民知所从矣。[①]

后世所谓“独尊儒术，罢黜百家”者即自此第三策而发。故《汉书》称“及仲舒对策，推明孔氏，抑黜百家，立学校之官，州郡举茂材、孝廉，皆自仲舒发之”[②]，可见董仲舒对孔子之学的推崇，以及将儒学落实于政教中的贡献之大。

儒家极为重视教化的影响，孔子尝谓：“君子之德，风；小人之德，草；草上之风，必偃。”[③] 即是以譬喻的方式强调教化的影响之大。考察董仲舒的《举贤良对策》，在三策之中，“教化”二字竟出现十余次之多[④]，其他与教化相关之词，如“化民”“变民”“德教”“更化”等亦多达二十几次，凡此皆可见董仲舒之秉承儒家传统，对于教化的重视程度。

董仲舒的思想规模极为宏阔，包罗天道论、心性论、涵养论、政教论等，且皆属融会诸家之后的开新之论，非本文所能完全包罗。故仅依《举贤良对策》所述者为纲领，辅以《春秋繁露》之所载，探讨其崇儒重教的思想，并进而将这种思想与现代结合，阐发其所具有的时代意义，以见其虽时至今日，仍值得我们认取采从者。

（二）董仲舒之崇儒

从董仲舒于《举贤良对策》中建言汉武帝独尊儒术，可以看出其对儒家思想的理解及推重程度。就此方面而言，大抵可从以下两点说明：

1. 强调仁义之道

在《举贤良对策》三策中，董仲舒屡屡述及仁义，有时是单言仁义，有时则将仁义与其他德目合而言之，如第一策云：

---

① 《汉书·董仲舒传》，第 1172 页。

② 《汉书·董仲舒传》，第 1173 页。

③ 朱熹：《论语集注·颜渊》，《四书章句集注》，台北：大安出版社，2005 年 8 月第 1 版第 5 刷，第 190 页。

④ 经统计，第一策出现 11 次，第二策出现 3 次，第三策出现 2 次，计凡 16 次。

道者，所由适于治之路也，仁义礼乐皆其具也。①

再如第二策云：

尧受命，以天下为忧，而未以位为乐也，故诛逐乱臣，务求贤圣，是以得舜、禹、稷、卨、咎繇众圣辅德，贤能佐职，教化大行，天下和洽。万民皆安仁乐谊（义），各得其宜，动作应礼，从容中道。②

又如第三策云：

皇皇求财利，常恐乏匮者，庶人之意也。皇皇求仁义，常恐不能化民者，大夫之意也。③

三策之中屡屡强调仁义的重要，但其所讲的仁义虽承自孔、孟，却又与之未尽相同。其言曰：

《春秋》之所治，人与我也。所以治人与我者，仁与义也。以仁安人，以义正我；故仁之为言人也，义之为言我也，言名以别矣！……是故《春秋》为仁义法，仁之法在爱人，不在爱我；义之法在正我，不在正人。我不自正，虽能正人，弗予为义。人不被其爱，虽厚自爱，不予为仁。④

又曰：

君子求仁义之别，以纪人我之间，然后辨乎内外之分，而著于顺逆之处也。是故内治反理以正身，据礼以劝福；外治推恩以广施，宽制以容众。⑤

其意以仁为“安人”“爱人”“正人”，在“推恩以广施，宽制以容众”；义为“正我”“爱我”“自正”，在“反理以正身，据礼以劝福”，与孔、孟所讲的仁

---

① 《汉书·董仲舒传》，第 1164 页。

② 《汉书·董仲舒传》，第 1167 页。

③ 《汉书·董仲舒传》，第 1171 页。按，三策之中述及仁义之处皆不只一条，此处为省篇幅，仅各引较简短之一条以为例证。

④ 董仲舒撰，苏舆义证：《春秋繁露·仁义法》，台北：河洛出版社，1975 年 10 月台再版，第 174—176 页。

⑤ 《春秋繁露·仁义法》，第 178 页。

义之意显然不同。所谓“仁之为言人也，义之为言我也”，极可能是受秦代以来注重文字之学的影响，以字形结构分辨仁义所指之差异。[①] 其说虽与孔、孟有出入，但其目标仍在于修己、善群，此则与孔、孟所欲达成的理想并无二致。

值得我们注意的是，董仲舒于强调义的重要之际，更注意到义利之辨，曰：

> 天之生人也，使人生义与利。利以养其体，义以养其心。心不得义，不能乐；体不得利，不能安；义者，心之养也；利者，体之养也。体莫贵于心，故养莫重于义，义之养生人大于利。奚以知之？今人大有义而甚无利，虽贫与贱，尚荣其行以自好而乐生，原宪、曾、闵之属是也。人甚有利而大无义，虽甚富，则羞辱大，恶恶深，祸患重，非立死其罪者，即旋伤殃忧尔，莫能以乐生而终其身，刑戮夭折之民是也。[②]

其说与孔子所言“君子喻于义，小人喻于利”[③]，孟子所谓“苟为后义而先利，不夺不餍”[④]，可以互相发明。董仲舒由此提出受禄之家不与民争利之说[⑤]，而其所谓“正其谊不谋其利，明其道不计其功”[⑥] 之言更是传诵千古。

2. 主张重德轻刑

既然强调仁义之道，很明显对德养极为重视，因此董仲舒认为施政应该以德教为主，而不应专任刑罚。如《举贤良对策》第一策云：

---

① 许慎撰，段玉裁注：《说文解字·叙》：“秦始皇帝初兼天下，丞相李斯乃奏同之，罢其不与秦文合者，斯作《仓颉篇》，中车府令赵高作《爰历篇》，大史令胡毋敬作《博学篇》，皆取史籀大篆，或颇省改，所谓小篆者也。”台北：黎明文化事业公司，1978 年影印经韵楼藏版。又《汉书·艺文志》著录有与董仲舒同时代的司马相如《凡将》一篇。第 885 页。

② 《春秋繁露·身之养重于义》，第 185 页。

③ 《论语·里仁》，《四书章句集注》，第 97 页。

④ 《孟子·梁惠王上》，《四书章句集注》，第 279 页。

⑤ 《举贤良对策》第三策：“故受禄之家，食禄而已，不与民争业，然后利可均布而民可家足。此上天之理，而亦太古之道，天子之所宜法以为制，大夫之所当循以为行也。”《汉书·董仲舒传》，第 1171 页。又《春秋繁露·度制》：“天不重与，有角不得有上齿，故已有大者，不得有小者，天数也。夫已有大者，又兼小者，天不能足之，况人乎！故明圣者象天所为为制度，使诸有大奉禄，亦皆不得兼小利，与民争利业，乃天理也。”第 161 页。

⑥ 《汉书·董仲舒传》，第 1172 页。《春秋繁露·对胶西王越大夫不得为仁》作“正其道不谋其利，修其理不急其功”（第 188 页），远不如《汉书·董仲舒传》所载之脍炙人口。

王者欲有所为，宜求其端于天。天道之大者在阴阳，阳为德，阴为刑，刑主杀而德主生，是故阳常居大夏而以生育养长为事，阴常居大冬而积于空虚不用之处，以此见天之任德不任刑也。[①]

在第二策中更举周朝初年之重德教与秦朝之任刑罚为例，结果是一治一乱，以互相对照，云：

武王行大谊（义），平残贼，周公作礼乐以文之，至于成、康之隆，囹圄空虚四十余年，此亦教化之渐而仁谊（义）之流，非独伤肌肤之效也。至秦则不然，师申、商之法，行韩非之说，憎帝王之道，以贪狼为俗，非有文德以教训于天下也。诛名而不察实，为善者不必免而犯恶者未必刑也，是以百官皆饰空言虚辞而不顾实，外有事君之礼，内有背上之心，造伪饰诈，趣利无耻。又好用憯酷之吏，赋敛无度，竭民财力，百姓散亡，不得从耕织之业，群盗并起，是以刑者甚众，死者相望而奸不息，俗化使然也。故孔子曰："导之以政，齐之以刑，民免而无耻。"此之谓也。[②]

在第一策中，将德、刑与阴、阳配合而言之，以阳为德，以阴为刑，认为天道以阳主生育养长，阴则积于空虚不用之处。若此论点，在《春秋繁露》中屡有论述，如《天道无二》云：

阳之出，常县于前而任岁事；阴之出，常县于后而守空虚。阳之休也，功已成于上而伏于下；阴之伏也，不得近义而远其处也。天之任阳不任阴，好德不好刑，如是。[③]

《基义》也有类似的言论，曰：

阳之出也，常县于前而任事；阴之出也，常县于后而守空虚。此见天之亲阳而疏阴，任德而不任刑也。[④]

---

① 《汉书·董仲舒传》，第1165页。
② 《汉书·董仲舒传》，第1168页。
③ 《春秋繁露·天道无二》，第243页。
④ 《春秋繁露·基义》，第248页。

凡此皆可见其所强调者乃在儒家所重视之德，但论述德之重要远胜于刑，却从阴阳之出入、主从来阐发，《汉书·五行志》所谓“始推阴阳为儒者宗”者，即为明显之例证。

《论语》记载孔子曰：“道之以政，齐之以刑，民免而无耻。道之以德，齐之以礼，有耻且格。”[①] 可见董仲舒之重德轻刑，与孔子所见并无二致，只是推论方式并不相同。

董仲舒虽重德轻刑，但对刑罚并不排斥，《春秋繁露·四时之副》云：

> 天之道，春暖以生，夏暑以养，秋清以杀，冬寒以藏。暖、暑、清、寒，异气而同功，皆天之所以成岁也。圣人副天之所行以为政，故以庆副暖而当春，以赏副暑而当夏，以罚副清而当秋，以刑副寒而当冬。庆、赏、罚、刑，异事而同功，皆王者之所以成德也。[②]

也是推阴阳以成其说，认为罚、刑与庆、赏“异事而同功”，各有其作用，皆不可或缺。然而董仲舒又曰：

> 天之志，常置阴空处，稍取之以为助。故刑者德之辅，阴者阳之助也。[③]

可见刑罚虽不可无，但其作用仅在于辅佐德教而已，并非居于主要的地位，与孔子对政刑的态度相同，但推论方式则有差异。

（三）董仲舒之重教

前已述及董仲舒于《举贤良对策》三策之中，经常提到“教化”二字，在《春秋繁露》中也是如此，可以看出他对教化的重视。就此方面而言，亦可从下列两点说明：

1. 重视教化的原因

董仲舒之重视教化，与其所持之人性论关系十分密切。他的人性论其实也是融会诸家，并参以己意，提出新的见解。他为“性”下定义，云：

---

① 《论语·为政》,《四书章句集注》，第 70 页。

② 《春秋繁露·四时之副》，第 250 页。

③ 《春秋繁露·天辨在人》，第 236 页。

> 性之名，非生与！如其生之自然之资，谓之性。性者，质也。……性之名不得离质，离质如毛，则非性已，不可不察也。[①]

其说与告子“生之谓性”[②]，荀子“性者，天之就也”[③]、“生之所以然者谓之性……不事而自然谓之性”[④]，皆以为性乃天生自然，并无善恶可言。既然如此，当然对孟子的性善说持反对意见，曰：“性者，质也，诘性之质于善之名，能中之与？既不能中矣，而尚谓之质善，何哉?”[⑤]“圣人言中本无性善名，而有善人吾不得见之矣，使万民之性皆已能善，善人者何为不见也。观孔子言此之意，以为善甚难当，而孟子以为万民性皆能当之，过矣!”[⑥]至于荀子的性恶说，董仲舒似乎并未加以批评，乃是因为荀子之性论并非认定人性之本然为恶，而是说人性因情欲的导引，易流于恶而已。董仲舒对孟子的性善说固然是持反对态度，但追根究底，人性若无善端，则虽重视教化，如何能尽教化之功？可见董仲舒之重视教化，其说实含有孟子性善说的因子在。综合言之，董仲舒之人性论实已融会告子、孟子、荀子三家之说的部分观点，然而又有所不同。

董仲舒又将性与心、气、情欲结合，并以其惯常使用的推阴阳方式，认为只有依赖教化才能禁制情欲的放滥，曰：

> 吾以心之名得人之诚，人之诚有贪有仁，仁贪之气两在于身。身之名取诸天，天两有阴阳之施，身亦两有贪仁之性，天有阴阳禁，身有情欲栣，与天道一也。是以阴之行不得干春夏，而月之魄常厌于日光，乍全乍伤。天之禁阴如此，安得不损其欲而辍其情以应天？天所禁而身禁之，故曰身犹天也，禁天所禁，非禁天也。必知天性不乘于教，终不能栣。[⑦]

---

① 《春秋繁露·深察名号》，第204页。

② 《孟子·告子上》：“告子曰：‘生之谓性。’”《四书章句集注》，第456页。

③ 荀况撰，杨倞注，王先谦集解：《荀子集解·性恶》，《新编诸子集成》第二册，台北：世界书局，1972年10月新1版，第290页。

④ 《荀子集解·正名》，《新编诸子集成》第二册，第274页。

⑤ 《春秋繁露·深察名号》，第204页。

⑥ 《春秋繁露·实性》，第217页。

⑦ 《春秋繁露·深察名号》，第205—207页。

已注意到性与心、气、情欲之间的关系，并从天道扶阳抑阴的观点加以论证，其说颇为复杂，甚至有些纠葛，难以充分阐述。然而最值得我们注意，也是他最有新意，且最能反映他的重教主张者，乃是他的性三等说。云：

名性不以上，不以下，以其中名之。性如茧如卵，卵待覆而成雏，茧待缫而成丝，性待教而为善，此之谓真天。①

又云：

圣人之性，不可以名性；斗筲之性，又不可以名性；名性者，中民之性。中民之性如茧如卵，卵待覆二十日，而后能为雏；茧待缫以涫汤，而后能为丝；性待渐于教训，而后能为善。善，教训之所然也，非质朴之所能至也，故不谓性。②

其说似有将圣人之性归于性善，斗筲之性归于性恶之趋向，然则孟子之所谓性善系就先天所具之质性而言，荀子之所谓性恶系指后天因情欲无节度所造成的结果。如其确实有意以此融会孟、荀之说，则显然还缺乏相应的理解。然而所谓“性待教而为善”“性待渐于教训，而后能为善。善，教训之所然也”，才是其人性论的重心所在，之所以重视教化的原因即在于此。就此重视教化之目标而言，董仲舒与孟、荀之所致力者实无异趋。

2. 如何推行教化

基于对教化的重视，董仲舒在《举贤良对策》的三策中，皆针对教化，或做原则性的论述，或提出具体的主张，如在第一策即以古之王者修教化以成美俗为例，建言请汉武帝更化以修饬五常之道，曰：

古之王者……莫不以教化为大务，立大学以教于国，设庠序以化于邑。渐民以仁，摩民以谊（义），节民以礼，故其刑罚甚轻而禁不犯者，教化行而习俗美也。……今临政而愿治七十余岁矣，不如退而更化。更化则可善治，善治则灾害日去，福禄日来。……夫仁谊（义）礼知信五

① 《春秋繁露·深察名号》，第209—210页。

② 《春秋繁露·实性》，第217—218页。

常之道，王者所当修饬也。五者修饬，故受天之祐而享鬼神之灵，德施于方外，延及群生也。[①]

在第二策中除了主张兴太学以养士之外，更建议改革选吏制度，不能再专从高官及富豪之家选用官吏，而应广开贤路；并于任用之后加强考核，不以年资之久暂，而以才德之高下，作为升迁的依据。其言曰：

臣愿陛下兴太学，置明师，以养天下之士，数考问以尽其材，则英俊宜可得矣！……夫长吏多出于郎中、中郎，吏二千石子弟选郎吏，又以富赀，未必贤也。……臣愚以为使诸列侯、郡守、二千石，各择其吏民之贤者，岁贡各二人以给宿卫，且以观大臣之能。所贡贤者有赏，所贡不肖者有罚。夫如是，诸侯、吏二千石皆尽心于求贤，天下之士可得而官使也。……毋以日月为功，实试贤能为上，量材而授官，录德而定位，则廉耻殊路，贤不肖异处矣。[②]

在第三策中则提出受禄之家不与民争利，使百姓尊其行为的高尚，乐于顺从其教，敬其操守的清廉而受感化，养成不贪鄙的习性。又提出独尊儒术的主张，以灭息邪僻之说，并让人民有所适从。曰：

受禄之家食禄而已，不与民争业，然后利可均布而民可家足。此上天之理，而亦太古之道，天子所宜法以为制，大夫所当循以为行也。……是故下高其行而从其教，民化其廉而不贪鄙。……臣愚以为诸不在六艺之科、孔子之术者，皆绝其道，勿使并进，邪辟之说灭息，然后统纪可一而法度可明，民知所从矣！[③]

董仲舒以为推行教化最重要的目标乃在于崇本，所谓本者，指天、地、人三者，能崇奉此三者才能兼胜于人，获得人民的拥戴追随。云：

夫为国，其化莫大于崇本。崇本则君化若神，不崇本则君无以兼人。……何谓本？曰：天、地、人，万物之本也，天生之，地养之，人

---

① 《汉书·董仲舒传》，第 1165—1166 页。
② 《汉书·董仲舒传》，第 1168 页。
③ 《汉书·董仲舒传》，第 1171—1172 页。

> 成之。天生之以孝悌，地养之以衣食，人成之以礼乐。三者相为手足，合以成体，不可一无也。……明主贤君，必于其信，是故肃慎三本，郊祀致敬，共事祖祢，举显孝悌，表异孝行，所以奉天本也；秉耒躬耕，采桑亲蚕，垦草殖谷，开辟以足衣食，所以奉地本也；立辟雍庠序，修孝悌敬让，明以教化，感以礼乐，所以奉人本也。三者皆奉，则民如子弟，不敢自专，君如父母，不待恩而爱，不须严而使。[①]

崇奉天、地、人三本之道乃在于推行仁义孝悌等道德涵养，以化民生善，而不以威势成政。故云：

> 圣人之道，不能独以威势成政，必有教化。故曰先之以博爱，教以仁也；难得者，君子不贵，教以义也；虽天子必有尊也，教以孝也；必有先也，教以弟也。此威势之不足独恃，而教化之功不大乎！[②]

又云：

> 传曰：天生之，地载之，圣人教之。……故君民者，贵孝弟而好礼义，重仁廉而轻财利，躬亲职此于上而万民听，生善于下矣。[③]

凡此皆与以上所述崇儒之强调仁义、重德轻刑同条共贯。由是可见董仲舒之被推许为“群儒首”“儒者宗”者，盖有其原由也。

（四）董仲舒崇儒重教的现代意义

董仲舒尊崇儒家、重视教化的结果，在其所处的时代已发挥很大的作用，《汉书·董仲舒传》曰：“自武帝初立，魏其、武安侯为相而隆儒矣。及仲舒对策，推明孔氏，抑黜百家，立学校之官，州郡举茂材、孝廉，皆自仲舒发之。”[④] 自此以后，儒家思想遂居于中国学术思想的主流地位，深刻影响政治教化的各个层面，长达两千多年。时至今日，董仲舒的态度及主张，仍深具时代意义，约而言之，至少有下列数端：

---

① 《春秋繁露·立元神》，第117—118页。
② 《春秋繁露·为人者天》，第224页。
③ 《春秋繁露·为人者天》，第224页。
④ 《汉书·董仲舒传》，第1172—1173页。

1. 诸子百家各有其长，但以儒学最切于时用

先秦时代，诸子勃兴，据《汉书·艺文志·诸子略》所载，共有儒、道、阴阳、法、名、墨等十家。此十家各有所出，也各有所长及所短，虽相反而相成，故《诸子略》小序云："《易》曰：'天下同归而殊涂，一致而百虑。'今异家者各推所长，穷知究虑，以明其指，虽有蔽短，合其要归，亦六经之支与流裔。"[①] 虽云诸子百家皆属六经之支与流裔，但《汉书·艺文志》仍明言儒家"游文于六经之中，留意于仁义之际，祖述尧、舜，宪章文、武，宗师仲尼，以重其言，于道为最高"[②]。推许儒家"于道为最高"，认为其地位迥出于诸子之上。

儒家讲求仁义而重礼教，以孝悌为基础，以为"孝弟也者，其为仁之本与"[③]。以仁修己，推而治人，更由家庭扩展至社会，以至天地万物，故孔子曰："夫仁者，己欲立而立人，己欲达而达人。"[④] 孟子云："亲亲而仁民，仁民而爱物。"[⑤] 此种由近及远的推爱方式，顾及人情的亲疏远近，而有轻重缓急之别，最合乎事理之宜，既切于民生日用，也容易了解、实践。是否"于道为最高"，虽然难以断言，但其能居于主流的地位，实非偶然。

自清朝中叶鸦片战争以还，在列强的坚船利炮侵凌之下，国人的民族自信心大失，以为传统文化皆属糟粕，鄙而弃之唯恐不及。所幸历经顿挫转折，现代人已逐渐体会传统文化有其精粹而值得珍视之处，因此乃有国学热之风潮兴起。所谓国学者，理应包含诸子百家，但如上所述，儒家思想切于民用而易知易行，因此吾人今日推展国学，当以儒家思想为主，自不待言。

2. 富而后教乃孔子之所重，在今日尤宜重视

据《论语》记载："子适卫，冉有仆。子曰：'庶矣哉'！冉有曰：'既庶矣，又何加焉？'曰：'富之。'曰：'既富矣，又何加焉？'曰：'教之。'"[⑥] 足

---

① 《汉书·艺文志》，第899页。
② 《汉书·艺文志》，第890页。
③ 《论语·学而》，《四书章句集注》，第62页。
④ 《论语·雍也》，《四书章句集注》，第123页。
⑤ 《孟子·尽心上》，《四书章句集注》，第509—510页。
⑥ 《论语·子路》，《四书章句集注》，第199页。

见孔子以为治民之道，乃在于先富后教。盖民生富足之后，即当施以教化，否则容易放逸为非，以致沦于相互侵凌，弱肉强食，与禽兽相去不远。故孟子曰："人之有道也，饱食、暖衣、逸居而无教，则近于禽兽。圣人有忧之，使契为司徒，教以人伦：父子有亲，君臣有义，夫妇有别，长幼有序，朋友有信。"[①] 教化之重要于焉可见。

按，民生有六大需要：食、衣、住、行、育、乐。前四项偏于物质层面，而以满足生理需求为主；后两项偏于精神层面，而以满足心理需求为主。想要判断人民之水平是否达到文明的程度，可从其生活较注重哪一个层面加以判断：较注重前者则文明程度仍有待提升，较注重后者则文明已达一定程度。目前因经济的快速发展，人民生活的前四项需求基本上已渐能满足，但人民的素质并未相应提升，不注重整洁，不遵守秩序，不讲求礼貌……种种脱序行为屡见不鲜。凡此皆有赖于我们致力推行教化，以儒家讲求"己所不欲，勿施于人"的恕道[②]，以及讲求礼教，非礼则不视、听、言、动的四勿精神[③]，让国人接受熏陶化育，使皆具有高尚的涵养，以形成良好的风气，促进社会的安定和谐，并赢取国际上的正面形象，从而彰显传统文化的珍贵之处。

3. 改革选吏制度、不与民争利之主张在现代仍有其意义

董仲舒在《举贤良对策》的二、三策中，曾分别提出改革选吏制度，以及食禄之家不与民争利的主张。时至今日，虽时移势异，仍非常值得我们认识其所蕴含的意义，掌握其所具有的精神。

就改革选吏制度而言，不能专从高官及富豪之家选用官吏，而应广开用贤之路，政治资源才不至于被富贵子弟垄断。广开进贤之路，可使当时能孝悌、力田的贫寒子弟有机会从政，不上进的富贵子弟即无法继续位居要津。如此则社会的上下阶层可以保持流动，因而长期拥有活力，这对于社会的进展裨益极大。进用人才只注重其贤能与否，而不论其出身背景，只要肯努力，

---

① 《孟子·滕文公上》，《四书章句集注》，第 360—361 页。

② 《论语·卫灵公》："子贡问曰：'有一言而可以终身行之者乎？'子曰：'其恕乎！己所不欲，勿施于人。'"，《四书章句集注》，第 232 页。

③ 《论语·颜渊》："颜渊问仁。子曰：'克己复礼为仁。……'颜渊曰：'请问其目。'子曰：'非礼勿视，非礼勿听，非礼勿言，非礼勿动。'"《四书章句集注》，第 181—182 页。

即有机会出人头地，可鼓励大家力争上游，在今天仍具有很大的意义。另外在进用官吏以后，其升迁不以日月为功，而以实试贤能为上，如此量材而授官、录德而定位的结果，可使廉耻殊路，贤不肖异处，对于吏治的清明、行政效率的提升，将发挥很大的作用。还可以发挥实事求是的精神，遏止偷懒怠惰、走偏门左道的歪风，亦有其时代的意义。

就食禄之家不与民争利而言，让有高俸禄者不与从事农、工、商等收入较少阶层争夺利源，以使“利可均布而民可家足”，在今天更深具意义。贫富不均已是目前世界各国皆必须面对的严重问题。据国际慈善机构乐施会（oxfam）的调查指出，贫富差距的情形已愈来愈大，全球占人口总数前1%的富人所拥有的财产，至2016年，将超越其他99%人口所拥有财产的总和。所谓“不患寡而患不均”[①]，资源分配不均实为社会动乱的根源。故如何避免掠夺，让资源的分配合乎公平正义，以消弭贫富的差距，减少人间的不幸，增进社会的安定和谐，更是现代人类所应共同面对，并集思广益，积极寻求解决之道的问题。

（五）结语

儒者所欲达成的目标，乃在于修己以安人、安百姓[②]，在于博施于民而能济众[③]，然而除非在政治上得志，则难以遂其所愿。先秦时代的孔子、孟子等儒家宗师，虽然怀抱极大的理想与热诚，想要得君行道，但终其一生，仍未能实现。直到两汉初期，董仲舒才开始扭转此一情势，在获得汉武帝的信任之后，将其所主张者化为实际的政策，使儒家思想取得正统地位，并且获得部分实现，功绩十分值得肯定。但是为了迎合帝王及时代风潮，不得不糅合百家，并以阴阳家之说作为推论方式，将儒者所强调的人的主体性，转换为具有权威性格的天，从而被统治者假借运用，难免会遭到批评。

然而从儒者之目标乃在于由内圣以达外王的角度来看，如非董仲舒极力

---

① 《论语·季氏》：“丘也闻有国有家者，不患寡而患不均，不患贫而患不安。盖均无贫，和无寡，安无倾。”《四书章句集注》，第237页。

② 《论语·宪问》：“子路问君子。子曰：‘修己以敬。’曰：‘如斯而已乎？’曰：‘修己以安人。’曰：‘如斯而已乎？’曰：‘修己以安百姓。修己以安百姓，尧、舜其犹病诸。’”《四书章句集注》，第222页。

③ 《论语·雍也》：“子贡曰：‘如有博施于民而能济众，何如？可谓仁乎？’子曰：‘何事于仁，必也圣乎！尧、舜其犹病诸。夫仁者，己欲立而立人，己欲达而达人。’”《四书章句集注》，第123页。

推崇儒家，儒家是否能在政治上取得主导的地位，并因而使儒家向来所主张的仁义之道，以及“道之以德，齐之以礼”的治民方式，得以在历史上实现，则难以断言。更何况，时至今日，不论其所坚持的理念（如尊崇兼顾情理的儒家思想，强调教化的重要等），或所提出的具体主张（如改革吏治、消弭贫富差距等），仍饶具时代意义。凡此皆可见董仲舒树立的思想及其产生的影响，既深且远，值得我们在肯定之余，撷取其精要作为行政施教的参考。

——原发表于2015年4月河北衡水“2015董仲舒思想国际高端学术论坛”，被收录于《衡水学院学报》2015年第3期，2015年6月

二、理学的先导——韩愈与李翱

先秦时代，诸子并兴，蔚为我国学术思想发展史上的一大盛局。但是天下大势，分久必合，学术思想的演变，亦复如此。至西汉武帝时期，终于采纳董仲舒的建议，罢黜百家，独尊儒术，使儒学取得绝对之优势，成为一枝独秀。然儒学虽因此而达于发展的巅峰，但也在此时开始混入阴阳五行之说及谶纬之言，受到极大的扭曲，而逐渐步向衰微之途。至魏、晋、南北朝时期，遂为清谈玄风所掩；隋、唐时期，又再度受挫于佛学。然而佛、老之说虽然长期左右社会人心，但由于其思想的基本性格并不能正视整个社会群体，积久亦渐为人所不满，而重新回头检讨中国固有的学术思想，发觉依然还是带有人间性的儒学思想才能解决现实的社会人生问题，儒学始又逐渐受到重视而复苏。到宋、明时期，终于演变成为理学，为我国学术思想的发展再创另一新局面。理学虽盛于宋、明两朝，而承流溯源，有唐韩愈、李翱二人①实已发其先声，对此论者早已有所申述②。兹综合各家之说，并参以己见，述韩、李二氏对理学之启发与贡献如下：

---

① 韩、李二人之关系，据《新唐书·李翱传》载：“翱始从昌黎韩愈为文章。”据《李文公集·答韩侍郎书》《祭吏部韩侍郎文》，皆称韩愈为兄，《与陆傪书》亦云“我友韩愈……”，由此可见彼此的关系实在师友之间。

② 冯友兰：《中国哲学史》、劳思光《中国哲学史》、韦政通《中国哲学史》、蒋伯潜《理学纂要》、程发轫《理学概要》诸书，或详或略，对此问题皆有所论述。

（一）讲学风气的提倡

宋、明理学家最重讲学，或于私家，或于书院，师徒相从，质疑问难，蔚然成风。理学家所探讨的主题因此而愈辩愈明，理学的思潮亦借此而传布四方，终于促成理学之兴盛，并奠定理学之地位。考韩愈尝著有《师说》一文，云：

> 古之学者必有师。师者，所以传道、受业、解惑也。人非生而知之者，孰能无惑？惑而不从师，其为惑也，终不解矣！生乎吾前，其闻道也，固先乎吾，吾从而师之；生乎吾后，其闻道也，亦先乎吾，吾从而师之。吾师道也，夫庸知其年之先后生于吾乎？是故无贵、无贱、无长、无少，道之所存，师之所存也。……孔子曰："三人行，则必有我师。"是故弟子不必不如师，师不必贤于弟子。闻道有先后，术业有专攻，如是而已。李氏子蟠……不拘于时，请学于余，余嘉其能行古道，作《师说》以贻之。①

在此文之中，韩愈除了说明师道之地位及重要性，并提出求师无分贵贱少长之观点外，同时更以师道自尊。故柳宗元于《答韦中立书》中云：

> 今之世不闻有师；有，辄哗笑之，以为狂人。独韩愈奋不顾流俗，犯笑侮，收召后学，作《师说》，因抗颜而为师。②

其观念与态度对宋、明理学家有极深刻之影响。柳诒征《中国文化史》谓：

> 周、张、二程，皆于私家讲学，而师道大兴；濂、洛之学，遂成统系。朱、陆诸子，亦随在讲学，或设书院，或于家塾。虽为世所诋毁，而师生相从，讲习不倦。③

可以看出韩愈对理学家的启导之大，以及此种讲学风气之盛所给予理学的贡献之巨。

---

① 《韩昌黎集》。

② 《柳河东集》。

③ 《中国文化史》第二编第十八章"宋儒之学"。

（二）对四书与《易传》的重视

理学家所依据之典籍主要为四书与《易传》。四书之中，《论语》自从汉朝以来，即为世人所尊重，不必论。《孟子》则在唐代以前，仅有扬雄对其相当推崇，并以之自比[①]，暨赵岐、高诱等少数学者为之作注，地位并非特别崇高。迨韩愈、李翱出，始大加表彰。韩愈《读荀》云：

> 始吾读孟轲书，然后知孔子之道尊，圣人之道易行，王易王，霸易霸也。以为孔子之徒没，尊圣人者，孟氏而已。[②]

李翱亦于其《复性书》中屡次引用孟子之言，以证明性善之旨。除此而外，韩愈又于《原道》中，李翱也于《复性书》中，分别将孟子列入道统之传。而韩愈、李翱之攘辟佛、老，显然也是师取孟子排斥杨、墨的故智。从此之后，《孟子》逐渐为世人所注重；至宋，再经理学家程、朱等人的推崇表扬，乃由子部之书升列经部，而成为十三经之一。

《大学》《中庸》本各为《礼记》中之一篇文章，在唐朝以前，学者并无特别称道之者。[③] 韩愈在《原道》中，为攘斥佛、老，乃征引《大学》“古之欲明明德于天下者，先治其国；欲治其国者，先齐其家；欲齐其家者，先修其身；欲修其身者，先正其心；欲正其心者，先诚其意”之文句，以指明儒学的有体有用，异于佛、老的空虚不实。李翱又于《复性书》中，引用《中庸》“唯天下至诚，为能尽其性。能尽其性，则能尽人之性；能尽人之性，则能尽物之性；能尽物之性，则可以赞天地之化育；可以赞天地之化育，则可以与天地参矣。其次致曲，曲能有诚，诚则形，形则著，著则明，明则动，动则变，变则化。唯天下至诚为能化”之文句，以阐述诚明之道。二人还于道统中加入曾子、子思。于是《大学》《中庸》亦并为人所重视，到宋朝，再

---

① 扬雄《法言·渊骞篇》：“请问孟轲之勇。曰：‘勇于义而果于德，不以贫富、贵贱、死生动其心，于勇也，其庶乎！’”《君子篇》：“或问孟子知言之要，知德之奥？曰：‘非苟知之，亦允蹈之。’或曰：‘子小诸子，孟子非诸子乎？’曰：‘诸子者，以其知异于孔子也，孟子异乎？不异。’”又《吾子篇》：“古者杨、墨塞路，孟子辞而辟之，廓如也。后之塞路者有矣，窃自比于孟子。”

② 《韩昌黎集》。

③ 《大学》于宋朝以前无单行本，《中庸》据《隋书·经籍志》所载，虽有梁武帝《中庸讲疏》一卷、《私记制旨中庸义》五卷，然皆武帝君臣取以附会佛家之说，并非能真知《中庸》之意蕴者。

经程、朱之推崇表扬，终与《论语》《孟子》合为四子书。

李翱《复性书》的义理根据虽主要在《中庸》[①]，但在其文章之中，亦援引《易经·文言》“夫圣人者，与地天合其德，日月合其明，四时合其序，鬼神合其吉凶；先天而天不违，后天而奉天时。天且弗违，而况于人乎？况于鬼神乎”之文句，以描绘能尽其性后所达到的圣人境界，并因此而沟通《中庸》与《易传》。于是《易传》亦渐为人所单独看重。

按，理学家所探讨者不外诚正之学、性命之道，我国儒家的固有典籍对此已早有论述，韩、李二氏之所以不惮其烦，征引论述，实有其深切之用意在，李翱曰：

> 呜呼！性命之书虽存，学者莫能明，是故皆入于庄、列、老、释。不知者谓夫子之徒不足以穷性命之道，信之者皆是也。有问于我，我以吾之所知而传焉。[②]

其所正视之问题固然为理学家所承继，即其心情意态，理学家亦完全与之相同。故傅斯年于其《性命古训辨证》一书中云：

> 儒家书中，谈此虚高者（按，指性论），仅有《孟子》《易系》及《戴记》之《乐记》《中庸》《大学》三篇，在李氏前皆不为人注意，自李氏提出，宋儒遂奉为宝书。于是将此书提出，合同其说，以与二氏相角。[③]

由是可见韩、李二氏对上述诸书之提倡表彰，对于理学的沾润之深。

（三）对道佛的理解与态度

宋、明的诸理学大家于返诸儒以前，大抵皆尝出入释、老有年，故其思想受佛、道影响甚深。然此中所谓道，实兼道家、道教两者而言，《原道》云：

> 老子之小仁义，非毁之也，其见者小也；坐井而观天，曰“天小”

① 《欧阳文忠公文集·读李翱文》：“予始读翱《复性书》三篇，曰此《中庸》之义疏耳。”

② 《李文公集·复性书上》。

③ 傅斯年：《性命古训辨证》。

> 者，非天小也。彼以煦煦为仁，孑孑为义，其小之也则宜。其所谓道，道其所道，非吾所谓道也；其所谓德，德其所德，非吾所谓德也。……老子之所谓道德云者，去仁与义言之也，一人之私言也。[①]

姑不论其对于老子思想之了解是否正确，此段所指斥者，显然是指以老子为代表之道家。《原道》又云：

> 古之为民者四，今之为民者六；古之教者处其一，今之教者处其三。农之家一，而食粟之家六；工之家一，而用器之家六；贾之家一，而资焉之家六。奈之何民不穷且盗也？[②]

此从社会经济立场所指斥者，乃不事生产而又逃避国家赋役之僧尼与道教之道士也。是《原道》中所指为异端之“道”，实包含道家与道教，而与影响理学之“道”并无不同。

就对佛教之态度而言，理学家几乎无不排佛，此韩、李二氏实早已开其先声。韩愈于《原道》中，除指斥佛教为夷狄之法外，更提出“人其人，火其书，庐其居”的激烈主张。此外，又于《论佛骨表》中，不顾已身的安危，直接向皇帝挑战，痛责礼佛之不当，而主张：

> 乞以此骨付之有司，投诸水火，永绝根本，断天下之疑，绝后代之惑。[③]

其对于佛教的排击，可谓死生以之，不遗余力。在此一方面，李翱之态度及看法与其完全一致，谓：

> 佛法之所言者，列御寇、庄周言所详矣，其余则皆戎狄之道也。[④]

又云：

> 其徒也，不蚕而衣食具，弗耨而饮食充，安居不作，役物以养己者，至于几千百万人。推是而冻馁者几何人可知矣！于是筑楼殿宫阁以事之，

---

① 《韩昌黎集·原道》。
② 《韩昌黎集·原道》。
③ 《韩昌黎集·论佛骨表》。
④ 《李文公集·去佛斋》。

饰土木铜铁以形之，髡良人男女以居之，虽璇室、象廊、倾宫、鹿台、章华、阿房弗加也，是岂不出乎百姓之财力欤?[①]

亦同居于尊王攘夷与社会经济的立场，对佛教加以抨击[②]，而未能就佛学之理论做深切之攻驳，可见其对于佛学之理解实并不深刻。

按，理学家虽排佛，然对于佛理亦无深刻之理解，并且于不自觉中，援释入佛，反而吸纳了不少佛家学说以建立其思想体系。考韩愈之思想并未染涉释氏之说，却与释氏相往来[③]，而且对其所做的评价并不差。如云：

潮州时，有一老僧，号大颠，颇聪明，识道理……实能外形骸，以理自胜，不为事物侵乱。与之语，虽不尽解，要自胸中无滞碍。[④]

至于李翱，与僧人交往更是频繁密切，最能代表其思想的《复性书》，便受到天台宗徒梁肃所作《止观统例议》之启发，《止观统例议》云：

夫止观何为也？导万法之理，而复于实际者也。实际者何也？性之本也。物之所以不能复者，昏与动使之然也。照昏者谓之明，驻动者谓之静，明与静，止观之体也。[⑤]

以复与昏、明与昏相对，此正为《复性书》中之主要思想[⑥]。

综上所述，可知韩、李二氏对于佛教之理解与态度，盖完全为后来之理学家所接受承继，表现并无二致。

（四）对心性问题的探讨

心性之学为理学家所致力探讨的主要课题，考韩愈有《原性》之作，云：

---

① 《李文公集·去佛斋》。

② 《李文公集·与本使杨尚书请停修寺观钱状》云："天下之人，以佛理证心者寡矣，惟土木铜铁，周于四海，残害生人，为逋逃之薮泽?"又《再请停率修寺观钱状》云："佛法害人，甚于杨、墨，论心术虽不异于中土，考较迹实有蠹于生灵。浸溺人情，莫此之甚。"可见其主要系居于国计民生之立场以排佛。

③ 《韩昌黎集》中，有《送浮屠文畅师序》《送高闲上人序》《与大颠师书》《送浮屠令纵西游序》等与释氏往来之文字。

④ 《韩昌黎集·与孟尚书书》。

⑤ 《止观统例议》。

⑥ 《李文公集·复性书上》云："圣人者，人之先觉者也，觉则明，否则惑，惑则昏。明与昏，谓之不同。明与昏，性本无有。则同与不同，二皆离矣。夫明者所以对昏，昏既灭则明亦不立矣。"

性也者，与生俱生也；情也者，接于物而生也。性之品有三，而其所以为性者五；情之品有三，而其所以为情者七。曰："何也。"曰："性之品有上、中、下三。上焉者善焉而已矣，中焉者可导而上下也，下焉者恶焉而已矣。其所以为性者五：曰仁、曰礼、曰信、曰义、曰智。上焉者之于五也，主于一而行于四；中焉者之于五也，一不少有焉，则少反焉，其于四也混；下焉者之于五也，反于一而悖于四。性之于情视其品。情之品有上、中、下三，其所以为情者七：曰喜、曰怒、曰哀、曰惧、曰爱、曰恶、曰欲。上焉者之于七也，动而处其中；中焉者之于七也，有所甚有所亡，然而求合其中者也；下焉者之于七也，亡与甚，直情而行者也。情之于性视其品。"①

韩愈在此文之中，虽首先对于性、情分别下了相当清楚之界说，然以下对性、情之品级以及彼此的关系，则纠缠牵绕，与其所定界说并不相应，可见其对于此一问题的看法实在不够圆融周密。然则其竟据此而评述前人之说曰：

孟子之言性曰："人之性善。"荀子之言性曰："人之性恶。"扬子之言性曰："人之性善恶混。"夫始善而进恶，与始恶而进善，与始也混而今也善恶，皆举其中而遗其上下者也，得其一而失其二者也。②

更可见其对于前人之性质实缺乏相应之了解。然不论如何，自韩氏此文一出，李翱、皇甫湜、杜牧等皆对此问题有所论述。③ 其说虽不尽相同，而说者纷然，至宋儒遂愈演愈烈。是自先秦、两汉诸儒以后，对于性的争论，至韩愈始又重新启之。

自韩愈开启对性情的争论之风以后，李翱亦作有《复性书》上中下三篇，对此问题之认识已较为明晰，曰：

人之所以为圣人者，性也；人之所以惑其性者，情也。喜、怒、哀、惧、爱、恶、欲，七者皆情之所为也。情既昏，性斯匿矣。非性之过也，

---

① 《韩昌黎文集·原性》

② 《韩昌黎文集·原性》。

③ 李翱有《复性书》三篇，皇甫湜作《孟荀言性论》，杜牧则有《三子言性辨》。

> 七者循环而交来，故性不能充也。水之浑也，其流不清；火之烟也，其光不明；非水火清明之过。沙不浑，流斯清矣；烟不郁，光斯明矣；情不作，性斯充矣。①

以为人之所以能成为圣人之基本条件在“性”，然性每每为“情”所惑而隐匿不充。虽然其意并不认定情必然为昏且会妨碍性之充，云：

> 性与情，不相无也。虽然，无性则情无所生矣，是情由性而生。情不自情，因性而情；性不自性，由情以明。性者，天之命也，圣人得之而不惑者也；情者，性之动也，百姓溺之而不能知其本者也。②

性情既不能相无，则虽圣人也必定有情，然圣人之所以为圣人，即在其能以性支配情，而不为情所累。至于百姓，则往往溺之于情，故不能自现其性，曰：

> 圣人者，岂其无情邪？圣人者，寂然不动，不往而到，不言而神，不耀而光，制作参乎天地，变化合乎阴阳。虽有情也，未尝有情也。然则百姓者，岂其无性者邪？百姓之性与圣人之性弗差也。虽然，情之所昏，交相攻伐，未始有穷，故虽终身而不自睹其性焉。③

然而其又曰：

> 情者，性之邪也……情者，妄也，邪也，邪与妄，则无所因矣。④

盖已认定情为恶，性为善，因而有复性之主张。然欲复性，则必须灭情，云：

> “人之昏也久矣，将复其性者，必有渐也，敢问其方？”曰：“弗思弗虑，情则不生。情既不生，乃为正思。正思者，无虑无思也。”……妄情灭息，本性清明，周流六虚，所以谓之能复其性也。⑤

---

① 《李文公集·复性书上》。
② 《李文公集·复性书上》。
③ 《李文公集·复性书上》。
④ 《李文公集·复性书中》。
⑤ 《李文公集·复性书中》。

一方面，其对于性情的看法，已为部分理学家所承继①。另一方面，灭情之说虽不免杂有佛家之思想②，然其对于复性之主张，已能与《孟子》“反求诸己”、《中庸》“尽性”、《周易·象传》“复，其见天之心乎”之说相应，而为宋儒开其先河矣！

（五）道统说的倡立

儒家的道统之说，孟子已略言之，《孟子·尽心下》云：

> 由尧、舜至于汤，五百有余岁，若禹、皋陶则见而知之，若汤则闻而知之。由汤至于文王，五百有余岁，若伊尹、莱朱则见而知之，若文王则闻而知之。由文王至于孔子，五百有余岁，若太公望、散宜生则见而知之，若孔子则闻而知之。由孔子而来，至于今百有余岁，去圣人之世，若此其未远也；近圣人之居，若此其甚也。然而无有乎尔，则亦无有乎尔。③

历叙圣贤相传的统系，且有隐然自命之意。然从孟子以后，即未有再言之者，直到韩愈作《原道》，始又重新提出，并正式跻孟子于道统之传，曰：

> 斯道也，何道也？曰：“斯吾所谓道也，非向所谓老与佛之道也。尧以是传之舜，舜以是传之禹，禹以是传之汤，汤以是传之文、武、周公，文、武、周公传之孔子，孔子传之孟轲。轲之死，不得其传焉；荀与扬也，择焉而不精，语焉而不详。”④

按，韩愈之所以要提出道统说，盖因为道教、释氏师弟子之间，皆以符玺、衣钵相授受，有其一定的传承统系。韩愈为攘斥道、佛，乃提出儒统以与之相抗衡。⑤

---

① 邵雍《观物外篇》：“性公而明，性偏而暗。”张载以为心统性情，性纯粹至善，情则有善有恶。皆属其例。

② 《古文辞类纂·复性书》之诸家集评，真西山引朱子曰：“李翱论复性则是，灭情以复性则非。情如何可灭，此释氏之说淆于其中而不知。”

③ 《孟子·尽心下》。

④ 《韩昌黎集·原道》。

⑤ 《陈寅恪先生全集·论韩愈》谓：“退之自述其道统传授渊源固由孟子卒章所启发，亦从新禅宗所自称者摹袭得来也。”

李翱对于道统之叙说虽不如韩愈明白完备，然亦尝谓：

> 圣人以之传于颜子，颜子得之，拳拳不失，不远而复，其心三月不违仁。子曰："回也，其庶乎！屡空。"其所以未到于圣人者，一息耳！非力不能也，短命而死故也。其余升堂者，盖皆传也。一气之所养，一雨之所膏，而得之者各有浅深，不必均也。子路之死也，石乞、壶黡以戈击之，断缨，子路曰："君子死，冠不免。"结缨而死。由也非好勇而无惧也，其心寂然不动故也。曾子之死也，曰："吾何求焉？吾得正而毙焉，斯已矣！"此正性命之旨也。子思，仲尼之孙，得其祖之道，述《中庸》四十七篇，以传于孟轲。轲曰："我四十不动心。"轲之门人达者公孙丑、万章之徒盖传焉。①

开始于孔、孟之间，加入其他传道之儒者。至南宋朱熹，于其《中庸章句序》中，乃承其说而论之曰：

> 盖自上古圣神，继天立极，而道统之传有自来矣！其见于经，则允执厥中者，尧之所以授舜也。"人心惟危，道心惟微，惟精惟一，允执厥中"者，舜之所以授禹也……自是以来，圣圣相承，若成汤、文、武之为君，皋陶、伊、傅、周、召之为臣，既皆以此而接夫道统之传。若吾夫子，则虽不得其位，而所以继往圣，开来学，其功反有贤于尧舜者。然当是时，见而知之者，惟颜氏、曾氏之传得其宗。及曾氏之再传，而复得夫子之孙子思，则去圣远而异端起矣！子思惧夫愈久而愈失其真也，于是推本尧、舜以来相传之意，质以平日所闻父师之言，更互演绎，作为此书……自是而又再传以得孟氏，为能推明是书，以承先圣之统。及其没而遂失其传焉……然而尚幸此书之不泯，故程夫子兄弟者出，得有所考，以续夫千载不传之绪。②

于孔子以后，又增列颜渊、曾参、子思；于孟子以后，又增列二程子。迨朱熹弟子黄榦，作《圣贤道统传授总叙说》，又云：

---

① 《李文公集·复性书上》。

② 《中庸章句序》。

……及至周子，则以诚为本，以欲为戒，此又周子继孔、孟不传之绪者也。至二程子，则曰："涵养须用敬，进学则在致知。"又曰："非明则动无所之，非动则明无所用。"而为《四箴》，以著克己之义焉。此二程得统于周子者也。先师文公之学，见之四书，而其要则尤以《大学》为入道之序，盖持敬也。诚意、正心、修身，而见于齐家、治国、平天下，外有以极其规模之大，而内有以尽其节目之详。此又先师之得其统于二程者也。[①]

于宋儒之中，又增列周敦颐及其师朱熹。于是理学家之道统说至此遂告确立不移。虽然，吾人探究其渊源，不可不谓韩愈、李翱实已导其先路矣！

——原发表于《书目季刊》第16卷第2期，1982年9月

三、胡瑗、孙复的经学及其与宋代儒学发展的关系

（一）前言

经学的发展，从清代以后，就开始有了汉学、宋学的划分，汉学重训诂考据，宋学多阐明义理，此为两派的大略差异。胡瑗、孙复于北宋初期，研讨经义并以之教养诸生，虽然两人的资性不同，据《宋元学案》记载：

安定沉潜，泰山高明；安定笃实，泰山刚健。[②]

安定，冬日之日也；泰山，夏日之日也。[③]

成就也略有差异：

瑗治经不如复，而教养诸生过之。[④]

《宋史》谓瑗治经不如复，安定之经术深矣，先生复过之。[⑤]

---

① 《宋元学案·晦翁学案·圣贤道统传授总叙说》。

② 黄宗羲著，全祖望补修，陈金生、梁运华点校：《宋元学案·安定学案》，台北：华世出版社，1987年9月台1版，第23页。

③ 《宋元学案·泰山学案》，第72页。

④ 脱脱：《宋史·儒林传·孙复》，台北：艺文印书馆影印清乾隆武英殿刊本，第5254页。

⑤ 《宋元学案·泰山学案》，第73页。

但两人有同学之谊，也都是一样的艰苦力学。胡瑗的情形是：

家贫无以自给，往泰山，与孙明复、石守道同学。攻苦食淡，终夜不寝，一坐十年不归。得家书，见上有“平安”二字，即投之涧中，恐扰心也。①

孙复的状况则为：

四举而不得一官，鬓发皆皓白，乃退而筑居泰山之阳，聚徒著书，种竹树果，盖有所待也。②

退居泰山之阳，枯槁憔悴，须眉皓白。③

且其力肩斯道之传的精神，则毫无二致：

要其力肩斯道之传，则一也。④

对于弘扬经术贡献尤大，经学研究之由汉学转为宋学，两人实居于关键的地位，故被推许为宋学的开山人物：

宋代学术之盛，安定、泰山为之先河，程、朱二先生皆以为然。⑤

胡瑗的著作，据各家目录所载，有《景祐乐府奏议》一卷、《皇祐新乐图记》三卷、《吉凶书仪》二卷、《学政条约》一卷、《武学规矩》一卷、《资圣集》十五卷，以上皆出自他的手笔。除此之外，都属讲义性质，在他教学时，

---

① 《宋元学案·安定学案》，第24页。

② 石介：《徂徕集·明隐》，文渊阁《四库全书》集部二九，第1090册，台北：台湾商务印书馆影印，第237页。

③ 《宋元学案·泰山学案》，第100页。《宋元学案·泰山学案》又载：“范文正在睢阳掌学，有孙秀才者索游，上谒文正，赠钱一千。明年，孙生复过睢阳，谒文正，又赠一千，因问：‘何为汲汲于道路？’生戚然动色曰：‘母老，无以为养。若日得百钱，甘旨足矣。’文正曰：‘吾观子辞气，非乞客也。二年仆仆，所得几何，而废学多矣！吾今补子学职，月可得三千以供养，子能安于学乎？’生大喜，于是授以《春秋》，而孙生笃学，不舍昼夜。明年，文正去睢阳，孙生亦辞归。后十年，闻泰山下有孙明复先生以《春秋》教授学者，道德高迈，朝廷召至，乃昔日索游孙秀才也。”可参。第100—101页。

④ 《宋元学案·安定学案》，第23页。

⑤ 《宋元学案·安定学案》，第23页。又《宋元学案·泰山学案》，黄百家引黄东发语：“宋兴八十年，安定胡先生、泰山孙先生、徂徕石先生始以师道明正学，继而濂、洛兴矣。故本朝理学虽至伊洛而精，实自三先生而始。”虽系就理学的发展而言，但所谓“以师道明正学”，亦可见其对当时学术的贡献。第73页。

由学生记录留存，包括《周易口义》十二卷，[①] 由倪天隐记录；《中庸义》一卷，由盛侨记录；《洪范口义》一卷，不知何人记录；《春秋口义》五卷，由朱临记录[②]。但以上这些著作多已亡佚，仅《四库全书》收录之《周易口义》《洪范口义》尚存。

孙复的著作，由其弟子祖无择整理成书者计有《春秋尊王发微》十二卷、《春秋总论》三卷、《易说》六十四篇、《睢阳子集》十卷。现存者仅《春秋尊王发微》，另有《孙明复小集》，系《睢阳子集》的辑佚本。

以下即根据胡瑗、孙复的现存著作，并搜集相关史料、后代学者对两人的评述等资料，探讨胡瑗、孙复在经学上的成就，及其对宋代经学研究的影响，为宋代经学发展史上的重大转折提供线索。

（二）胡瑗、孙复的经学成就

胡瑗、孙复于泰山苦学有成以后，几乎是把所有心力投射在经学的研讨上，并将研讨所得用来裁成后进，取得了很大的成就。约而言之，其经学成就主要有三点：

1. 治《易》与《春秋》，重在阐发经义

就前列胡瑗、孙复的著作来看，胡瑗的著作较多，若以卷数的多寡而论，显以《易》与《春秋》为主；孙复则除文集以外，只有与《易》《春秋》相关之作。两人之所以着意于此二经，盖有其原因，一方面则如石介所言：

> 先生（指孙复）常以为尽孔子之心者《大易》，尽孔子之用者《春秋》，是二大经，圣人之极笔也，治世之大法也。[③]

另一方面也有时代的因素，马宗霍《中国经学史》云：

> 其间《易》与《春秋》，作者尤繁。盖《易》本隐以之显，《春秋》推见至隐，一明天道，一明人事，惟人所说，不必征实，故自王弼废象

---

① 《宋史·艺文志》载胡瑗《易解》十卷、《周易口义》十卷，《四库全书·周易口义提要》据朱彝尊《经义考》及晁公武《郡斋读书志》以为“《易解》《口义》确为一家，《宋志》误分为二明矣”。见《周易口义提要》，台北：台湾商务印书馆《四库全书珍本》三集，第3页。

② 《宋元学案·安定学案》录存《春秋说》七条，《宋元学案补遗》又增录十四条，疑即为此书。

③ 《徂徕集·泰山书院记》，第319页。

> 数，而谈《易》者日增；自啖助废三传，而谈《春秋》者日盛。空言易骋，亦不独宋儒为然矣。又南渡而后，国势不振，士大夫愤夷祸之日亟，痛恢复之难期，情殷中兴，念切雪耻，无以寄志，退而著书，则垂戒莫显乎《易·象》，复仇莫大乎《春秋》，趋治二经，殆亦有不获已焉者。[①]

宋儒之偏尚于治《易》与《春秋》，是否即在于“空言易骋”，实有斟酌的余地。而所谓“南渡而后”云云，以五代乃至北宋初年，中原地区饱受夷狄威胁的情势而论，大抵是可以成立的。

就《周易》而言，孙复著有《易说》六十四篇，可惜已经亡佚，无法据以讨论。至于胡瑗之《周易口义》则尚完整保存，从中可以看出其解《易》有不同于前人的说法者，如释《易》之名义曰：

> 按《乾凿度》云：“易一名而含三义：简易也，不易也，变易也。”故颖达作疏，洎崔觐、刘正简皆取其说。然谓不易、简易者，于圣人之经，谬妄殆甚。且仲尼曰：“名不正则言不顺，言不顺则事不成。”是言凡兴作之事先须正名，名正则事方可成。况圣人作《易》，为万世之大法，岂复有二三之义乎？[②]

按，孔颖达《周易正义》虽然云：“夫易者变化之总名，改换之殊称。自天地开辟，阴阳运行，寒暑迭来，日月更出，孚萌庶类，亭毒群品，新新不停，生生相续，莫非资变化之力，换代之功。”[③] 然而又引用《易纬乾凿度》之说，以为易一名含简易、变易、不易三义。胡瑗则以为易只有变易之义而无简易、不易之义。

又如解释《乾卦》“初九，潜龙勿用”曰：

> 孔颖达作疏，以谓勿用者，于此时小人道盛，若其施用，则为小人所害，寡不敌众，弱不胜强，祸患斯及，故戒勿施用。此大非圣人之旨。夫圣人才无所不能，智无所不周，怀道德，持仁义，以革天下弊，举陋

① 马宗霍：《中国经学史》，台北：台湾商务印书馆，1979 年 9 月台 6 版，第 121 页。
② 胡瑗：《周易口义·发题》，台北：台湾商务印书馆《四库全书珍本》三集。
③ 孔颖达：《周易正义·序》，台北：艺文印书馆影印重刊宋本《十三经注疏》第一册，第 3 页。

> 典，新污俗，矫曲为直，表邪为正，以陶冶于上而天下治矣！又何惮小人之害？若惧其见害而勿施用，则是天下常乱而不可得治也。然此勿用者，盖言勿用此潜龙为德也。……故孔子目长沮、桀溺曰："鸟兽不可与同群，吾非斯人之徒与而谁与？"又曰："素隐行怪，后世有述焉，吾弗为之矣！"盖后世之人多以潜隐为德，或隐于岩野，或遁于林泉，罔德义以沽名，傲衣冠以耀志，故有终身不见用于世而乱人伦者也。①

孔颖达的解说偏向于《论语》中的隐者，有明哲保身的意味，较接近道家思想。胡瑗深不以为然，两度引用孔子之语加以反驳，充分阐发孔子的用世之心与儒者任道担当的精神。

另外，在论述"初九，潜龙勿用"之"勿用"一词的含意时，列举《易》中出现的其他四次"勿用"，包括《屯卦》的彖传、《姤卦》的彖传、《师卦》的上六爻辞、《蒙卦》的六三爻辞，作为佐证，以明其所解符合圣人之意。又在其解说《师卦》上六爻辞时云：

> 《师》之上六曰："大君有命，开国承家，小人勿用。"言上六师道之成，大君班爵行赏，其功大者开建其国为诸侯，其功小者建立其家为卿大夫，若小人偶立一战之效，与之金帛可也，赐之甲胄可也。后汉光武不任功臣以吏事，深得其道。不然，若用小人，必乱其邦，所以韩、彭、英、卢立功受地，不旋踵而就戮也。②

由此可见胡瑗说《易》能据经解经，又能引史实以明其说。

综上所述，可归纳胡瑗之治《易》，盖有下列四个特点：一为不惑于注疏之言，二为能阐明儒学精神，三为能据经解经，四为能以史事相参证。③

就《春秋》而言，从孙复为其著作取名为《春秋尊王发微》，可以窥知其深意所在。其书开宗明义，即慨叹天下无王，并以为《春秋》首书"隐公元年春王正月"，旨在尊王以端本而正始，曰：

---

① 《周易口义·乾》，第6—7页。

② 《周易口义·乾》，第6—7页。

③ 按以上四点并非仅见于所引《乾卦》而已，其余各卦也多有之，限于篇幅，不一一引述。

孔子之作《春秋》也，以天下无王而作也。……《诗》自《黍离》而降者，天下无复有雅也；《书》自《文侯之命》而绝者，天下无复有诰命也；《春秋》自隐公而始者，天下无复有王也。夫欲治其末者必先端其本，严其终者必先正其始。元年书王，所以端本也；正月，所以正始也。其本既端，其始既正，然后以大中之法从而诛赏之，故曰元年春王正月也。①

孙复统计《春秋》书王者，包含正月、二月、三月，共达一百余次；且在元年，不论有事无事，皆书“春王正月”，其余各年，则事在一月、二月、三月乃书“春王正月”“春王二月”“春王三月”。认为此系《春秋》之笔法：

群公之年，正月书王者九十二，二月书王者二十，三月书王者一十七。《春秋》之法，唯元年不以有事无事皆书王正月，余年事在正月则书正月……事在二月则书二月……事在三月则书三月。②

还进一步指出另一个《春秋》笔法：“王无十年不书”。意谓除了某公元年以外，凡某公十年、二十年等逢十之年，毫无例外地写下“春王”二字，以揭示尊王之义，故于桓公“十年春王正月”下曰：

此年书王者，王无十年不书也。十年无王，则人道灭矣！③

与尊王相应的是攘夷，一般皆以为春秋时代，尊王攘夷最有功者为齐桓公，但孙复对齐桓公，既褒扬其攘夷狄、救中国之贡献，但也贬抑其救患不力，如于“僖公元年春王正月，齐师、宋师、曹师次于聂北，救邢”下云：

威（桓）自灭遂，二十年用师征伐，皆称人者，以其攘夷狄、救中国之功未著，微之也。案，庄三十二年，狄伐邢；闵元年，齐人救邢。威未能率诸侯以往，故犹称人焉。至此称师者，以其能合二国，次于聂北，救邢。齐威攘夷狄、救中国之功渐见，少进之也。然犹有次焉。先

① 孙复：《春秋尊王发微·隐公元年》，文渊阁《四库全书》经部一四一，第147册，台北：台湾商务印书馆影印，第3页。

② 《春秋尊王发微·隐公三年》，第6页。

③ 《春秋尊王发微·桓公十年》，第20页。

言次而后言救者，讥缓于救患也。灭遂在庄十三年。①

孙复不仅在政治上攘夷，更在文化上攘夷，以为对不合乎儒家仁义礼乐之道的杨墨、申韩、佛老，皆应鸣鼓而攻之，曰：

> 然则仁义不行，礼乐不作，儒者之辱欤！夫仁义礼乐，治世之本也；王道之所由兴，人伦之所由正，舍其本则何所为哉！噫！儒者之辱，始于战国，杨朱、墨翟乱之于前，申不害、韩非杂之于后。汉、魏而下，则又甚焉，佛、老之徒横乎中国，彼以死生祸福虚无报应为事，千万其端，绐我生民。绝灭仁义，以塞天下之耳；摒弃礼乐，以涂天下之目。……纷纷扰扰，周乎天下，于是其教与儒齐驱并驾，峙而为三。吁！可怪也。且夫君臣父子夫妇，人伦之大端也，彼则去君臣之礼，绝父子之戚，灭夫妇之义，以之为国，则乱矣！以之使人，贼作矣！儒者不以仁义礼乐为心则已，若以为心，则得不鸣鼓而攻之乎？②

阐发《春秋》尊王攘夷的大义，捍卫儒家仁义礼乐以明人伦，可以看出孙复用心的恳切。

按，胡瑗有《春秋口义》五卷，可惜已经亡佚，唯《宋元学案·安定学案》引录其《春秋说》七条，虽然难以窥其全貌，但其于《春秋·桓公五年》“蔡人、魏人、陈人从王伐郑”下云：

> 不书“王师败绩于郑”，王者无敌于天下，书“战”则王者可敌，书“败”则诸侯得御，故言“伐”而不言“败”。③

又于《周易口义·乾卦》“用九，见群龙无首，吉”下云：

> 夫国家兵武至刚威者也，动则蠹民之财，残民之命，圣人不得已而用之也。凡人臣有背叛，四夷有侵挠，天子于是加兵以诛讨之，去其元恶大憝以安天下之生灵。待其有犯，然后应之耳，不可先之也。先之则

---

① 《春秋尊王发微·僖公元年》，第43页。按，孙复对齐桓公有褒有贬，其例甚多，不具引。

② 《孙明复小集·儒辱》，第176页。

③ 《宋元学案·安定学案》，第27页。

穷黩矣！夫穷兵黩武，岂圣人之事哉！[①]

凡此亦可见其与孙复同样主张尊王攘夷，而又以儒家的仁义礼乐为本。

孙复治经，还有一个特点，不仅舍注疏，而且舍传而直接求之于经，他尝谓：

> 专主王弼、韩康伯之说，而求于《大易》，吾未见其能尽于《大易》者也。专守左氏、公羊、穀梁、杜预、何休、范甯之说，而求于《春秋》，吾未见其能尽于《春秋》者也。专守毛苌、郑康成之说，而求于《诗》，吾未见其能尽于《诗》者也。专守孔安国之说，而求于《书》，吾未见其能尽于《书》者也。……又后之作疏者无所发明，但委曲踵于旧之注说而已。[②]

因此，欧阳修为其作墓志铭，乃盛称其“治《春秋》，不惑传注。不为曲说以乱经，其言简易，明于诸侯大夫功罪，以考时之盛衰，而推见王道之治乱，得于经之本义为多”[③]。

总前所言，胡瑗、孙复治经，主要集中于《易》与《春秋》，其共同的特点为不惑于传记注疏，不琐于章句训诂，而重在阐发经书中之大义，强调儒家的仁义礼乐之道。

2. 以经义教导诸生，倡明师道

宋代学术之所以能够兴盛，与师道的发扬有莫大的关系。对于师道的提倡，其实早在唐代韩愈已经开始，韩愈著有《师说》一文，阐明师道的地位及重要性，并提出求师无分于贵贱少长的观点，更不必顾及流俗的笑侮，收召后学，抗颜而为师。可惜韩愈的这番努力，历经晚唐、五代颓风的摧残，并没能产生多大影响。直到北宋初年，胡瑗、孙复继起，师道才真正受重视，并产生影响力。全祖望于《宋元学案·古灵四先生学案》尝曰：

> 宋仁之世，安定先生起于南，泰山先生起于北，天下之士从者如云，

---

① 《周易口义·乾卦》，第 14 页。

② 《孙明复小集·寄范天章书二》，第 171 页。

③ 欧阳修：《欧阳修先生全集·孙明复先生墓志铭》，北京：中国书店，1994 年 12 月第 1 版第 4 刷，第 194 页。

而正学自此造端矣！①

在此之前，欧阳修即曾说：

师道废久矣！自明道、景祐以来，学者有师，唯先生（指胡瑗）暨泰山孙明复、石守道三人而已。②

可见孙、胡二人对于倡明师道，倡导正学，实有开风气之先的贡献。

胡瑗一生可谓倾其心力于教育事业，他先是以经术教授吴中，其后被范仲淹聘为苏州教授，继又被滕宗谅聘为湖州教授，最后被天子任命为国子监直讲。他教导后学，能以身作则，严重师道，《宋元学案·安定学案》载：

先生倡明正学，以身先之。虽盛暑，必公服坐堂上，严师弟子之礼。视诸生如子弟，诸生亦爱敬如父兄。③

胡瑗教人，能奖掖激励学生以劝其志，又能各依其资性之所近，因材施教，《五朝名臣言行录》载：

胡亦甄别人物，择其过人远甚，人畏服者，奖之激之，以劝其志。又各因其所好，类聚而别居之，故好尚经术者，好谈兵战者，好文艺者，好尚节义者，皆使之以类群居，相与讲习。④

且颇注重启发教学及师友讲习之效，《五朝名臣言行录》又载：

以类群居，相与讲习。胡亦时召之，使论其所学，为定其理；或自出一义，使人人以对，为可否之；当时政事，俾之折衷；故人皆乐从之而有成。⑤

胡瑗还精通乐理，曾为朝廷典作乐事，所以也很注重诗乐陶冶之功，《宋元学案·安定学案》载：

先生在学时，每公私试罢，掌仪率诸生会于肯善堂，和雅乐歌

---

① 《宋元学案·古灵四先生学案》，第228页。
② 《欧阳修先生全集·胡先生墓表》，第178页。
③ 《宋元学案·安定学案》，第24页。
④ 张涉园编：《五朝名臣言行录·安定胡先生》，《四部丛刊》，台北：台湾商务印书馆，第7页。
⑤ 《五朝名臣言行录·安定胡先生》，第7页。

《诗》，至夜，乃散诸斋，亦自歌《诗》奏乐，琴瑟之声彻于外。[①]

对于学生，又能不忽细节，适时点醒，使其猛然省悟。《宋元学案·安定学案》载：

> 徐积初见先生，头容少偏，先生厉声曰："头容直。"积猛自省，不特头容要直，心亦要直，自是不敢有邪心。[②]

尤其注重经义，并以之劝喻诸生，学生在其感召之下，品行端正高尚，《五朝名臣言行录》云：

> 解经至有要义，恳恳为诸生言其所以治己而后治乎人者。学徒千数，日月刮摩，为文章皆传经义，必以理胜。信其师说，敦尚行实。[③]

教学有其目标，教法又美备，故人皆乐于相从，四方之士归之，至于庠序不能容，不得不旁拓军居以广之，可谓漪矣盛哉！因此收效甚宏，人才蔚起，朝廷名臣，多出于其门。

孙复先在泰山之下讲学，后因范仲淹、富弼的推荐，也被朝廷任命为国子监直讲。他的学生虽然不如胡瑗之多，据其弟子石介《徂徕集·泰山书院记》所载，孙复在泰山讲学的情形是：

> 先生亦以其道授弟子，既授之，弟子亦将传之于书，将使其书大行，其道大耀。乃于泰山之阳起学舍斋堂，聚先圣之书满屋，与群弟子而居之。[④]

并谓其游从之贵者，与门人之高弟者，足以与孟子、扬子、文中子、吏部"相继于千百年之间"。[⑤]

孙复对师道的最大贡献，乃在于与其弟子石介两人，以实际的表现显示了师道的尊严。据《欧阳文忠公集·孙明复先生墓志铭》所载，当时朝廷给

---

① 《宋元学案·安定学案》，第 28 页。
② 《宋元学案·安定学案》，第 28 页。
③ 《五朝名臣言行录·安定胡先生》，第 2 页。
④ 《徂徕集·泰山书院记》，第 318 页。
⑤ 《徂徕集·泰山书院记》，第 318 页。

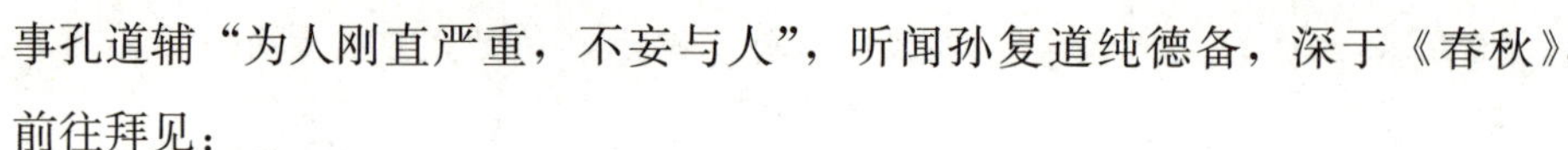

事孔道辅“为人刚直严重，不妄与人”，听闻孙复道纯德备，深于《春秋》，前往拜见：

> 介执杖履，侍左右。先生坐，则立；升降拜，则扶之。及其往谢也，亦然。鲁人既素高此两人，由是始识师弟子之礼。①

孙复一生行事及其教学情形，虽然史书记载并不详细，可是就石介对其师事之严一事看来，当不难想象其在学生心目中的地位了。

师道的发扬，一方面既要能使师道广布，另一方面又要能显现师道的尊严，才能够发挥大作用。胡瑗、孙复二人资性不同，一沉潜，一高明；一笃实，一刚健；一如冬日之日，一如夏日之日。沉潜笃实，有如冬日之日者，使人乐于亲近，宜于接引后学，成就人才，遂使师道日广；高明刚健，有如夏日之日者，凛然令人敬服，表现出岩岩的气象，可使师道益尊。两者虽相异而实相辅相成，终于促成师道的发扬，更推动了宋代学术的兴盛。筚路蓝缕，以启山林，其功至伟。孙复尝言：

> 国家踵隋唐之制，专以辞赋取人，故天下之士皆奔走致力于声病对偶之间；探索圣贤之阃奥者，百无一二。向非挺然特出、不徇世俗之士，则孰克舍彼而取于此乎?②

胡瑗、孙复精研《易》与《春秋》，阐明儒家的仁义礼乐之道，并能以身作则，教养诸生，兼经师、人师而有之，遂使师道日广日尊，所谓“挺然特出，不徇世俗”者，实为两人的最佳写照。

3. 所讲为明体达用之学，发扬儒学精神

从汉代到唐朝，甚至到北宋初年，经学的研究，整体而言，系朝章句训诂的方向发展，其间虽然也曾有过反动，但只是掀起小小的波澜而已，并未影响整个大潮流。在此情形之下，经说日繁，固然也是一种研究的成果，只是终日埋首于书册之间，与原始儒家孔、孟、荀所谓的修己治人之学，终究有相当大的距离。胡瑗、孙复之所以不惬于传注之学，与当时的这种经学研

---

① 《欧阳修先生全集·孙明复先生墓志铭》，第198页。

② 《孙明复小集·与范天章书一》，第170页。

究风气实有密切关系，故两人皆致力于恢复原始儒家的明体达用之学。

胡瑗讲求儒家明体达用之学的具体表现，为其在湖州担任教授时所定的办法，《宋元学案·安定学案》载：

> 其教人之法，科条纤悉具备。立“经义”“治事”二斋：经义则选择其心性疏通、有器局、可任大事者，使之讲明六经；治事则一人各治一事，又兼摄一事，如治民以安其生，讲武以御其寇，堰水以利田，算历以明数是也。①

大抵经义重通才，在使人明体；治事重专家，在使人达用；目的乃在于将经义与实务融合为一。胡瑗后来担任国子监直讲，并将其法施行于太学，为国家培养了更多的人才。熙宁二年（1069），宋神宗曾问及胡瑗的学生刘彝，“胡瑗与王安石孰优”，刘彝答道：

> 臣师胡瑗以仁义道德教东南诸生时，王安石方在场屋中修进士业。臣闻圣人之道，有体、有用、有文。君臣父子，仁义礼乐，历世不可变者，其体也。《诗》《书》史传子集，垂法后世者，其文也。举而措之天下，能润泽斯民，归于皇极者，其用也。国家累朝取士，不以体用为本，而尚声律浮华之词，是以风俗偷薄。臣师当宝元、明道之间，尤病其失，遂以明体达用之学教诸生。夙夜勤瘁，二十余年，专切学校。始于苏、湖，终于大学。出其门者无虑数千余人。故今学者明夫圣人体用，以为政教之本，皆臣师之功，非安石比也。②

刘彝这一答，实最能表出胡瑗一生讲学的精神及其致力所在，因此他培养出的弟子，多能明大体而适于世用，《五朝名臣言行录》云：

> 天下湖学多秀彦，其出而筮仕，往往取高第；及为政，多适于世用，若老于吏事者，由讲习有素也。③

① 《宋元学案·安定学案》，第 24 页。

② 《宋元学案·安定学案》，第 25 页。

③ 《五朝名臣言行录·安定胡先生》，第 6 页。《宋元学案·安定学案》亦载：“是时礼部所得士，先生弟子十常居四五，随材高下而修饰之，人遇之，虽不识，皆知为先生弟子也。”第 25 页。

胡瑗不仅赢得学生的敬服，也为后人所推崇，如黄百家于《宋元学案·安定学案》的案语中，即举程颐为例，以见其在学生心目中的地位：

先生在太学，尝以“颜子所好何学论”试诸生。先生得伊川作，大奇之，即请相见，处以学职，知契独深。伊川之敬礼先生亦至。于濂溪，虽尝从学，往往字之曰“茂叔”；于先生，非“安定先生”不称也。又尝语人曰：“凡从安定先生学者，其醇厚和易之气，一望可知。”又尝言：“安定先生之门人，往往知稽古爱民，于从政乎何有?”①

能明于体用，才会知稽古爱民，因此对理学末流之沦陷于空疏，抨击不遗余力的颜元，对胡瑗深感佩服，以为其所行能深契孔子之心，曰：

我夫子承周末文胜之际，洞见道之不兴，不在文之不详，而在实之不修。奋笔删定繁文，存今所有经书，取足以明道，而学术专在六艺，务期实用。其与端木、言、卜诸子以下，最少言语，至于天道性命之言尤少，是以学者用功省而成就多。五季之世，武臣司政，《诗》《书》高阁，至宋而周、程诸儒出，掀精抉奥，鼓动一时，自谓快事。惟安定胡先生独知救弊之道在实学不在空言，其主教太学也，立经义、治事斋，可谓深契孔子之心。②

所谓“救弊之道在实学不在空言”，最能点出胡瑗在一片崇尚以章句训诂为主的注疏之学潮流中，以明体达用之学教导诸生，以发扬儒学本有精神的苦心曲为。

如前所述，孙复尝以为“尽孔子之心者《大易》，尽孔子之用者《春秋》”，故作《易说》及《春秋尊王发微》。进而认为孔子之所以伟大，乃在于对古先圣贤所创立的制度，斟酌损益，作为治理天下国家的大中之道，曰：

所谓夫子之道者，治天下、经国家大中之道也。其道基于伏羲，渐于神农，著于黄帝、尧、舜，章于禹、汤、文、武、周公。然伏羲而下，创制立度，或略或繁，我圣师夫子从而损之益之，俾协厥中，笔为六经，由是治天下、经国家大中之道，焕然而备。此夫子所谓大也。③

---

① 《宋元学案·安定学案》，第26页。

② 颜元：《存学编·性理评》，《颜本丛书》第一册，台北：广文书局，1989年11月再版，第144页。

③ 《孙明复小集·上孔给事书》，第172页。

所以他认为儒者乃是“长世御俗，宣教化之大本也”①。为达成这一任务，他潜心于教学著述，而最关注制度问题，以为制度既经建立，则君臣上下贵贱之间可以各安其位，天下国家的秩序即能维持，曰：

舜既受命，庸十二相，放四凶也。以帝天下之制犹有未至者焉，乃穷神极虑，以增以益。夫所谓帝天下之制者，君君臣臣，上下贵贱之序久久不相渎者是也。②

其《春秋尊王发微》所以重在端本正始，强调尊王攘夷之大义，意在“自上而下，俾贵贱之序益明，天子之位益尊……所以杜万世僭陵篡夺无穷之祸也”③。故除了欧阳修说其书“明于诸侯大夫功罪，以考时之盛衰，而推见王道之治乱，得于经之本义为多”④ 以外，朱熹也评论道：

近时言《春秋》，皆计较利害，大义却不曾见。如唐之陆淳、本朝孙明复之徒，虽未能深于圣经，然观其推言治道，凛凛然可畏，终得圣人意思。⑤

所谓“推见王道之治乱”“推言治道”，都是着眼于实际的政教得失，于焉可见孙复所讲者仍是儒家本色的明体达用之学。

按，孙复一生隐居教授，或者以为他乃是一位隐者，其高弟石介因为之辨明道：

孙明复先生学周公、孔子之道而明之者也。周、孔之道非独一身而兼利天下者也。……先生凡四举进士，则是先生非苟畜其道以膏润肥硕于其身，将以利天下也，润万物也。四举而不得一官，鬓发皆皓白，乃退而筑居于泰山之阳，聚徒著书，种竹树果，盖有所待也。……古之贤人有隐者，皆避乱世而隐者也。……彼所谓隐者，有匹夫之志，守硁硁之节者之所为也，圣人之所不为也。……如先生者，遭尧、舜之盛，未得进用，故盘桓山谷以待时也，非隐者也。⑥

① 《孙明复小集·书汉元帝赞后》，第 164 页。
② 《孙明复小集·舜制议》，第 159 页。
③ 《孙明复小集·舜制议》，第 160 页。
④ 《欧阳修先生全集·孙明复先生墓志铭》，第 194 页。
⑤ 《宋元学案·泰山学案》，第 101 页。
⑥ 《徂徕集·明隐》，第 236、237 页。

所谓“盖有所待也”，最能表述孙复的用心，而与前所述胡瑗《周易口义》斥孔颖达之解“乾龙勿用”，为大非圣人之旨，若合符节。孙、胡两先生怀抱利济天下之心，措意于明体达用之学，亦可见矣！

（三）胡瑗、孙复的经学成就对宋代经学的影响

胡瑗、孙复研治经学，从经书中掌握到儒家的明体达用之学，并以之教养诸生，由于其学多出于自得，且能以高尚的人格感召学生，教法又极其美备，遂能裁成多士，而其高弟者，或中甲科居显官，或散在四方教育学子，影响面广，对宋代经学起了关键性的作用。

1. 就治《易》与《春秋》，重在阐发经义而言：《易经》在两汉时代，以象数见长；及至魏晋，王弼扫除象数，却又杂以老、庄；迨胡瑗出，才开始阐明儒理，《四库全书总目提要·易类序》云：

> 圣人觉世牖民，大抵因事以寓教，《诗》寓于风谣，《礼》寓于节文，《尚书》《春秋》寓于史，而《易》则寓于卜筮。故《易》之为书，推天道以明人事者也；《左传》所记诸占，盖犹太卜之遗法。汉儒言象数，去古未远也；一变而为京、焦，入于禨祥；再变而为陈、邵，务穷造化；《易》遂不切于民用。王弼尽黜象数，说以老、庄；一变而胡瑗、程子，始阐明儒理；再变而李光、杨万里，又参证史事；《易》遂日启其论端。[①]

可见《易》之两派六宗中的义理派三宗内，儒家《易》以胡瑗为首倡，而与王弼之道家《易》分庭抗礼，对后来之以儒理解释《易经》者，如程颐等影响至大。[②] 据前所述，胡瑗解《易》，每每引用史实以明其义理，故谓李光、

---

① 永瑢等撰：《四库全书总目·经部·易类序》，北京：中华书局，1965年8月第1版，第1页。

② 《四库全书·周易口义提要》：“其说《易》以义理为宗。邵伯温《闻见前录》记程子《与谢湜书》，言读《易》当先观王弼、胡瑗、王安石三家。三原刘绍攽《周易详说》曰：‘朱子谓程子之学源于周子。然考之《易传》，无一语及于太极，于《观卦·彖辞》云：“予闻之胡翼之先生，居上为天下之表仪。”于《大畜》上九云：“予闻之胡先生曰，天之衢亨误加何字。”于《夬》九三云：“安定胡先生移其文曰，牡于頄，有凶。独行遇雨，若濡，有愠，君子夬夬，无咎。”于《渐》上九云：“定安胡先生以陆为逵。”考《伊川年谱》，称“皇祐中游太学，海陵胡翼之先生方主教导，得先生所试，大惊，即延见，处以学职”。意其时必从而受业焉。世知其从事濂溪，不知其讲《易》多本于翼之也。’其说为前人所未及，今核以《程传》，良然。《朱子语类》亦称‘胡安定《易》，分晓正当。则是书在宋时固以义理说《易》之宗也。’”第1—2页。

杨万里之史家《易》以胡瑗为嚆矢亦不为过。

至于孙复之治《春秋》，前已述及欧阳修称其“得于经之本义为多”，王得臣《麈史》谓：

> 泰山孙明复治《春秋》，著《尊王发微》，大得圣人之微旨，学者多宗之。[①]

《四库全书·春秋尊王发微提要》虽称“（孙）复之论，上祖陆淳，而下开胡安国，谓《春秋》有贬无褒，大抵以深刻为主”，意有所憾，但也不得不承认“而宋代诸儒喜为苛议，顾相与推之，沿波不返”，并且赞扬此书“其间辨名分，别嫌疑，于兴亡治乱之机，亦时有所发明”。[②] 凡此皆可见其影响之深远。

而不论胡瑗之于《易》，抑或孙复之于《春秋》，皆能自出己意，不惑于传注，这一点对宋代经学之影响尤其重大，马宗霍《中国经学史》曰：

> 宋人经学，其有不守陈义，自辟新术，非一家一派所得而囿者……或折衷古训，或独抒别裁，或以议论相高，或以综比矜富，或陈往以讽今，或明体而达用，既异汉、唐之训诂，复殊道学之义理，斯又极宋学之变而不相统摄者也。[③]

其所举诸例，《易》以胡瑗《易解》为首，下注云：“为门人倪天隐所述，亦称《口义》，程子《易传》采之，为义理说《易》之宗。”《春秋》则以孙复之《春秋尊王发微》为首。且不仅于《易》与《春秋》，即《尚书》与《诗经》之例亦多有之。钱穆《朱子新学案》亦云：

> 论北宋诸儒之治经，如胡瑗之于《易》与《洪范》，孙复之于《春秋》，李觏之于《周官》，此等皆元气磅礴，务大体，发新义，不规规于训诂章句，不得复以经儒经生目之。孙复书名《春秋尊王发微》，李觏书名《周礼致太平论》，即观其书名，亦可想见其治经意向之所在。其他如

---

① 王得臣：《麈史》，《全宋笔记》第一编十，郑州：大象出版社，2003 年 10 月第 1 版第 1 刷，第 42 页。

② 《四库全书·春秋尊王发微提要》，第 1、2 页。

③ 《中国经学史》，第 119—121 页。

欧阳修、刘敞、王安石、苏轼诸人，皆研穷经术，尚兼通，而亦喜辟新径，创新解，立新义，与汉儒治经风规大异，此亦北宋诸儒近似先秦儒气味之一征。①

充分显现胡瑗、孙复治经之特色，迥异于汉儒，而为北宋诸儒继承之而更发扬光大，故钱穆云："胡瑗治《易》，孙复治《春秋》，此乃宋儒研经开先两大宗。"② 其言诚属信而有征。

2. 就以经义教导诸生，倡明师道而言：据柳宗元《答韦中立论师道书》所云，魏、晋以后，师道即已陵夷。虽经中唐韩愈努力提倡，仍难挽颓风，至晚唐、五代，师道更加衰颓，直到胡瑗在湖州州学中，为确立师道，倡明正学，造就经世致用的人才，采取分斋教学法，立经义、治事二斋，以明体达用之学教导诸生，一时学者翕然从之。由于效果显著，后来朝廷诏州县皆立学，并于京师建太学，即以胡瑗在湖州的处置作为太学的法式，欧阳修云：

师道废久矣！自明道、景祐以来，学者有师，惟先生暨泰山孙明复、石守道三人，而先生之徒最盛。其在湖州之学，弟子去来，常数百人，各以其经转相传授，其教学之法最备，行之数年，东南之士，莫不以仁义礼乐为学。庆历四年，天子开天章阁，与大臣讲天下事，始慨然诏州县皆立学，于是建太学于京师，而有司请下湖州，取先生之法以为太学法，至今为著令。③

但徒法不足以自行，于是又召胡瑗为国子监直讲，胡瑗亦在巧为安排之下，终于不负所望，赢得众人的信服：

先生在太学，其初人未信服。使其徒之已仕者盛侨、顾临辈分置执事，又令孙觉说《孟子》，中都士人稍稍从游。日升堂讲《易》，音韵高朗，旨意明白，众皆大服。五经异论，弟子记之，目为《胡氏口义》。④

朱熹《学校贡举私议》即引用吕希哲之言，述其事曰：

---

① 钱穆：《朱子新学案》，台北：作者自印本，1970年9月初版，第12页。

② 《朱子新学案》，第21页。

③ 《欧阳修先生全集·胡先生墓表》，第178页。

④ 《宋元学案·安定学案》，第30页。

仁宗之时，太学之法宽简，国子先生必求天下贤士真可为人师者，就其中又择其尤贤者，如胡翼之之徒，使专教导规矩之事。故当是时，天下之士，不远千里来就师之，其游太学者，端为道艺；称弟子者，中心说而诚服之，盖犹有古法之遗意也。①

所设置之法为太学采行，且由他主持其事，终赢得天下之士的敬服，宜乎《宋元学案·安定学案》引黄东发之言曰："先生明体达用之学，师道之立，自先生始。"②

孙复的教学情形，由于记载有限，难以详悉，但从前所述石介对他的敬礼，其道之尊可以想象得知。盖石介为一颇为自负之人，而肯对他如此敬服，绝非偶然，故黄百家于《宋元学案·泰山学案》下案语曰：

嗟乎，师道之难言也！视学问重，则其视师也必尊；视学问轻，则其视师也自忽。……呜呼，观乎徂徕事师之严，虽不见先生之书，不可以知先生之道之尊哉?③

按，史称胡瑗、孙复皆能严师弟子之礼，自魏、晋以来逐渐陵夷的师道，在两人的努力之下，再加上其他学者的响应，遂形成一股蓬勃的讲学风气，而重新兴复了儒学，全祖望尝谓：

有宋真、仁二宗之际，儒林之草昧也。当时濂、洛之徒，方萌芽而未出；而睢阳戚氏在宋，泰山孙氏在齐，安定胡氏在吴，相与讲明正学，自拔于尘俗之中。亦会值贤者在朝，安阳韩忠献公、高平范文正公、乐安欧阳文忠公，皆卓然有见于道之大概。左提右挈，于是学校遍于四方，师儒之道以立。④

学校遍于四方，讲学风气盛行，学术既因此传扬而加广，且因彼此相互论辩切磋而加深，追本溯源，胡瑗、孙复的开风气之先实功不可没。宜乎程

---

① 朱熹著，陈俊民校定：《朱子文集·学校贡举私议》，台北：财团法人德富文教基金会，2000 年 2 月初版，第 3485 页。

② 《宋元学案·安定学案》，第 30 页。

③ 《宋元学案·泰山学案》，第 102—103 页。

④ 全祖望：《鲒埼亭集·庆历五先生书院记》，台北：华世出版社，1977 年 3 月初版，第 865 页。

颐、朱熹以至全祖望皆认为“宋世学术之盛，安定、泰山为之先河”了。

3. 就所讲为明体达用之学，发扬儒学精神而言：胡瑗于湖州设教时，立“经义”“治事”二斋，不仅成效斐然，为国家培植了许多有用的人才，后来更被太学取用为教法。此教法兼顾体用，故其高弟刘彝于回答神宗之问“胡瑗与王安石孰优”时，即称赞其师“以明体达用之学授诸生”。[①] 钱穆于《朱子新学案》中，尝谓宋儒的“学术门径，转极开阔，能向多方面发展，不如汉唐儒学之单纯”，[②] 并分析宋儒学术可分为政事治平之学、经史之学、文章子集之学，而于介绍宋儒的经史之学时说：

> 此与政事治平之学相表里。宋儒经学，与汉儒经学有不同。汉儒多尚专经讲习，纂辑训诂，着意所重只在书本文字上。所谓通经致用，亦仅是因于政事，而牵引经义，初未能于大经大法有建树。宋儒经学，则多能于每一经之大义上发挥。尤著者，如胡瑗苏湖设教，分立经义、治事两斋。经义所以治事，治事必本于经义，此亦汉儒通经致用之意，而较之汉儒，意义更明确，气魄更宏大。[③]

钱穆并于引用刘彝称颂其师“有体、有用、有文”之后，更下断语曰：

> 此虽刘彝一人称崇其师之辞，然即谓此种精神，乃是北宋诸儒间之共同精神，亦无不可。胡瑗则当可推为乃唱导此种精神之第一人。[④]

可以看出胡瑗之倡导明体达用之学，对于北宋诸儒已造成普遍的影响，终于形成当时儒者的共同精神追求。

孙复讲学，推言治道，将有以利天下，有感于当时士子溺于词章，汩于利禄，所追求者乃空虚浮华之学，激而言之曰：

> 夫文者道之用也，道者教之本也，故文之作也，必得之于心而成之

---

① 钱穆《中国近三百年学术史》：“安定湖学，分经义、时务二斋，经义其体，时务其用也。”亦持相同看法。台北：台湾商务印书馆，1965 年 7 月台 4 版，第 3 页。

② 《朱子新学案》，第 10 页。

③ 《朱子新学案》，第 11 页。

④ 《朱子新学案》，第 12 页。钱穆于《中国近三百年学术史》亦曰：“刘氏此言，不徒善道其师，盖宋学精神，刘氏数言亦足尽之。所谓‘道德仁义，圣人体用，以为政教之本’者，此正宋儒所以自立其学，以异于进士场屋之声律，与夫山林释老之独善其身而已者也。”第 2 页。

于言。得之于心者，明诸内者也；成之于言者，见诸外者也。明诸内者，故可以适其用；见诸外者，故可以张其教。是故《诗》、《书》、礼、乐、《大易》、《春秋》之文也，总而谓之经者，以其终于孔子之手，尊而异之尔，斯圣人之文也。后人力薄不克以嗣，但当左右名教，夹辅圣人而已。或则列圣人之微旨，或则擿诸子之异端，或则发千古之未寤，或则正一时之所失，或则陈仁政之大经，或则斥功利之末术，或则扬圣人之声烈，或则写下民之愤叹，或则陈大人之去就，或则述国家之安危，必皆临事摭实，有感而作，为论，为议，为书、疏、歌、诗、赞、颂、箴、辞、铭、说之类，虽其目甚多，同归于道，皆谓之文也。[①]

所谓明诸内而见诸外，意在于适于用而张其教，观其所举或则如何如何之言，都是希望能阐发经书的义理，以有裨于弘扬圣人之道，有利于国计民生，明显带有捍卫儒家正统的色彩，也对当时兴起的古文运动产生了相当的影响。[②]

胡瑗、孙复之讲求明道、致用，此与汉、唐诸儒之重视训诂纂辑，显然已大异其趣，而更贴近原始儒家的精神，以故钱穆云：

理学兴起以前，已先有一大批宋儒，此一大批宋儒，早可称为是新儒。在某一意义上讲，理学兴起以前之宋儒，已与汉儒有不同。比较上，此一大批宋儒，可称为已具有回复到先秦的风气与魄力。[③]

所谓“此一大批宋儒”，当然还包括范仲淹、欧阳修、司马光、王安石等人，而非只有胡瑗、孙复而已，但论开风气之先，则不得不归功此两人。

（四）结语

从两汉到隋、唐，经学的发展基本上是循两个方向发展：

一为经说日益繁多。原本经孔子整理过的典籍始被尊称为经，其后用来

① 《孙明复小集·答张洞书》，第173—174页。

② 刘大杰《中国文学发展史》以为，宋代古文运动，起于反对西昆体的华靡文风，而对西昆派“正式加以严厉的攻击和批评的”，始于孙复的高弟石介，并说“比石介略早，在文学上同样鼓吹复古运动，主张文道合一的思想的，还有柳开、孙复、穆修诸人。他们虽非文学家，但对文学的见解，在文学思想史上有一定的影响”。台北：华正书局，1989年7月，第584—587页。

③ 《朱子新学案》，第10页。

解释经的传、记、论也升格为经，又其后不论经、传皆有注，注之后又有解释注的疏；而不论注、疏，皆以章句训诂为主，因此经说乃不断递增。经说不断递增，固然有助于了解经书的文意，但相对也加重了学者的负担；而且既然重在解释文意，则未必能阐发经书所蕴含的义理，经旨转而日趋隐晦。胡瑗、孙复治经的一大特色为不惑传注，往往能不为成说所局限，而于传注之外自立新义，充分发挥独立思考的精神。影响所及，由企图对传统的经说进行改正，逐渐发展到对经书文本的修订，以为经书久经传钞而有错漏，甚至斥之为伪作，以至形成疑经、改经的风气，其所疑、所改固然颇有些争议，但也有不少乃确乎不可移易者，对经学研究起了重大的突破，也成为宋代经学的一大特征。

二为经说的权威化。两汉经学有师法、家法之藩篱，而西汉所立十四博士皆属今文，形成一种权威。至东汉，师法、家法之藩篱逐渐被抉破，古文兴起而有今古文之争，但自郑玄混合今古文，郑学又定于一尊，隐然而成另一种权威。魏、晋时代，王肃、王弼继起，形成与郑玄抗争的局面，其后虽王肃学渐衰，但王弼之学在名理风气的推波助澜之下，始终屹立不摇。迨南北朝，经学因水土风气之不同而有南北学之分，但注经之法，不外执守汉、魏、晋一家之注，加以敷演，而兴起义疏之体，未必能自出机杼。① 及至隋、唐统一天下，唐太宗诏颜师古校正五经文字、孔颖达编撰五经义疏，于是“自五经定本出，而后经籍无异文；自《五经正义》出，而后经义无异说”②。经学之权威化，至此达到巅峰。北宋初年，九经注疏谨守唐人之旧，由邢昺重定的《孝经》《论语》《尔雅》三疏，以及后来孙奭的《孟子》疏，也还是唐人正义之法。凡此十三经正义，因为与朝廷功令结合，遂取得无上的权威，“凡不本于正义者，谓之异端”③，使得天下之说经者仅能墨守注疏，有记诵而

① 《中国经学史》：“南北经学，虽趣尚互殊，而诸儒治经之法，则大抵相同。盖因汉人治经，以本经为主，所为传注，皆以解经，至魏晋以来，则多以经注为主，其所申驳，皆以明注。即有自为家者，或集前人之注，少有折衷；或隐前人之注，迹同攘善；其不依旧注者，则又立意与前人为异者也。至南北朝，则所执更不能出汉魏诸家之外，但守一家之注而诠解之，或旁引诸说而证明之，名为经学，实即注学，于是传注之体日微，义疏之体日起矣！”第 85 页。

② 《中国经学史》，第 94 页。

③ 《欧阳修全集·论删去九经正义中谶纬札子》，第 887 页。

乏心得，对经学当然会造成负面影响。

孙复有见于此，乃上书范仲淹，提出重新为经书做注解的主张，其言曰：

> 彼数子（按，指王弼、韩康伯、杜预、何休、范甯、毛苌、郑康成、孔安国）之说既不能尽于圣人之经，而可藏于太学，行于天下哉？又后之作疏者无所发明，但委屈踵于旧之注说而已！……今天下无事，太平既久，鸿儒硕老，驾肩而起，此岂又减于汉、魏之诸儒哉？执事亟宜上言天子，广诏天下鸿儒硕老，置于太学，俾之讲求微义，殚精极神，参之古今，覆其归趣，取诸卓识绝见，大出王、韩、左、穀、公、杜、何、毛、范、郑、孔之右者，重为注解，俾我六经，廓然莹然，如揭日月于上，而学者庶乎得其门而入也。如是则虞、夏、商、周之治可不日而复矣，不其休哉！[①]

意在于讲求微义，使六经的义理昭然若揭，以恢复三代太平之治。事虽不果，但其欲讲明原始儒家的明体达用之学，以有裨治道，乃可知矣！而此崇尚义理、明于体用的精神遂成为宋代经学的另一大特征也。

——原发表于2007年11月台北政治大学第五届经学国际学术研讨会

四、范仲淹与宋初的教育及学术

范仲淹在其《岳阳楼记》中曾写下了“先天下之忧而忧，后天下之乐而乐”的千古名句；更难得的是他虽然出身贫苦，但在仕宦显达之后，却能推其余俸，设置义庄，以教养族人。影响所及，自北宋以至清代，颇有效法其义举者，不仅初步达成了他的心愿，更赢得后人许多的赞誉。只是义庄的设置，固然很值得我们景仰仿从，然其所惠及者仅限于同族之人；故真正能显现范仲淹“毅然以天下为己任”的襟怀者，实在于他能在历经唐末五代的长期动乱，教育荒废、学术空疏的宋朝初期，致力于推动教育事业，并积极奖掖裁成学者，使教育与学术风气日益好转。本文即尝试就范仲淹在此方面的

① 《孙明复小集·寄范天章书二》，第171—172页。

表现加以论述。

（一）范仲淹的苦学历程及所受影响

范仲淹出生第二年，其父范墉谢世，母亲谢氏因家贫无所倚赖，改嫁朱文翰，范仲淹亦因此改姓名为朱说，并跟随朱文翰游宦所至寄居各地。年少时期，曾读书于池州青阳县（今安徽省青阳县）的长山；① 二十一岁时，又读书于淄州（今山东省淄川县）长白山醴泉寺，非常刻苦用功。据载：

> 公与刘某同在长白山醴泉寺僧舍读书，日作粥一器，分为四块，早暮取二块，断齑数茎，入少盐，以啖之，如此者三年。②

二十三岁时，于无意中获知身世，乃感泣别母，到达应天府（今河南省商丘县）睢阳学舍就读，仍然保持一贯的刻励精神，努力向学，如此经过了五年，遂大通六经之旨：:

> 去之应天府，依戚同文学，昼夜不息。冬月惫甚，以水沃面。食不给至，以糜粥继之。人不能堪，仲淹不苦也。③
>
> 既长，知其世家，感泣，去之南都，入学舍，扫一室，昼夜讲诵，其起居食饮，人所不堪，而公益苦自刻。居五年，大通六经之旨，为文章论说，必本于仁义。④

终于在二十七岁时考中进士，授为广德军（今安徽省广德县）司理参军，而开始步上仕途。除归迎其母以报答鞠养之外，开始推动教育，以逐步达成他的抱负：

> 公既登仕版，始迎其母以养。初，广德人未知学，公得名士三人为之师，于是郡人之擢进士者相继于时。⑤

按，范仲淹之重视教育与学术，固然是由于他本人从小就具有高尚的心

---

① 《范文正公集》（四部丛刊本，以下同）遗迹："读山，在池州青阳县东十五里长山，公幼读书之地，人名之曰读山。"

② 《范文正公年谱》二十二岁条引《东轩笔录》。

③ 《宋史·范仲淹传》。

④ 《欧阳文忠公集·居士集一·资政殿学士户部侍郎文正范公神道碑铭并序》。

⑤ 《范文正公年谱》二十七岁条引《汪藻撰祠堂记》。

志，然其在长期的苦学历程中所受之影响，亦与其志操的培养及益趋坚定，有相当密切的关系。据载，当范仲淹于弱冠之年举学究之后，尝前往拜谒谏议大夫姜遵，受到姜遵的礼遇：

范仲淹……与朱氏兄弟俱举学究，尝与众客同见谏议大夫姜遵，遵素以刚严著名，与人不款曲。众客退，独留仲淹，引入中堂，谓其夫人曰："朱学究年虽少，奇士也。他日不惟为显官，当立盛名于世。"遂参坐置酒，待之如骨肉。①

又当范仲淹于睢阳学舍就读时，南京留守尝加赒济，其盛情虽为范仲淹婉拒，但范仲淹心中对之实甚为感激：

真宗谒太清宫，幸亳，驾次南京，皆往观之，独公不出，或以问公，公曰："异日见之未晚。"留守有子居学，见公食粥及不出观驾，归告其父，以公厨食馈公，既而悉已败矣。留守子曰："大人闻公清苦，故遗以食物，而不下箸，得非以相浼为罪乎？"公谢曰："非不感厚意，盖食粥安之已久，今遽享盛馔，后日岂能啖此粥乎？"②

按，范仲淹系完全靠自己之力学而有后来的成就，但此种含辛茹苦之生活，并非常人所能忍受。姜遵的礼遇与南京留守的好意，极可能使其意识到一般士子求学的不易，而联想到在他们的求学历程中，如果有人善加奖掖协助，必然有益于其学识的养成，因此他日后行有余力之时，极力提拔济助后进。③

而对范仲淹影响最为深远者，首推其师戚同文④。据载：

戚同文，字同文，宋之楚丘人。世为儒，幼孤，祖母携育于外氏，奉养以孝闻。祖母卒，昼夜哀号，不食数日，乡里为之感动。始，闻邑

① 《涑水纪闻》卷十。

② 《范文正公年谱》二十六岁条引《家录》。

③ 《宋元学案·高平学案》："先生泛通六经，尤长于《易》。学者多从质问，为执经讲解，亡所倦；并推其俸以食四方游士，士多出其门下。"

④ 按，《宋史》及《宋元学案》皆云范仲淹"依戚同文学"。《宋元学案补遗》卷三王梓材按语云："《师友录》本先生年谱言其师事戚同文。考同文次子纶，太平兴国八年进士，后六年为端拱二年，而先生始生，必非亲受学于同文也。"

人杨悫教授生徒，日过其学舍，因授《礼记》，随即成诵，日讽一卷，悫异而留之。不终岁，毕诵五经。悫即妻以女弟，自是弥益勤励读书，累年不解带。时晋末丧乱，绝意禄仕，且思见混一，遂以“同文”为名字。……悫依将军赵直家，遇疾不起，以家事托先生，即为葬三世数丧。直复厚加礼待，为筑室聚徒，请益之人不远千里而至。……先生纯质尚信义，人有丧者，力拯济之；宗族闾里贫乏者，周给之；冬月多解衣裘与寒者。不积财，不营居室，或勉之，辄曰：“人生以有义为贵，焉用此为?”由是深为乡里推服。有不循孝悌者，先生必谕以善道。所与游，皆一时名士。乐闻人善，未尝言人短。[①]

由是可见范仲淹的身世与苦学精神，与戚同文极相类似；而后来范仲淹的许多作风，如亦乐于栽培士人，奖倡学术等，实乃深受戚同文的启发感召所致。[②]

（二）范仲淹的兴学设教情形

真宗大中祥符八年（1015），范仲淹二十七岁，进士及第后，初任广德军（今安徽省广德县）司理参军时，就开始注重教育士人的工作：

初，广德人未知学，公得名士三人为之师，于是郡人之擢进士者相继于时。[③]

仁宗天圣元年（1023），范仲淹三十五岁，任兴化县（今江苏省兴化县）县令时，开始创办县学。陈垓《高邮军兴化县重建县学记》云：

国初文治，已盛如周，党遂有贤守令，学校必兴。……仁宗皇帝初政，公试民事之日也，文明之运，辅宰所临，学重于天下，而士得师矣。[④]

---

① 《宋元学案·高平学案》。

② 《范文正公集·褒贤词记·牟巘义学记》：“宋时天下有四书院，应天府书院为首。先是，郡人戚同文聚徒讲授，士不远千里而至。文正公亦依之以学。同文为人质直尚信义，宗族贫乏则赒给之，丧则赈恤之。不积财，不营居室，或勉之，辄曰：‘人生以行义为贵，安用是?’义之一字，实与公意合。暨公登第立朝，为守为帅，以至大用，名位日盛，禄赐日厚，遂成义庄义学。”

③ 《范文正公年谱》二十七岁条引《汪藻撰祠堂记》。

④ 《范文正公文集·褒贤祠记》。

景祐二年（1035），范仲淹四十七岁，为苏州郡守（治在今江苏省吴县），乃奏请设立郡学：

是年，公在苏州，奏请立郡学。先是，公得南园之地，既卜筑而将居焉，阴阳家谓必踵生公卿，公曰："吾家有其贵，孰若天下之士咸教育于此，贵将无已焉。"遂即地建学。即成，或以为太广，公曰："吾恐异时患其隘耳。"①

由此段记载，可见范仲淹公而无私之精神与其宏远之气魄。同时，又礼聘以经术教授吴中而卓有成效的胡瑗前来设教：

（胡瑗）以经术教授吴中，范文正爱而敬之，聘为苏州教授。②

但因胡瑗的要求极为严格，学生之中颇有不率教者，范仲淹乃遣其长子范纯祐入学。由于范纯祐深识大体，能谨守学规，为诸生表率，逐渐为众人所景从而树立优良的学风，苏学遂成为天下各郡学的楷范：

文正守苏州，首建郡学，聘胡安定瑗为师。安定立学规良密，生徒数百，多不率教。文正患之，先生（指范纯祐）尚未冠，辄自入学，齿诸生之末，尽行其规，诸生随之，遂不敢犯。自是苏学为诸郡倡。③

景祐三年（1036），范仲淹四十八岁，由权知开封府贬知饶州（治在今江西省鄱阳县），下车伊始，即兴设郡学：

公又迁建饶之郡学。饶之山水，大率秀拔，公识其形胜，曰："妙果院一塔高峙，当城之东南，屹立千余尺，城之下枕瞰数湖，水脉连秀。"于是名之曰文笔峰、砚池。学既建，而生徒浸盛，由公迁指学基而兴建也。④

景祐四年（1037），范仲淹四十九岁，徙知润州（治在今江苏省镇江县），仍然致力于兴办郡学。并于宝元元年（1038）及二年，两度致书邀请李觏为

① 《范文正公年谱》四十七岁条。
② 《宋元学案·安定学案》。
③ 《宋元学案·高平学案》。
④ 《范文正公年谱》四十八岁条。

州学教授。①

庆历三年（1043），范仲淹五十五岁，拜参知政事，乃本于多年以来兴办县学、郡学的热忱及经验，奏请于全国各州县立学，并且延聘饱学之士设教，曰：

> 臣请诸路州郡有学校处，奏举通经有道之士，专于教授，务在兴行。②

最后由宋仁宗诏下近臣集议以闻，终于在次年诏令天下各州县立学：

> （庆历四年三月）乙亥，诏天下州县立学。③

又：

> 庆历四年，诏诸路州军监各令立学，学者二百人以上许更置县学。自是州郡无不有学。④

从此全国各地方之学校教育遂普遍展开。之所以能形成如此兴盛的风气，因素固然很多，但不得不推范仲淹之倡导为首功焉。

范仲淹除上述随其仕宦所至，不断创办学校，并且终于促成全国普遍立学的风气外，亦曾经亲自从事讲学的工作。天圣四年（1026），范仲淹年三十八，因丁母忧而寄居南京，次年，应南京留守晏殊之请，主持应天书院：

> 晏丞相殊留守南京，仲淹遭母忧，寓居城下，晏公请掌府学。仲淹常宿学中，训督学者皆有法度，勤劳恭谨，以身先之。夜课诸生读书寝食，皆立时刻，往往潜至斋舍诇之。见有先寝者，诘之，其人绐云："适疲倦，暂就枕耳。"仲淹问："未寝之时观何书？"其人亦妄对。仲淹即取书问之，其人不能对，乃罚之。出题使诸生作赋，必先自为之，欲知其难易及所当用意，使学者准以为法。由是四方从学者辐辏。⑤

---

① 见《范文正公集·与李泰伯书》。

② 《范文正公集·答手诏条陈十事》。

③ 《宋史·仁宗本纪》。

④ 《宋史·职官志》。

⑤ 《涑水纪闻》卷十。

由于教导得法，所以收效颇大。可惜后来范仲淹即迫于政务，而未能继续此种正式的教学工作，但他仍随时利用从政余暇，指点后进：

先生泛通六经，尤长于《易》。学者多从质问，为执经讲解，亡所倦。[①]

综上所述，可见范仲淹不论在设置学校或教导后学上，皆极具热忱，因而能促使自五代以来即已衰落之教育事业重新振兴起来，而开展出一派蓬勃的新局面。

（三）范仲淹对学者的奖掖裁成

范仲淹除致力于推动学校教育，以普遍栽培造就士子之外，对于能刻苦自励，深具潜力之学者亦能善加识拔，以助其在学术上有所建树。以下即列举最得范仲淹提携之力的胡瑗、孙复、张载三人为例加以说明：

胡瑗、字翼之，泰州如皋（今江苏省如皋县）人。自幼即好学能思，以圣贤自期。出身寒微，而肯刻苦向学，处境与范仲淹略似：

家贫无以自给，往泰山，与孙明复、石守道同学。攻苦食淡，终夜不寝，一坐十年不归。得家书，见上有“平安”二字，即投之涧中，不复展，恐扰心也。[②]

经此长期苦学而深通经术，乃至湖州（今浙江省吴兴县）设教。仁宗景祐元年（1034），范仲淹为苏州太守，爱敬其人，因于次年聘之为苏州教授，并遣诸子从学焉。同年，仁宗更定雅乐，诏求知音者，范仲淹即以胡瑗对，胡瑗乃得以布衣授秘书省校书郎。其后，胡瑗又应范仲淹挚友滕宗谅之聘为湖州教授。他教导后进，善能以身作则，严重师道，“虽盛暑，必公服坐堂上，严师弟子之礼，视诸生如子弟，诸生亦爱敬如父兄”[③]。又能各就学生资性所近，因材设教，“其教人之法，科条纤悉具备，立经义、治事二斋，经义则选择心性疏通，有器局可任大事者，使之讲明六经；治事则一人各治一事，

① 《宋元学案·高平学案》。
② 《宋元学案·安定学案》。
③ 《宋元学案·安定学案》。

又兼摄一事，如治民以安其生，讲武以御其寇，堰水以利田，算历以明数是也”[①]。此外，他又颇注重启发教学及师友讲习之效，使诸生“以类群居讲习。先生时时召之，使论其所学，为定其理；或自出一义，使人人各对，为可否之；或即当时政事，俾之折衷”[②]。他精通音律，所以也很重视诗乐陶养之功，“每公私试罢，掌仪率诸生会于肯善堂，和雅乐歌《诗》，至夜，乃散诸斋，亦自歌《诗》奏乐，琴瑟之声彻于外”[③]。由于教法如此美备，故四方之士争往归之，凡教授二十余年，收效甚宏，人才蔚起。因此朝廷于庆历四年（1044）设太学于京师时，即下令取胡瑗在苏州、湖州的设教之法作为典则。此时，范仲淹又大力举荐[④]，胡瑗遂被召为诸王宫教授，虽以疾辞，最后又被拜为国子监直讲。此后虽历任各种官职，最终乃得专管太学，而能继续以其明体达用之学教授诸生。由是可见，胡瑗之所以能于当时按照其理想及规模从事讲学，培养许多人才，而终于成为宋学的开山，与范仲淹的识拔荐举实有甚深的关系。

孙复，字明复，晋州平阳（今山西省安邑县）人。早年曾四度参加科举考试，皆落榜，生活颇为潦倒。据《宋元学案·泰山学案》引《杨公笔录》，云范仲淹于孙复困乏时，曾加赒济，并补以学职，使其能安于学，且授以《春秋》。[⑤] 其后范仲淹在苏州兴办郡学时，又曾致书邀往讲学。[⑥] 最后范仲淹与富弼共同上书朝廷推荐孙复，言其有经术，宜在朝廷。[⑦] 遂除秘书省校书郎、国子监直讲。

按，孙复与胡瑗同为宋学的开山人物，但二人资性不同：“安定沉潜，泰

---

① 《宋元学案·安定学案》。

② 《宋元学案·安定学案》。

③ 《宋元学案·安定学案》。

④ 见《范文正公集·为荐胡瑗李觏充学官》。

⑤ 《杨公笔录》云：“范文正在睢阳掌学，有孙秀才者索游，上谒文正，赠钱一千。明年，孙生复过睢阳，谒文正，又赠一千，因问：‘何为汲汲于道路？’生戚然动色曰：‘母老，无以为养。若日得百钱，甘旨足矣。’文正曰：‘吾观子辞气，非乞客也。二年仆仆，所得几何，而废学多矣！吾今补子学职，月可得三千以供养，子能安于学乎？’生大喜，于是授以《春秋》，而孙生笃学，不舍昼夜。明年，文正去睢阳，孙生亦辞归。后十年，闻泰山下有孙明复先生以《春秋》教授学者，道德高迈，朝廷召至，乃昔日索游孙秀才也。”按，此段记载，全祖望以为“稍可疑，宜再考”。

⑥ 见《范文正公集·与孙明复书》。

⑦ 见《范文正公集·举张问孙复状》。

山高明；安定笃实，泰山刚健。”[1] “安定，冬日之日也；泰山，夏日之日也。”[2] 故所造亦异，盖胡瑗的成就主要表现在讲学上，孙复则在治经上有较大的成果。他以为尽孔子之心者《大易》，尽孔子之用者《春秋》，是二经者乃圣人之极笔，治世之大法，因此有《易说》及《春秋尊王发微》之作。其中尤以《春秋尊王发微》一书，不惑传注，阐明诸侯大夫功罪，以考时代的盛衰，而推见王道之治乱，对后来的宋代儒者启发颇大。孙复是否曾接受过范仲淹的赒济、教导，尚待察考，但孙复之所以能够卓然自立于道，以经术有名于当时，当与范仲淹的引荐有相当密切的关系。

张载，字子厚，世居大梁（今河南省开封县），后侨寓为凤翔郿县（今陕西省郿县）。少孤自立，志气不群，与范仲淹的早年处境颇相似，唯志向则有差异，后经范仲淹之引导，始慨然有志于道：

> 少喜谈兵，至欲结客取洮西之地。年二十一，以书谒范仲淹，一见知其远器，乃警之曰：“儒者自有名教可乐，何事于兵?”因劝读《中庸》。载读其书，犹以为未足；又访诸释、老，累年究极其说，知无所得，反而求之六经。[3]

经过此一番转折，而继续在儒学上下功夫，最后张载遂成为理学中“关学”的领导人物。按，张载上书于范仲淹时，范仲淹正以陕西安抚招讨副使身份，负责督理军事，对西夏用兵，对于自负有军事之才的张载，依理而言，正属求之不得，然而范仲淹并不以部将处之，反劝之读《中庸》。在常人看来，事诚反常。当时天下虽治平，然则隐忧重重，为有心者所深虑。范仲淹既能“先天下之忧而忧”，当然知道欲起天下沉疴，在政治军事之上犹有更为根本的教育学术问题在，而最为关键的就是人才的培养与士风的陶成。因此遇上具有远器的张载，便引导他入于圣人之域，而终于成就了一位大学者。此不仅可见范仲淹识见远大，而张载成学悟道，实得力于范仲淹的启示更为显然。史称张载之学，“以《易》为宗，以《中庸》为体，以孔、孟为法”。

① 《宋元学案・安定学案》。
② 《宋元学案・泰山学案》。
③ 《宋史・张载传》。

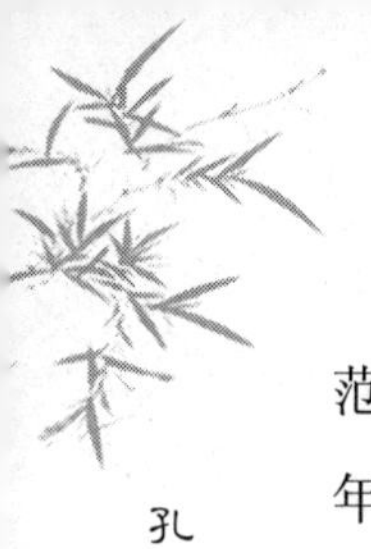

范仲淹既泛通六经，而最长于《易》，又首劝张载读《中庸》，则其对张载早年的启迪，影响实属深远。故全祖望云："高平一生粹然无疵，而导横渠以入圣人之室，尤为有功。"[①] 语诚不虚。

除以上所述三人而外，若与胡瑗、孙复共以"师道明正学"的石介[②]、崇尚实用之学的李觏，以及富弼、张方平、刘牧、吴希哲等人，也都或亲承范仲淹的教益，或因得到范仲淹的荐拔，而在学术上有所树立。由此可见范仲淹对宋朝初年学术风气的培养，确有其不可磨灭的功劳贡献在。

（四）结语

宋朝继唐末五代的长期动乱之后建国，面对此一百废待举的残局，本有束手难以为策之感；再加上外敌的不断侵扰，同时本身的立国政策亦有极大的偏误；故成为我国历史上一个极为贫弱的王朝。然而宋朝却能在立国之初，士风浇薄、廉耻道丧的恶劣环境下，逐步开展教育事业，而在学术文化方面取得辉煌的成就，并对后世造成极为深远的影响，探究其中原因，固然与北宋初期诸君王的讲求文治大有关系，可是事实上由于积习已深，一时之间并未能使之归返正道，所以虽历经数十年的努力，成果仍属有限。直到范仲淹以其"粹然无疵"的人格，"慨然以天下为己任"的抱负，领导群伦，致力于推动学校教育，积极奖掖学术人才，风气始大为转变。自此以后，学校遍于四方，师儒相继挺生，而终于为宋代的学术文化打开一崭新的局面。

由于范仲淹的此种努力，攸关当时及未来者甚大，因此赢得后人一致的肯定，如朱熹即尝曰：

> 祖宗以来，名相如李文靖、王文正诸公，只恁地善，亦不得；至范文正时，便大厉名节，振作士气，故振作士大夫之功为多。[③]

又：

---

① 《宋元学案·高平学案》。

② 《宋元学案·泰山学案》黄百家案语。

③ 《朱子语类》卷一二九。

“本朝道学之盛，岂是羁缠?”先生（朱熹）曰：“亦有其渐，自范文正以来，已有好议论，如山东有孙明复，徂徕有石守道，湖州有胡安定，到后来遂有周子、程子、张子出。故程子平生不敢忘此数公，依旧尊他。”①

《宋史》亦谓：

每感激论天下事，奋不顾身。一时士大夫矫厉尚风节，自仲淹倡之。②

元代李祁更概括其一生对教育及学术所做的贡献曰：

学校之遍天下，自公始。若其察孙氏于贫窭中，使得以究其业；延安定胡公入太学，为学者师。卒之泰山以经术大鸣于时；安定之门，人才辈出，而河南程夫子，尤遇赏拔。公之造就人才已如此。其后横渠张子，以盛气自负，公复折之以儒者名教，且授以《中庸》；卒之关陕之教，与伊洛相表里。盖自六经晦蚀，圣人之道不传，为治者不知所尊尚，寥寥以至于公，而后开学校，隆师儒，诱掖劝讲，以成就天下之士，且以开万世道统之传，则公之有功名教，夫岂少哉！③

按，范仲淹既慨然有志于天下，故一生活动的领域甚广，其较著者为庆历新政及扞御西夏。然而受到客观环境的阻限，庆历改革之立意与内容虽善，仍然归于失败；在巩固边防上，亦仅能维持稳定的局面，而难以有所突破。故综论范仲淹的成就，不得不归于教育与学术方面。固然，范仲淹因忙于政务，虽曾一度亲自主持讲学之事，惜为时甚短；虽泛通六经，尤长于《易》，但在学术上则难言有专门的著述。因此严格而论，他并不是一个纯粹的教育家或学者，这当然是范仲淹个人的一大损失。若无范仲淹的积极提倡与奖掖，宋代的教育与学术不可能有如是蓬勃的气象。故最能具体展示范仲淹“先天下之忧而忧，后天下之乐而乐”的宏伟气度，更值得吾人学习效法者，则应

① 《朱子语类》卷一二九。

② 《宋史·范仲淹传》。

③ 《范文正公集·褒贤祠记·文正书院记》。

该在他此方面的表现才是。

——原发表于 1989 年 9 月台北纪念范仲淹一千年诞辰国际学术研讨会

五、程朱学派的形成及其与孔子思想的关系

（一）前言

宋明理学派别繁多，但大抵而言，不外乎“心即理”与“性即理”两大主流，主“心即理”者以陆九渊、王守仁为代表，主“性即理”者以程颐、朱熹为代表，因此又被分别称为陆王学派及程朱学派。在思想的传承上，陆九渊与王守仁两人之间并无渊源可寻，但程颐与朱熹两人之间则有明白的师承关系。就两派的思想重点而言，虽然是同尊孔子，也都以尊德性为第一要义，[①] 但究竟应如何尊法，彼此则有明显的差异。盖陆王比较重视直接的心悟，把知识视为外在的辅助，可有可无，走的是“约”的路线；程朱则强调为学的功夫，比较重视知识上的磨炼，走的是“博”的路线。两派虽各有所长，但就对后世的影响而论，由于程朱学派比较接近于孔子的思想，有具体的下手功夫可以遵循，所以来得更为深远，并且因而受到后人广泛的重视，取得理学正统的地位。到底程朱学派是如何形成的，此派与孔子思想的关系又是怎样的，本文即尝试就此两点论述如下。

（二）程朱学派的形成

1. 程朱学派的传承系统

程朱学派的形成有极为明显的脉络可以探寻，最先是程颢、程颐兄弟秉承父命受学于理学开山大师周敦颐，据载：

> 二程先生父珦摄通守事，视其（指周敦颐）气貌非常，因与为友，使二子受学焉。[②]

---

① 余英时《清代思想史》：“所有宋、明的儒家都是尊德性的。”一般以为朱、陆的不同在尊德性与道问学，这是指取径的不同。朱熹虽然强调道问学，但其目标还是在尊德性。

② 《宋元学案·濂溪学案上》。

虽然后来二程兄弟的学问所得，不论在精神或面貌上都与周敦颐不同，但据程颐云：

> 先生（指程颢）为学，自十五六时，闻汝南周茂叔论道，遂厌科举之业，慨然有求道之志。[①]

可见周敦颐对于二程兄弟的启导之功实颇不浅。[②]

周敦颐以外，年龄、辈分都长于二程兄弟的张载，在他成学的过程中虽然有得于二程兄弟的启发[③]，但二程兄弟之有取于张载者也颇不少。程颐尝曰：

> 横渠道尽高，言尽醇，自孟子后儒者，都无他见识。[④]

他对于张载《西铭》尤其推崇，尝云：

> 《订顽》（《西铭》原名）一篇，意极完备，乃仁之体也。[⑤]

又据载：

> 问："《西铭》如何？"（伊川）曰："此横渠文之粹者也。"[⑥]

故后来程门乃专以《西铭》开示学者，张载对于二程兄弟的影响由此可见一斑。

二程兄弟虽属手足之亲，但个性资质却颇不同，[⑦] 在思想学问的发展上必然会走向不同的路途。不过程颐受程颢影响颇深，并不自觉其思想与程颢有何不同。程颢去世后，程颐为其撰作行状，后来又自述道：

> 我昔状明道先生之行，我之道盖与明道同，异时欲知我者，求之于

① 《河南程氏文集·明道先生行状》。
② 参见拙著《宋儒风范·敬义夹持，相反相成的二程兄弟》。
③ 吕大临《横渠先生行状》："嘉祐初，见洛阳程伯淳、正叔昆弟于京师，共语道学之要，先生涣然自信曰：'吾道自足，何事旁求！'乃尽弃异学，淳如也。"
④ 《河南程氏遗书》卷十八。
⑤ 《河南程氏遗书》卷二上。
⑥ 《河南程氏遗书》卷十八。
⑦ 《宋儒风范·敬义夹持，相反相成的二程兄弟》。

此文可也。[①]

但当程颢卒后，程颐即逐渐摆脱其兄的羁绊，[②] 而发展出自己的一套思想学问来，开始为程朱学派的思想体系奠定基础。

二程弟子之中有福建人杨时，于学成之后即南返家乡，努力兴学立教，对于弘扬洛学，将北方学术南传，功劳极大，同时他也开始致力于将北方各派学说加以调和的工作。其学一传为罗从彦，再传为李侗，[③] 三传得朱熹，遂集北宋理学之大成。

朱熹幼年秉承其父朱松的庭训，及至十四岁，其父逝世后，又奉其父遗命，从游于父执胡宪、刘勉之、刘子翚三先生之门，后来又师事其父的同门友李侗，得洛学的真传，并综合周敦颐[④]、张载的学术思想，建构出严密完整的思想体系，而所谓程朱学派遂告形成。

综合以上所述，程朱学派的传承系统，盖可以下图显示之[⑤]：

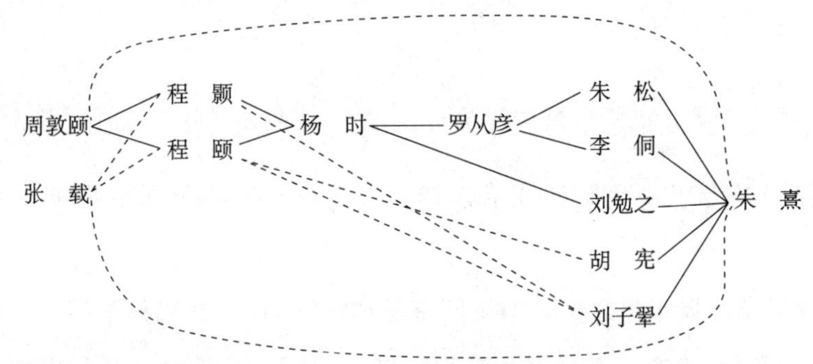

2. 程朱学派的思想重点

（1）理气论

程朱学派的思想重点之一为理气论。理气论的形成似可追溯至周敦颐的《太极图说》。《太极图说》云：

---

① 《河南程氏遗书》附录朱熹撰《伊川先生年谱》。

② 参见韦政通《中国思想史》第三十五章《程颢与程颐》“一、明道和伊川的异同”。

③ 参见《宋元学案·豫章学案》。

④ 周敦颐不讲学，无传人，在北宋时代，声名并不显，至南宋，朱熹始大加表彰，而奠定其为理学开山祖的地位。

⑤ 图中实线代表师承的关系，虚线代表无师承渊源的影响关系。

无极而太极。太极动而生阳，动极而静，静而生阴，静极复动。一动一静，互为其根；分阴分阳，两仪立焉。阳变阴合，而生水火木金土。五气顺布，四时行焉。五行一阴阳也，阴阳一太极也，太极本无极也。五行之生也，各一其性。无极之真，二五之精，妙合而凝，乾道成男，坤道成女，二气交感，化生万物。①

其中提到万物是由无极之真，二五之精，妙合而凝所化生，他所谓的“无极之真”实类似于理，所谓的“二五之精”则显然是气，气由理所生，再由气凝聚生物，已具备理气论的初步概念。

到了程颐，乃进一步阐明理气的关系，曰：

离了阴阳便无道，所以阴阳者是道也。阴阳，气也。气是形而下者，道是形而上者，形而上者则是密也。②

又曰：

若论道，则万理皆具。③

以此两段话语相参，可以看出离了阴阳（气）便无道（具有万理），所以阴阳（气）便是道（具有万理），意即离了气便无理，产生气并使气发生作用者是理，已有理气不离不杂之意，而为朱熹的理气论开启先河。

理气论的完全建立在于朱熹，他曾明言：

天地之间，有理有气。理也者，形而上之道也，生物之本也；气也者，形而下之器也，生物之具也。是以人物之生，必禀此理，然后有性；必禀此气，然后有形。④

又进而指出气是由理产生的，曰：

未有天地之先，毕竟先有此理。动而生阳亦只是理，静而生阴亦只

① 《太极图说》。
② 《河南程氏遗书》卷十五。
③ 《河南程氏遗书》卷十五。
④ 《朱文公文集》卷五十八《答黄道夫书》。

是理。[①]

理又是寄寓在气中的，曰：

> 如阴阳五行错综不失条绪便是理，若气不结聚时，理亦无所附着。[②]

故理气的关系是不离不杂的，曰：

> 天下未有无理之气，亦未有无气之理。[③]

既由理而产生气，理又寄寓于气之中，因此在理论层次上，遂有理先气后之说，但实则并无先后可言。[④] 此外，朱熹又有理弱气强说，以为理生了气以后即管不住气，所以气可能违背理而运行，曰：

> 气强理弱，理拗不转气，亦如气生形质，形质又强过了气，气又拗不转形质。

此种理气论所显示的意义有两点，一为万物皆禀此理，皆禀此气，故万物为一体；二为气既强过于理，则吾人若仅凭先天所禀的理终究拗不转气，因此有赖于人事后天的功夫才有可能变化气质。

（2）心性论

程朱学派的思想重点之二为心性论，其所持观点为性即理。此说的形成可追溯至张载，张载将性分为天地之性与气质之性，曰：

> 形而后有气质之性，善反之，则天地之性存焉。故气质之性，君子有弗性者焉。[⑤]

认为天地之性纯粹至善，气质之性则有善有不善，故君子不以气质之性为性。此外，张载又有心统性情之说[⑥]，以为心的作用可以为性，可以为情，此性为天地之性，与天道相通，故曰：

---

① 《朱子语类》卷一。

② 《朱子语类》卷一。

③ 《朱子语类》卷一。

④ 《朱子语类》卷一："问：'必有是理，然后有是气，如何？'曰：'此本无先后可言，然必欲推其所从来，则须说先有是理。'"

⑤ 张载：《正蒙·诚明》。

⑥ 现存张载所有著作中并无"心统性情"的文字，但《朱子语类》中曾多次提及张载有此说。

天所性者通极于道。[①]

又曰：

所谓性即天道也。[②]

至于情则视其是否能中节而有善有不善。据此而言，只可谓性即理而不可谓心即理。张载始终并未明言性即理。

正式明白提出性即理一说者为程颐，曰：

性即理也，所谓理性是也。天下之理，原其所自，未有不善。喜怒哀乐之未发，何尝不善？发而中节，则无往不善；发而不中节，然后为不善。[③]

又曰：

气有善有不善，性则无不善也。人之所以不知善者，气昏而塞之耳。[④]

所谓理性即通极于道的天地之性，此性既与道理相通，必然是纯粹至善的，故当喜怒哀乐之未发时，此心仍与纯粹至善的性相通而未有不善，至于喜怒哀乐既发而为情以后，因有中节与不中节的分别，而有善与不善的差异。然而所以会有此种差异，关键则在于气的清昏。可见程颐性即理说的提出，盖乃顺张载之意而发展出来的。

朱熹承继程颐此种论点，所以对张载心统性情之说极表推崇，曰：

横渠说得最好，言心统性情者也……性无不善，心所发为情，或有不善。说不善非是心亦不得，却是心之本体本无不善，其流而为不善者，情之迁于物而然也。[⑤]

除此之外，朱熹又将性即理之说与其理气论相结合，曰：

---

① 张载：《正蒙·诚明》。

② 张载：《正蒙·乾称》

③ 《河南程氏遗书》卷二十二上。

④ 《河南程氏遗书》卷二十一下。

⑤ 《朱子语类》卷五。

性便是心之所有之理，心便是理之所会之地。①

如此则心性的关系便有如理气的关系，即将心视为气，故曰：

心者，气之精爽。②

心既属于气之层面，故心有别于性而有善有不善，故又曰：

心有善恶，性无不善。③

这么一来，理气论所显示的两点意义，亦即万物为一体及后天修养有其重要性，遂可以移转到心性论而告完全成立。

(3) 主敬说

程朱学派的思想重点之三为主敬说。原来周敦颐于其《太极图说》中曾提出主静说以为修养的要道，曰：

圣人定之以中正仁义而主静（自注云：无欲故静），立人极焉。④

周敦颐虽尝自言无欲故静，但对于无欲或静并无进一步阐释，极容易滋生误解而产生流弊，朱熹后来即曾谓：

守静之说近于佛老，吾圣人却无此说。⑤

是故程颢虽然很重视守静的功夫⑥，但已开始强调敬的重要，而有以主敬替代主静之势，曰：

学者不必远求，近取诸身，只明人理，敬而已矣，便是约处。⑦

又曰：

天地设位而易行乎其中，只是敬也，敬则无间断。⑧

---

① 《朱子语类》卷五。
② 《朱子语类》卷五。
③ 《朱子语类》卷五。
④ 《太极图说》。
⑤ 《朱子语类》卷六十。
⑥ 韦政通《中国思想史》第三十三章《周敦颐》：“从道学史上看，周子主静之说依然产生过不小的影响，如程明道就是重视静功的人，史称他‘终日坐如泥塑人’，表示他是静功的实践者。”
⑦ 《河南程氏遗书》卷十一。
⑧ 《河南程氏遗书》卷十一。

至程颐更明白指出敬与静有别，曰：

敬则自虚静，不可把虚静唤作敬。①

又曰：

又问："敬莫是静?"曰："才说静，便入释氏之说也。不用静字，只用敬字。才说着静字，便是忘也。"②

并且进一步为敬做如下之解释：

所谓敬者，主一之谓敬；所谓一者，无适之谓一。③

且以为能敬则可以明天理，曰：

敬只是主一也，主一则既不之东，又不之西，如是则只是中；既不之此，又不之彼，如是则只是内。存此，则自然天理明。④

是敬有助于穷理，然自反面而言，敬的栽培又有赖于穷理，曰：

敬只是涵养一事，必有事焉，须当集义。只知用敬，不知集义，却是都无事也。……敬只是持己之道，义便知有是有非，顺理而行，是为义也。⑤

如此则主敬说遂与格物穷理说互相配合，形成相辅相成的关系。

朱熹顺承程颐此意，极强调敬之功夫的重要，曰：

敬字功夫乃圣门第一义，彻头彻尾，不可顷刻间断。⑥

也指出主敬与格物穷理有关，曰：

大抵敬字是彻上彻下之意，格物致知乃其间节次进步处耳。⑦

---

① 《河南程氏遗书》卷十五。
② 《河南程氏遗书》卷十八。
③ 《河南程氏遗书》卷十五。
④ 《河南程氏遗书》卷十五。
⑤ 《河南程氏遗书》卷十八。
⑥ 《朱子语类》卷十二。
⑦ 《朱文公文集》卷四十三《答林择之》。

而且以敬来贯通动静，认为敬乃义之体，义则为敬之用，曰：

> 敬字通贯动静，但未发时浑然是敬之体，非是知其未发，方下敬底功夫。既发则随事省察，而敬之用行焉。然非体素立，则其用亦无自而施也，故敬义非两截事。必有事焉而勿正，勿忘勿助长，则此心卓然贯通动静，敬立义行，无适而非天理之正矣。①

除了以主敬配合格物穷理之外，更以之通贯未发时的涵养与既发后的省察，合内外之道而不致陷于毫无把柄之苦，对学者的启示确属不浅。

（4）格物穷理说

程朱学派的思想重点之四为格物穷理说。将《大学》中的格物解释为穷理，始于程颐，曰：

> 格犹穷也，物犹理也，犹曰穷其理而已也。②

至于穷理的对象，程颐曰：

> 穷理亦多端，或读书讲明义理，或论古今人物别其是非，或应接事物而处其当，皆穷理也。③

然而又曰：

> 然一草一木皆有理，须是察。④
>
> 凡眼前无非是物，物物皆有理，如火之所以热，水之所以寒，至于君臣父子间皆是理。⑤

虽然他也曾说："格物之理不若察之于身，其得尤切。"⑥ 但已可见穷理的对象实际上并无任何局限。在方法上，程颐则曰：

> 格物穷理非是要穷尽天下之物，但于一事上穷尽，其他可以类推。⑦

---

① 《朱文公文集》卷四十三，另一书。
② 《河南程氏遗书》卷二十五。
③ 《河南程氏遗书》卷十八。
④ 《河南程氏遗书》卷十八。
⑤ 《河南程氏遗书》卷十九。
⑥ 《河南程氏遗书》卷十七。
⑦ 《河南程氏遗书》卷十五。

盖其意以为万物莫不有理，而此个别事物中所具的理又与天理相通，因此如能就个别事物中所具的理穷究之，积累得多了，便可类推而得知天理，故曰：

所以能穷者，只为万物皆是一理。[①]

程颐格物穷理的目标在于明善，曰：

人患事系累，思虑蔽固，只是不得其要，要在明善，明善在乎格物穷理。[②]

由此可知，程颐乃是希望透过格物穷理此一道问学的方式来达成尊德性的目标，但尊德性的目标是否可以用此方式达成，程颐并未详加辨析[③]，而且在方法上也嫌笼统。故朱熹虽然对格物穷理仍谨遵程颐之说，曰：

格物所以明此心。[④]

这在目标上与程颐之说一致。又曰：

大学始教，必使学者即凡天下之物，莫不因其已知之理而益穷之，以求至乎其极。至于用力之久，而一旦豁然贯通焉，则众物之表里精粗无不到，而吾心之全体大用无不明矣。[⑤]

这在对象与方法上与程颐之说亦无不同。然朱熹更进而将格物穷理之要集中于读书上，开始有系统、大规模地整理注解儒家的典籍，为儒家确定范畴，并亲切具体地指点读书的次序与方法。不仅使儒家从与老佛混而不分的情况中独立出来，而且使读者对儒家典籍有了下手途径，并最终恢复了儒家在我国学术思想史上的主导地位，格物穷理说也被证明确实有其一定的效用。

（三）程朱学派与孔子思想的关系

程朱学派的思想重点虽有四项，但用程朱学派的话来说，实可归纳成两

① 《河南程氏遗书》卷十五。

② 《河南程氏遗书》卷十五。

③ 参见韦政通《中国思想史》第三十五章《程颢与程颐》“三、伊川的思想”“（三）格物、穷理、敬”。

④ 《朱子语类》卷一一八。

⑤ 《大学章句·格物补传》。

点：就理气论与心性论而言，其主要意义在于阐明万物一体的道理；就主敬说与格物穷理说而言，其主要意义在于变化气质。而不论就万物一体或变化气质来看，程朱学派与孔子思想都有相当密切的关系。

1. 就万物一体而言

一般论及万物一体，所持的观点大抵不外下列三种类型：第一种认为万物都是由至高无上的神所创造；第二种认为万物都是由某些基本质素所组合而成；第三种则认为万物都是由同一心性所表现。孔子虽未尝明言万物一体，但就他的以仁为中心的思想，以及其亲亲而仁民，仁民而爱物的精神来看，显然比较接近于第三种类型。

由此检视程朱学派对此问题的看法，则周敦颐在《太极图说》中所云：

> 无极之真，二五之精，妙合而凝，乾道成男，坤道成女，二气交感，化生万物。①

既认为二气交感而化生万物，则万物的生成都是由于二气的结合，而气又是属于形而下的，因此其观点实较接近于第二种类型，而与孔子思想尚有未合。

张载《西铭》曰：

> 天地之塞吾其气，天地之率吾其性，民吾同胞，物吾与也。②

既以天下为一家而提出民胞物与之说，显然是视万物为一体，但万物何以能为一体？依张载气化论所言：

> 太虚不能无气，气不能不聚而为万物，万物不能不散而为太虚，循是出入，是皆不得已而然也。③

是万物的成毁乃由于气的聚散，然而张载所谓的气兼有形上形下两层意义④，实有别于周敦颐所持的观点，观张载又曰：

① 《太极图说》。

② 张载：《西铭》。

③ 张载：《正蒙·太和》。

④ 张载《正蒙·太和》："太虚无形，气之本体，其聚其散，变化之客形尔。"又云："太虚不能无气，气不能不聚而为万物，万物不能不散而为太虚。"气为本体，具有形上意；气又能聚为万物，又有形下意。

性者，万物之一源，非有我之得私也。[①]

则张载已有由第二类型转向第三类型之势，而渐同于孔子本旨。

程颢于《识仁篇》中开宗明义，曰：

学者须先识仁，仁者浑然与物同体，义、礼、智、信，皆仁也。[②]

并且对仁加以描述道：

医书言手足痿痹为不仁，此言最善名状。仁者以天地万物为一体，莫非己也。[③]

以仁为万物所以为一体的原因，并将义、礼、智、信规范于仁之下，其意盖已完全属于第三种类型，而与孔子之意相符合。

从程颐到朱熹，理气论及心性论逐渐发展完成。依理气论的观点来看，气依理而生，并由气而使万物有生成变化，则万物的生成变化实乃理在气中的显现，可见万物一体的关键在理不在气，故朱熹曰：

论万物之一源，则理同而气异；观万物之异体，则气犹相似而理绝不同。[④]

盖一旦生成变化而为物，则不免受到气禀的限制而显现差异，故理之能否实现遂受到气的拘束：

问："人物皆禀天地之理以为性，皆受天地之气以为形……若在物言之，不知是所禀之理有不全耶？亦是缘气禀之昏蔽故如此耶？"曰："惟其所受之气只有许多，故其理亦只有许多，如犬马，他这形气如此，故只会得如此事。"又问："物物具一太极，则是理无不全也？"曰："谓之全亦可，谓之偏亦可。以理言之，则无不全；以气言之，则不能无偏。"[⑤]

---

① 张载《正蒙·诚明》朱熹注："所谓性者，人物之所同得，非惟己有是，人亦有是；非惟人有是，物亦有是。"是性为万物所同具。

② 《河南程氏遗书》卷二上。

③ 《河南程氏遗书》卷二上。

④ 《朱文公文集》卷四十六《答黄商伯》。

⑤ 《朱子语类》卷四。

所以人物的区别不在理而在气，故朱熹又曰：

> 自一气而言之，则人物皆受是气而生，自精粗而言，则人得其气之正且通者，物得其气之偏且塞者。惟人得其正，故是理通而无所塞；物得其偏，故是理塞而无所知。①

但另一方面，朱熹又曰：

> 就人之所禀而言，又有清明昏浊之异。②

由此人所具者便有天地之性与气质之性的分别。于是又归结到心性论上，以为性即理，而不可谓心即理，盖心统性情，情又可能流而为欲也。曰：

> 心，譬水也；性，水之理也。性所以立乎水之静，情所以行乎水之动，欲其水之流而至于滥也。③

因此必须有变化气质的功夫来克除人欲，曰：

> 圣人千言万物，只是教人存天理，灭人欲。④

目标既然在存天理，灭人欲，而因只有性合乎天理，则恢复天地之性才能重新恢复到与万物同源的理上，故程颐与朱熹在观点上依然是属于第三类型，而无悖于孔子思想的本意。

2. 就变化气质而言

依程朱学派的理气论与心性论而言，人皆因禀气而有形，形而后有气质之性，而气质之性不能纯善，所以如何变化气质即成为修养功夫的最主要课题，亦即要达到圣贤境界所须做的人事努力。依周敦颐之意，这种功夫即是主静，故在《太极图说》中云：

> 圣人定之以中正仁义而主静（自注云：无欲故静），立人极焉。⑤

---

① 《朱子语类》卷四。
② 《朱子语类》卷四。
③ 《朱子语类》卷五。
④ 《朱子语类》卷十二。
⑤ 《太极图说》。

又在《通书》中云：

> 圣可学乎？曰可。曰有要乎？曰有。请问焉，曰一为要。一者，无欲也。无欲则静虚动直，静虚则明，明则通；动直则公，公则溥；明通公溥，庶几乎！[①]

虽然周敦颐在《通书》中也尝提及其他的修养方法[②]，但主静（或无欲）仍是他所最强调者，而不论言主静或无欲，显然犹带有浓重的道家色彩，与孔子所代表的儒家思想并不尽符。

变化气质之说其实为张载首先提出[③]，至于如何变化气质，张载所论甚多，也颇能与儒家思想相应[④]，但张载仍强调寡欲与静的重要，如云：

> 仁之难成久矣，人人失其所好，盖人人有利欲之心，与学正相背驰，故学者要寡欲。[⑤]

又曰：

> 始学者亦要静以入德，至成德亦只是静。[⑥]

又曰：

> 静者善之本。[⑦]

可见张载虽已能有所突破，但仍尚未完全摆脱周敦颐之影响，而犹带有道家气息。

此种情形直到程颢才有比较明显的转变，开始强调诚敬的重要，而有涵养须用敬之说的提出，如曰：

> 学者须先识仁，仁者浑然与物同体，义、礼、智、信，皆仁也。识

---

① 周敦颐：《通书·圣学》。

② 如思、慎动、改过、求师友等皆是。

③ 《经学理窟·义理》："为学大益，在自能变化气质。"《朱子语类》卷四："道夫问：'气质之说起于何人？'曰：'此起于张、程，某以为极有功于圣人，有补于后学。'"

④ 如善反、学、居仁由义、穷理尽性、养气等皆是。

⑤ 《经学理窟·大原上》。

⑥ 《经学理窟·大原下》。

⑦ 《张子语录·中》。

得此理，以诚敬存之而已。[①]

程颢虽颇重视静的功夫，但已更为强调敬的功夫，故黄宗羲云："自周元公主静立人极开宗，明道以静字稍偏，不若专主于敬。然亦唯恐以把持为敬，有伤于静，故时时提起。"[②]

主敬说的提出在回归儒家传统上实深具意义，盖主静偏于个人，主敬则已由个人向外推展而有其对象，无事时固应敬，有事时亦须敬。故程颐更进一步以为敬以直内，则自然可以义以方外。曰：

> 问："人有专务敬以直内，不务方外，何如？"曰："有诸中者，必形诸外。惟恐不直内，内直则外必方。"[③]

尤有进者，程颐又提出格物穷理说，并与主敬说相配合，使义以方外更为落实，在涵养须用敬之中加上进学在致知的成分，使功夫达到更为圆密的合内外之道，曰：

> 内外一理，岂特事上求合义也？敬以直内，义以方外，合内外之道也。[④]

至朱熹则更以为读书乃穷理之要，曰：

> 为学之道，莫先于穷理。穷理之要，必在于读书。[⑤]

而其目标仍落在明理上，曰：

> 所谓读书者，只是要理会这个道理，治家有治家道理，居官有居官道理，虽然头面不同，又只是一个道理。[⑥]

又曰：

> 读书之法，要当循序而有常，致一而不懈，从容乎句读文义之间，

---

① 《河南程氏遗书》卷二上。
② 《宋元学案·伊川学案下》。
③ 《河南程氏遗书》卷十八。
④ 《河南程氏遗书》卷十八。
⑤ 《朱文公文集》卷十四《行宫便殿奏札二》。
⑥ 《朱子语类》卷一百二十。

而体验乎操存践履之实，然后心静理明，渐见意味。[1]

如此一来，既可以矫除一般学者游谈无根、空疏不学之病，又使学者于穷理时有较为具体的阶梯可循，与孔子博文约礼、下学上达之旨完全吻合。

（四）结语

综上所述，吾人可以发现程朱学派的形成过程其实就是一个回归孔子思想的过程。盖就程朱学派的思想重点而言，理气论与心性论属于本体问题，主敬说与格物穷理说属于功夫问题，本体问题如能讲明，可以加强而有助于功夫问题的践履，以达成最高的目标。但本体问题为孔子等传统儒家所忽略，于是程朱学派不得不取资于道佛之说，以为儒家建立形上学的体系。理学家所建立的形上学虽非原始儒家所有，但在基本观点上则能逐步达到与孔子思想相吻合的地步。功夫问题，本为原始儒家所特别注重，但自两汉以后，由于道佛思想兴盛，而其所注重的功夫又与孔子有异，所以传统儒家所注重的功夫路向难免为人所轻忽。及至程朱学派渐次形成，其所强调的功夫亦逐步达到与孔子思想符合的地步。程朱学派此种回归孔子思想的进程，不仅充分显现了程朱学派的特性，而且也可说明程朱学派之所以能取得理学正统的地位，对后世产生更为深远的影响，而为后人所比较重视的原因。

——**原发表于 1987 年 11 月**

六、叶适思想的主轴及其评价

（一）前言

宋代学术自从周敦颐首先阐发心性之微以后，迭经张载、二程等大家的讲倡，理学遂成为学术思想的主流。理学所注重者尚不失传统儒者明体致用的本旨，对于世道人心尤其大有助益，可是心性之辨愈精，事功之味难免相对愈淡，再加上理学杂释老，不无过高虚浮之病，遂显出其内部的缺陷。流弊所及，一些自附于理学的猖狂之辈，乃渐失本真，以为诚正当讲，治平可

① 《朱文公文集》卷五十六《答陈师德》。

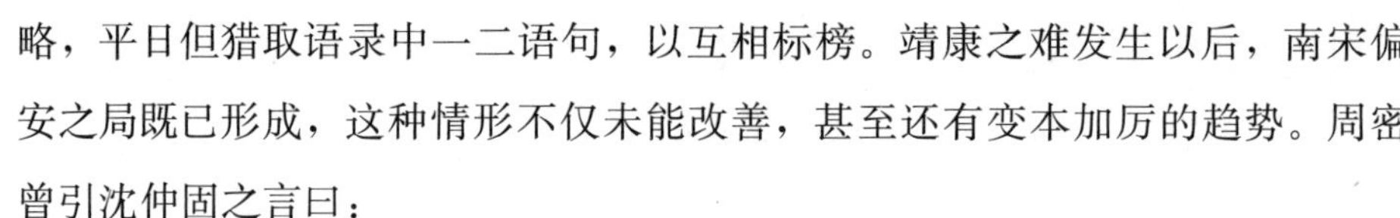

略，平日但猎取语录中一二语句，以互相标榜。靖康之难发生以后，南宋偏安之局既已形成，这种情形不仅未能改善，甚至还有变本加厉的趋势。周密曾引沈仲固之言曰：

> 道学之名，起于元祐，盛于淳熙，其徒有假其名以欺世者，真可以嘘枯吹生。凡治财赋者则目为聚敛，开阃捍边者则目为粗材，读书作文者则目为玩物丧志，留心政事者则目为俗吏。其所读者止四书、《近思录》、《通书》、《太极图》、《东、西铭》、语录之类，自诡其学为正心修身齐家治国平天下。故为之语曰："为生民立极，为天地立志，为万世开太平，为前圣继绝学。"其为太守，为监司，必须建立书院，立诸贤之祠；或刊注四书，衍辑语录；然后号为贤者，则可以钓声名，致膴仕。而士子场屋之文，必须引用以为文，则可以擢巍科，为名士。否则，立身如温国，文章气节如坡仙，亦非本色也。于是天下竞趋之，稍有议及其党，必挤之为小人。虽时君亦不得而辨之矣！其气焰可畏如此。然夷考其行，则言行了不相顾，卒皆不近人情之事。异时必将为国家莫大之祸，恐不在典午清谈之下也。①

所讲虽然不免有过激之处，但绝对不是无端而发。类似此种情形，看在有心者眼里，自然心怀忧惧，而思加以挽救，于是浙东功利之学乃乘时兴起，想要以经世之学在事功方面求发展，以期矫正虚浮之弊而有裨于世务。

宋室南渡以后，浙东之学顺势而兴，皆争言事功，但其学各有所尚，所造也有不同，概而言之，可分三支：一为金华唐仲友（字与政），一为永康陈亮（字同甫），一为永嘉薛季宣（字士龙）、陈傅良（字君举）、叶适（字正则，学者称为水心先生）。其中唐仲友通经服古，务黜空虚而归实用，"上自象纬方舆、礼乐刑政、军赋职官，以至一切掌故，本之经史，参之传记，旁通午贯，极之茧丝牛毛之细，以求见先王制作之意。……痛辟佛、老，斥当

---

① 周密：《癸辛杂识续集》，文渊阁《四库全书》子部三四六，第1040册，台北：台湾商务印书馆影印，1986年，第87—88页。

时之言心学者。”[①] 然其性颇孤介，与同时浙东诸子不相往来，但“孤行其教”而已。[②] 晚年又为朱熹所劾，从此杜门著书，郁郁而卒，自然不能蔚成风气，别开生面。至于陈亮，则尝与朱熹议论王霸，移书反复，始终不屈，气颇猛锐，“其为学，俱以读书经济为事，嗤黜空疏、随人牙后谈性命者，以为灰埃”[③]。惟“专言事功而无所承，其学更粗莽抡魁，晚节尤有惭德”[④]。既浅于性命，又昧于经制，其所标榜者，实个人英雄主义而已。是则浙东事功之学，求其能鼓动风潮者，唯有永嘉诸子。

永嘉诸子之中，薛季宣、陈傅良皆颇注重制度的探讨，其立场属态度而非义理，似未有意于濂、洛之统以外，另立门户。直到叶适才从义理的立场，与理学相抗衡。盖叶适既精于制度，得浙学之真传，又能言义理，遂为理学之劲敌，因此能超越众人，成为以经制言事功学者的翘楚，并与理学的两大派——朱熹、陆象山鼎足为三，故全祖望说：

> 乾、淳诸老既殁，学术之会，总为朱、陆二派，而水心断断其间，遂称鼎足。[⑤]

叶适于朱、陆所讲的性即理、心即理之说以外，独树异帜，不崇尚心性义理的讲求，想要绾合学术与治道，以尽废后儒的浮论，终于为永嘉之学在当时的学术思想界争得一席地位，其成就确实卓越。

考叶适所以能与朱、陆分庭抗礼，取得卓越的成就，关键乃在于能建立思想的主轴。此主轴为从强调“道不离器”到措意当世之务，既有理论的依据，又能关切实际事务，脉络清楚。叶适的这种思想主轴，利弊得失何在，似乎还有商讨的空间。以下即针对上述两个问题，先介绍叶适思想的主轴，再对此思想主轴做评价。是否得当，尚请方家教正。

---

① 黄宗羲著，全祖望补修，陈金生、梁运华点校：《宋元学案·说斋学案》，台北：华世出版社，1987 年 9 月台 1 版，第 1952—1953 页。

② 《宋元学案·说斋学案》：“永嘉诸先生讲学时，最同调者，说斋唐氏也。而不甚与永嘉相往复，不可解也。”“考当时之为经制者，无若永嘉诸子，其于东莱、同甫，皆互相讨论，臭味契合。东莱尤能并包一切，而说斋独不与诸子接，孤行其教。”第 1952、1954 页。

③ 《宋元学案·龙川学案》，第 1832 页。

④ 《宋元学案·龙川学案》，第 1830 页。

⑤ 《宋元学案·水心学案》，第 1738 页。

（二）叶适思想的主轴

前已言之，叶适思想的主轴为从强调“道不离器”到措意当世之务，两者同条共贯，有其一定的脉络，但为方便解析，不得不分点论述如下：

1. 强调“道不离器”

叶适论道，有两个重点：一为道存在于器物度数当中，舍器物度数即无所谓道。其言曰：

> 书有刚柔比偶，乐有声器，礼有威仪，物有规矩，事有度数，而性命道德，未有超然遗物而独立者也。[①]
>
> 形而上者谓之道，按一阴一阳之谓道，兼阴说虽差，犹可言也；若夫形上而无下，而道愈隐矣！[②]

是故唯有即器始足以明道，就人伦事务上加以表现，才能发现、把握此道，如此才是真正的圣贤之业，故又谓：

> 物之所在，道则在焉。物有止，道无止也。非知道者不能该物，非知物者不能至道。道虽广大，理备事足，而终归于物，不使散流，此圣贤经世之业，非习为文词者所能知也。[③]
>
> 上古圣人之治天下，至矣！其道在于器数，其通变在于事物；其纪纲、伦类、律度、曲折莫不有义，在于宗庙、朝廷、州闾、乡井之间；其教民周旋、登降、会通、应感之节而诵说其所以然之意，使之自得于心而有余于身，以行之于君臣、父子、夫妇、昆弟，在于学官。……无验于事者其言不合，无考于器者其道不化。[④]

叶适论道的第二个重点为：道之所重不在于言说而在于实行，亦即道的定义为何其实并不重要，重要的是如何让道落实于生活之中。故其言曰：

---

① 《叶适集·水心别集·大学》，台北：河洛出版社，1977 年 5 月影印，第 730 页。

② 《习学记言·易》，文渊阁《四库全书》子部一五五，第 849 册，台北：台湾商务印书馆，1986 年，第 357 页。

③ 《习学记言·吕氏文鉴》，第 774 页。

④ 《叶适集·水心别集·进卷总义》，第 693—694 页。

《周官》言道则兼艺，贵自国子弟，贱及民庶，皆教之。其言儒以道得民，至德以道为本，最为切要，而未尝言其所以为道者。虽书尧、舜时，亦已言道，及孔子言道尤著明，然终不的言道是何物。岂古人所谓道者，上下皆通知之，但患所行不至耶！①

古之圣贤析言事物既辨且详，而于道德、众理特指其名而辄阙其义的原因，乃在于避免人之舍器而言道，致使大道泯没，故又曰：

古之圣贤，其析言于事物，甚辨而详，至于道德之本，众理之会，则特指其名而辄阙其义，微开其端而不究其极。……故皇极无不有也，而其难在于建；建极非难也，而其难在于识其所以建。……夫极非有物，而所以建是极者则有物也。君子必将即其所以建者而言之，自有适无，而后皇极乃可得而论也。②

因此他对子思而后，诸儒竞相以辞明道，徒饰其说以自好，难以言行道之功，颇不以为然。曰：

孔子未尝以辞明道，内之所安则为仁，外之所明则为学……至于内外不得而异称者，于道其庶几乎！子思之流始以辞明道……辞之所之，道亦之焉，非其辞也，则道不可以明。孟子不止于辞，而辨胜矣！荀卿本起稷下，凡有所言皆欲挫下士之锋，破滑稽之的。其指决割，其言奋呼，怒目裂眦，皆极将经纬大道，奈何俯首效之？且未有求其小而能得其大者，惜乎其未讲矣！③

因此，叶适对于理学末流的远于事物、高谈心性，极表不满，曰：

古人多识前言往行，谓之畜德，近世以心通性达为学，而见闻几废，为其不能畜德也。④

进而对曾子以下诸儒，凡程、朱所指以为道统者，都加以批驳。认为曾

① 《习学记言·周礼》，第379页。

② 《叶适集·水心别集·皇极》，第728页。

③ 《习学记言·荀子》，第744页。

④ 《叶适集·水心文集·题周子实所录》，第603页。

子并未独传孔子之道，子思《中庸》所述未必为孔子之遗言；又以为《大学》不足信，《十翼》非孔子作；凡此所论皆与程、朱异趋。唯对于孟子，承认其能传孔子，得以接续圣贤统绪；然又批评其论学有所偏，主要是因为孟子专以心性为宗主。此与程、朱虽有同者，但一涉及心性，叶适即持反对态度。[①]按，浙东学术与当时一般理学的最大歧异处为注重史学，因此其学较偏向于实际，于是讲明因果，评说世变，考索制度，议论时势，其目的无非在于有补世道，以救时失。叶适秉承此种学风，故其论学亦讲求实际以为世用，尝谓：

> 学实而已，实善其身，实仪其家，移以事君，实致其义，古今共之，不可改也。[②]

> 读书不知接统绪，虽多无益也；为文不能关教事，虽工无益也；笃行而不合于大义，虽高无益也；立志不存于忧世，虽仁无益也。[③]

基于此种立场，叶适讲经、论史、论文，皆用以说治道、明世势，充分显现其注重实用的精神与时代色彩，而与一般理学家之借以发挥其心性哲理思想者大异其趋焉。[④]

2. 措意当世之务

叶适论道既然强调道不离器，而注重人伦事务的实践，其论学又力黜空虚而归于实用，以期有补世用，故其对于当世之务颇为关注，举凡治道、财计、军事等，皆有所论述，既能掌握根本，又能揭举当时弊害之所在。如其论治道，认为礼乐教化为致治之本，其重要性远胜于政刑，其言曰：

> 按孔子言安上治民莫善于礼，移风易俗莫善于乐，初不及政刑。……今以礼乐刑政融会并称，而谓其不二，则论治之浅莫甚于此。

---

① 叶适对曾子、子思《中庸》、《大学》、《十翼》，以及孟子之批评，可详参拙著《宋永嘉学派之学术思想》，台北：政治大学中国文学研究所博士论文，1977 年 6 月，台北：文史哲出版社，第 198—201 页。

② 《叶适集·水心文集·郭府君墓志铭》，第 246 页。

③ 《叶适集·水心文集·赠薛子长》，第 607—608 页。

④ 叶适讲经、论史、论文，皆有关于政治教化，可详参拙著《宋永嘉学派之学术思想》，第 205—212 页。

其舍礼乐不用而以刑政为极功，儒者之过也。①

《礼记·乐记》云："礼乐刑政，其极一也，所以同民心而出治道也。"②以礼乐刑政并举，与孔子所谓"道之以政，齐之以刑，民免而无耻；道之以德，齐之以礼，有耻且格"③，以及同为《礼记》的《缁衣》所云"子曰：'夫民，教之以德，齐之以礼，则民有格心；教之以政，齐之以刑，则民有遁心'"④，大相径庭。叶适反《乐记》之说，强调礼乐远在刑政之上，可见其说实能上接孔子之意。又如其论财计云：

夫聚天下之人，则不可以无衣食之具。衣食之具或此有而彼亡，或彼多而此寡，或不求则伏而不见，或无节则散而莫收，或消削而浸微，或少竭而不继，或其源虽在而浚导之无法，则其流壅遏而不行。是故以天下之财与天下共理之者，大禹、周公是也。古之人未有不善理财而为圣君贤臣者也。⑤

对于衣食等物资的或有或无，或多或少，以至开发、调配、运用不当等造成的弊害，皆有所论列。尤其难得的是认为，自古圣君贤臣未有不善理财者。他认为是否善于理财与民生的丰足或殄瘁有莫大的关系，可是历来的主政者对于理财并不重视，任令掊克之吏裒敛敲剥，致使生民涂炭。此种情形，在宋代由于理学的兴起，讲究心性而以清高自持，弊害尤其严重。故叶适曾十分感慨地说："呜呼！使君子避理财之名，小人执理财之权，而上之任用亦出于小人而无疑，民之受病，国之受谤，何时而已！"⑥ 因而他认为善于理财才有资格成为圣君贤相。

再如其论军事云：

自古两敌相争，高者修德行政，下者蓄力运谋。⑦

① 《习学记言·礼记》，第390页。
② 郑玄注，孔颖达疏：《礼记注疏》，阮刻十三经注疏本，台北：艺文印书馆，1993年，第633页。
③ 朱熹：《论语集注·为政》，《四书章句集注》，台北：大安出版社，1990年12月第1版，第70页。
④ 《礼记注疏》，第927页。
⑤ 《叶适集·水心别集·财计上》，第658页。
⑥ 《叶适集·水心别集·财计上》，第658页。
⑦ 《叶适集·水心别集·患虚论》，第766页。

夫法所以用兵，而兵之成败不专在于法。若必以法为胜，则蚩尤、桀、纣若林之旅，岂其皆无法哉？且项羽之于汉高，尝百胜，一败而亡，岂汉一日而有法哉？[①]

认为如果能修实德，行实政，则上下和气融浃，近悦远来，可以变弱为强，屡战不屈。对于讲究权谋的兵法，叶适并不认同，他强调能否运用兵法并非战事胜负的关键，曾说“非知德者不足以言兵”[②]，与孟子的“仁者无敌”之说可谓若合符节。[③]

由以上所述论治道、论财计、论军事等，可以看出叶适对于当世之务颇为熟稔，且能提出迥异于时儒的见解，已属相当难得。尤其可贵的是，他还勇于指出宋代集权法密之害，掌握了当时国家积弱的症结，曰：

国家因唐、五季之极弊，收敛藩镇，权归于上，一兵之籍，一财之源，一地之守，皆人主自为之也。欲专大利而无受其大害，遂废人而用法，废官而用吏，禁防纤悉，特与古异，而威柄最为不分。虽然，岂有是哉？故人材衰乏，外削中弱，以天下之大而畏人，是一代之法度又有以使之矣！[④]

因而叶适乃历考古来的制度，虽然封建、郡县的政体并不相同，但若能遵照政体设计的本意，都不害其为治。他认为封建者“国各自行其政，家各自专其业”[⑤]，郡县者“以一郡行其一郡，以一县行其一县，赏罚自用，予夺自专”[⑥]。可是宋朝采行郡县之制，既与三代异制，又惩创前人之失，总揽大权于朝，以防杜臣民，则并后世郡县的精神也随之丧失。总之，宋朝采取集权之制，违背了叶适认同的分权为治精神，是他最期期以为不可者。

前人虽不乏反对专制集权之非者，然大抵是就君王的淫暴、政事的烦苛、

---

① 《习学记言·太宗李靖问对》，第766页。

② 《习学记言·司马法》，第761页。

③ 以上叙叶适论治道、论财计、论军事，皆非仅此一端，这里不过是举例言之而已，可详参拙著《宋永嘉学派之学术思想》，第230—282页。

④ 《叶适集·水心别集·始论二》，第759页。

⑤ 《叶适集·水心别集·法度总论一》，第787页。

⑥ 《叶适集·水心别集·法度总论一》，第787页。

民生的疾苦等方面立论，至叶适才专就制度加以探讨，这是他的过人之处。过度集权的弊害若不排除，就算是有仁君贤臣，也难免陷于苛细扰民而无法致天下于安定。由此可见，叶适抨击专制法密之害，实能批隙导窾，深切掌握问题的关键。

（三）对叶适思想主轴的评价

在理学盛行、举世风从的时代，叶适能不趋风气，本其注重思辨的精神与不盲从偏信的态度，反对理学末流的空谈心性，一方面提出对“道”的看法，认为只有在人伦事物上才能掌握道，而对于道最重要的是实践而非为其下定义，此与孔子的中心思想为仁，但据《论语》所载，孔门师生于问答之际，对于仁并不注重言说，而强调如何落实于日常生活当中，可谓如出一辙。另一方面则从思想的立场，质疑理学家所依据的《大学》《中庸》与《易传》，来推翻理学所建立的道统之说，此与《孟子・尽心下》末章言五百年必有王者兴，从尧、舜到汤、文王、孔子，不论是见而知之或闻而知之者，皆未述及曾子、子思，也有近似之处。有立有破，期能补偏救弊，处心用意实相当可取。

若从另一个角度观之，道虽然寓于器，但器所包范围甚广，如不能具体指言或定其本末先后，亦难以掌握。另如叶适曾说：“读书不知接统绪，虽多无益。”[①] 语固不差，然所谓的统绪究竟所指为何，他并未明言，反不如理学的道统说易于明了，则其建设树立者似仍嫌有所不足，而无法让人充分理解遵循。另外他对《大学》（含曾子）、《中庸》（含子思）、《易传》，以及孟子的攻驳批评，是否皆属谛当，可能还有相当大的商榷空间。要之，如黄宗羲所云：

> 水心异识超旷，不暇梯级，谓“洙泗所讲，前世帝王之典籍赖以存，开物成务之伦纪赖以著”，“《易・彖》《象》，夫子亲笔也，《十翼》则讹矣”，“《诗》《书》，义理所聚也，《中庸》《大学》则后矣”，“曾子不在四科之目，曰参也鲁”，“以孟子能嗣孔子，未为过也；舍孔子而宗孟子，

① 《叶适集・水心文集・赠薛子长》，第607页。

则于本统离矣”。其意欲废后儒之浮论，所言不无过高，以言乎疵则有之，若云其概无所闻，则亦堕于浮论矣！[①]

虽指出其所讲确有瑕疵，但也承认其有独到的见识，而对他“意欲废后儒之浮论”的用心，亦能表而出之。后来全祖望说：“水心天资高，放言砭古人多过情……要亦有卓然不经人道者，未可以方隅之见弃之。”[②] 也认为叶适思想瑕不掩瑜而予以肯定。不过叶适所论虽有立有破，但所立者如前所述并非容易掌握遵循，所破者又有斟酌余地，所以在当时虽尚能与朱、陆鼎足为三，但就学术思想史的发展来看，其地位与影响难免稍逊于两家。

在义理上，叶适虽然是披坚执锐，想要攻陷理学之阵，却不能如其所愿，然而对于当世之务，他则有相当的识见，足以破世俗的浮论。如前所述，叶适论治道，拳拳服膺孔子“安上治民莫善于礼，移风易俗莫善于乐”之教，强调礼乐教化的重要。论财计，则认为天下之人不能无衣食之具，而颇注重民生物资的供应，主张善于理财才是成为圣君贤相的先决条件。论军事，宣言“非知德者不足以言兵”，以为用兵的根本乃在于仁义政事，与孟子的“仁者无敌”之说，可谓如出一辙。尤其令人敬佩的是在其所处的集权法密时代，他敢于指出专制的弊害之深，提出分权而治的理念，更属远见卓识。

叶适之学诚主于实用而颇注重功效，实大有异于轻举躁进、急功近利的人，譬如因为他极关切时事，故平日每每以恢复为言，希望能洗雪靖康之耻，收复中原故土。但也深知仁义不至，政事不立，并不能成事，对守御之道虽极为措意，然其根本又在于节用减赋，以宽民力，以为必先安内，然后可以徐图进取，其意在于修边而不急于开边，整兵而不急于用兵。所以当宁宗开禧二年（1206），韩侂胄为建立不世之功而贸然北伐，曾想要叶适协助，叶适受召之后却屡屡进言当审而后发，并且力辞草诏。全祖望尝谓：“永嘉功利之说，至水心始一洗之。”[③] 殆就类似此等事而言之也。

综观上述叶适所论所行，既深悉于实务，又蔼然儒者之言，虽程、朱等理学大家亦未必过之。其对于当世之务的关切之深，至于不觉感慨而言之，

① 《宋元学案·水心学案上》，第1794页。
② 《宋元学案·水心学案上》，第1738页。
③ 《宋元学案·水心学案上》，第1738页。

其心情意概，更是值得我们敬佩。

（四）结语

宋朝由于开国之后采取的政策有偏，造成各种施政措施的谬误，最终导致靖康之难，形成南宋偏安之局，但之前的失宜举措不仅未能改弦易辙，甚至还有变本加厉之势。再加上理学兴盛，成为学术思想的主流，由于过于讲求心性，对于实际事务难免有所忽略。所谓天下病虚则救之以实，遂激发浙东功利之学的兴起，其中以永嘉诸子在立身行己方面既无惭德，而尤注重探讨制度，举凡对治道、财计、军事等有关于国家富强之道，皆有所论述。永嘉诸子之中，又以叶适既精于制度，又能言义理，成为永嘉学派的集大成者，并与理学的两大支朱、陆相抗衡，此其所以卓也。

考叶适之所以能成为永嘉以经制言事功的集大成者，鼓动一时之风潮，乃在于他能建立思想的主轴，从强调“道不离器”而措意当世之务，既能建立理论的基础，又能依此基础发展为对实际事务的关切，同条共贯，脉络厘然。唯叶适在论道方面，为与理学相对抗，对理学家所建立的道统不以为然，而大力抨击，但他自己欲图建立的说法虽归宗于孔子，但并不如同样也归宗于孔子并有统绪可循的道统说明确可循，亦即在此点上，他的批评驳斥多而建设树立少，故最后不得不让步于朱、陆，而无法长期与之成鼎足之势。至于在措意世务方面，叶适所论，在治道、财计、军事等方面，尤其是对立国政策的甚不以为然，皆有足多者，而其行止亦能与其所言相符应。故其所言所行，虽时至今日，仍属颠扑不破，而可以成为我们的典范。

——原发表于2010年11月温州瑞安市纪念叶适诞辰860周年暨学术研讨会，刊登于《儒学天地》2010年第4期，2010年12月；又被收录于《叶适与永嘉学派》，南京：浙江人民出版社，2012年12月

七、杨简的心学及其评价

（一）前言

宋明理学中的心学一脉，由陆象山远绍孟子，提出“心即理”之说而建立。依陆象山“心即理”之说的内涵，心盖具有下列两点意义：一为心乃宇

宙万物的本体，曰："万物森然于方寸之间，满心而发，充塞宇宙，无非此理。"[①] 二为心乃伦理道德的根源，曰："四端者，即此心也；天之所以与我者，即此心也。"[②] 并因此认为修养功夫即在于明此心，曰："古先圣贤未尝艰难其途径，支离其门户……人孰无心？道不外索，患在戕贼之耳，放失之耳。古人教人，不过存心、养心、求放心。此心之良，人所固有，人惟不知保养而反戕贼放失之耳。苟知其如此，而防闲其戕贼放失之端，日夕保养灌溉，使之畅茂条达，如手足之捍头面，则岂有艰难支离之事？"[③]

由上所述，可见在陆象山的思想中，心实具有极高的地位，然而陆象山既认为心即理，且曰："义理之在人心，实天之所与而不可泯灭焉者也。"[④] 如此则心之所以有其地位，盖因心具有此理的缘故；心之具有此理，又由于天所赋予。因而在其观念中，心并非第一义，亦即尚未达到心学强调此心之义的极致，而有待于后来者继续阐发。陆象山弟子杨简即为继承此一工作，深化心学内容的代表人物。

（二）杨简的悟道过程

杨简，字敬仲，浙江慈溪人，生于宋高宗绍兴十一年，卒于理宗宝庆二年（1141—1226），享年八十六岁。因曾筑室于德润湖上，并更名为慈湖，时人称其为慈湖先生。

杨简自孝宗乾道五年（1169），年二十九中进士后，历仕五十余年，但除担任过乐平知县及温州知州外，大部分时间，或以祠官家居，或为无实际职权的散官，最后才因耆宿大儒膺选宝谟阁学士，被封为慈溪县男，以太中大夫致仕，卒后谥为文元。故其宦业并无过人之处，政治见解也少有创发，《句章摭逸》尝概述其从政生涯曰："文元丁宋祚之末，阅事孝、光、宁、理四朝，始终五十四年，立朝仅三十六日，四经陛对，逆鳞之言虽忠，而措之无用，君子惜之。"确属持平之论。

杨简在政治上虽无大成就，但其学术思想则颇具特色。他在陆象山门下，

---

① 《象山全集·语录上》。
② 《象山全集·与李宰之二》。
③ 《象山全集·与舒西美》。
④ 《象山全集·拾遗·思则得之》。

为年辈较长、从游较早、著述最多、影响最为深远的弟子。其最大的贡献乃在将陆象山的心学再往前推进，详加阐述，使得陆派心学呈现出更新更彻底的风貌。

杨简于年少之时，即喜好潜思冥想，他曾自述道：

> 少读《易大传》，深爱“无思也，无为也，寂然不动，感而遂通天下之故”。窃自念，学道必造此妙。①

受到此种性格的影响，他二十八岁为太学生时，又透过反观的功夫，觉天地万物通为一体，而皆在吾心之中，曰：

> 某之行年二十有八也，居太学之循理斋，时首秋，入夜，斋仆以灯至，某坐于床，思先大夫尝有训，曰：“时复反观。”某方反观，忽觉空洞无内外，无际畔。三才万物、万化、万事、幽明有无，通为一体，略无缝罅。畴昔意谓万象森罗，一理贯通而已，有象与理之分，有一与万之异。及反观后所见，元来某心体如此广大，天地有象有形有际畔，乃在某无际畔之中。②

此时杨简对于本心虽已有体悟，但似犹欠深切。杨简三十二岁时任富阳主簿，当年陆象山中进士后返乡，路经富阳，经杨简挽留，讲论半月。因陆象山屡屡提及本心，杨简乃以如何是本心相询，陆象山借扇讼之事诱导，杨简才真正悟得本心。据《象山年谱》载：

> 四明杨敬仲时主富阳簿，摄事临安府中，始承教于先生。及反富阳，三月二十一日，先生过之。问：“如何是本心？”先生曰：“恻隐，仁之端也；羞恶，义之端也；辞让，礼之端也；是非，智之端也。此即是本心。”对曰：“简儿时已晓得，毕竟如何是本心？”凡数问，先生终不易其说，敬仲亦未省。偶有鬻扇者讼至于庭，敬仲断其曲直讫，又问如初。先生曰：“闻适来断扇讼，是者知其为是，非者知其为非，此即敬仲本

① 《杨氏易传》。

② 《慈湖遗书·炳讲师求训》。

心。”敬仲忽大觉，始北面纳弟子礼。①

自此以后，杨简乃随时体察本心，而有更进一步的领悟。据载：

已而沿檄宿山谷间，观故书，犹疑。终夜坐不能寐，天曈曈欲晓，忽洒然如物脱去，乃益明。淳熙元年春，丧妣氏去官，居垩室，哀毁尽礼，后营圹车厩，更觉日用酬应未能无碍，沉思屡日，偶一事相提触，亟起旋草庐中，始大悟变化云为之旨，纵横交错万变，虚明不动如鉴中象矣。②

然则直至此时，杨简所体悟者仍然未能出于陆象山所指点的本心的意义以外。故杨简并不以此自足，而是不断沉思，终于在五十岁以后担任乐平县知县时，因读《孔丛子》而获得新的启示。他尝自言：

学者初觉，纵心所之，无不元妙，往往遂足，不知进学，而旧习难遽消，未能念念不动。但谓此道无所复用其思为，虽自觉有过，而不用其力。虚度岁月，终未造精一之地。日用云为自为变化，虽动而非动，正犹流水日夜不息，不值石险，流形不露，如澄沚不动而实流行。予自三十有二微觉已后，正堕斯病。后十余年，念年迈而德进不进，殊为大害。偶得古圣遗训，谓学道之初，系心一致，久而精纯，思为自泯，予始敢观省，果觉微进。后又于梦中获古圣面训，谓简未离意象，觉而益通，纵所思为，全体全妙，其改过也，不动而自泯，泯然无际，不可以动静言。③

---

① 《象山全集·年谱·乾道八年》。陆象山借扇讼以启发杨简之事，钱时《宝谟阁学士正奉大夫慈湖先生行状》所载，与此略有出入，曰："文安公新第归，来富阳。长先生二岁，素相呼以字，为交友。留半月，将别去，则念天地间无疑者，平时愿一见，莫可，得遽语离乎？复留之。夜集双明阁上，数提本心二字，因从容问曰：'何谓本心？'适平旦尝听扇讼，公即扬声答曰：'且彼讼扇者，必有一是，有一非，若见得孰是孰非？即决定，谓某甲是某乙非矣，非本心而何？'先生闻之，忽觉此心澄然清明，亟问曰：'止如斯邪？'公竦然端厉，复扬声曰：'更何有也！'先生不暇他语，即揖而归。拱达旦，质明，正北面而拜，终身师事焉。每谓某感陆先生尤是再答一语更云云便支离去。八年秋七月也。"

② 钱时：《慈湖遗书·附录·宝谟阁学士正奉大夫慈湖先生行状》。

③ 《慈湖遗书·家记九》。

此所谓古圣遗训，系指《孔丛子》“心之精神是谓圣”之句。[①] 杨简自从就此句而对本心有更新的认识后，乃专以心立说，故叶绍翁云：

> 慈湖杨公简参象山学犹未大悟，忽读《孔丛子》，至“心之精神是谓圣”一句，豁然顿解。自此酬酢门人，叙述碑记，讲说经义，未尝舍心以立说。[②]

从此，杨简乃确立心在其思想中的最高地位，而开展出其心外无物之说，并提出毋意的功夫理论，而将陆象山的心学推展至另一更高的境界。

（三）杨简的心外无物之说

杨简确立心在其思想中的最高地位以后，乃据此发挥其心外无物之说，以为天地万物，以至于其中的变化云为，皆由于心的作用。曰：

> 日用平常之心，何思何虑，虚明无体，广大无际，天地范围于其中，四时运行于其中，风霆雨露雪霜动散于其中，万物发育于其中，辞生于其中，事生于其中，属而比之于其中。[③]

又曰：

> 人皆有是心，是心皆虚明无体，无体则无际畔，天地万物尽在吾虚明无体之中，变化万状而吾虚明无体者常一也。……此虚明无体者，动如此，静如此；昼如此，夜如此；生如此，死如此。[④]

又曰：

> 天之所以健行而不息者，乃吾之健行也；地之所以博载而化生者，乃吾之化生也；日月之所以明者，乃吾之明也；四时之所以代谢者，乃

---

① 《孔丛子·记问》：“子思问于夫子曰：‘物有形类，事有真伪，必审之，悉由？’子曰：‘由乎心，心之精神是谓圣，推数究理，不以物疑，周其所察，圣人难诸。’”按，《孔丛子》为伪书，此段记载不可据信。考杨简尝谓“《孔丛子》所载亦有乖戾不可信者”（《慈湖诗传》），然对此段记载则深信不疑。在其所著各文中，引用“心之精神是谓圣”句，更多达数十次。

② 《四朝闻见录·甲集·心之精神是谓圣》。

③ 《慈湖遗书·著庭记》。

④ 《慈湖遗书·永堂记》。

吾之代谢也；万物之所以散殊于天地之间者，乃吾之散殊也。[①]

如是，则吾心乃成为天地万物及其一切变化的本体。不仅如此，一切伦理规范亦皆源于心。曰：

> 孔子曰："人者，天地之心。"又曰："心之精神是谓圣。"孟子亦每道性善，又曰："仁，人心也。"大哉斯言，启万世人心所自有之灵。人孰不爱敬其亲？有不爱敬其亲者，非人也。人孰不知徐行后长？有不后于长者，非人也。此心人所自有也，不学而能也，不虑而知也。[②]

又曰：

> 舜曰道心，非心外复有道，道特无所不通之称。孔子语子思曰："心之精神是谓圣。"圣亦无所不通之名，人皆有此心，此心未常不圣。精神无体质，无际畔，无所不在，无所不通。《易》曰："范围天地。"果足以范围之也。《中庸》曰："发育万物。"果皆心之所发育也。……孩提之童无不知爱其亲；及长，无不知敬其兄。爱亲曰孝，敬兄曰弟，以此心事君曰忠，以此心事长曰顺，以此心与朋友交曰信，其敬曰礼，其和曰乐，其觉曰知，故曰知及之，所觉至于纯明曰仁，言此心直而不支离曰德，其有义所当行不可移夺曰义。名谓纷纷，如耳目鼻口手足之不同而一人也，如根干枝叶华实之不同而一木也。此心之虚明广大，无所不通如此。[③]

如是，则吾心乃又成伦理道德的根源。据此，则陆象山"心即理"之说中，心所具有的两点意义已皆为杨简所承继。但其中颇值得我们注意者，陆象山但谓"万物森然于方寸之间"，并未言万物发育于此心。尤其是在伦理规范上，依陆象山所言："天之所以与我者，即此心也。""义理之在人心，实天之所与而不可泯灭焉者也。"其意盖以为有天始有心，有心始有伦理规范。然在杨简心目中，则谓有心始有天，有心始有伦理规范。心之地位已高过一切。

---

① 《慈湖遗书·家记六》。

② 《慈湖遗书·申义堂记》。

③ 《慈湖遗书·临安府学记》。

故其说实已就陆象山所建立之基础更往上推矣。

由于杨简对心的体悟如此，故其不论解经或论人，皆配合其说，以心作为唯一准则。在解经方面，采取有别于一般注疏家的解释。如其论《易》云：

> 《易》者己也，非有他也。以《易》为书，不以《易》为己，不可也。以《易》为天地之变化，不以《易》为己之变化，不可也。天地，我之天地；变化，我之变化；非他物也。[①]

又云：

> 舜曰道心，明此心之即道，动乎意则失天性而为人心。孔子曰："心之精神是谓圣。"禹曰："安汝止。"正明人心本寂然不动，动静云为乃此心之神用。如明鉴照物，大小远近，参错毕见，而非为也，非动也。天象地法，鸟兽之文，地之宜，与凡在身及在物，皆在乎此心光明之中。[②]

又其论《诗》云：

> 呜呼！三百篇一旨也，有能达是，则至正至善之心，人所自有，喜怒哀乐无所不通，而非放逸邪僻，是谓寂然不动，感而遂通天下之故。[③]

更由《诗》而推于六经，以为皆一旨而无二道，曰：

> 人心自善自正，自无邪，自广大，自神明，自无所不通。孔子曰："心之精神是谓圣。"孟子曰："仁，人心也。"变化云为，兴观群怨，孰非是心？孰非是正？人心本正，起而为意而后昏，不起不昏，直而达之，则《关雎》求淑女以事君子，本心也；《鹊巢》昏礼天地之大义，本心也；《柏舟》忧郁而不失其正，本心也；《鄘·柏舟》之矢言靡它，本心也。由是心而品节焉，礼也；其和乐，乐也；得失吉凶，《易》也；是非，《春秋》也；达之于政事，《书》也。[④]

---

① 《慈湖遗书·家记一》。

② 《杨氏易传》。

③ 《慈湖诗传》。

④ 《慈湖遗书·诗解序》。

又曰：

> 简敬惟《易》、《诗》、《书》、礼、乐、《春秋》，一也。天下无二道，六经安得有二旨？……《春秋》之不乱，即《诗》之不愚，即《书》之不诬，即乐之不奢、《易》之不贼、礼之不烦也，一也。[①]

宋明理学大家无不崇奉六经，亦往往采取以述为作之方式，透过对六经的注释，以发挥自己的主要思想。但陆象山则以为“学苟知本，六经皆我脚注”[②]，但他对六经皆无著述，因此未能对其心学思想做充分的阐述。杨简则不仅有对六经的专著，[③] 并且在《慈湖遗书》中屡屡述及经传，将自己的心学思想寄托其中，详加论说，实可谓真正能做到六经皆“我”脚注矣。

在论人方面，杨简亦本其一贯的观点，对儒、道二家的诸多代表人物加以评骘。在先秦儒者当中，对心做了较多发挥者，有前人以为作《中庸》之子思及孟子，后代诸儒对此二人莫不祖述推尊，但依杨简之说，则其论心实尚有未尽，令人遗憾。因评论子思道：

> 子思曰：“喜怒哀乐之未发谓之中，发而皆中节谓之和。中也者，天下之大本也；和也者，天下之达道也。”孔子未尝如此分裂，子思何为如此分裂？此乃学者自起如此意见，吾本心未尝有此意见。……吾心浑然无涯畔，无本末，其未发也，吾不知其未发；其既发也，吾不知其既发。……如四时之错行，如日月之代明，油然而生，忽然而止。生，不知所生而是非自明，利害自辨；止，不知所止，止无其所，止无其事。如此而知，犹无知也；如此而为，犹无为也。子思觉焉而未大通者也。[④]

其意盖以为喜怒哀乐乃吾心之作用，而吾心则浑然一体，若强加分裂，则是对心的认识还不够清楚。又评论孟子道：

---

① 《慈湖遗书 · 春秋序解》。

② 《象山全集 · 语录上》。

③ 全祖望《鲒埼亭集外编 · 淳熙四先生祠堂碑文》云：“慈湖于诸经俱有所著。”现存慈湖对诸经之专书，仅《杨氏易传》二十卷、《慈湖诗传》二十卷。另据《宋史 · 艺文志》所录，有《春秋解》十卷，但已佚。

④ 《慈湖遗书 · 家记七》。

> 性即心，心即道，道即圣，圣即睿；言其本谓之性，言其精神思虑谓之心，言其天下莫不共由于是谓之道，皆是物也。……孟子有存心养性之说，致学者多疑惑心与性之为二，此亦孟子之疵。[①]

其意盖以为孟子歧心与性为二，亦是分裂心的整体，仍是由于对心的认识尚欠明晰。[②]

在杨简所评骘的所有人物当中，孟子乃陆象山心学之所从出者，陆象山对其极为尊仰而无二辞，而杨简竟然对之犹有所未惬，以为仍不免于歧出。由是益可见杨简之以心涵容一切，舍此心之外别无任何事物可言，其心学思想实已较陆象山所阐述者更为深纯矣。

（四）杨简的功夫理论——毋意

心学家所提示的功夫，由于重视心的灵明能力，皆主张反求诸心，故颇为简捷，杨简亦然。他以为此心虽极为灵明，却会因受到意、必、固、我的蒙蔽，而丧失其能力，故在修养方法上乃主张止绝此四蔽。曰：

> 人心自明，人心自灵，意起我立，必固碍塞，始丧其明，始失其灵。孔子日与门弟子从容问答，其谆谆告戒止绝学者之病，大略有四：曰意，曰必，曰固，曰我。门弟子有一于此，圣人必止绝之。毋者，止绝之辞。知夫人皆有至灵至明、广大圣智之性，不假外求，不由外得，自本自根，自神自明，微生意焉，故蔽之；有必焉，故蔽之；有固焉，故蔽之；有我焉，故蔽之。昏蔽之端，尽由于此。[③]

又曰：

> 此心无体，清明无际，本与天地同，范围无内外，发育无疆界。学者喜动喜进，喜作喜有，不堕于意，则堕于必，不堕于固，则堕于我。堕此四者之中，不胜其多，故先圣随其所堕而正救之，止绝之。[④]

---

① 《慈湖遗书·家记二》。

② 按，杨简除子思、孟子以外，对老子、庄子、列子、荀子、董仲舒、王通、周敦颐、程颢、程颐、张载，亦皆依其对心的认识，加以批评，认为各有其未的当之处。

③ 《慈湖遗书·绝四记》。

④ 《慈湖遗书·王子庸请书之二》。

然则此四蔽当中，“意”又为其他三者的根源。曰：

何谓必？必亦意之必。……何为固？固亦意之固。……何为我？我亦意之我。[①]

如是，则一切的昏蔽盖皆由于起意之故也。故曰：

人心本正，起而为意而后昏，不起不昏。[②]

然则何为意？杨简释之曰：

一则为心，二则为意；直则为心，支则为意。通则事事有条理，得已即已，不得已则知微知彰，知柔知刚，一一中节矣。[③]

由是可知，意乃与心相对，支离本心，使本心之灵明阻绝不通的意识活动。因此做功夫只要能达到不起意即可，曰：

应物为心，阻则为意，直心直用，不识不知，变化云为，岂支岂离？感通无穷，匪思匪为。孟子明心，孔子毋意，意毋则此心明矣。[④]

杨简虽以不起意为唯一的功夫，但其所谓不起意并非禁绝一切思虑活动，不与外物相接触，不起任何感情作用，故曰：

文王之典则即文王之道，后王之道，其维清乎！清者，不动乎意者也。……不动乎意，非木石然也。[⑤]

又曰：

不起意非谓都不理事，凡作事只要合理，若起私意则不可。[⑥]

又曰：

孔子莞尔而笑，喜也，非动乎意也；曰野哉由也，怒也，非动乎意

---

① 《慈湖遗书·王子庸请书之二》。
② 《慈湖遗书·诗解序》。
③ 《慈湖遗书·绝四记》。
④ 《慈湖遗书·王子庸请书之二》。
⑤ 《慈湖诗传》。
⑥ 《慈湖遗书·家记七》。

也；哭颜渊至于恸，哀也，非动乎意也。[①]

是其所谓毋意、不起意者，乃顺应吾心本来所具有的伦理规范而行，而不加上任何人为的功夫之意。故又曰：

孔子曰："吾有知乎哉？无知也。"文王不识不知，顺帝之则，知则失帝则矣。事亲事君，非无知也；应物从事，非无知也；周公仰而思之，孔子临事而惧，好谋而成，非无知也。如四时之错行，如日月之代明，油然而生，忽然而止。生，不知所生而是非自明，利害自辨；止，不知所止，止无其所，止无其事。如此而知，犹无知也；如此而为，犹无为也。[②]

除此之外的一切作为，在杨简看来，皆为支离，故曰：

清心、洗心、正心之说行，则为揠苗，非徒无益，而又害之。[③]

又曰：

收之拾之，乃成造意；休之静之，犹是放心。学问之道无他，求其放心而已矣。吾心本无妄，舍无妄而更求，乃成有妄。[④]

因此乃赋诗以明此意云：

此道元来即是心，人人抛却去求深；不知求却翻成外，若是吾心底用寻？[⑤]

甚至于吾人有心作毋意的功夫，杨简以为依然是意，而必须止绝之。曰：

止绝此意者，又意也，又先圣之所止绝也。[⑥]

心不必言，亦不可言，不得已而有言。孔子不言心，惟绝学者之意，而犹曰予欲无言，则知言亦起病，言亦起意，姑曰毋意。圣人尚不欲言，

---

① 《慈湖遗书·临安府学记》。

② 《慈湖遗书·家记七》。

③ 《慈湖遗书·永嘉郡治更堂亭名》。

④ 《慈湖遗书·与张元度》。

⑤ 《慈湖遗书·偶作之一》。

⑥ 《慈湖遗书·王子庸请书之一》。

恐学者又起无意之意也。[①]

陆象山立教，尚承认人之有恶，除本心之明受到蒙蔽外，亦有关乎气禀之殊与习染之有偏，曰：“人之精爽，负于血气，其发露于五官者，安得皆正?”[②] 又曰：“资禀好底人阔大，不小家相，不造作，闲引惹他都不起不动，自然与道相近。资禀好底人，须见一面，自然识取，资禀与道相近。资禀不好底人，自与道相远，却去锻炼。”[③] 又曰：“气有所蒙，物有所蔽，势有所迁，习有所移，往而不返，迷而不解，于是为愚为不肖，彝伦于是而斁，天命于是而悖。”[④] 因而在做功夫上，除要人先复其本心外，也主张剥落，曰：“人心有病，须是剥落。剥落得一番，即一番清明。后随起来，又剥落，又清明，须是剥落得净尽方是。”[⑤] 故鼓励亲人师友，读书册，曰：“不得明师良友剖剥，如何得去其浮伪，而归于真实？又如何得能自省、自觉、自剥落?”[⑥] 又曰：“若事役有暇，便可亲书册。所读书亦可随意自择，亦可商量程度，无不有益者。”[⑦] 又曰：“前言往行，所当博识；古今兴亡治乱、是非得失，亦所当广览而详究之。”[⑧] 是其功夫虽主于内求，然而并不废外索。至于杨简则认为一切昏恶皆由于意，做功夫也只要能毋意即可，仅有内求而完全否认外索的辅成效益。可见其在发明本心与夫以易简为教方面，比诸陆象山，实有过之而无不及。

（五）杨简心学的评价

宋代心学由陆象山开其宗，而杨简承继之。陆象山虽极重视此心的灵明及作用，但尚以为此心之所以有此能力，乃因此心具有义理之故，而此心之具有义理又乃天之所与。曰：“义理之在人心，实天之所与而不可泯灭焉者也。”至于杨简则以为天之所以为天，乃此心之所为，曰：“天地，我之天

---

① 《慈湖遗书·王子庸请书之二》。
② 《象山全集·语录下》。
③ 《象山全集·语录下》。
④ 《象山全集·武陵县学记》。
⑤ 《象山全集·语录下》。
⑥ 《象山全集·语录下》。
⑦ 《象山全集·与曹挺之》。
⑧ 《象山全集·与陈正己》。

地。”又陆象山主张“心即理”，即语意上推求，理实高过于心。而且陆象山又尝曰：“此理充塞宇宙，天地鬼神且不能违异，况于人乎？”① 认为理具有比心更广泛的内容及独立于心之外的性质。但杨简则只强调心而极少谈到理，曰：“变化，我之变化。”认为变化所依据的理仍然是根源于心。其次，就杨简的以不起意为唯一功夫而言，陆象山虽极力主张先复其本心，但复其本心之后依然有事，故曰：“学者须是打叠田地净洁，然后令他奋发植立。”② 然在杨简则认为“吾心本无妄，舍无妄而更求，乃成有妄”。故除不起意以外一切作为，不仅无益，而且有害。综上所述，吾人盖不难发现，杨简虽承继陆象山之心学，但不论在基本理论或下手功夫上，都已较陆象山所言者更向前一步，而达到心学发明本心与以易简为教的最高峰。就心学的发展史而论，杨简之心学实有其一定的地位。

杨简心学之所长在此，其所失亦此。一则过于强调本心的能力，而忽略客观环境对于修养可能造成的影响。再则以不起意为唯一功夫，简则简矣，可是缺乏具体的着手方式，并非每个人都能做到，而且极容易蹈于虚空恍惚。故后人颇有谓其学为禅而大加抨击者，如《四库全书总目提要》即谓：

> 金溪之学以简为大宗，所为文章大抵敷畅其师说，其讲学纯入于禅，先儒论之详矣。③

杨简之学是否即为禅，历来学者颇多争议，亦各有其所持之立场。其中以全祖望《碧沚杨文元公书院记》所论最为周全。曰：

> 文元之学，先儒论之多矣。或疑发明本心，陆氏但以为入门，而文元遂以为究竟。故文元为陆氏功臣，而失其传者亦自之。愚以为未尽然。夫论人之学，当观其行，不徒以其言。文元之齐明严恪，其生平践履，盖涑水、横渠一辈人，曰诚、曰明、曰孝弟、曰忠信，圣学之全，无以加矣！特以当时学者沉溺于章句之学，而不知所以自拔，故为本心之说以提醒之。盖诚欲导其迷途而使之悟，而非谓此一悟之外更无余事也。

① 《象山全集·与吴子嗣之八》。

② 《象山全集·语录下》。

③ 《四库全书总目提要·慈湖遗书提要》。

而不善学者，乃凭此虚空之知觉，欲以浴沂风雩之天机，屏当一切，嗟乎！是岂文元之究竟哉？[①]

这段话的主要论点有三：一为就杨简的生平践履而言，其学乃儒学而非禅学。二为就其立教本意而言，杨简倡言本心之说，乃在矫正当时学者沉溺于功利章句之习气，使其知所振拔。三为就对后来的影响而言，确实有人因不善学，以致造成蹈于虚空之流弊。[②]

从上述三点的第一点来看，杨简的操守的确卓然有儒者之矩范，据其弟子袁甫乐《平县慈湖先生书阁记》云：

先生自幼志圣人之学，久而融贯，平生践履，无一瑕玷，处闺门如对大宾，在闇室如临上帝，年登耄耋，兢兢敬谨，未尝须臾放逸，此先生之实学也。[③]

全祖望《淳熙四先生祠堂碑文》亦云：

慈湖齐明严恪，非礼不动，生平未尝作一草字。[④]

甚至连朱熹也夸赞他"持守得好""有为己功夫"。[⑤] 而卫护朱门最力的陈淳虽批评杨简"讲贯略"，然亦不免要盛称其"持循笃"。[⑥] 又当其出知温州期间，"廉俭自将，奉养菲薄，常曰：'吾敢以赤子膏血自肥乎？'闾巷雍睦，无忿争声"。[⑦]"其待僚属，方据案书判，有喏于庭者，无问谁何，即释笔拱答，务以德化人，民自悦服。"[⑧] 凡此皆可见其德养的一斑。就此而言，杨简确实是儒而非禅。

---

① 全祖望：《鲒埼亭集外编》卷十六。

② 全祖望《城南书院记》："以文元之齐明盛服，非礼不动，岂谓于操持之功有阙？而其教多以明心为言，盖有见于当时学者陷溺于功利，沉锢于词章，积重难返之势，必以提省为要，故其说偏重，而不自知其疏。岂意诸弟子辈不善用之，反谓其师尝大悟几十，小悟几十，泛滥洋溢，直如异端，而并文元之学而诬之，可为浩叹者也。"（《鲒埼亭集外编》卷十六）可与《碧沚杨文元公书院记》所言相参。

③ 《蒙斋集》卷十四。

④ 全祖望：《鲒埼亭集外编》卷十四。

⑤ 《朱子语类》卷一百二十四。

⑥ 《北溪大全集·答陈伯澡问》。

⑦ 《宋史·杨简本传》。

⑧ 《宋元学案·慈湖学案》。

从第二点来看，其弟子钱时所撰《宝谟阁学士正奉大夫慈湖先生行状》载：

先生之至富阳也，阅两月，无一士来见，怪问之，左右对曰："是邑多商人肥家，不利为士，故相观望，莫之习也。"先生恻然，即日诣白宰，谓兹壮邑于今为赤县，而士俗尔陋，学道爱人。宰其职矣。且僚佐系衔，例主学事，无以风动教化之，弦歌吾邑子，坐靡廪稍，效尤俗吏，束湿程赋，役事笞棰，吾食且不得下咽，奈何！宰唯唯，遂破食补生徒，文理稍稍即收之。先生日诣学相讲习。又约宰凡称进士，优以示劝。秀民自是欣奋，恨读书晚。有自山出者，尤朴茂，来问学，先生曰："子姑习拱。"既数月，曰："可矣。"与之语孜孜，穷日夜不厌。先生忧去，辄提箧以随，愿卒学，后擢第为名儒。邑人争相慕效，文风遂益振。[①]

又《真德秀跋文元公行状》亦载：

一日见，谓曰："希元有志于学，顾未能忘富贵利达，何也?"德秀恍然莫知所谓。先生徐曰："子尝以命讯日者，故知之。夫必去是心而后可以语道。"先生之于德秀，可谓爱之深而教之笃矣。[②]

又杨简也尝自述道：

某少时读公之书，首见何必曰利，亦有仁义之论。口诵心惟，叹息玩乐，谓他日可以举而措之天下。筮仕以来，惊世变之不同，嗟流弊之非一日，欲尽革之而难于亟，欲循循焉又于心中不安。[③]

就杨简之用心而言，确有欲矫治世俗群从于功利之弊，而欲使人知所自振之意在焉。

纯就以上两点而论，杨简心学之本质并不悖乎儒者之教。然若再从第三点来看，杨简所倡言者，何以会使人"不善学"，以至于仅"凭此虚空之知觉，欲以浴沂风雩之天机，屏当一切"？其中是否有因过于强调本心而略于事

---

① 《慈湖遗书·附录》。
② 《慈湖遗书·附录》。
③ 《慈湖遗书·先师邹国公祝文》。

物，尤其是做功夫处有失诸于太简的弊病在？夫理论的结构或修养的方法既有所变易，学问的本质是否可以不受影响，实在难以保证。故全祖望虽极力为杨简辩护，但也不得不承认“象山之门，必以甬上四先生为首，盖本乾、淳诸老一辈也，而坏其教者实慈湖”。并谓其“行则可师”，而“言不可尽从”。[①] 因此，吾人固不可以遽谓慈湖之心学为禅，然其对于儒学之有所歧出者，则又不可不深思而熟辨之。

——原发表于 1989 年 8 月夏威夷第六届中国哲学会议，后刊登于《政治大学学报》第 61 期，1990 年 6 月

八、湛若水《四勿总箴》一贯之道探析

（一）前言

提出“随处体认天理”之说，深受其师陈献章赞赏；[②] 并以此为宗旨，与王阳明一见定交，立志共兴圣学、各立门户[③]的明代岭南心学集大成者湛若水，撰有颇能代表其思想的《四勿总箴》，在其序言中云：

> 古之学者本乎一，今之学者出乎二，予以“四箴”存中以应外，制外以养中，惠教后世学者至矣！使其知合观并用之功则善焉，如其不然，

① 《宋元学案·慈湖学案》。

② 湛若水《湛甘泉先生文集·默识堂记》自言：“孟子之道在周、程。周、程没，默识之道在白沙（陈献章世称白沙先生），故语予：‘日用间随处体认天理，何患不到圣贤佳处？’”桂林：广西师范大学出版社，2014 年 8 月第 1 版，第 942—943 页。又陈献章撰《陈白沙集·江门风月钓台深》诗后跋语云：“达摩西来，传衣为信，江门钓台亦病夫之衣钵也。兹以付民泽（湛若水字民泽），将来有无穷之托，珍重！珍重！”按，此诗作于陈献章死前一年，将湛若水视为衣钵传人，可见对他的看重。文渊阁《四库全书》集部一八五，第 1246 册，台北：台湾商务印书馆影印，第 219—220 页。

③ 王阳明撰，吴光、钱明、姚延福编校《王阳明全集·世德纪·湛若水阳明先生墓志铭》：“正德丙寅（明武宗正德元年，1506）会甘泉子于京师，语人曰：‘守仁从宦三十年，未见此人。’甘泉子语人亦曰：‘若水泛观于四方，未见此人。’遂相与定交讲学。”上海：上海古籍出版社，1992 年 12 月第 1 版，第 1401 页。又黄宗羲著，沈芝盈点校《明儒学案·甘泉学案一》：“王、湛两家，各立宗旨，湛氏门人，虽不及王氏之盛，然当时学于湛者，或卒业于王，学于王者，或卒业于湛，亦犹朱、陆之门下，递相出入也。”又云：“先生与阳明分主教事，阳明宗旨致良知，先生宗旨随处体认天理。学者遂以良知之学，各立门户。”台北：华世出版社，1987 年 2 月台 1 版，第 876 页。

或有分崩离析之患而昧精一易简之学矣！予为此惧，推程氏之意以达孔、颜之指，为作《四勿总箴》，庶学者知合内外之道，以不贰乎一贯之教焉。[①]

阐明自己创作的缘由乃在于“推程氏之意以达孔、颜之指”；其旨趣则为“庶学者知合内外之道，以不贰乎一贯之教焉”。究竟程氏之意，与孔、颜之指所指为何？又合内外之道的一贯之教，其意蕴为何？凡此皆为本文所欲探讨的范围。

（二）从“四勿”到“四箴”

《论语·颜渊》记载孔子在回答颜渊问仁时，提到四个“勿”字，后来即成为“四勿”一词之所出：

> 颜渊问仁。子曰：“克己复礼为仁。一日克己复礼，天下归仁焉。为仁由己，而由人乎哉？”颜渊曰：“请问其目。”子曰：“非礼勿视，非礼勿听，非礼勿言，非礼勿动。”颜渊曰：“回虽不敏，请事斯语矣！”[②]

可以明白看出文中的“非礼勿视，非礼勿听，非礼勿言，非礼勿动”即是“四勿”，是故朱熹在其《斋居感兴》二十首之十三中，即有“颜生躬四勿”之语；[③] 而明儒湛若水《四勿总箴》、李贽《四勿说》，清儒顾汝修《四勿箴》，皆据之以名篇。

从上引《论语·颜渊》的记载，可以看出颜渊所问者为仁，但孔子却以“克己复礼”答之；而在颜渊“请问其目”以后，依然认为实行的条目仍在视、听、言、动等行为的合乎礼；由此可以看出仁与礼关系的密切。

孔子的中心思想为仁，但仁为全德之称，难以具体言之，而有赖于遵循

① 《湛甘泉先生文集·四勿总箴有序》，第 1194 页。

② 朱熹：《论语集注·颜渊》，《四书章句集注》，台北：大安出版社，2005 年 8 月第 1 版第 5 刷，第 181—182 页。

③ 陈俊民校编：《朱子文集·斋居感兴二十首》，台北：财团法人德富文基金会，2000 年 2 月初版，第 249 页。

礼以实现。[①] 是故颜渊赞叹孔子之道的博大精深，以及孔子对学生的循循善诱时会说："仰之弥高，钻之弥坚；瞻之在前，忽焉在后。夫子循循然善诱人，博我以文，约我以礼，欲罢不能。"[②] 可见"博学于文"之后的"约之以礼"，为孔子讲求仁道思想时所特别看重，因此屡屡言之，一则曰："君子博学于文，约之以礼，亦可以弗畔矣夫！"[③] 再则曰："博学于文，约之以礼，亦可以弗畔矣夫！"[④] 由此可见礼在孔子思想中的重要性。

《论语·颜渊》此章既涉及孔子思想核心的仁、礼两个概念，则其中必然蕴含极为深刻的义理。然则历来《论语》的主要注家，像早期的何晏集解、皇侃义疏，因所重偏于训诂，故在义理上少有阐发。及至朱熹《论语集注》才大加发挥，以为此章乃孔门传授心法的切要之言，并且鼓励学者应勉力而为。[⑤] 更引用程颐"四箴"，以为"发明深切，学者尤宜深玩"[⑥]，推崇可谓备至。

程颐的"四箴"，分别为"视箴"：

> 心兮本虚，应物无迹；操之有要，视为之则。蔽交于前，其中则迁；制之于外，以安其内。克己复礼，久而诚矣。

"听箴"：

> 人有秉彝，本乎天性；知诱物化，遂亡其正。卓彼先觉，知止有定；闲邪存诚，非礼勿听。

"言箴"：

> 人心之动，因言以宣；发禁躁妄，内斯静专。矧是枢机，兴戎出好；

---

① 《论语集注·颜渊》："仁者，本心之全德。……礼者，天理之节文也。为仁者，所以全其心之德也。盖心之全德，莫非天理，而亦不能不坏于人欲。故为仁者必有以胜私欲而复于礼，则事皆天理，而本心之德复全于我矣。"《四书章句集注》，第182页。

② 《论语集注·子罕》，《四书章句集注》，第150页。

③ 《论语集注·雍也》，《四书章句集注》，第122页。

④ 《论语集注·颜渊》，《四书章句集注》，第189页。

⑤ 《论语集注·颜渊》："愚按：此章问答，乃传授心法切要之言。非至明不能察其几，非至健不能致其决。故惟颜子得闻之，而凡学者亦不可以不勉也。"《四书章句集注》，第182页。

⑥ 《论语集注·颜渊》，《四书章句集注》，第182页。

吉凶荣辱，惟其所召。伤易则诞，伤烦则支；己肆物忤，出悖来违，非法不道，钦哉训辞。

“动箴”：

哲人知几，诚之于思；志士励行，守之于为。顺理则裕，从欲惟危；造次克念，战兢自持；习与性成，圣贤同归。①

在此四箴之前有序，其文曰：

颜渊问克己复礼之目，夫子曰：“非礼勿视，非礼勿听，非礼勿言，非礼勿动。”四者身之用也，由乎中而应乎外，制于外所以养其中也。颜渊事斯语，所以进于圣人。后之学圣人者，宜服膺而勿失也。因箴以自警。②

文中提到了“四者身之用也，由乎中而应乎外，制于外所以养其中也”，并谓“后之学圣人者，宜服膺而勿失也。因箴以自警”。但细审“四箴”的内容，不难发现“因箴以自警”的意味并不强，反而较偏重于“由乎中而应乎外，制于外所以养其中也”的内外交养之道，如“视箴”中的“蔽交于前，其中则迁；制之于外，以安其内”；“听箴”中的“知止有定”“闲邪存诚”；“言箴”中的“发禁躁妄，内斯静专”；“动箴”中的“战兢自持”“习与性成”等皆在阐明此意。另外除“言箴”以外，其余三箴皆提到“诚”字。凡此皆为湛若水《四勿总箴》所重视而承继者。

（三）《四勿总箴》与“一贯之教”

1.《四勿总箴》的意蕴

《四勿总箴》是为“推程氏之意以达孔、颜之指”而作，但如细加比较，可见虽前有所承，但也有其别出心裁的意旨。为方便对照，先列其文如下：

心含天灵，灏气之精，与地广大，与天高明。惟精惟灵，贯通百体，非礼一念，能知太始。事虽惟四，勿之则一，如精中军，八面却敌。精

① 程颢、程颐：《二程集·四箴有序》，台北：里仁书局，1982年3月25日，第588—589页。

② 《二程集·四箴有序》，第588页。

灵之至，是谓知几，颜复不远，百世之师。圣远言湮，多歧支离，一实四勿，毋贰尔思。[①]

以此比较《论语·颜渊》所载孔、颜问答，以及程颐“四箴”的内容，我们发现有下列三点或异或同之处，并因而彰显了《四勿总箴》的要旨。

(1) 孔、颜问答明言“非礼勿视，非礼勿听，非礼勿言，非礼勿动”；程颐“四箴”也并列视箴、听箴、言箴、动箴，但《四勿总箴》则并未针对视、听、言、动一一针砭，甚至还说“事虽惟四，勿之则一”“一实四勿，毋贰尔思”，并不强调四与一的分别，用意明显是要在一与多之间取得统一而不强加分别。文章取名为《四勿总箴》，“总”字隐约寓有统合之意在焉。

(2) 题目虽然名为《四勿总箴》，但细看其内容，也如同程颐的“四箴”一样，并无明显的“箴以自警”之意。而其序言所言“予以“四箴”存中以应外，制外以养中，惠教后世学者至矣”，显然是化约程颐“四箴”序言中“由乎中而应乎外，制于外所以养其中也”而来，可见完全承自程颐的旨意，所重并不在“箴”字隐含的事后省察对治之意，而系平日内外交养的功夫。

(3)《四勿总箴》除了文与序之外，还有图，其图如下所附。且湛若水又有《心性图说》，有文无序，但也有图，亦附之于下。他认为两个图必须参看，在《四勿总箴》的附说中云：

此二图乃圣学功夫，至切至要，至简至易处，总而言之，不过只是随处体认天理。虽言与象，二图各有不同，然实相表里，实相发明。[②]

在此除已明确提出“随处体认天理”的讲学宗旨以外，还指出两个图的不同之处，曰：

心性图专明道体，而所谓敬，所谓心，则功夫存乎其中矣。四勿总箴图专明功夫，而所谓高明，所谓广大，则道体存乎其中矣！此所谓相表里，相发明，通一无二之实也。只是一段道体，只是一段功夫，非有

① 《湛甘泉先生文集·四勿总箴有序》，第1194—1195页。

② 《湛甘泉先生文集·四勿总箴有序》，第1195页。

两段、三段道体功夫。无内外、无大小、无始终、无包贯之分，一而已矣！[①]

虽然指出四勿总箴图所明者为功夫，但从图中的“与天高明”“与地广大”可见，道体其实已存在其中，明显是将功夫与道体融合为一了。

四勿总箴图[②]

心性图[③]

① 《湛甘泉先生文集·四勿总箴有序》，第 1195 页。

② 《湛甘泉先生文集·四勿总箴有序》，第 1193 页。

③ 《湛甘泉先生文集·心性图说》，第 1191 页。

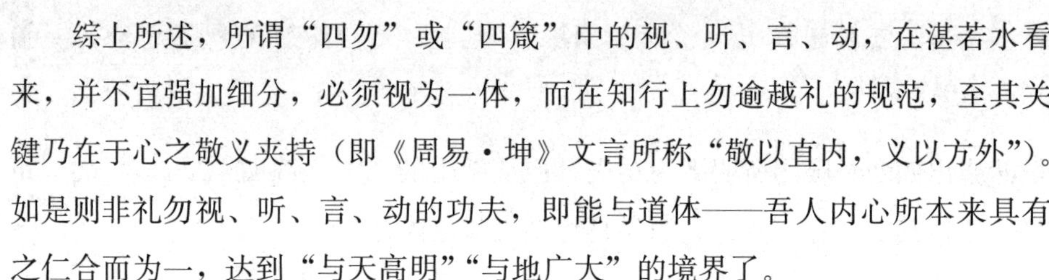

综上所述，所谓“四勿”或“四箴”中的视、听、言、动，在湛若水看来，并不宜强加细分，必须视为一体，而在知行上勿逾越礼的规范，至其关键乃在于心之敬义夹持（即《周易·坤》文言所称“敬以直内，义以方外”）。如是则非礼勿视、听、言、动的功夫，即能与道体——吾人内心所本来具有之仁合而为一，达到“与天高明”“与地广大”的境界了。

2.“一贯之教”的内涵

《四勿总箴》的创作动机乃在于“庶学者知合内外之道，以不贰乎一贯之教”。但所谓“一贯之教”所指为何？“一贯”之词出自《论语·里仁》孔门师生的一段对话，其文曰：

> 子曰：“参乎！吾道一以贯之。”曾子曰：“唯。”子出。门人问曰：“何谓也？”曾子曰：“夫子之道，忠恕而已矣。”①

据此可知孔子所讲之道为“一以贯之”之道，其所施之教即为“一贯之教”。然则“一贯之道”的内涵究竟是什么？据曾子的理解，“夫子之道，忠恕而已矣”，显然是指忠恕。

对于曾子的理解，历来《论语》的主要注家，如何晏《论语集解》即引孔安国曰：“直晓不问，故答曰唯。”② 皇侃《论语义疏》亦曰：“曾子晓孔子言，故直应尔而已，不咨问也。”③ 邢昺《论语正义》也说：“曾子直晓其理，更不须问，故答曰唯。”④ 三人所说，不啻若出一口。皇侃、邢昺之著皆属为何晏集解所作之疏，依疏不破注原则，其说与何晏相同，乃理所当然。然而朱熹《论语集注》仍旧秉持类似的观点，曰：

> 唯者，应之速而无疑者也。圣人之心，浑然一理，而泛应曲当，用各不同。曾子于其用处，盖已随事精察而力行之，但未知其体之一尔。夫子知其真积力久，将有所得，是以呼而告之。曾子果能默契其指，即

---

① 《论语集注·里仁》，《四书章句集注》，第96页。

② 何晏集解，邢昺疏：《论语注疏·里仁》，台北：艺文印书馆影印嘉庆二十年江西南昌府学开雕《重刊宋本论语注疏附校勘记》，第37页。

③ 皇侃疏：《论语集解义疏·里仁》，台北：广文书局，1977年7月再版，第127页。

④ 《论语注疏·里仁》，《重刊宋本论语注疏附校勘记》，第37页。

应之速而无疑也。[①]

朱熹所持义理立场与前三家不同，但也认为曾子所答即为孔子之意。至于也是为何晏《论语集解》作疏的刘宝楠《论语正义》当然还是认同前人之说，曰：

曾子时与门人同侍夫子，深知圣道，故夫子呼告之也。[②]

综上所述，可见所有《论语》的主要注家，不论其所持立场为何，皆异口同声地认为曾子已通晓孔子之道，故对孔子“吾道一以贯之”的话语应之而无疑，并以“忠恕”告门人，因而判定此即孔子的“一贯之道”。

孔子的“一贯之道”既然就是“忠恕”，则湛若水所指的“一贯之教”当然就是忠恕之教了。《说文解字》云：“忠，敬也。尽心曰忠。从心中声。”[③]“恕，仁也。从心如声。”[④] 就字形之结构而言，忠、恕皆属形声字，但形声多兼会意，忠“从心中声”，意谓从心中自然流露，毫无虚假造作。恕“从心如声”，意谓视他人之心如我之心，即能将心比心，具有同理之心。历来《论语》主要注家所讲，大抵与《说文解字》所释相同，皆谓忠乃针对自己发自内心，尽其能力而言；恕则能于尽己以后，进而以己度人，并推之于物，以有助于人、物。

忠恕从表面上看来似乎是两件事，其实是一体的，代表宋学的朱熹即尝谓：“忠因恕见，恕由忠出。”[⑤] 认为忠是由恕显现的，恕则是从忠发展出来的。故他又以体用关系加以形容，曰：“忠是体，恕是用，只是一个物事。”[⑥] 代表汉学的刘宝楠也说：“非忠则无由恕，非恕亦奚称为忠也?”[⑦] 凡此皆可见忠恕实属一体，密不可分。

---

① 《论语集注·里仁》，《四书章句集注》，第96—97页。

② 刘宝楠：《论语正义·里仁》，《新编诸子集成》第一册，台北：世界书局，1972年10月新1版，第81页。

③ 许慎著，段玉裁注：《说文解字注》，台北：黎明文化事业公司，1978年11月4版，第507页。

④ 《说文解字注》，第508页。

⑤ 黎清德编：《朱子语类》台北：文津出版社，1986年12月版，第671页。

⑥ 《朱子语类》，第672页。按，朱熹类似上引两则之话语颇多，此不一一列举。

⑦ 《论语正义·里仁》，第82页。

（四）结语

湛若水师承陈献章，但对陈献章的教人放下书册静坐，以及主静之说，已渐有所修正。他认为“孔门之教，皆欲事上求仁，动时着力。何者？静不可以致力，才致力即已非静矣。故《论语》曰‘执事敬’，《易》曰‘敬以直内，义以方外’，《中庸》戒慎、恐惧、慎独，皆动以致其力之方也。……善学者必令动静一于敬，敬立而动静混矣。此合内外之道也，性之德也。”[①] 显然有取于主敬之说，而想要融合动静，以为如此才是合内外之道。

对于心学，他也另有一番见解，认为“夫圣人之学，心学也。故经义，所以明其心也；治事，所以明其心之用以达诸事者也；体用一原也，而可以贰乎哉？”[②] 以为经义所以明体，治事所以达用，其与心的关系，乃是用与体的关系，而体用则为一源，并不可强分为二。

在上述两段引文中，分别提到了“此合内外之道也”“体用一原也”，可见其所重的乃在于合而非分。从《四勿总箴》的文与序和图，已可看出其所强调的是一与多之间的统一、内外的交养、功夫与道体的合而为一，与湛若水的主张相符，可以视为其思想的代表。

“四勿”之说源自《论语·里仁》所载颜渊向孔子问仁，孔子以“克己复礼”答之，并以“非礼勿视、非礼勿听，非礼勿言，非礼勿动”回答颜渊“请问其目”的再度提问。整个问答的关键乃在于仁、礼的关系。《论语·八佾》记载：“子曰：‘人而不仁，如礼何？人而不仁？如乐何？’”[③] 可见礼、乐的根本乃在于仁，故知仁与礼、乐的关系其实又是体用的关系。

就仁而言，孔子曰：“夫仁者，己欲立而立人，己欲达而达人。”[④] 刘宝楠《论语正义》曰：“仁者己欲立而立人，己欲达而达人，己立己达，忠也；立人达人，恕也；二者无偏用之势。”[⑤] 由忠而恕，推己以及人（物），此即《四勿总箴》所欲达致的，孔、颜之指所在的“合内外之道”的“一贯之教”。而

---

① 《湛甘泉先生文集·答余督学》，第 228 页。

② 《湛甘泉先生文集·泰州胡安定先生祠堂记》，第 958 页。

③ 《论语集注·八佾》，《四书章句集注》，第 82 页。

④ 《论语集注·雍也》，《四书章句集注》，第 123 页。

⑤ 《论语正义·里仁》，第 82 页。

此“合内外之道”又是“体用一原”的，则吾人为学除了要讲明本体之心以外，举凡经义、治事等日用所应注重的功夫也应致力，以合乎《四勿总箴》所想要达到的目标。

——原发表于2017年11月广州湛若水心学思想与当代社会国际学术研讨会

九、王阳明“四句教”本旨试探及其现代意义

（一）四句教的提出与解读的歧异

四句教为王阳明晚年所立的重要教法，据《年谱》五十六岁条下所载：王阳明尝自谓：

> 我年来立教，亦更几番，今始立此四句。[①]

次年（明嘉靖七年，1528），王阳明卒于平定广西思恩、田州回师途中，故四句教可视为王阳明的晚年定论，足以作为王阳明一生教法的总结，是了解其教人之法的本旨所在。

有关四句教的记载分见于《传习录》《年谱》及《王龙溪全集》，三者所载虽然大略相同，但前两种为钱德洪（字洪甫，号绪山）所记，在语气上似较近于传述；后一种为王畿（字汝中，别号龙溪）所撰，行文时显已多有发挥。固然两人在记述撰写时难免会有个人的意见掺杂其中，然以行文的口气来看，钱德洪所录应当较接近当时的实况，故以下所论皆以《传习录》及《年谱》所载为依据。

据《传习录》所载：

> 丁亥年九月，先生起复征思、田，将命行时，德洪与汝中论学。汝中举先生教言，曰：“无善无恶是心之体，有善有恶是意之动，知善知恶是良知，为善去恶是格物。”德洪曰：“此意如何?”汝中曰：“此恐未是

① 王守仁著，吴光、钱明、董平、姚延福编校：《王阳明全集》下册，上海：上海古籍出版社，1992年，第1307页。

究竟话头。若说心体是无善无恶，意亦是无善无恶的意，知亦是无善无恶的知，物亦是无善无恶的物矣。若说意有善恶，毕竟心体还有善恶在。”德洪曰：“心体是天命之性，原是无善无恶的。但人有习心，意念上见有善恶在，格致诚正修，此正是复那性体功夫，若原无善恶，功夫亦不消说矣。”①

依此可知，王阳明的四句教在提出之后，作为王门教授师的两位高弟钱德洪与王汝中，在解读时即有了明显的歧异。其中关键，乃在于第二句“有善有恶是意之动”，钱德洪认为心体虽然无善无恶，但人有习心，意念上便不免有善恶在，所以才会用良知分辨善恶，并作为善去恶的格物功夫；王汝中则认为心体既然是无善无恶，则由心体一贯而下，意念、良知、事物也应该是无善无恶的。因此后人就称王汝中所讲的是“四无”；相对而言，钱德洪所讲则是“四有”；这种划分其实并非十分精确。值得注意的是，钱德洪强调人有习心，才会有善恶的意念，才必须作复性的功夫。习心来自后天之学。至于王汝中则不问习心，不讲功夫，一切以无善无恶的心体贯穿下来，则当然不论是意念、良知、事物也都是无善无恶的，理论上虽讲得通，但人活在现实社会中，便避免不了后天的习染，可是王汝中却置而不问，所讲的便是先天之学了。

四句教虽然是王阳明的晚年定论，但除上述的一些记载以外，《王阳明全集》中竟然找不到与四句教直接相关的记述，以致有人怀疑四句教虽发自王阳明晚年，但其实是未定之论。② 对此问题，自王阳明谢世以后，迄今仍聚讼纷纭，成为其学说中最难以解决的问题。

（二）王阳明本旨试探

四句教在提出之后，钱德洪与王汝中各有不同的解读，遂请教于王阳明。

---

① 《王阳明全集》上册，第 117 页。

② 黄宗羲著，沈芝盈点校：《明儒学案·师说》王龙溪畿条：“愚按：四句教法，考之阳明集中，并不经见。其说乃出自龙溪。则阳明未定之见，平日间尝有是言，而未敢笔之于书，以滋学者之惑。至龙溪始云：‘四有之说，猥犯支离，势必进之四无而后快。既无善恶，又何有心、意、知、物？终必进之无心、无意、无知、无物而后元。’如此，则‘致良知’三字，着在何处？”台北：华世出版社，1987 年，第 8 页。

二人在分别陈述了自己的观点，发现存在极大的差异后，接下来《传习录》又载：

> 是夕侍坐天泉桥，各举其正。先生曰："我今将行，正要你们来讲破此意。二君之见，正好相资为用，不可各执一边。我这里接人，原有此二种。利根之人，直从本原上悟入。人心本体原是明莹无滞的，原是个未发之中。利根之人一悟本体，即是功夫，人己内外，一齐俱透了。其次不免有习心在，本体受蔽，故且教在意念上实落为善去恶。功夫熟后，渣滓去得尽时，本体亦明尽了。汝中之见，是我这里接利根人的；德洪之见，是我这里为其次立法的。二君相取为用，则中人上下皆可引入于道。若各执一边，眼前便有失人，便于道体各有未尽。"①

据此而论，王阳明除对钱德洪、王汝中的看法各有所取，认为王汝中之见适于接引利根之人，钱德洪之见则是为其次之人立法。从表面上看来，他对于两人的看法皆加以肯定，只是适用的对象不同而已，似无左右袒之意。不过《传习录》紧接着又载：

> （先生）既而曰："已后与朋友讲学，切不可失了我的宗旨：无善无恶是心之礼，有善有恶是意之动，知善知恶是良知，为善去恶是格物。只依我这话头随人指点，自没病痛。此原是彻上彻下功夫。利根之人，世亦难遇，本体功夫，一悟尽透，此颜子、明道所不敢承当，岂可轻易望人！人有习心，不教他在良知上实用为善去恶功夫，只去悬空想个本体，一切事为俱不着实，不过养成一个虚寂。此个病痛不是小小，不可不早说破。"②

这段记载颇值得我们注意，其中包括了三个要点：首先是王阳明重申自己的宗旨乃"无善无恶是心之体，有善有恶是意之动，知善知恶是良知，为善去恶是格物"，亦即其宗旨是世所谓"四有"而非"四无"。其次是利根之人乃颜回、程颢所不敢承当，王汝中之见虽说是接利根之人的，但既然颜回、程

---

① 《王阳明全集》上册，第117页。

② 《王阳明全集》上册，第117页。

颢不敢承当利根之人，则所接者何人？最后则指出如不在良知上实用为善去恶功夫，只凭空想象本体，则一切事为俱不着实，而养成一个虚寂，将会造成很大的病痛，强调了功夫的重要。据是，则王阳明虽未明言，其本旨盖已隐约可见。

以上三个要点之中，第二个要点最宜细加探究，盖所谓利根之人，不仅为颜回、程颢所不敢承当，即使圣如孔子，恐亦不敢承当，孔子尝曰："十室之邑，必有忠信如丘者焉，不如丘之好学也。"① 又曰："我非生而知之者，好古，敏以求之者也。"② 并且明白地自承："若圣与仁，则吾岂敢？抑为之不厌，诲人不倦，则可谓云尔已矣。"③ 考察其为学的历程与进境，自"十有五而志于学"，经过"三十而立""四十而不惑""五十而知天命""六十而耳顺"，才能达到"七十而从心所欲，不踰矩"而契合本体的化境。④ 则所谓利根之人，恐怕也只存在于理论之中，现实社会中的每一个人，又岂能忽略实地做功夫的重要？

即就王阳明自己而言，一生之中也是经历了许多的磨炼，做了许多实地的功夫。其荦荦大者，首为正德元年（1506），南京科道官戴铣等以谏忤旨，为宦官刘瑾逮捕系狱，王阳明抗疏救之，亦被捕下狱，廷杖四十，贬贵州龙场驿丞。次年，在赴龙场驿途中，刘瑾遣人跟踪，欲加杀害，王阳明只好伪装投江才免于被杀。其后他逃难至福建寺中，寺有异人，与论出处，且将远遁。其人曰："汝有亲在，万一瑾怒逮尔父，诬以北走胡，南走粤，何以应之？"当此之际，究竟是保存自己性命重要？还是避免父亲受牵连被害重要？确实需要一番动心忍性的功夫。在几经思虑之下，王阳明终于决定到南京省亲后，赴龙场驿就任。

次为正德三年，王阳明至龙场。龙场在贵州西北万山丛棘中，蛊毒瘴疠，非人所能居。而与居夷狄之人鴃舌难语，可通语者皆中土亡命之徒。处此恶劣的环境之中，从者皆病，王阳明亲自砍柴取水做糜饲之，又恐其心情抑郁，

---

① 朱熹：《论语集注·公冶长》，《四书章句集注》，台北：大安出版社，2005年，第112页。

② 《论语集注·述而》，《四书章句集注》，第131页。

③ 《论语集注·述而》，《四书章句集注》，第136页。

④ 《论语集注·为政》，《四书章句集注》，第70—71页。

又为之歌诗，调越曲，并杂以诙笑，使其忘怀身在患难之中。因自忖："圣人处此，更有何道?"王阳明终体会到即使圣人处此境地也会如己所为，乃于中夜大悟格物致知之旨。虽至此始知圣人之道吾性自足之理，但能悟知此理亦是从动心忍性的功夫而来。

再其次为正德十四年，王阳明奉旨剿灭福建叛军。宁王宸濠于江西举兵造反，王阳明遂返吉安讨伐之，三战而俘虏宸濠。这本是大功一件，无奈明武宗自命知兵，群小张忠、许泰等欲媚事武宗，竟提议将宸濠纵返鄱湖，俟武宗亲与接战而后奏凯。王阳明的处境又陷入两难，最后决计为苍生念，绝不能纵虎归山，而将宸濠交付武宗所亲信的太监张永。这种不畏权势、不顾个人荣利，而以天下生命为念的举措，仍然是实地做动心忍性功夫后所做的决定。

由以上三个显著的事例，可以看出王阳明确实"在良知上实用为善去恶功夫"，而非"只去悬空想个本体，一切事为俱不着实，不过养成一个虚寂"，故他在天泉桥问答中最后所述的话语，其实已有告诫王汝中之意。[①] 无奈王汝中未能体会其师本意，而对四句教做过多的发挥，以致造成王阳明所预见的流弊，不仅自己饱受抨击，甚至累及王阳明。[②]

（三）四句教本旨对现代人的启示

《论语·宪问》记载：

> 子曰："莫我知也夫!"子贡曰："何为其莫知子也?"子曰："不怨

---

① 《王阳明全集》下册："先生曰：'汝中见得此意，只好默默自修，不可执以接人。上根之人，世亦难遇。一悟本体，即见功夫，物我内外，一齐尽透，此颜子、明道不敢承当，岂可轻易示人?'"已明白指出"四无"之说并非教法。第 1306—1307 页。

② 《明儒学案·浙中王门学案》郎中王龙溪先生畿下："先生之论大抵归于四无。以正心为先天之学，诚意为后天之学。从心上立根，无善无恶之心即是无善无恶之意，是先天统后天。……斯言也，于阳明平日之言无所考见，独先生言之耳。……唐荆川谓先生：'笃于自信，不为形迹之防，包荒为大，无净秽之择，故世之议先生者不一而足。'"第 239 页。又秦家懿《王阳明》："王阳明的'四句教'，是他留下的学说的最难解部分，而且引起了数世纪的学术争执。明末清初诸大儒，如顾宪成、王夫之、颜元等人，从而指责阳明'阳儒阴释'，张烈《王学质疑》和《读史质疑》攻王更厉。甚至于谓：'阳明一出而尽变天下之学术，坏天下之人心。'将王氏说成圣门的万世罪人。"台北：东大图书股份有限公司，1987 年，第 154 页。

> 天，不尤人。下学而上达。知我者其天乎？”①

所谓下学而上达，何晏《集解》引孔安国曰：“下学人事，上知天命。”② 下学人事属功夫，必须尽此功夫才能达到上知天命的境界，不下功夫而奢言境界，即为玩弄光景矣！

王阳明讲良知，并以致良知为教，其说盖本之孟子。③ 所谓良知指的是我们天生具有的仁义礼智之端，此即本心。但本心每每会受欲望的诱引而丧失，④ 故孟子孜孜以求其放心告诫众人，曰：

> 仁，人心也；义，人路也。舍其路而弗由，放其心而不知求，哀哉！人有鸡犬放，则知求之；有放心，而不知求。学问之道无他，求其放心而已矣。⑤

求回放失的本心，让本心显现而作主，即是做功夫。在天泉桥问答中，王阳明虽云“利根之人一悟本体，即是功夫，人己内外，一齐俱透了。其次不免有习心在，本体受蔽，故且教在意念上落实为善去恶”，但前已析论，所谓利根之人，虽颜回、程颢，甚至孔子皆不敢承当，故实际上只存在于理论之中。故王阳明随后又说：“人有习心，不教他在良知上实用为善去恶功夫，只去悬空想个本体，一切事为俱不着实，不过养成一个虚寂。”在此两度提及“习心”，指的是受后天习染、已放失的本心。本心既已放失，则先天所具的仁义礼智等良知良能即受到遮蔽，而无法发挥其应有的功能。

就身处现代社会的我们而言，距离孔孟的时代已有两千四五百年，由于科技的日新月异，提供了生活上的很多便利，但社会风气相较于以前，已不是那么笃实淳朴，《老子》十二章所谓“五色令人目盲，五音令人耳聋，五味

---

① 何晏注，邢昺疏：《论语正义》，台北：艺文印书馆影印嘉庆二十年江西南昌府学开雕本，第129页。

② 《论语正义》，第129页。

③ 《孟子集注·尽心上》：“人之所不学而能者，其良能也；所不虑而知者，其良知也。”《四书章句集注》，第495页。

④ 《孟子集注·告子上》：“乡为身死而不受，今为宫室之美为之；乡为身死而不受，今为妻妾之奉为之：乡为身死而不受，今为所识穷乏者得我而为之，是亦不可以已乎？此之谓失其本心。”《四书章句集注》，第466页。

⑤ 《孟子集注·告子上》，《四书章句集注》，第467页。

令人口爽，驰骋畋猎令人心发狂，难得之货令人行妨”[①]，其程度已愈演愈烈，人所受到后天的习染也愈来愈严重。整体而言，现代社会在利用、厚生方面虽有长足的进展，但在正德方面则显然有很大的改善空间。

所以为了尽量避免后天的习染，不受欲望的过度牵引，不崇尚浮华的风气，已有不少有识之士倡议返璞归真，过简单朴实的生活。则先天的心体虽是无善无恶的，但一落入后天，面对浮华的世界，意念不免会有善有恶，如何运用良知的分辨能力来知善知恶，并确实地去做为善去恶的格物功夫，就显得特别重要了。故在今日，王阳明的四句教对我们而言，仍具有很重要的启示意义。

——原发表于 2009 年 11 月杭州阳明学派国际学术研讨会

十、黄宗羲“明夷待访”，待谁之访？

明末清初大儒黄宗羲在国破家亡，饱受刺激之余，以其对国家民族的关切之情，对政治事务的明睿之智，发挥其政治理想，从思想的立场，检讨明代政制的得失，并上溯我国自三代以来的政治措施，完成《明夷待访录》一书。对于政教军经种种措施，不仅能提出他的理论，更能够指出实际推行时的应兴应革之道；层面广泛，体用兼具；信为我国政治思想史上难得一见的较有系统的著作。因此在成书之始，即赢得了许多学者的推崇。[②]

可惜，到了乾隆年间，《明夷待访录》却被列为禁书，以致未能对清朝的政治产生任何影响。直至清朝末年，由于西学的东传，大家发现此书有许多迈越前人之处，也可以与新思潮相发明，于是乃特别重视，又开始发挥作用，对于晚清的变法维新运动，甚至于推翻满清专制政体，建立中华民国政府，

① 王弼：《老子道德经注》，《新编诸子集成》第三册，台北：世界书局，1972 年 10 月新 1 版，第 6 页。

② 如顾炎武与黄宗羲书云：“大著《明夷待访录》，读之再三，于是知天下之未尝无人，百王之敝，可以复起；而三代之盛，可以徐还也。”又汤斌与黄宗羲书云：“得读《待访录》，见先生经世实学。”并见《南雷文定》附录。

都曾产生了很大的影响。[①] 此书的价值与地位，至此遂被重新肯定，而不断有人加以研究。但由于此书书名“明夷待访”牵涉到待访对象的问题，引起很大的争议。此种争议不仅有关于黄宗羲的人格，并且和我们中华民族的正气纲常有很大的牵涉，不容我们不加辩明。本文即尝试就此问题加以探讨，以阐明黄宗羲的苦心曲为。

（一）问题的症结

“明夷”为《周易》六十四卦中的第三十六卦的卦名，其卦象为䷣，离☲在下，坤☷在上，离代表日，坤代表地，日入地中，光明就被掩蔽了。夷的意思是损伤，太阳既潜藏于地下，无法焕发光芒，如同受到损伤一般，所以称“明夷”。此卦在人事上有双重的意义：一为代表昏君在上，明臣在下，不能发挥才干，实现理想，处境非常艰难困苦。二为代表目前的境况虽然暗淡，但若能坚贞自守，则前途仍是一片光明，就如太阳虽潜伏地下，最后还是会升出地平线，散发光辉，使大地化暗为明。

以此卦所显示的这两层意义，衡诸黄宗羲所处的境地及所怀抱的心情，可谓极为适切。但此卦的《彖传》曰：

> 明入地中，明夷。内文明而外柔顺，以蒙大难，文王以之。利艰贞，晦其明也。内难而能正其志，箕子以之。[②]

又此卦六五爻的爻辞及爻象曰：

> 六五，箕子之明夷，利贞。象曰：箕子之贞，明不可息也。[③]

是在《明夷》卦中，曾多次提到箕子。而“待访”之典出于《尚书》，根

---

① 梁启超《中国近三百年学术史》云：“在三十年前（按，梁著完成于1923年），我们当学生时代，实为刺激青年最有力之兴奋剂，我自己的政治运动，可以说是受这部书的影响最早而最深。”又云：“光绪间，我们一班朋友曾私印许多送人，作为宣传民主主义的工具。”又梁启超《清代学术概论》亦云：“梁启超、谭嗣同辈倡民权共和之说，则将其节钞，印数万本，秘密散布，于晚清思想之骤变，极有力焉。”另据吴相湘《孙逸仙先生——中华民国国父》，及林桂圃《国父的革命民权说》所载，国父孙逸仙先生在海外奔走提倡革命之际，经常携带此书，时时翻阅其中的《原君》《原臣》二篇，是此书对国父的革命学说，当有启发作用。

② 王弼、韩康伯注，孔颖达疏：《周易正义·明夷·彖》。

③ 王弼、韩康伯注，孔颖达疏：《周易正义·明夷·象》。

据《洪范》篇的记载，周武王平定天下以后，拜访商朝遗臣箕子，向他请教治理天下国家的至理要道，箕子乃向武王陈述九项治理天下国家的大法则。武王接纳他的意见，封赐诸侯，使上下尊卑各有等分，天下而获得安平太平：

惟十有三祀，王访于箕子。王乃言曰："呜呼！箕子。惟天阴骘下民，相协厥居，我不知其彝伦攸叙。"箕子乃言曰："我闻在昔，鲧堙洪水，汩陈其五行。帝乃震怒，不畀洪范九畴，彝伦攸斁。鲧则殛死，禹乃嗣兴，天乃锡禹洪范九畴，彝伦攸叙。初一曰五行；次二曰敬用五事；次三曰农用八政；次四曰协用五纪；次五曰建用皇极；次六曰乂用三德；次七曰明用稽疑；次八曰念用庶征；次九曰向用五福，威用六极。"……武王既胜殷，邦诸侯，班宗彝，作分器。①

可见"待访"与箕子有直接密切的关系。又黄宗羲本人于其《明夷待访录》自序中亦云：

吾虽老矣，如箕子之见访，或庶几焉。岂因夷之初旦，明而未融，遂秘其言也。②

是可见黄宗羲也以箕子自拟。

从以上这些资料，皆可明白看出"明夷待访"之名，与箕子受武王之访一事有关。但箕子为商朝遗臣，武王则为周朝开国之主；准此而论，黄宗羲既为明朝遗老，则其待访的对象岂不就是满清皇帝？问题遂由此产生，而引起大家探讨的兴趣，提出许多莫衷一是的看法。

（二）对各家说法的商榷

《明夷待访录》成书以后，即得到许多学者的推崇，当时已有人对书名的出典感到不妥，而提出看法。晚清以来，由于此书受到特别重视，对这一问题表示意见者更多。兹将各家说法依时代先后之序胪列于下，并评述其说是否可以成立，以作为本文探讨此问题的基础。

---

① 旧题孔安国传，孔颖达疏《尚书正义·洪范》。

② 黄宗羲：《明夷待访录·自序》。

1. 黄肖堂说

全祖望《鲒埼亭集·黄丈肖堂墓版文》曰：

> （黄肖堂）尝与予读《明夷待访录》，曰："是经世之文也，然而犹有憾。夫箕子受武王之访，不得已而应之耳！岂有艰贞蒙难之身，而存一待之见于胸中者，则麦秀之恫荒矣！作者亦偶有不照也。"予瞿然下拜，曰："是言也，南雷之忠臣，而天下万世纲常之所寄也。"①

据此，则黄肖堂与全祖望皆以为黄宗羲采用"明夷""待访"之典，实由于"偶有不照"。

黄宗羲对经学极为重视，据载：

> 公谓明人讲学，袭语录之糟粕，不以六经为根柢，束书而从事于游说。故受业者必先穷经，经术所以经世，方不为迂儒之学。②

其对于《周易》及《尚书》尤有精深之研究，所著《易学象数论》，为其重要著作之一，下开胡渭《易图明辨》之端③；而《授书随笔》则为答阎若璩问《尚书》而作。④ 对于后来清儒在此二经有突破前人的研究成果，具有很大的启发之功。以黄宗羲对此二经的熟习程度，引用出于这两本书中有关箕子的典故，而谓其"偶有不照"，实在是不可能的事情。

2. 章太炎说

章太炎《章氏丛书·文录一·说文上》云：

> 黄太冲以明夷待访为名，陈义虽高，将俟虏之下问。⑤

盖章氏以为黄宗羲所期待的对象即是清廷，因此对黄宗羲极为不满，而大加

---

① 全祖望：《鲒埼亭集·黄丈肖堂墓版文》。

② 全祖望：《鲒埼亭集·梨洲先生神道碑文》。

③ 钱穆《中国近三百年学术史》云："梨洲经学极有创获，有《易学象数论》六卷，力辨河洛方位图说之非，而遍及诸家。其弟宗炎著《周易象辞》二十一卷，又《图书辨惑》二卷，又《辨太极图说》。同时如朱彝尊、毛奇龄，皆辨《易》图，而德清胡渭遂有《易图明辨》之作。卷末备引梨洲《易学象数论》一序，足证其思想上之渊源。"

④ 全祖望《鲒埼亭集·梨洲先生神道碑文》云："《授书随笔》一卷，则阎若璩问《尚书》而答之者。"又《南雷文约》有《尚书古文疏证序》，颇致推崇之意。

⑤ 章太炎：《章氏丛书·文录一·说文上》。

讥评，并斥之为“守节不孙”。[①]

吾人若对黄宗羲一生的活动稍加考察，即可知章氏之说实有诬罔之嫌。盖黄宗羲自明思宗殉国以后，即不顾身家的安危，号召义兵，积极从事反清复明的活动；甚至于还不辞风波之险，远渡重洋，希望能向日本乞得援兵。直至清朝已经平定整个天下，黄宗羲眼看大势已去，才开始不过问世事，专心致力于讲学著述。后来清廷曾屡次征召他出来做官，他都加以拒绝。若其所待访的对象确为清廷，则理当欣然就道，岂有严加拒绝的道理？[②] 而且当康熙十八年（1679），他最得意的弟子万斯同到北京同修明史，黄宗羲为他送行时，还告诫他千万不可以向异代君主奏陈太平之策。又于其临终之前，遗命家人，在他死后，不用棺木，只为遗体垫覆一褥一被即可，其意乃以为自己身遭家国巨变，期望遗体速朽。[③] 凡此作为皆可显现他不愿臣服于异族之意，则其所著书岂有“将俟虏之下问”的心意在耶？

3. 梁启超说

梁启超为反驳章太炎的看法，于其《中国近三百年学术史》中曰：

> 章太炎不喜欢梨洲，说这部书是向满洲上条陈，这是看错了。《待访录》成于康熙元、二年，当时遗老以顺治方殂，光复有日，梨洲正欲为代清而兴者说法耳。他送万季野北行时，戒其勿上河汾太平之策，岂有自己想向清廷讨生活之理？

梁氏辨明章氏之说的非是，虽极有道理，但他以为黄宗羲之写作《明夷待访录》，乃因“光复有日”，“欲为代清而兴者说法”，恐怕也未能成立。盖《明夷待访录》开始撰拟于康熙元年（1662），完成于康熙二年。书成之时，桂王已于康熙元年六月遇害，鲁王也于同年十一月卒于台湾，明朝宗室至此

① 章太炎：《章氏丛书·文录一·非黄》。

② 全祖望《鲒埼亭集·梨洲先生神道碑文》云：“康熙戊午，诏征博学鸿儒，掌院学士叶公方蔼先以诗寄公，从臾就道。公次其韵……告以不出之意。叶公商于公门人陈庶常锡嘏，曰：‘是将使先生为叠山九灵之杀身也。’……叶公乃止。未几，又有诏以叶公与掌院学士徐公元文，监修明史……诏督抚以礼敦遣，公以母既耄期，己亦老病为辞。”

③ 全祖望《鲒埼亭集·梨洲先生神道碑文》云：“公于戊辰冬，已自营生圹于忠端墓旁，中置石床，不用棺椁，子弟疑之。公作《葬制或问》一篇，援赵邠卿、陈希夷例，戒身后无得违命。公自以身遭国家之变，期于速朽，而不欲显言其故也。”

已尽。而当时反清的唯一稍成气候的势力——郑成功亦在元年五月病死。虽然“顺治方殂”，但清朝实际上已掌握了整个天下，何来“光复有日”，“待清而兴者”？又据全祖望云：

> 是岁（指《明夷待访录》成书之年）为康熙癸卯，年未六十（黄宗羲年五十四），而自序称梨洲老人。万西郭为予言，征君自壬寅前，鲁阳之望未绝，天南讣至，始有潮息烟沉之叹，饰巾待尽，是书于是乎出。盖老人之称所自来已。[①]

亦可见黄宗羲此时已对整个天下之大势相当清楚，当然也不会对明朝的复兴抱持任何希望了。

4. 杨家骆说

先是，钱穆先生于其《中国近三百年学术史》中云：

> 考康熙己未（十八年），万季野至京师，梨洲送之，戒以勿上河汾太平之策。时已距《待访录》成书十五六年。则梨洲之不可夺者不确如乎。亭林诗亦云：“未敢慕巢由，徒夸一身善。穷经待后王，到死终黾勉。”亡国遗臣之不能无所待者，正见其处心之愈苦耳。[②]

钱先生之言，意在驳斥章太炎之说，只是并未明指黄宗羲所欲待访之对象。其后，杨家骆乃就钱先生此论更加推阐曰：

> 钱穆《中国近三百年学术史》之所论，可谓能识宗羲矣，然犹未尽也，按“明夷”本《周易》卦名，其象为日入地中，明而见伤。宗羲即取以代“明遗”二字；复以日入地中，示明社已屋之痛，以明而见伤，示己之明必见伤于新朝。试读《原君》所论，非为公仆之人君，皆在所斥，岂冀见访于新朝者之所宜言乎？则其所待者非清室可知矣。“明夷”卦文有“箕子明夷”语，宗羲乃诡称“如箕子之见访，或庶几焉”以晦其旨。箕子虽受武王之访，而别立国于朝鲜，然则宗羲所待者或为如箕

① 全祖望：《鲒埼亭集·外编·书〈明夷待访录〉后》。

② 钱穆：《中国近三百年学术史》。

子朝鲜之延平海国也。盖宗羲此书成于康熙二年（1663），即明郑取台湾之第三年，吴三桂杀明桂王及鲁王薨于台湾之次年，“如箕子之见访”，不应释为“如箕子受武王之访以访我”，而应释为“如箕子一类人物之访我”。[①]

杨家骆辨明黄宗羲所待者非清室，引《原君篇》内容为证，论据详审，甚有见地。但他认为黄宗羲自序所谓“如箕子之见访”不应解释为“如箕子受武王之访以访我”，而应解释为“如箕子一类人物之访我”，且据此认定“宗羲所待者或为如箕子朝鲜之延平海国也”，虽曲意为黄宗羲辩护，然不论就“明夷”“待访”典故所出的《周易》《尚书》本意而言，或就“如箕子之见访”的文章而言，皆不容做那样的曲解。更何况《明夷待访录》成书之时，郑成功已谢世，而郑经之懦弱不足以有为，黄宗羲也知之甚审[②]，更不可能期待他的来访。

5. 高准说

高准在其《黄梨洲〈明夷待访录〉对象之探索》一文中，共举出十二点理由，以为黄宗羲所期待者，既非清廷，亦不是复明的志士，而是具有不忍人之心而能行天下为公之大义的豪杰，其言曰：

故吾人以为《明夷待访录》之著，实既非向清室上条陈，而亦非有待于抗清复明者之访。……则吾人以为梨洲所待者乃真具不忍人之心而能行天下为公之大义之豪杰也。[③]

其基本立场在于认为黄宗羲并无民族主义之思想[④]，且谓“《待访录》全书又绝无涉及夷夏之语”[⑤]。并由此判定黄宗羲早岁的抗清活动盖出于传统的忠孝观念与朋友之义，[⑥] 更再三暗示清室可以成为黄宗羲待访的对象，曰：“若清

① 杨家骆:《明末三儒·原君篇》注。

② 黄嗣艾《南雷学案·尚书张苍水先生传》:“奈郑经庸碌，只知保住，骄淫而已，不足与有为。”

③ 《黄梨洲〈明夷待访录〉对象之探索》，刊于《大陆杂志》第三十四卷第六期。

④ 自注云:“按，本文所谓民族主义即指 Nationalism，或译族国主义，与中山先生三民主义中之民族主义不尽相同。”又高文第一、二、三、六、十、十二各点皆在申明此义。

⑤ 此为高文第十二点理由。

⑥ 此为高文第七、第八点理由。

室而能使万民安乐，固亦未尝不可奉之也。”[①]“则设满清而能行礼教之治，梨洲固当以为不必抗之也。”[②]“则梨洲岂非以为清亦可以为政乎？”[③]“设清廷而真能弃种族压迫之旨，具天下为公之心，以期行保民而王之政，则推梨洲之意，当亦欣然愿其来观此书。”[④]

高准以为“梨洲所待者乃是真具不忍人之心而能行天下为公之大义之豪杰也”，参照《明夷待访录·原君篇》所持之意，其言实甚是。但他认为黄宗羲并无民族主义之思想，则似尚有待斟酌。盖除前述黄宗羲早岁曾进行抗清之活动，晚年曾屡次拒绝清廷之征召，又于遗嘱中交代死后不用棺木，期望遗体速朽外，平日“于国难诸公，表章尤力”[⑤]。又当康熙十八年（1679），清廷征召其弟子万斯同修明史时，万斯同本不欲赴召，黄宗羲乃以征存故国文献为勉，谓以白衣从事，亦以报国也；并戒其勿上河汾太平之策。且于《谢时符先生墓志铭》中云：“嗟乎！亡国之戚，何代无之，使过宗周而不悯黍离，陟北山而不忧父母，感阴雨而不念故夫，闻山阳笛而不怀旧友，是无心人矣！故遗民者，天地之元气也。”[⑥] 凡此皆可见其眷眷故国之思，又怎么说他并无民族主义之思想哉？

又高准以为黄宗羲之抗清，盖出于传统的忠孝观念与朋友之义，亦有待商榷。若然，黄宗羲之不顾老母、妻女及己身之安危，以与清兵相周旋，又岂合乎事亲之道，以及“亲在，不许友以死”的友交之义？

高准之论，最不足以服人者，厥为再三暗示满清可以成为黄宗羲待访的对象。其所假设的情况与清廷的实际作为皆无相符合者。考清兵南下之时，杀戮牵连之惨，以两浙一带为最甚。黄宗羲为浙人，感受之痛可以推想而知，清廷既非“真具不忍人之心而能行天下为公之大义之豪杰”，又岂可将之推想为黄宗羲可能期待的对象？

---

① 此为高文第四点理由之结语。
② 此为高文第六点理由之结语。
③ 此为高文第十一点理由之结语。
④ 此为高文举出十二点理由后所作结论中之文字。
⑤ 全祖望：《鲒埼亭集·梨洲先生神道碑文》。
⑥ 《南雷文约·谢时符先生墓志铭》。

（三）结语——黄宗羲的艰难处境与苦心悲意

综合以上各家的说法，以及笔者所做的检讨，我们盖可明白看出：黄宗羲《明夷待访录》所期盼的对象，既不可能是清廷，也不是当时反清复明的志士；配合其书中内容所言，应该是如高准所说的“真具不忍人之心而能行天下为公之大义之豪杰”。然则，这位豪杰究竟是谁？鄙意以为，在黄宗羲的心目中并无特定的对象。只要确能合乎其书中所言者即为理想中的人选，但不必是与其同时的人物。顾炎武与黄宗羲书云：

> 天下之事，有其识者，未必遭其时；而当其时者，或无其识。古之君子，所以著书待后，有王者起，得而师之。[①]

所谓“著书待后”实能深得黄宗羲之意。我们如再加深究，又可发现《明夷待访录》的思想渊源及立意所在，诚如萧公权所言：

> 《待访录》之最高原理出于《孟子》之贵民与《礼运》之天下为公。其政治哲学之大要在阐明立君所以为民与君臣乃人民公仆之二义。[②]

只是自孔子、孟子以来的许多怀抱高尚理想的学者，由于受到客观环境的阻限，从来就没有人能真正地达成心愿。但现实的险恶不如人意是一回事，对于世道人心终不能没有理想。尤其是在面对大变局时，此种心愿更是强烈，故钱穆先生云：

> 亡国遗臣之不能无所待者，正见其处心之愈苦耳。[③]

古仁人之伟大而足以令人崇仰处在此，其悲苦而令人报以无限同情处也在于此。

前面列举各家说法中，除章太炎以外，皆不认为黄宗羲待访的对象为清朝政府，但其中却有疑点存在，即黄宗羲所待者如确实不是清朝政府，那么为何要采用“明夷”“待访”以名其书？除黄肖堂、全祖望以“偶有不照”为

---

① 《南雷文定·附录》。

② 萧公权：《中国政治思想史》。

③ 钱穆：《中国近三百年学术史》。只剖析黄宗羲“处心之愈苦”而不明白指言《明夷待访录》所待的对象，正可见其识见的高卓。

黄宗羲做勉强的回护，而我们判定为不可能之外，其他各家对此都毫无交代。因此我们有必要进一步探讨黄宗羲的用心所在究竟为何？据全祖望云：

原本不止于此，以多嫌讳，弗尽出。①

就黄宗羲写作此书的时代而言，清朝刚以异族入主中国不久，正不遗余力地在铲除反抗势力；对于读书人，每每兴起文字狱加以箝制。尤其是康熙二年（1663），也就是《明夷待访录》成书的当年，庄廷鑨史狱才发生。可见黄宗羲在异族的高压统治下，为抒发自己的理想，乃不得不避嫌忌讳，故意以箕子见访作为全身避祸的托词。

抑又有言者，有些人喜欢摭拾黄宗羲的片言只字，认定他对于大节不免有所亏缺。其实全祖望对此早已有所辨明，曰：

若谓先生以故国遗老，不应尚与时人交接，以是为风节之玷，则又不然。先生集中，盖累及此，一见之《余若水志》，有曰："斯人生天地之间，不能一无干涉。身非道开，难吞白石；体类王微，尝资药裹。以是叹活埋土室之难也。"一见之《郑平子序》，有曰："王炎午生祭文丞相，其风裁峻矣，然读其与姚牧庵书，殷殷求其酬答。盖士之报国，各有分限，正亦未可刻求也。"是可以知先生之所以自处，固有大不得已者。盖先生老而有母，岂得尽废甘旨之奉？但使大节无亏，固不能竟避世以为洁。及观其《送万季野北行诗》，戒以勿上河汾太平之策，则先生之不可夺者又确如矣。是固论世者所当周详考核，而无容以一偏之词定之者也。②

故我们若谓黄宗羲因老而有母，不容尽废甘旨之奉，因此晚节不如早岁之劲尚可，若以是而对其志节抱持怀疑的态度，则不免有厚诬古人之嫌。黄宗羲一生的行事，并非绝无可议者③，但若能就其艰难的处境与悲苦的心意，虚心

① 全祖望：《鲒埼亭集·外编·书明夷待访录后》。

② 全祖望：《鲒埼亭集·外编·答诸生问南雷学术帖子》。

③ 全祖望《鲒埼亭集·外编·答诸生问南雷学术帖子》："惟是先生之不免余议者则有二：其一则党人之习气未尽，盖少年即入社会，门户之见深入而不可猝去，便非无我之学。其一则文人之习气未尽，不免以正谊明道之余技，犹留连于枝叶，亦其病也。斯二者，先生殆亦不自知时时流露，然其实为德性心术之累不少。苟起先生而问之，亦必不以吾言之为谬。"

以求，则黄宗羲实为终能守大节而值得我们景仰遵式者也。

——*原发表于1989年11月高雄中山大学第一届清代学术研讨会*

十一、顾炎武对理学的态度及评价

全祖望于《亭林先生神道表》中，对顾炎武的学术思想有如下之论述：

> 晚益笃志六经，谓古今安得别有所谓理学者？经学即理学也。自有舍经学以言理学者，而邪说以起。不知舍经学，则其所谓理学者，禅学也。故其本朱子之说，参之以慈溪黄东发《日钞》，所以归咎于上蔡、横浦、象山者甚峻，于同时诸公，虽以苦节推百泉、二曲，以经世之学推梨洲，而论学则皆不合。其书曰《下学指南》。或疑其言太过，是固非吾辈所敢遽定。然其谓经学即理学，则名言也。[①]

这段文字虽然不长，但其中却涉及了许多重要的命题：一为顾炎武是否曾经提出过“经学即理学”之说？二为顾炎武对于朱熹、陆象山等人的态度为何？三为顾炎武与百泉、二曲以及梨洲等人的学术有何异同？四为或人所疑顾炎武之言是否为太过？以上四点，除第三点以外，皆与顾炎武对理学的态度有相当密切的关系，为我们了解顾炎武的学术思想时，所不能不先加以探究者。

本文即尝试就以上三个命题，先剖析顾炎武对理学的确实态度究竟如何；接着再依据其所持的态度，评述其得失；最后综合顾炎武的论学主张，与明末清初以迄清乾嘉时期学风的转变，检验顾炎武所持态度之妥适与否。

（一）顾炎武对理学的态度

1. 顾炎武是否曾倡言“经学即理学”之说

据上引全祖望《亭林先生神道表》所云，“经学即理学”为顾炎武的名言，可是令我们感到讶异的是，遍查今存顾炎武及其并世学者的各种著作，

① 全祖望：《鲒埼亭集·亭林先生神道表》，台北：台湾商务印书馆，第144页。

却找不到这句话，而仅在《亭林文集·与施愚山书》中见到相关的言论：

> 理学之传，自是君家弓冶。然愚独以为理学之名，自宋人始有之。古之所谓理学，经学也，非数十年不能通也。故曰："君子之于《春秋》，没身而已矣。"今之所谓理学，禅学也。不取之五经而但资之语录，校诸帖括之文而尤易也。又曰："《论语》，圣人之语录也。"舍圣人之语录，而从事于后儒，此之谓不知本矣。①

既云"理学之名，自宋人始有之"，又有"古之所谓理学"与"今之所谓理学"的分别，考理学盛于宋明两朝，而有古今之异，则可见他所说的古之所谓理学，是指宋代理学，今之所谓理学，则指明代理学。其意盖以为宋代理学能以经学作为根柢，言有所据，不至于泛滥无归；至于明代理学就仅资之语录，信口说而凭私臆，最后必至流于禅而已矣。故钱穆先生云：

> 古之所谓理学，指宋。以其合于经，同于经，故曰即经学。后之所谓理学，指明。亭林谓其"不取之五经，但资之语录"，亦如释氏之有禅，可以不诵经典而成佛也。②

如参照顾炎武以下言论，则此意更为明显，如云：

> 世之君子苦博学明善之难，而乐夫一超顿悟之易。滔滔者天下皆是也，无人而不论学矣。③

又云：

> （今）百人之中，尚有一二读书而又皆躁竞之徒，欲速成以名于世。语之以五经则不愿学，语之以白沙、阳明之语录，则欣然矣。④

---

① 顾炎武：《亭林文集·与施愚山书》，《顾亭林诗文集》，台北：汉京文化事业有限公司，1984年3月初版，第58页。

② 钱穆：《中国学术思想论丛（八）·顾亭林学述》，台北：东大图书公司，1980年，第53页。按，劳思光曰："按，宋人称'道学'，不称'理学'；'理学'自是后起之名，亭林以为出于宋人；亦误。至谓'古之理学'即'经学'云云，尤不可解。盖已谓古无'理学之名'矣，又谓有'古之理学'，实乃语言之混乱矣。"似未顺顾炎武之语意加以理解，故本文不取其说。劳先生之说见其所著《中国哲学史（三下）》，台北：三民书局股份有限公司，1981年2月初版，第669页。

③ 顾炎武：《亭林文集·答友人论学书》，《顾亭林诗文集》，第136页。

④ 顾炎武：《亭林文集·与友人论门人书》，《顾亭林诗文集》，第47页。

明白指出今之理学所据者乃白沙、阳明等人的语录。此点若对照以下所述顾炎武对陆王的批评，更是皎然可辨。由此可见顾炎武所反对的是明代逃禅的理学，而不是宋代依经讲论的理学。

全祖望并未能明察顾炎武对理学所作的这种分别，笼统地以“经学即理学”概括顾炎武的主张，已非顾炎武的本意，而后儒传诵，遂成定论，并且据之以评论顾炎武，就更加偏离事实了。如梁启超即曾谓：

> 炎武未尝直攻程朱，根本不承认理学之能独立。①

梁启超这句话的语意相当费解，顾亭林既未尝直攻程朱，则理应承认程朱所讲的理学有其地位，何以根本不承认理学之能独立？如因顾炎武根本不承认理学之能独立，所以没有必要，或根本不屑于直攻程朱，那么他对于陆王何以又要深批痛诋呢？

此外，梁启超又引述全祖望《亭林先生神道表》之语，进一步评论道：

> “经学即理学”一语，则炎武所创学派之新旗帜也。其正当与否，且勿深论。——以吾侪今日眼光观之，此语有两病，其一，以经学代理学，是推翻一偶像而别供一偶像。其二，理学即哲学也，实应离经学而为一独立学科。——虽然有清一代学术，确在此旗帜之下而获一新生命。……自炎武此说出……此实四五百年来思想界之一大解放也。②

尽管梁启超十分肯定“经学即理学”所造成的影响，认为是思想界的一大解放，但其中所论，则有许多值得商榷之处：一为据上所述，顾炎武其实并未提出“经学即理学”之说，因此顾炎武“根本不承认理学之能独立”，也就未必可以成立。二为顾炎武针对时弊而提出补偏救病之方，然揆其本意，似乎并无“推翻一偶像而别供一偶像”之企图。三为顾炎武的学术思想确实影响及于有清一代之学风甚巨，可是关键恐非在于“经学即理学”的主张，更何况此一学风的形成，并不是顾炎武所乐见者。

---

① 梁启超：《清代学术概论》，台北：台湾中华书局，1971 年 8 月台 6 版，第 9 页。

② 梁启超：《清代学术概论》，第 9 页。

2. 顾炎武对陆王的批评

全祖望《亭林先生神道表》谓顾炎武“所以归咎于上蔡、横浦、象山者甚峻”，结合顾炎武的言论，可谓持之有据。如其《下学指南序》云：

> 今之言学者必求诸语录。语录之书始于二程，前此未有也。今之语录，几于充栋矣。而淫于禅学者实多，然其说盖出于程门。故取慈溪《黄氏日钞》所摘谢氏、张氏、陆氏之言，以别其源流，而衷诸朱子之说。夫学程子而涉于禅者，上蔡也；横浦则以禅而入于儒；象山则自立一说，以排千五百年之学者，而其所谓“收拾精神，扫去阶级”，亦无非禅之宗旨矣。后之说者递相演述，大抵不出乎此。而其术愈深，其言愈巧，无复象山崖异之迹，而示人以易信。苟读此编，则知其说固源于宋之三家也。①

由这段文字，可以明白看出顾炎武之所以归咎于上蔡等三人甚峻的原因，乃在于此三人之学皆入于禅。盖顾炎武以为禅学专用心于内，兼有杨朱为我与墨翟兼爱之弊，乃左道惑众之说，为先王之所必诛，故极力加以排抑，并对染涉其说者深表不满，曰：

> 古之圣人所以教人之说，其行在孝弟忠信，其职在洒扫应对进退，其文在《诗》《书》《礼》《易》《春秋》，其用之身在出处去就交际，其施之天下在政令教化刑罚。虽其“和顺积中，而英华发外”，亦有体用之分，然并无用心于内之说。自老庄之学行于战国之时，而外义者，《告子》也；外天下、外物、外生者，《庄子》也。于是高明之士厌薄《诗》《书》，以为此先王所以治天下之糟粕。而佛氏晚入中国，其所言清净慈悲之说，适有以劝乎世人之慕向者。六朝诸君子从而衍之，由清净自在之说而极之，以至于不生不死，入于涅槃，则杨氏之“为我”也；由慈悲利物之说而极之，以至于普度众生，超拔苦海，则墨氏之“兼爱”也。天下之言，不归杨，则归墨，而佛氏乃兼之矣。后之学者遂谓其书为

① 顾炎武：《亭林文集·下学指南序》，《顾亭林诗文集》，第131页。按，《下学指南》已佚，今仅存其序。

“内典”。推其立言之旨，不将内释而外吾儒乎？夫内释而外吾儒，此左道惑众之徒，先王之所必诛，而不以听者矣。[①]

依照顾炎武此种看法，在全祖望《亭林先生神道表》中虽然并没有提到王阳明，但就用心于内的思想特点而言，王阳明实较上举三人犹有过之，因此可以想见顾炎武对于王阳明的抨击必定更为强烈。如其尝谓：

五胡乱华本于清谈之流祸，人人知之。孰知今日之清谈有甚于前代者！昔之清谈谈老庄，今之清谈谈孔孟。未得其精而已遗其粗，未究其本而先辞其末，不习六艺之文，不考百王之典，不综当代之务，举夫子论学论政之大端一切不问，而曰“一贯”，曰“无言”。以明心见性之空言，代修己治人之实学。股肱惰而万事荒，爪牙亡而四国乱。神州荡覆，宗社丘墟。[②]

又曰：

近世喜言心学，舍全章本旨而独论人心道心。甚者单摭“道心”二字，而直谓“即心是道”。盖陷于禅学而不自知，其去尧、舜、禹授受天下之本旨远矣。[③]

凡此虽然并未明指其人，但其中所谓“今日之清谈”“近世喜言心学”云云，实际上都是针对王阳明而言。其明白指斥者，如：

以一人而易天下，其流风至于百有余年之久者，古有之矣。王夷甫之清谈、王介甫之新说，其在于今则王伯安之良知是也。《孟子》曰：“天下之生久矣，一治一乱。”拨乱世反之正，岂不在于后贤乎！[④]

又如：

盖自弘治、正德之际，天下之士厌常喜新，风气之变已有所自来。而文成以绝世之资，倡其新说，鼓动海内。嘉靖以后，从王氏而诋朱子

① 顾炎武：《日知录》“内典”条，台北：明伦出版社，1970年10月3版，第527页。
② 顾炎武：《日知录》“夫子之言性与天道”条，第196页。
③ 顾炎武：《日知录》“心学”条，第528页。
④ 顾炎武：《日知录》“朱子晚年定论”条，第539页。

> 者，始接踵于人间。而王尚书（世贞）发策谓：“今之学者偶有所窥，则欲尽废先儒之说，而出其上。不学，则借一贯之言以文其陋；无行，则逃之性命之乡，以使人不可诘。”此三言者，尽当日之情事矣。故王门高弟为泰州、龙溪二人。泰州之学一传而为颜山农，再传而为罗近溪、赵大洲。龙溪之学一传而为何心隐，再传而为李卓吾、陶石篑。昔范武子论王弼、何晏二人之罪深于桀纣，以为一世之患轻，历代之害重，自丧之恶小，迷众之罪大。而苏子瞻谓李斯乱天下，至于焚书坑儒，皆出于其师荀卿，高谈异论而不顾者也。[①]

在此两段引文中，顾炎武都将王阳明之倡言良知，比拟为王弼、何晏之清谈，并进而以为其说迷众之罪甚大，甚至罪深于桀纣，其对王阳明之深恶痛绝，真可谓无以复加矣。

3. 顾炎武对程朱的批评

相对于对陆王的强烈抨击，顾炎武对程朱不仅不加以斥责，甚至还经常表示推崇之意，如云：

> 自夫化缺三雍，风乖四始，两汉而下，虽多保残守缺之人，六经所传，未有继往开来之哲。惟绝学首明于伊雒，而微言大阐于考亭，不徒羽翼圣功，亦乃发挥王道，启百世之先觉，集诸儒之大成。[②]

又如云：

> 以今论之，唯程子之《易传》，朱子之《四书章句集注》《易本义》《诗传》，及蔡氏之《尚书集传》，胡氏之《春秋传》，陈氏之《礼记集说》，是所谓“代用其书，垂于国胄”者尔。南轩之《论语解》，东莱之《读诗记》，抑又次之。而《太极图》《通书》《西铭》《正蒙》，亦羽翼六经之作也。[③]

在顾炎武的著作之中，类此之例甚多，充分显现其对于程朱学者的尊仰之意。但是我们如果因此而以为顾炎武尊崇程朱而无异议，则又不然。盖就

---

① 顾炎武：《日知录》“朱子晚年定论”条，第538页。

② 顾炎武：《亭林文集·华阴县朱子祠堂上梁文》，《顾亭林诗文集》，第121页。

③ 顾炎武：《日知录》“嘉靖更定从祀”条，第431页。

上引两条资料而言，顾炎武对程朱的推崇，其实乃着重于其所讲并未偏离经学，并且是就程朱之学的大体笼统而言之。吾人若细加探究，其中确有不满之意在焉，如顾炎武尝引《黄氏日钞》云：

> 《论语》曾子三省章，集注载尹氏曰："曾子守约，故动必求诸身。"语意已足矣。又载谢氏曰："诸子之学皆出于圣人，其后愈远而愈失其真。独曾子之学专用心于内，故传之无弊。"夫心，所以具众理而应万事，正其心者正欲施之治国平天下。孔门未有专用心于内之说也，用心于内，近世禅学之说耳。……后有朱子，当于集注中去此一条。[①]

此对朱子《论语集注》引用谢上蔡专用心于内之说，已染涉禅学而有异议也。又如云：

> 《延平先生答问》曰："夫子之道不离乎日用之间，自其尽己而言则谓之忠，自其及物而言则谓之恕。莫非大道之全体，虽变化万殊，于事为之末，而所以贯之者未尝不一也。曾子答门人之问，正是发其心尔，岂有二邪？若以为夫子'一以贯之'之旨甚精微，非门人所可告，姑以忠恕答之，恐圣贤之心不若是之支也。如孟子言'尧舜之道，孝弟而已矣'，人皆足以知之。但合内外之道，使之体用一原，显微无间，则非圣人不能尔。"朱子又尝作《忠恕说》，其大指与此略同。按此说甚明，而集注乃谓借尽己推己之目以著明之，是疑忠恕为下学之事，不足以言圣人之道也。然则是二之，非一之也。[②]

《延平先生答问》乃朱子所编，又朱子尝作《忠恕说》，皆以为忠恕即道，道即忠恕，此乃体用一原，顾炎武以为其说甚是。但朱子又于《论语集注》中谓忠恕之上别有一道存在，而曾子虽有见于此而难言之，不得已乃借尽己推己之目以著明之，是离道与忠恕为二，并非一贯之道。[③] 顾炎武因而表示其

① 顾炎武：《日知录》"内典"条，第431页。

② 顾炎武：《日知录》"忠恕"条，第193页。

③ 朱熹《论语集注》："夫子之一理浑然，而泛应曲当，譬则天地之至诚无息，而万物各得其所也。自此之外，固无余法，而亦无待于推矣。曾子有见于此而难言之，故借学者尽己、推己之目以著明之，欲人之易晓也。盖至诚无息者，道之体也，万殊之所以一本也。万物各得其所者，道之用也，一本之所以万殊也。以此观之，一以贯之之实可见矣。"《四书集注》，台北：台湾书局，1961年10月再版，第62页。

不满之意。此外，顾炎武又尝云：

《中庸章句》引程之子言曰："此篇乃孔门传授心法。"亦是借用释氏之言，不无可酌。①

盖顾炎武以为"理具于吾心而验于事物。心者，所以统宗此理而别白其是非"，而"圣贤之学自一心而达之天下国家之用，无非至理之流行，明白洞达，人人所同"。故"心不待传""何传之云?"② 对程朱传心之说不表赞同也。

由以上各例，可见凡程朱言及心性之处，或程朱于人伦之上别立一道（理）之说，顾炎武皆不以为然，只是措辞较为委婉而已。

（二）评价顾炎武对理学的态度

欲了解顾炎武何以极力反对陆王，且对程朱的推崇亦有所保留，则必须先明了顾炎武论学之态度。盖顾炎武所重者乃在博学于文与行己有耻二端，曰：

愚所谓圣人之道者如之何？曰博学于文，曰行己有耻。自一身以至于天下国家，皆学之事也；自子臣弟友以至出入、往来、辞受、取与之间，皆有耻之事也。……士而不先言耻，则为无本之人；非好古而多闻，则为空虚之学。以无本之人，而讲空虚之学，吾见其日从事于圣人而去之弥远也。③

其所以强调博学于文、行己有耻二端，实有见于晚明时期王学末流之束书不观，空谈心性，甚至任心率性，而纵情肆欲，立身行己毫无耻之可言，因而主张趋实避虚，极力反对心性之谈，故又曰：

窃叹夫百余年以来之为学者，往往言心言性，而茫乎不得其解也。命与仁，夫子之所罕言也；性与天道，子贡之所未得闻也。性命之理，著之《易传》，未尝数以语人。其答问士也，则曰"行己有耻"；其为学，则曰"好古敏求"；其与门弟子言，举尧舜相传所谓危微精一之说一切不

---

① 顾炎武：《日知录》"心学"条，第529页。
② 顾炎武：《日知录》"心学"条，第529页。
③ 顾炎武：《亭林文集·与友人论学书》，《顾亭林诗文集》，第40页。

道，而但曰“允执其中，四海困穷，天禄永终”。呜呼！圣人之所以为学者，何其平易而可循也，故曰“下学而上达”。颜子之几乎圣也，犹曰“博我以文”。其告哀公也，明善之功，先之以博学。自曾子而下，笃实无若子夏，而其言仁也，则“博学而笃志，切问而近思”。今之君子则不然，聚宾客门人之学者数十百人，譬诸草木，区以别矣，而一皆与之言心言性，舍多学而识，以求一贯之方，置四海之困穷不言，而终日讲危微精一之说，是必其道之高于夫子，而其门弟子之贤于子贡，祧东鲁而直接二帝之心传者也。我弗敢知也。①

对于空谈心性之弊病，慨乎言之，盖顾炎武之意以为心性之道不离乎人伦日用，在圣人的经论之中本已有之，但凡此命题最重要者乃在吾人能确实践履，在实际行为中表现出来，而非拿来作为口谈之资。故又曰：

夫子之教人文行忠信，而性与天道在其中矣，故曰“不可得而闻”。子曰：“二三子以我为隐乎？吾无隐乎尔，吾无行而不与二三子者，是丘也。”谓夫子之言性与天道不可得而闻，是疑其有隐者也。不知夫子之文章，无非夫子之言性与天道，所谓“吾无行而不与二三子者，是丘也”。②

弄清楚顾炎武的此种立场，自然可以体会何以他会对陆王的“直指本心”之学采取那么激烈的反对态度，以及对其学所造成的影响如此深恶痛绝；亦可以体会他对于程朱为何会采取选择性接受之态度。

顾炎武的立场如是，若以孔子所言“下学而上达”之语来理解，则其意盖以为努力从事于下学的功夫，自然可以上达，下学上达是一而非二，这才是真正的一贯之道，故曰：

窃以为圣人之道，下学上达之方，其行在孝、弟、忠、信；其职在洒扫、应对、进退；其文在《诗》、《书》、“三礼”、《周易》、《春秋》；其用之身，在出处、辞受、取与；其施之天下，在政令、教化、刑法；其所著之书，皆以为拨乱反正，移风易俗，以驯致乎治平之用，而无益者

① 顾炎武：《亭林文集·与友人论学书》，《顾亭林诗文集》，第40页。
② 顾炎武：《日知录》“夫子之言性与天道”条，第195页。

不谈。……其于世儒尽性至命之说，必归之有物有则，五行、五事之常，而不入于空虚之论。[1]

又据上引《日知录》“忠恕”条所云，更可见其所述者尽皆下学之事，但却以为“莫非大道之全体”，则其意甚为明显。由此亦可见何以顾炎武会有《下学指南》之作，以排斥心性虚无之谈，而自比于孟子之距杨墨了。[2]

理学兴起于北宋，乃承继孔孟而以修己治人为目标的一种儒学复兴运动，亦即其学系兼内圣外王而发展。但一方面由于受到客观环境之限制，在外王方面难以有所发挥；另一方面则不免受到自魏晋隋唐以来极为兴盛的佛道之说的影响，于内圣方面遂愈讲愈精微。揆其本意，对心性问题做精微之剖析探讨，乃在于为修齐治平奠定稳固之基础，与理学创始之初衷并不相违背。任何一种学问越朝向精微处发展，则可能与实际人生愈来愈脱节；且此精微处并非一般人所能充分体悟了解，风气一旦形成，大家趋之若鹜，遂成虚谈，逐渐造成种种弊端，对社会风气自然会产生相当不良的影响。顾炎武为一笃实学者，又非常重视社会风气的淳厚，对于空谈心性当然极为不满。因此若就惩于理学空疏之流弊而思挽正之而言，顾炎武对心性之学的批评，盖实有所见，用心亦至为可取。

姑且不论站在纯学术的立场，对心性义理的探讨，本身即自有其价值。单就理学的角度而言，对心性义理如能确有深切体会，则不论对个人之修养，抑或治道之兴隆，皆大有助益。即以顾炎武所极力抨击之陆王二人为例，其立身大节不仅无所玷阙，更足以表率群伦，凡此盖皆源自二人对于心性之涵养有得。然而顾炎武只见心性之学所造成的流弊，于是循流探源，而归咎于陆王，甚至于对其素所崇仰的程朱，举凡其有涉于心性之说者，皆微露不满之意，未免有矫枉过正之偏失矣。

（三）结语

综前所述，吾人可见顾炎武其实并未提倡“经学即理学”之说，他只是

---

① 顾炎武：《亭林文集·答友人论学书》，《顾亭林诗文集》，第135页。

② 顾炎武：《亭林文集·下学指南序》云：“有能由朱子之言，以达夫圣人下学之旨，则此一篇者，其硕果之犹存也。孟子曰，能言距杨墨者，圣人之徒也，得不有望于后之人也夫。”《顾亭林诗文集》，第132页。

把理学分为古今两种。对古之理学的有功夫，能践履，不仅不排斥，还颇表推崇。至于今之理学则徒事空谈，缺乏实际功夫，乃为其所深恶。虽然其对理学做如此划分及理解是否妥切，尚有待商榷，但就其所持的此种观点而论，顾炎武实际上并未全盘否定理学之地位，盖至为明显。

其次就顾炎武对陆王、程朱的批评来看，程朱重视读书穷理，故为顾炎武所肯定；但陆王何尝教人不读书？他们只是主张先立夫其大，然后再来读书，与顾炎武所强调的博学于文，虽不尽相符，但也不相悖逆。再则顾炎武又强调行己有耻，在这方面，程朱、陆王皆无所亏，理宜为其所同尊共仰，然而顾炎武却崇程朱而抑陆王，将后来心性之学所造成的各种流弊，皆归咎于陆王二人，则不免过激矣。

顾炎武惩于晚明学术之空疏浮薄，甚有害于世道人心，因而极力排击，主张避虚就实，以归于世用，尝谓：

> 孔子之删述六经，即伊尹、太公救民于水火之心，而今之注虫鱼、命草木者，皆不足以语此也。……愚不揣，有见于此，故凡文之不关于六经之指、当世之务者，一切不为。[①]

综合以上所述及此段文字，其重实用、主经世之意极为清楚。就此而言，其处心措意当然很值得我们敬佩。只是若就“实”而言，顾炎武所讲博学于文之“文”[②]，并不如“注虫鱼、命草木”那么实。然“注虫鱼、命草木”究竟不像心性之学般，与行己有耻有相当密切的关联。站在纯学术的立场，固然有其价值，但与修德之事可谓了不相涉。再加上在异族的高压统治之下，由于顾炎武的影响所开展出来的学术，亦与理学一样遭遇到受客观环境限制的困境，在经世方面无从发挥。是可见后来学术的发展，已与顾炎武论学主张的本意愈离愈远了。由此而知，顾炎武之学对理学而言，或如梁启超所言，

① 顾炎武：《亭林文集·与人书三》，《顾亭林诗文集》，第 91 页。

② 顾炎武尝谓：“君子博学于文，自身而至于家国天下，制之为数度，发之为音容，莫非文也。品节斯之谓礼。”足见其所谓文，盖合礼而言之，以泛指一切制度仪节。《日知录》“博学于文”条，第 197 页。

是一种思想的解放。

——原发表于1995年11月高雄中山大学第四届清代学术研讨会

十二、王船山与张横渠思想之异同

王船山惩晚明时代王学末流空疏不学之弊，对陆象山、王阳明之学深感不满，而颇推崇张横渠、二程兄弟以及朱熹之说。但他对于程、朱，虽然屡加称述，却不免尚有微词。[①] 而对于张横渠，则极为敬仰，始终无异辞，尝谓：

> 张子之学，上承孔孟之志，下救来兹之失，如皎日丽天，无幽不烛，圣人复起，未有能易焉者也。[②]

又谓：

> 张子之学，无非《易》也，即无非《诗》之志、《书》之事、《礼》之节、《乐》之和、《春秋》之大法也，《论》《孟》之要归也。张子言无非《易》，立天立地立人，反经研几，精义存神，以纲维三才，贞生而安死，则往圣之传，非张子其谁与归？呜呼！孟子之功不在禹下，张子之功又岂非疏洚水之歧流，引万派而归墟，使斯人去昏垫而履平康之坦道哉！是匠者之绳墨也，射者之彀率也。[③]

甚至在临终之前，自铭其墓石，犹曰：

> 希张横渠之正学而力不能企。[④]

以为理学诸大家，唯有张横渠之学无弊，服膺之意，虽死不移。论者因此以为王船山之思想主要渊源于张横渠，为能承张横渠之学而发扬光大者，是也。

王船山之思想虽然承自张横渠，但实非全面性的接受，其中自有他自己

---

① 参见张西堂《王船山学谱》，台北：台湾商务印书馆，1972年4月台2版，第19—21页。

② 《张子正蒙注·序论》，《船山遗书全集》第17册，台北：船山学会、自由出版社，1972年11月重编初版，第2页。

③ 《张子正蒙注·序论》，《船山遗书全集》第17册，第2—3页。

④ 《姜斋文集补遗·自题墓石》，《船山遗书全集》第19册，第11页。

的拣择，再加上受时代风潮的影响，也不能不对张横渠之说有所修正。究竟王船山思想与张横渠之所异者何在？具有何种意义？即为本文所要探讨的重点所在。

然而由于王船山的著作极为宏富，思想相当庞杂，遣词造句又有其特殊的风格，因此要明确掌握其全盘思想，颇为不易。所以本文仅就较为明显者，略分为三点：一为对恶之来源的看法，二为对情欲的态度，三为对历史演化的观点。尝试加以分析比较，以明其异同之所在。

（一）对恶之来源的看法

张横渠认为万物的生毁，是由于气的聚散，曰：

> 太虚不能无气，气不能不聚而为万物，万物不能不散而为太虚。循是出入，是皆不得已而然也。①

气既然能聚而为万物，则是具有形下的意义。然而张横渠又以为在气之上别无道或理，所谓道或理乃是气的运动规律，而非气之外的另一物，曰：

> 由气化有道之名。②

又曰：

> 天地之气，虽聚散、攻取百涂，然其为理也顺而不妄。③

如此，则气又是宇宙的最高原理，兼具有形上的意义。气既然是形而上的，则应该是纯善，或是超越善恶的。但张横渠却又以为气有清浊的分别，曰：

> 太虚为清，清则无碍，无碍故神；反清为浊，浊则碍，碍则形。④

又曰：

> 气本之虚则湛无形，感而生则聚而有象。有象必有对，对必反其

---

① 《张载集·正蒙·太和篇》，台北：里仁书局，1979 年 12 月，第 7 页。
② 《张载集·正蒙·太和篇》，第 9 页。
③ 《张载集·正蒙·太和篇》，第 7 页。
④ 《张载集·正蒙·太和篇》，第 9 页。

所为。[①]

当气聚而有形有象以后，即会有对有碍，而与神相反。如此表现在人性上，遂有性两分的观念产生：本于气之清虚者为天地之性，为纯善；本于气之浊碍者为气质之性，不免夹有恶的成分。因而我们必须摆脱气质的限制，以回复到与气之本体相符的境界，亦即做善反的功夫，才能保有天地之性，曰：

> 形而后有气质之性，善反之，则天地之性存焉。故气质之性，君子有弗性者焉。[②]

又曰：

> 天本参和不偏，养其气，反之本而不偏，则尽性而天矣。性未成，则善恶混。[③]

据此，则当气聚而成形之时，即有气质之性，而气质之性又是善恶相混的。由是可见张横渠之意盖谓恶之来源为先天的，亦即每个人生来就具有恶的成分，所以在后天上必须做善反的功夫，以去除此恶。

王船山对张横渠之认定气兼具有形上、形下意义的说法极表赞同，并且加以强调。[④] 但对于在天地之性以外，别立气质之性，则颇不以为然。曰：

> 质者，性之府也；性者，气之纪也；气者，质之充而习之所能御者也。然则气效于习以生化乎质，而与性为体，故可言气质中之性，而非本然之性以外别有一气质之性也。[⑤]

盖王船山以为天之气为善，人之气亦是善，曰：

> 《易》有太极，是生两仪。两仪，气也；唯其善，是以可仪也。所以乾之六阳，坤之六阴，皆备元、亨、利、贞之四德；和气为元，通气为亨，

---

① 《张载集·正蒙·太和篇》，第 9 页。
② 《张载集·正蒙·诚明篇》，第 23 页。
③ 《张载集·正蒙·诚明篇》，第 23 页。
④ 参见韦政通《中国思想史》，台北：大林出版社，1980 年 4 月，第 1366 页。
⑤ 《读四书大全说》，《船山遗书全集》第 13 册，第 11 页。

化气为利，成气为贞，在天之气无不善。天以二气成五行，人以二殊成五性；温气为仁，肃气为义，昌气为礼，晶气为智，人之气亦无不善矣。[①]

并且依《周易》“继之者善，成之者性”[②] 之义，以为人之性也是善，曰：

人物有性，天地非有性，阴阳之相继也善，其未相继也不可谓之善。故成之而后性存焉，继之而后善著焉。……继之者，天人之际也，天则道而已矣。道大而善小，善大而性小；道生善，善生性。……道者善之所从出也，惟其有善，是以成之为性焉。善者性之所资也，方其为善，而后道有善矣；方其为性，而后善凝于性矣。……然则先言性而系之以善，则性有善，而疑不仅有善；不如先言善而纪之以性，则善为性，而信善外之无性也。[③]

“先言性而系之以善，则性有善，而疑不仅有善”，乃针对性两分之说而发，持不能苟同的态度。主张“先言善而纪之以性，则善为性，而信善外之无性也”，肯定人性为善。

既然肯定人性为善，那么恶究竟从何而来，王船山或者曰：

盖心之官为思，而其变动之几，则以为耳目口体任知觉之用，故心守其本位以尽其官，则唯以其思与性相应。若以其思为耳目口体，任知觉之用为务，则自旷其位，而逐物以著其能，于是而恶以起矣。[④]

或者曰：

凡不善者，皆非固不善也，其为不善者，则只是物交相引不相值而不审于出耳。惟然，故好勇、好货、好色，即是天德王道之见端，恻隐、羞恶、辞让、是非，苟其但缘物动而不缘性动，则亦成其不善也。[⑤]

或者曰：

---

① 《读四书大全说》，《船山遗书全集》第 13 册，第 1 页。

② 《周易・系辞上传》第五章：“一阴一阳之谓道，继之者善也，成之者性也。”

③ 《周易外传》，《船山遗书全集》第 2 册，第 13—14 页。

④ 《读四书大全说》，《船山遗书全集》第 13 册，第 31 页。

⑤ 《读四书大全说》，《船山遗书全集》第 13 册，第 36 页。

后天之性，亦何得有不善？“习与性成”之谓也。先天之性天成之，后天之性习成之。乃习之所以能成乎不善者，物也。夫物亦何不善之有哉？……取物而后受其蔽，此程子之所以归咎于气禀也。虽然，气禀亦何不善之有哉？……然则不善之所从来，必有所自起，则在气禀与物授受之交也。①

上引各条，用语虽有不同，大旨不外二端：一为反对气禀有不善之说，二为认定不善之所自来乃在于与物相交之际未能处置得当。故恶之来源在于外而不在于内，在后天而不在气禀，故曰：

自内生者善，内生者，天也；天在己者也，君子所性也。……自外生者不善，外生者，物来取而我不知也，天所无也，非己之所欲所为也。故好货、好色，不足以为不善，货色进前，目淫不审而欲猎之，斯不善也。②

又曰：

唯物欲之交，或浅或深，不但圣、狂之迥异，即在众人等夷之中，亦有不同者，则不得谓由中发者之皆一致，然孔子固曰：“习相远也。”人之无感而思不善者，亦必非其所未习者也，而习者亦以外物为习也。习于外而生于中，故曰“习与性成”。此后天之性所以有不善，故言气禀不如言后天之得也。③

恶的来源既然为后天的，则人之有恶，责任完全在于人自己而不能归咎于天，其说显然与张横渠有极大的差异；④ 而在修养论上，则任何人皆不得以

---

① 《读四书大全说》，《船山遗书全集》第 13 册，第 37 页。

② 《读四书大全说》，《船山遗书全集》第 13 册，第 37 页。

③ 《读四书大全说》，《船山遗书全集》第 13 册，第 37 页。

④ 王船山凡论及气质之性或气禀时，皆以为乃程子所创之说。钱穆《中国学术史论丛（八）》云：“船山于宋儒之学，独尊横渠，义理之性与天地之性之分别亦最先创始于横渠，二程盛称其说以为可以补孟子所未及，然船山谓程子所言气质之性，实与横渠原义不同，其言见于其所为《张子正蒙注》。”台北：东大图书公司，1980 年 3 月初版，第 77 页。按，钱先生所谓“义理之性与天地之性之分别”可能为“天地之性与气质之性之分别”之误。又韦政通《中国思想史》云：“宋儒以后，讨论人性一个共同的趋向，几乎一致此评宋儒义理之性与气质之性二分之说。建立此说者，始于横渠与二程，当船山批评此说时，只说‘程子创说个气质之性’而不提横渠。其实这方面理论较有贡献者乃是横渠，不提，盖因深敬其人而为之讳。”第 1370 页。按诸《张子正蒙注》，船山确实有为张横渠曲为回护之处，气质之说盖始创于横渠，而二程述之，两人所说并无不同。

气禀之偏作为借口，而放弃自己应做的努力，尤其具有深刻的意义。

（二）对情欲的态度

张横渠对于情欲并未表示明显的态度，但观其言曰：

> 今之人灭天理而穷人欲，今复反归其天理。古之学者便立天理，孔孟而后，其心不传，如荀、扬皆不能知。①

又曰：

> 天下之富贵，假外者皆有穷已，盖人欲无餍而外物有限，惟道义则无爵而贵，取之无穷矣。②

以天理与人欲对举，认为人欲永远无法满足，而有所穷，隐然有排斥人欲的倾向，因而主张寡欲，曰：

> 仁之难成久矣，人人失其所好，盖人人有利欲之心，与学正相背驰，故学者要寡欲。孔子曰："枨也欲，焉得刚！"③

人欲既然与学相驰，当然不能纵任其发展，而必须加以节制了。此外，张横渠又有心统性情之说，据朱熹云：

> 横渠云"心统性情"，盖好善而恶恶，情也；而其所以好善而恶恶，性之节也。且如见恶而怒，见善而喜，这便是情之所发。至于喜其所当喜而喜不过，怒其所当怒而怒不迁，以至哀、乐、爱、恶、欲皆能中节而无过，这便是性。④

朱熹此种解释颇合乎张横渠之意，盖张横渠尝谓：

> 孟子之言性情皆一也，亦观其文势如何。情未必为恶，哀乐喜怒发而皆中节谓之和，不中节则为恶。⑤

---

① 《张载集·经学理窟·义理》，第 273 页。
② 《张载集·经学理窟·学大原》，第 282 页。
③ 《张载集·经学理窟·学大原》，第 281 页。
④ 《张载集·张子语录·后录》，第 34 页。
⑤ 《张载集·张子语录·语录中》，第 323—324 页。

情既然可能流为恶，当然必须加以节制。盖张横渠与朱熹都认为性乃纯善，至于情则未必皆善，因而要以性节之。总之，张横渠之论情欲，都是从情欲的负面结果立言，亦即认定情欲是危险的，必须时时提防，以避免其溢出轨范而造成弊害。对于情欲是否也有其正面功效，则从未加以正视。

王船山对于情欲的态度，显然与张横渠有极大的差异，认为天理、人欲非截然相反对者，曰：

> 天理充周，原不与人欲相为对垒。①

又曰：

> 礼虽纯为天理之节文，而必寓于人欲以见；虽居静而为感通之则，然因乎变合以章其用。唯然，故终不离人而别有天，终不离欲而别有理也。②

不仅天理、人欲无别，即性、情也非划然为二者，曰：

> 情者，性之端也，循情而可以定性。③

又曰：

> 情者，性之绪也。以喜怒哀乐为性，固不可矣，而直斥之为非性，则情与性判然为二，将必矫情而后能复性。④

天理与人欲，性与情，既然不是相反对者，当然就不必为存天理而去人欲，为尽性而禁情了。这是因为情欲乃出自天地自然，而天地自然无不善，因此不能将不善归咎于情欲。曰：

> 孟子曰："若夫为不善，非才之罪也。"不善非才罪，罪将安归?《集注》云："乃物欲陷溺而然。"而物之可欲者，亦天地之产也，不责之当人，而以咎天地自然之产，是犹舍盗罪而以罪主人之多藏矣。……然则

---

① 《读四书大全说》，《船山遗书全集》第12册，第27页。

② 《读四书大全说》，《船山遗书全集》第13册，第11页。

③ 《诗广传》，《船山遗书全集》第4册，第1页。

④ 《礼记章句》，《船山遗书全集》第6册，第2页。

才不任罪，性尤不任罪，物欲亦不任罪。其能使为不善者，罪不在情而何在哉？……盖吾心之动几与物相取，物欲之足相引者与吾之动几交，而情以生。然则情者，不纯在外，不纯在内，或往或来，一来一往，吾之动几与天地之动几相合而成者也。……唯其为然，则非吾之固有，而谓之铄，金不自铄，火亦不自铄，金火相构而铄生焉。铄之善则善矣，助性以成及物之几而可以为善者，其功矣。铄之不善则不善矣，率才以趋溺物之为而可以为不善者，其罪矣。①

因此，他也承认情可以为不善，曰：

大抵不善之所自来，于情始有，而性则无。②

但据上所述，罪虽在于情，然而却是由于吾心的动几与物相交之时，铄之不善而趋溺于物所致。如果能铄之善，则情不仅无罪，而且可以为功而有助于为善，曰：

不善虽情之罪，而为善则非情不为功。……情虽不生于性，而亦两间自有之几发于不容已者。唯其然，则亦但将可以为善奖之，而不须以可为不善责之，故曰乃所谓善也，言其可以谓情善者此也。功罪一归之情，则见性后亦须在情上用功，《大学·诚意章》言好恶正是此理。既存养以尽性，亦必省察以治情，使之为功而免于罪。……若不会此，则情既可以为不善，何不去情以塞不善之原，而异端之说由此生矣。乃不知人苟无情，则不能为恶，亦且不能为善，便只管堆塌去，如何尽得才，更如何尽得性？③

情欲既然介于功罪之间，为了免于罪而禁绝情欲，罪固然因此可免，然则功亦无从建立，故王船山极反对遏止人欲之说，曰：

孟子所言之王政，天理也，无非人情也。人情之通天下而一理者，

① 《读四书大全说》，《船山遗书全集》第12册，第9页。
② 《读四书大全说》，《船山遗书全集》第13册，第39页。
③ 《读四书大全说》，《船山遗书全集》第13册，第10—11页。

即天理也。非有绝己之意欲以徇天下，推理之清刚以制天下者也。[1]

进而主张从情欲中见天理，积极肯定情欲的正面功效，曰：

王道本乎人情，人情者，君子与小人同有之情也。……孟子既深达乎人情天理合一之原，而知王道之可即见端以推广。……私欲之中，天理所寓。[2]

又曰：

人欲之各得，即天理之大同。[3]

据上所述，可见王船山对于情欲的态度，显然已与张横渠大异其趣。按，宋明儒大抵皆抱持天理、人欲不两立之说，极力主张存天理，去人欲。这种议论自有其理论上的依据，而运用到修养论，也的确能收到相当的功效。然而主持太过，要求太严，不免也造成了许多流弊。至于王船山则能正视其可能造成的正反面影响，既不否认其弊害，但也肯定其功效。相较之下，王船山的看法确实极为客观平允，开阔通达。

（三）对历史演化的观点

张横渠在谈论气与万物的关系时，认为气聚而为万物，万物散而复归于气，顺此出入，循环不已。可是对于这种聚散循环的关系到底有什么意义，张横渠并未做进一步的解说，因此朱熹乃讥之为大轮回，曰：

横渠辟释氏轮回之说，然其说聚散屈伸处，其弊却是大轮回。盖释氏是个个各自轮回，横渠一发和了，依旧是一大轮回。[4]

如果聚散循环毫无意义，的确有似于轮回。既然与轮回类似，则历史的演化自然不会往前推进。再加上受到传统观念的影响，张横渠如同大多数传统学者一般，颇向往于三代之治[5]，而于神宗召见问治道时，对曰：

① 《四书训义》，《船山遗书全集》第10册，第18页。
② 《四书训义》，《船山遗书全集》第10册，第2—3页。
③ 《读四书大全说》，《船山遗书全集》第12册，第30页。
④ 《朱子语类》卷99，台北：文津出版社，1985年12月，第2537页。
⑤ 《张载集》附录吕大临《横渠先生行状》："先生慨然有意三代之治。"第384页。

为政不法三代者，终苟道也。①

尤其醉心于井田制度，尝曰：

治天下不由井地，终无由得平，周道止是均平。②

并且乐观地认为：

井田至易行，但朝廷出一令，可以不笞一人而定。……治天下之术，必自此始。③

甚至于想要亲自实验。④ 不仅如此，对于三代之宗法、封建等制度皆表推崇，可见他对于实际的政教措施，实饶具浓厚的复古思想。⑤

王船山虽然完全接受了张横渠有关气与万物之关系的观点，却能推陈出新，配合《周易》“生生之谓易”“夫易，开物成务”⑥ 的说法，推衍出造化日新的道理，曰：

天地之德不易，天地之化日新。今日之风雷，非昨日之风雷，是以知今日之日月，非昨日之日月也。……守其故物而不能日新，虽其未消，亦槁而死。……故曰日新之谓盛德。⑦

又曰：

阴阳一太极之实体，唯其富有充满于虚空，故变化日新。⑧

盖王船山以为气之聚而复散，散而复聚，并非只是还原而已，曰：

---

① 《张载集》附录《宋史·张载传》，第 386 页。
② 《张载集·经学理窟·周礼》，第 248 页。
③ 《张载集·经学理窟·周礼》，第 249 页。
④ 《宋元学案·横渠学案》：“与学者将买田一方，画为数井，以推明先王之遗法，未就而卒。”卷 17，台北：河洛图书出版社，1975 年 3 月台影印初版，第 4 页。
⑤ 吴康《宋明理学》云：“大抵张载谈政，悉本经传而立论，以复古为职志。”台北：华国出版社，1973 年 6 月增订 3 版，第 138 页。
⑥ 《周易·系辞上传》第五章：“生生之谓易。”第十一章：“夫易，开物成务，昌天下之道，如斯而已者也。”
⑦ 《思问录外篇》，《船山遗书全集》第 17 册，第 3 页。
⑧ 《张子正蒙注》，《船山遗书全集》第 17 册，第 5 页。

聚散不能仍复其故也。[①]

在聚散的过程中实具有日新又新的意义在，所以历史应该是不断往前推进的，因此王船山极为反对厚古而薄今，曰：

魏征之折封德彝曰："若谓古人淳朴，渐至浇讹，则至于今日，当悉化为鬼魅矣!"伟哉！其为通论已。……唐虞以前，无得而详考也，然衣裳未正，五品未清，昏姻未别，丧祭未修，狉狉獉獉，人之异于禽兽无几也。故孟子曰："庶民去之，君子存之。"舜之明伦察物，存唐、虞之民所去也，同气之中而有象，况天下乎？若夫三代之季，尤历历可征焉。当纣之世，朝歌之沉酗，南国之淫奔，亦孔丑矣。数纣之罪曰为逋逃萃渊薮，皆臣叛其君、子叛其父之枭与豺也。至于春秋之世，弑君者三十三，弑父者三，卿大夫之父子相夷、兄弟相杀、姻党相灭，无国无岁而无之。烝报无忌，黩货无厌，日盛于朝野，孔子成《春秋》而乱贼始惧，删《诗》《书》，定礼乐，而道术始明。然则治唐、虞三代之民难，而治后世之民易，亦较然矣。……泥古过高，而菲薄方今，以蔑生人之性，其说行而刑名威力之术进矣，君子奚取焉？[②]

向来儒者皆推崇三代的文明，以为乃后世之所不能及，王船山则持异见，极富历史进化的观念，并因此主张法制必须因时而易，不可拘泥执着，曰：

天下有定理而无定法。定理者，知人而已矣，安民而已矣，进贤远奸而已矣；无定法者，一兴一废一繁一简之间，因乎时而不可执也。[③]

如果不能了解此意，而唯古是遵，则其弊将有不可胜言者，曰：

夫为政之患，闻古人之法而悦之，不察其精意，不揆其时会，欲姑试之，而不合则又为之法以制之，于是法乱弊滋，而古道遂终绝于天下。[④]

---

① 《张子正蒙注》,《船山遗书全集》第 17 册，第 22 页。

② 《读通鉴论》,《船山遗书全集》第 14 册，第 18—19 页。

③ 《读通鉴论》,《船山遗书全集》第 14 册，第 13 页。

④ 《读通鉴论》,《船山遗书全集》第 14 册，第 3 页。

又曰：

> 读古人书，不揆其实，欲以制法，则殃民者亦攀援附托以起，非但耕战刑名之邪说足以祸天下也。……后世无识之士，欲挠乱成法，谓三代之制一一可行之今，适足以贼民病国，为天下戮。①

因此他认为儒者所盛称的三代井田、封建、学校、乡举里选、寓兵于农诸法，皆不可复行。如其论张横渠所最措意的井田之制云：

> 大抵井田之制，不可考者甚多，孟子亦说个梗概耳。……有所通则必有所泥，古制已湮，阙疑焉可矣。②

又如其论封建制度之不可复，曰：

> 夫封建之不可复也，势也。③

这是因为时移则势异，势异则制度不得不随之改变，以因应时代的需要。王船山这种与时俱进的观点，比起张横渠动辄以三代为师的态度，确实较能掌握历史演化的趋势。而落实到具体的政教措施上，也可以针对现实的需要，正视每个时代所面临的问题，不仅观念新颖，且能收到比较切实的效果。

（四）结语

王船山虽然极为服膺张横渠，推许张横渠之学为正学，但经过探讨之后，我们发现他对张横渠的思想并非只是踵而述之而已。大抵在基本观念上，他承继了张横渠之说，然而却能在这基础之上逐步建立起自己的看法，显现出特别的意义来。

首先就对恶之来源的看法而言，张横渠将不善归之于气质的偏浊，而有气质之性说的提出，认为恶之来源为先天的。王船山则肯定人性为纯乎善，于本然之性以外并无所谓气质之性。人之所以有恶，乃是由于人在与物相交之时，未能处置得宜所致，故恶之来源为后天的。因此人之有恶，责任完全在于自己，而不能归咎于天。这种反求诸己的态度，在修养论上实深具意义。

① 《读通鉴论》，《船山遗书全集》第15册，第16页。

② 《读四书大全说》，《船山遗书全集》第13册，第41页。

③ 《读通鉴论》，《船山遗书全集》第14册，第18页。

其次就对情欲的态度而言，张横渠将天理与人欲、性与情对举，有排斥情欲的倾向。王船山却认为理性与情欲并非截然相反的，情欲固然有可能流于恶，但是理性之呈显非情欲无以为功，积极肯定了情欲的功效，也极力反对禁绝情欲。此种看法不仅可以避免过度遏制情欲所可能导致的流弊，而且对于泄导人的情欲，使之归于理性的规约下，也有其正面的作用。

最后就对历史演化的观点而言，王船山根据张横渠的气化论，推阐出造化日新的道理，因而反对厚古薄今，主张法制不可泥古，尤其能别开生面，从包括张横渠在内的传统学者之以三代为最高且唯一标准的守旧观念中解放出来。而能审时度势，充分掌握时代的脉动，积极面对当代的问题，做比较切实的处理，以求有效的解决，更是具有新意。

当然，王船山思想之有别于张横渠者，并非仅止于以上所述的三点，本文只不过举其较为荦荦大端者加以探讨而已。其余尚有异同之处，或许另有特别的意义，这就有待于我们做进一步的研究，以抉发其意蕴了。

抑又有言者，本文比较王船山与张横渠思想的异同，固然对王船山之转出新意表示推崇，但并不意味着对张横渠思想的否定。就其所处的时代而言，张横渠的思想自有其相当的意义与贡献，依然值得我们重视。王船山晚出于张横渠，而且深有得于张横渠的启发，能别出机杼，也是理所当然之事。否则，只是掇拾前人的陈说，又岂能博得后人的敬重，而且也大有违于其造化日新的深意了。

——原发表于1993年8月台北王船山学术研讨会，被收录于《哲学与文化》月刊第20卷第9期，1993年9月

十三、章太炎的“格物”说

（一）绪言

《礼记·大学》篇文虽简短，但意蕴丰富，颇能显现儒家由内及外的一贯思想，因此从宋朝以后，即受到特别重视，而被单独提出，与《论语》《孟子》及《礼记·中庸》篇合为四子书，并对我国此后的学术思想产生深远的影响，迄今仍然不衰。

然则由于《大学》篇幅不长，对于许多问题，仅做概略式的提示，并未进行清楚的解说；再加上《礼记》成书于西汉初年，距今已逾两千年，文献难征；以致留下了不少的疑义，诸如《大学》的名义、《大学》的作者、《大学》的定本、三纲八目的本义等等。古往今来，学者聚讼纷纭，莫衷一是，成为学术上的一大公案。

在《大学》所留下的诸多问题当中，争议最甚者，莫过于对八目中“格物”“致知”的解释。各家说解的不同，不仅在于训诂上的差异，更牵涉到思想见解的出入，遂使问题益形复杂。然而我们若稍加探究，即不难发现对于“格物”“致知”所做诠释的殊别，关键实在于对“格物”词义的认定。盖因“格物”与“致知”两者前后相贯，“格物”之义如能厘清讲明，则紧接其后的“致知”，所指究竟为何，即可较确实地掌握。所以历来各家说解的不一致，主要还是因为对于“格物”的理解有异。

章太炎《文录续编》卷一有《致知格物正义》一文，可以看出章太炎对此一学术公案亦颇为重视。文中除对前儒的许多见解加以评述，并都感到有所不惬外，最主要乃在提出章氏本人对“格物”的看法。本文即尝试探讨章太炎的“格物”说，并对其是否可以成立提供个人浅见，以期有助于大家对《大学》“格物”说本义的掌握。

（二）章太炎对各家说解的批评

章太炎在《致知格物正义》中评述了郑玄、傅玄、司马光、朱熹、王守仁、王艮、颜元、惠士奇八家，包括汉、魏、宋、明、清各朝学者对“格物”的见解。虽然不能尽历来“格物”说解的全部，但主要学者的说法实已具备。兹依章太炎所评论之原文及次序，引述说明如下：

1.“郑、王于道最卓，而非本记文旨”

章太炎评述郑玄之说曰：

> 今观郑君注曰：“格，来也。物，犹事也。”“其知于善深，则来善物；其知于恶深，则来恶物。言事缘人所好来也。”其义乃至卓。盖孔子曰：“我欲仁，斯仁至矣。”由此推之，我欲不仁，斯不仁至矣。郑君之说，

上契孔子，而下与新建知行合一之义适相会。

又评述王守仁之说曰：

> 新建知行合一之说正同郑君，其说《大学》乃以“致知”为“致良知”，“格物”为“正物”；盖以郑君兼举善恶，有所不惬耳。按，本记说诚意，尚举小人诚中形外之事；然则格物、致知、诚意，君子小人尽有之。本记所论，依心法大体，示凡事不可以伪为，犹未教学者以加功也。其教学者加功，则自慎独始。慎独者谁任，任其良知。新建之揭良知，其实乃慎独事，新建自云慎独即是良知，斯论最允。尚非致知事也。

于分别评述二家之说后，乃综合其意而兼论道：

> 夫郑、王二说虽异，皆深达心要，又不违孔孟，非大儒尽心知性者何以能道此？顾由其义，当云知至而后物格，于本记之文为因果相倒，犹惧非作者意也。

按，郑玄《礼记注》以“格物”为“来事”，并谓：“知，谓知善恶吉凶之所终始也。其知于善深，则来善物；其知于恶深，则来恶物。言事缘人所好来也。”依其意，则“致知”为“因”，“格物”为“果”，与《大学》“致知在格物”之说，因果正好相反。

又按，王守仁《大学问》谓“格者，正也，正其不正，以归于正之谓也”，“格物”乃为善去恶之意①，“致知”则为致良知②。以王守仁认为良知具有辨别善恶之能力的观点而言，则必先致良知，然后依良知辨别善恶之能力，始能做为善去恶的功夫。如此，仍是以“致知”为“因”，“格物”为“果”，与《大学》“致知在格物”之说，因果亦相倒反。

综上所述，可见章太炎谓郑、王之说“于本记之文为因果相倒，犹惧非作者意也”，“非本记之旨”。盖诚有所见也。③

---

① 《大学问》：“格者，正也，正其不正者，以归于正之谓也。正其不正者，去恶之谓也；归于正者，为善之谓也。夫是之谓格。”

② 《大学问》：“致知云者，非若后儒所谓充广其知识之谓也，致吾心之良知焉耳。”

③ 按，章太炎谓“郑君之说，上契孔子，而下与新建知行合一之义适相会”，“新建知行合一之说正同郑君”，似尚有待商榷，但非本文重点所在，故略而不论。

2. “小王随其（指郑、王）文也，于义无所取”

章太炎详述王艮（字汝止）之说曰：

> 新建之弟子王汝止曰：“格物即物有本末，致知即知所先后。”是则近拾本记，不以它说参之，据文若最安稳者。然若是遂可以诚意邪？本记言本末先后者，为下八目起本。八目有先后，故逆言是以引之。借令致知、格物举不出是，则于文为重沓也。

按，王艮《心斋语录》以为“格，如格式之格，即絜矩之谓”，并由此而引申出其本末之说，谓“本”即“身”，“格物”即“知本”，“立本”为“安身”[①]，如此，则“格物”与“致知”，甚至与“修身”以下各目之意颇有相重[②]。章太炎谓其说“于文为重沓”，盖非无所据而云然也。

3. “颜、惠之义，或失则退，或失则进”

章太炎评述颜元（字易直）、惠士奇（字天牧）之说曰：

> 颜易直举乡三物，而六艺于古为小学，非《大学》之务。惠天牧说以絜矩，是乃平天下事，又非从入之途。

按，颜元《四书正误》以为“物即三物之物。格即手格猛兽之格，手格杀之格”。格物为“亲手习其事”，所习之事为六艺。[③] 章太炎既认为“六艺于古为小学，非《大学》之务”[④]，则颜元意中所习者未免失诸卑近，故章太炎谓之失于退也。

---

① 《心斋语录》：“安身者，立天下之大本也。本治而末治，正己而物正也，大人之学也。是故身也者，天地万物之本也；天地万物，末也。”又：“格物，知本也；立本，安身也。”

② 按，王艮以为“格物”即“知本”，“立本”即“安身”，意与“致知”“修身”相重。又王艮谓“格”即“絜矩”之意，然《大学》本文云“所谓平天下在治其国者，上老老而民兴孝，上长长而民兴弟，上恤孤而民不倍，是以君子有絜矩之道也”，则又与“治国”“平天下”意相重。

③ 戴望《颜氏学记》引颜元曰：“周公以六艺教人，正就日用人伦为教，故曰修道谓教。盖三物之六德，其发见为六行，而实事为六艺。孔门学而时习之，即此也。所谓格物也。”又引李塨曰：“程子、朱子于格物格字皆训至，又《孔丛子》训格虎，则颜先生谓格物之格如之，谓亲手习其事也。”

④ 按，颜元并不认为六艺非《大学》之务，章太炎以自己的观点评论颜元乡三物之说，似未尽平允。

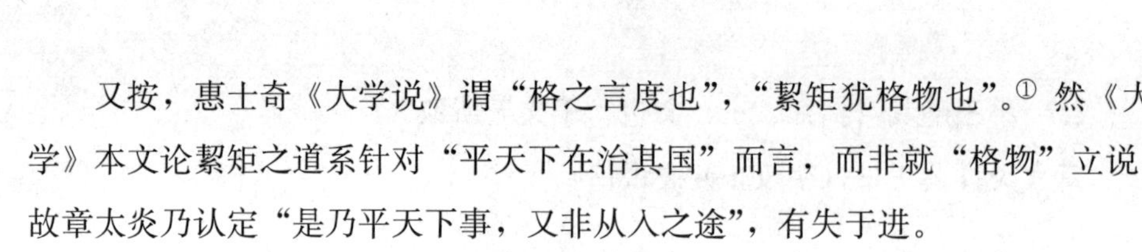

又按，惠士奇《大学说》谓“格之言度也”，“絜矩犹格物也”。[1] 然《大学》本文论絜矩之道系针对“平天下在治其国”而言，而非就“格物”立说。故章太炎乃认定“是乃平天下事，又非从入之途”，有失于进。

4.“温公所持，山林独往之道有在于是者，于本记则倍也”

章太炎评述司马光之说曰：

> 温公言格拒外物，则近于枯槁。

按，司马光《传家集·致知在格物》言：“格犹扞也，御也。能扞御外物，然后能知至道矣。”如此，则显然视外物为能隳人之心志，故必须扞御之。其说未免失于偏颇，而有消极避世之意味，故章太炎以为“山林独往之道有在于是者”，谓其说“近于枯槁”，与《大学》本文之旨实相违背。

5.“傅子所举，其去道远矣”

章太炎评述傅玄之说曰：

> 《魏志·管宁传》引傅子曰：“邴原性刚直，清议以格物。”是则子贡方人之术也。孔子且不暇，而以教庠序鼓箧之士，亦大泛矣。[2]

按，傅玄所谓“格物”，据上下文可知乃评论人物之意。其说显然受魏、晋清谈好月旦人物之风的影响，与《大学》原旨固必有所不符，故章太炎谓为“大汜”而“去道远”。

6.“徽公所补，其去道弥远矣”

章太炎评述朱熹之说曰：

> 徽公言穷至事物之理，则是集众技而有之，于正心、修身为断绝阡陌矣。

---

① 惠士奇之子惠栋承其家学所著之《古经九义·礼记下》云：“《大学》致知在格物，《文选》注《仓颉篇》云：‘格，量度之也。’量度事物，致知之道也。”可参。

② 按，傅子曰“邴原性刚直，清议以格物”，系《三国志·魏书·管宁传》裴松之注所引。又按，傅玄运用“格物”之语，用意并不在解释《大学》“格物”之意，章氏评论其非是，似欠平允。

按，朱熹承程颐之论，以“格物”为“穷理”，其说具见于《大学格物补传》[①]，并屡见于其文集、语类之中。依朱熹之意，格物穷理的目标即在于“明此心”[②]，但其对象则遍及天地间所有的知识[③]。一则范围太泛，再则欲以道问学之方式达到尊德性的目标，并无必然性，固然未必“于正心、修身为断绝阡陌”，但很可能陷于博而寡要、劳而少功之病。与《大学》原意似仍有间。

（三）章太炎对“格物”的看法

章太炎对上述诸家格物之说的观点都感到不满意，而一一评论其缺失，乃提出他对“格物”的看法。其论点主要系得自《礼记·乐记》的启示，自谓：

> 余读《乐记》：“人生而静，天之性也；感于物而动，性之欲也。物至知知（下知字当依《墨经》训接，郑云每物来则又有知，非是），然后好恶形焉。”云物至知知者，所谓致知在格物，物格而后知至也。

因此乃为“格物”“致知”以至“诚意”做诠解曰：

> 格者，来也。致者，送诣也。《说文》。物来而知诣之，外有所触，内有所受，此之谓致知在格物。受有顺违，名曰好恶，是故墟墓则生哀，宗庙则生敬，孺子入井则生怵惕，少艾在前则生慕欲。精诚发于须臾，无它念可以夺之，此之谓诚意。

其意以为“格物”即“来物”。物既来之后，知与之接触，即为“致知”。至于与物相接触后，不经思虑，当下自然产生各种反应，则属“诚意”之事。为申明此意，章太炎又将“格物”“致知”“诚意”与佛家五识生五心之说相比附道：

---

① 《大学格物补传》：“所谓致知在格物者，言欲致吾之知，在即物而穷其理也。盖人心之灵，莫不有知，而天下之物，莫不有理；惟于理有未穷，故其知有不尽也。是以大学始教，必使学者即凡天下之物，莫不因其已知之理而益穷之，以求至乎其极。至于用力之久，而一旦豁然贯通焉，则众物之表里精粗无不到，而吾心之全体大用无不明矣。此谓物格，此谓知之至也。”

② 《朱子语类》卷118：“格物所以明此心。”

③ 《大学格物补传》云“即凡天下之物”而穷之，又依朱熹《大学经筵讲义》所言，则凡“身心性命之德，人伦日常之常……以至天地鬼神之变，鸟兽草木之宜”，皆包括于内。

佛家说五识，身外与境触，以逮善恶成就，前后相引，略有五心。初率尔堕心，无闲引生寻求心、决定心，此物格而知至也。决定心后，于怨住怨，于亲住善，于中住舍，命之曰染净心。于此持续有善不善，转命之曰等流心。此皆诚意也。格物、致知无善恶，诚意有善亦有恶矣。德润身者，善之诚者也；小人闲居为不善，人之视己若见其肺肝者，不善之诚者也。

既谓"格者，来也"，又以"初率尔堕心，无闲引生寻求心、决定心"解释物格而知至，则"格物"并无任何人之意识的作用，仅是物来而吾人之心偶然与之相遇而已矣。

（四）章太炎"格物"说商榷

章太炎以为"格物"即"来物"；"格物、致知"为物来而接触之；"诚意"乃与物相接触时，吾人依据内心的真实感受，不经任何思虑作用，自然而然所表现出其好恶之情。此种解释固然与《乐记》"人生而静，天之性也；感于物而动，性之欲也。物至知知，然后好恶形焉"的意思相符合，然而是否即《大学》前三目之本意，则尚有待商榷。

盖若依章氏之意，则"格物""致知""诚意"三者只不过为吾人与外物相接触，自然而然产生的感应作用而已，其中并无任何功夫意义在。此与儒学重视力学，勉尽人事的基本精神，显然有相当大的差距。

不仅如此，章氏还以为各家"格物"说之所以相异而为其所不取，皆由于错认三者有功夫意义之故，其说曰：

本记举格物、致知、诚意，皆泛论心法自然，不待告教，不督以施功。督施功自慎独始，犹《乐记》言施功始于反躬。后儒以三者为功，由是异论蜂起，若寻戈矛矣。①

果如章氏之说，三者本无功夫意义，则《大学》八目应可减为五目，直

① 《礼记·乐记》："人生而静，天之性也，感于物而动，性之欲也。物至知知，然后好恶形焉。好恶无节于内，知诱于外，不能反躬，天理灭矣。夫物之感人无穷，而人之好恶无节，则是物至而人化物也。人化物也者，灭天理而穷人欲者也。"

接自正心说起，而不必如此辞费。然则章氏又曰：

> 若然，此三者为不待说，今本记特揭举是，何其辞之费邪？本记固云："知所先后，则近道矣。"凡学，治事为后，自修为先。自修安出哉？溯其本于最先，则必言心法矣。导江于岷山，导河于积石者，行视其水势所从来，非若下游之有浚治矣。且夫去物与知，与夫好恶之诚者，其心如顽空，恶固不起，亦无以止于至善，是以君子不去也。不去，则不惮郑重言之也。

章氏之言虽甚辩，但其中仍有难以自圆其说之处。一则章氏认为"诚意"并非"功"，谓"督施功自慎独始"。考《大学》文云：

> 所谓诚其意者，毋自欺也。如恶恶臭，如好好色，此之谓自谦。故君子必慎其独也。小人闲居为不善，无所不至；见君子而后厌然掩不善而著其善。人之视己，如见其肺肝然，则何益矣？此谓诚于中，形于外，故君子必慎其独也。曾子曰："十目所视，十手所指，其严乎！"富润屋，德润身，心广体胖，故君子必诚其意。

据是，则"诚意"应自毋自欺而慎其独始，亦即"诚意"已包括慎独的功夫；且《大学》本文明言"必"诚其意，如此，岂可谓"诚意"乃自然的反应，而无功夫意义哉？再则章氏谓凡学，自修为先，言自修则不能不先言心法。依《大学》"知所先后，则近道矣"之旨，乃先论"格物""致知""诚意"等心法之自然，以追溯其本源。但《大学》所谓"知所先后"者，系顺承上文"物有本末，事有终始"之意而言，亦即先后乃针对功夫之对象——物、事而发，非就自然的心理历程立论。章太炎的辩说，显然对《大学》原文有断章取义之嫌。

（五）余论

章太炎对《大学》"格物"之说，能寄以相当程度的重视，而其对于各主要学者的解释所提出之批评，虽仍欠周全，但大抵皆有其依据，且其中亦有极切中肯綮者。章氏学识渊博，即此可见一斑。

然则章太炎于批评各家说解的缺失后，虽然也提出了自己对"格物"的

看法，但其观点尚不免有所疏漏，并不符合《大学》的本意。所以然者，关键在于章氏误以为《乐记》“物至知知”之意即《大学》“致知在格物”之旨；又勉强牵合佛家五识、五心之说以立论。固然可以显现其渊博，却难免于欠缺圆密之失。

考历来学者对于“格物”所下的训解，盖不下于数十种，究应以何说为确？本人学殖有限，并不敢轻易遽下结论。鄙意以为应该掌握以下四原则：一为《大学》八目皆具有功夫意义，唯有如此才能切合儒学的基本精神。二为对“格物”所做的解说，皆不能与其他七目有意思相重复的情形。三为对“格物”的训释，亦不能颠倒错乱八目原有的次序。四为《大学》本文虽未对“格物”做直接的解释，但《大学》全文并不很长，不大可能一字兼用二义，因此如“物”字可采依本文解本文的原则，得其确诂[1]；至于“格”字则可按所得“物”字之义，斟酌古训而选择较适当者。苟能如是，则可避免偏差，而切近于《大学》“格物”。

——原发表于1989年6月香港大学章太炎黄季刚国际学术研讨会，后刊登于《孔孟月刊》第20卷第10期，1989年6月

① 高师仲华依此原则谓：“物乃指修身、齐家、治国、平天下而言，所格乃此物，与所谓天地鬼神、鸟兽草木实在毫无关系，与所谓物欲也是两回事。”训释最妥。见高明《经学论丛·大学辨》。

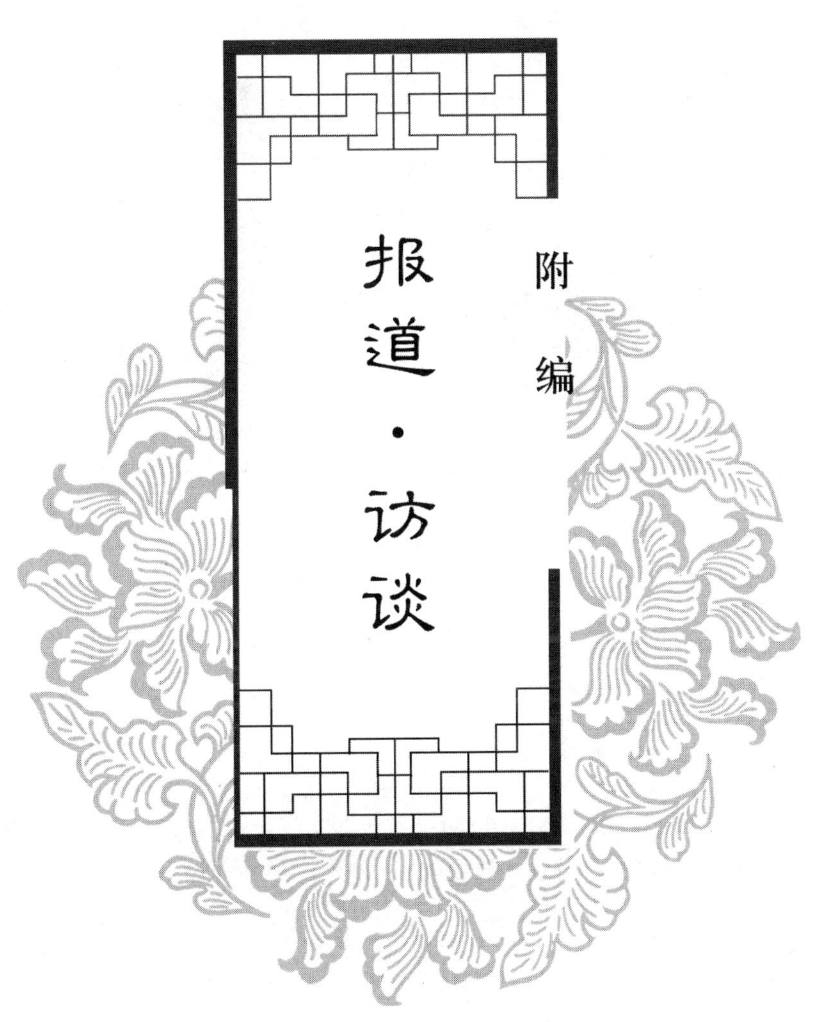

附编

报道·访谈

报　道

一、阅万品人，历万般事

陈逢源

（一）前言

韩愈《师说》“师者，所以传道、受业、解惑也”，是大家熟悉的一段文字，但在阅读宋明理学家的语录、文集之后，却觉得这段文字实在寓意深远。儒者以“师”为志业，立足于世，志存千古，心中所向，不是案头文章，不在功名利禄，关怀的是道的薪传，以及师生之间永续的情谊，个人以为，这实有开启一代思想的宣言意义。笔者求学、执教以来，身处于校园之中，眼之所见，耳之所闻，不同阶层，各个角落，许多老师兢兢业业，以熏陶启沃莘莘学子为职志，光辉所在，成为社会稳定力量，以及思想核心，于现实功利之中，何其可贵；在视“学校”为“生产事业单位”的风潮中，又何其难得。董金裕教授是笔者从硕士、博士阶段一直追随其后，现在又得以同校任教，20 年来一直受其引领教诲的老师。

（二）求学与经历

董金裕教授，台湾苗栗县人，1945 年 7 月生。由于尊翁任职银行，家境相对优渥。董老师自幼颖悟，就读于竹南小学、竹南中学初中部、新竹高级中学，成绩优异，表现杰出。然而老师记忆最深刻之事，乃小学、初中阶段，

结交了几位不同家庭背景的朋友，其中一位是空军飞行员的小孩，一位是中国人造纤维公司厂长的小孩。几个孩子假期经常一起到各地旅游，加上厂长家庭西化较深，接触久了，无形中老师的视角不再局限于一隅，个性也更为开朗。

就读新竹高中，进入新竹地区名校，原就是令人称羡之事，尤其当时辛志平校长深有通才教育理念，坚持各年级教学不分组，文、理兼备，建立更为全面的知识基础。高三虽有选择联考志愿的困扰，但日后证明，同学广泛学习，反而有助于大学专业的养成，而且进入社会之后，文、法、理、工、商、医、农等领域皆有表现杰出的同学，无形中人际网络更为宽广。老师表示，直到现在，依然有几位不同领域的高中同学每年定期聚会，分享彼此的生活经验。或许是出于狮子座的个性，老师深有领袖气质，高中时担任班长，同学间感情融洽，虽是班游，却都向学校申请校外教学公文，因此得以参访著名的观光景点、机构。其间曾经为了争取同学权益，向校长提出要求，不仅护持班上同学，更由于论理明晰，让校长印象深刻，日后老师大学尚未毕业，就接获新竹中学聘书，得以回母校服务。老师曾写过一篇题为《中学教育对李远哲的影响——兼怀辛志平校长》的文章，可以证明这段情分。

至于选择大学，则是人生另一个重要节点，老师家境不错，成绩又名列前茅，父执辈邻居有开诊所的医生，鼓励他考医学院，但老师表示每天要见病人愁眉苦脸，并非志趣所在；校长认为老师条理清晰，适合念法律系，但老师表示不喜欢枯燥的法律条文，而且不论告人、被告，两造都是愁容，也非快乐工作。老师喜欢文学，曾在《新生日报》副刊刊出文章，心中以文艺青年自期，打算在外文系与中文系间选择，后来因为考量未来出路，当时仅有师大中文系有博士班，毕业后既可当中学老师，又有进修机会，所以他选择了念师大中文系。毕业实习之后，他同时考上了师大中文所及政大中文所，选择进入政大中文所就读。就学习历程而言，平顺出于努力的结果，但方向则由智慧决定。一般而言，理工科与文科往往表现出不同的性向，但老师曾经参加科展并获奖，数理能力极佳，可他却选择了文科；一般人可能会选择台湾大学，但老师却以绝佳成绩，选择了台湾师范大学；一般人倾向于选择法政学科，但老师却选择了中文系；一般人会考虑以母校为深造学校，老师却转换环境，选择了政治大学中文所；一般人选择研究文学，但老师却选择研究思想义理。摆脱习见，勇于创新，似乎可以解释老师的种种行为。

进入研究所，师承熊公哲教授，以《章实斋学记》获得硕士学位，考入博士班，由高明、熊公哲教授联合指导，撰《宋永嘉学派之学术思想》，获得博士学位，并通过教育部门考核，获得文学博士荣衔。履历所及：曾任新竹高级中学语文教师，大华工业专科学校讲师，明新工业专科学校讲师，静宜女子文理学院中文系副教授、教授兼系主任，中兴大学中文系兼任教授，东海大学中文研究所兼任教授，政治大学中文系副教授、教授兼系主任，编译馆初中语文教科书编辑小组召集人，编译馆《中国文化基本教材》编辑小组召集人，编译馆高中语文教科书编辑小组委员，孔孟学会常务理事兼《孔孟月刊》《孔孟学报》主编，大同信息企业公司高中语文教科书主编，康轩文教事业公司初中语文教科书主编，政治大学文学院院长，政治大学教务长，以及“教育部”“国科会”等多项计划主持人。曾获竹南小学、新竹高级中学杰出校友，中正学术奖，中兴文艺奖章（文学理论类）等殊荣。现职是政治大学中文系专任教授，今年更荣任特聘教授。老师勇于任事，经历之丰富，于此可见。

（三）学术与贡献

老师精力旺盛，成就多方，乃是众所周知之事，尤其在学术、行政事务、编纂教材方面，更是投入颇多，往往诸事蜂至，仍然举重若轻，悠游从容。就学术方面，老师虽然谦言：“因为编纂教材的工作，耽误了学术论文的撰作。”但是从著作目录来看，除学位论文外，《怀旧布新集》是文化评论文章，反映对时事的关心；《忠臣孝子的悲愿——明夷待访录》是疏解经典的介绍文字；《正气文选析》是文章选析；《至圣先师孔子释奠解说》是首出之祭孔典礼解说；《宋儒风范》是突破门户、直究宋儒精神之作；晚近更有《朱熹学术考论》新作面世。其中，《至圣先师孔子释奠解说》一书，现已翻译成英文、日文，也准备翻译成韩文，影响及于海外。《扩增大学联招录取名额并非万应灵丹》这篇文章，写于1986年，距今已二十余年，对照现今大学录取名额增加，以及衍生的复杂问题，不得不佩服老师高瞻远瞩，洞烛先机。至于思想

义理研究，前人往往建立门户概念，汉学、宋学不同，心学、理学有别，在此是彼非中建立论点；或是援引诠释标准，强调唯心、唯物之判，唯理、唯气之分，在方法观念上辨析是非，而溯其渊源，周汝登《圣学宗传》、黄宗羲《明儒学案》即是如此。但老师之作，摆脱门户，绝无依傍，唯求厘清事理，如《宋儒风范》一书，泯除家派，但求儒者风范所在，至于其他相关篇章，如《朱熹与四书集注》一文，回归于考察朱熹撰作历程，就颇有从经学论理学之用意，凡此种种，论理绵密，文字简洁，唯求古人之真精神。

老师曾言及一段往事，在硕士班就读阶段，由于已经结婚，师母于新竹女中任教，老师也在新竹高中兼课，边教书边写论文，每写完一章便北上向指导教授请益。有一回，熊公哲教授觉得某一处的写法不妥，影响到全文书写架构，在讨论之后仍然没有共识，老师便留在台北找相关资料，回到新竹时，发现熊公哲教授寄来的限时专送早已送到，表示几经思量，同意老师的写法。这段回忆不仅可见前辈学者的开阔心胸，也引导老师深觉学术原就是个人不同角度的思考，不同的心得，出于自然，所以撰作论文，唯求事理合宜。另外，老师在大学时期曾修过周何教授三门课，日后虽然于政大进修，但周何教授仍然经常邀请他共同参加国际学术会议，使他得以与国外学者接触，年轻之时，就形成了全球视野，曾经与旅外学者如成中英、杜维明，香港学者赵令扬，以及中国大陆学者宫达非、辛冠洁、张立文、陈来、姜广辉、王守常、钱逊，日本学者高桥进、石川忠久、友枝龙太郎，韩国学者崔根德、梁承武，新加坡学者陈荣照等人共同筹设"国际儒学联合会"，推动儒学研究，同时介绍台湾"中国文化基本教材"的编纂工作，建构儒学在世界学术中的主体地位，形塑台湾学术应有之影响力。

至于行政方面，老师从静宜大学中文系主任开始，屡屡承担行政工作。老师言及，处事必须设想久远，当时坚持聘任必须具有博士学位，乃是因应未来学校评鉴的要求，延聘颜天祐、李丰楙、鲍国顺、王文颜等教授，不仅为学校注入新血，日后他们更成为学界精英；负责《孔孟月刊》《孔孟学报》编辑工作，在期刊评鉴风潮之前，引进审稿制度，用意在于提升刊物学术质量；举办"救国团国学研究会"，以多元之课程设计，帮助中学生与中学教师了解国学，潜移默化，培育国学种子，当时聘请之研究生服务员，日后也都进入大学任教，至于受到影响选择进修深造的学员，更是难以计数；担任政大中文系主任，为求师资交流、资源共享，推动与台大中文系、台师大中文系、清华中文系跨校选课措施，并且打破门户观念，延聘各大学优秀学者，如竺家宁教授、陈芳明教授，老师曾言凡有利于学生，原就该广纳全台，甚至是海外之优秀学者；于政治大学教务长任内，增加中午服务时间，并研拟首创“秋假”，在周休两日，逐渐取消所有假日的情况下，为师生松绑，思考如何“解严”，使师生在密集的课程当中，有国外、校外学术交流的喘息时间。凡此种种，皆可窥见老师之用心与创意，老师曾言：“如果为公众利益，有些时候不妨勇于突破。”或许就是存心至公，所以敢言敢为。

至于中学教材编纂工作，更是老师费心最多之事，从高明教授将编纂“初中语文教科书”一事，交由老师负责开始，到后来与编译馆合作，编成“中国文化基本教材”“初、高中语文教材”等教科书，日后又变成审订本，不同层级，不同范畴，不同年代，有着相同的投入与用心。数十年来，数以万计的学生得以建立文学涵养，了解国学基本常识，影响难以估量。从剔除戒严时代的政令倡导文字，将《四书道贯》“三纲八目”义理架构，回归于四书原本脉络，援引流行歌词、引介翻译文学，凡此种种，打破传统窠臼，不同于“政治正确”的思考，而是增加趣味，开阔视野，以学生为主体，回归文学本位，逐步建立台湾语文教育之基础。以目前的学术评鉴方式而言，所见无非论文篇章，所争无非名利，但身为中文人，未能为台湾万千学子留下文化种子，实在有亏职守，诸多前辈学者奋力而起，慨然承担，岂不令人动容，而老师长久之付出，又岂可不留下一笔。

（四）结语——师生之间

其实不论识与不识，初见其面，老师声气洪亮，条理分明，已经令人印象深刻，于人群之中，魅力所在，往往引人目光。尤其勇于直言，不计一己得失；思想灵活，不受宗派局限。不论身处何处，永远坦然自在，言其当言，行其可行。在课堂当中，老师一方面给予学术上之知识，又常常鼓励同学们发表个人之见，不务一家，不守一言，唯求言之成理，给学生最大之思想自由。然而老师常常谦言一切出于前辈学者的启发。以笔者所见，老师于高明

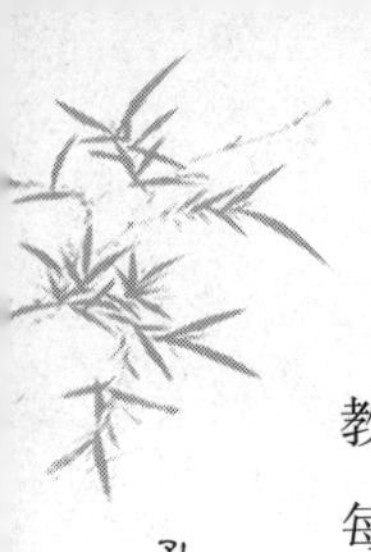

教授住院时之关怀，于周何老师退休之后的照顾，深藏师生孺慕之情，而且每年春节都会宴请指导之学生，凡学生寄来之卡片，老师都非常珍视并认真回复。曾听老师言及“天底下只有父母与老师，对于子弟是不妒不嫉，乐见其善”，这也确实于老师身上得到了印证。老师在学术上非常严谨，对学生却有满满的关怀，让人觉得身为政大学生是幸福的，老师说：“如果读书过程没有人爱，以后如何爱自己，爱周遭的人。”实在是充满智慧之言，或许就像《庄子·养生主》所言“指穷于为薪，火传也，不知其尽也”，师道之存，就是在师生间代代传递的薪火。

最后，老师经常叮咛我三件事情：（1）多交不同领域的朋友：使自己的心胸、视野开阔。（2）保持从容：做事尽力，留有余裕以应突发之事。（3）到各地游历：观各地风土民情，增加不同经验，让自己“阅万品人，历万般事”。想起朱熹曾勉门人：“道理不只在一边，须是四方八面看，始尽。”（《语类》卷114）相同的提醒，受用之余，列举以飨读者。

——原刊载于《国文天地》第24卷第9期，总285期，2009年2月；被收录于《当代台湾经学人物》第一辑，台北：万卷楼图书公司，2015年8月

二、海峡两岸儒学交流的亲身体验与期待

董金裕

中国孔子基金会成立迄今即将届满三十年，《论语·子路》记载“子曰：‘如有王者，必世而后仁。’”古人以三十年为一世，上引文句意指圣王历经三十年的教化，才能兴起仁德，形成良风美俗。中国孔子基金会能在儒学遭受严重误解及抨击之后，毅然以拨乱反正之姿，起而倡导儒学，经过三十年的努力，将儒学的精要，既进行深入的研究，又普及到社会，推广至海外，成果有目共睹。眼看其成长、茁壮，在感佩之余，谨将三十年来我参与海峡两岸儒学交流活动的所见所闻述之于后，既可见此种活动的日趋频繁而且卓具成效，尤可看出中国孔子基金会在其中所扮演的重要角色，更期许我们大家再接再厉，使儒学精神益加弘扬，以发挥其助人济世的应有功能。

（一）海峡两岸儒学研究者初见欢

精研朱熹学，致力于整理弘扬朱熹学，有“海东朱子”美称的韩国李朝大儒李滉（1501—1570，号退溪），对韩国的学术教化影响极为深远。其后人李东俊先生于事业有成之后，为发扬祖德，于20世纪末叶成立国际退溪学会，期能将退溪学传播至世界各地，为此先后在各国举办学术研讨会，邀请对退溪学有研究兴趣者参加。刚开始的几次会议，规模并不甚大，参加的人数很有限，中国大陆及台湾地区的学者受邀者并不多，尤其是大陆学者更属稀少。退溪学会的情形如此，其他国际学会的状况也很类似，两岸儒学研究者几乎没有什么接触的机会。

1985年，世界博览会在日本筑波举办，国际退溪学会借此机会，与筑波大学联合召开退溪学国际学术研讨会，规模十分盛大，在受邀的学者中，以中国大陆及台湾地区的人数最多，双方皆将近二十人，台湾方面有周何、何佑森、王甦、傅武光、董俊彦等人，大陆方面有辛冠洁、张立文、贾顺先、陈来、李甦平等人，另外还有几位外籍华裔学者，如美国的成中英、傅伟勋，澳大利亚的柳存仁等人。两岸学者在对对方充满好奇的心理驱使下，经外籍华裔学者的牵线，遂有了初次大规模的接触。

由于历史的因素，当时海峡两岸还处在相互对抗的状态下，负责主办会议的李东俊先生，以及筑波大学副校长高桥进先生，都很了解这种情况，所以将两岸学者安排在不同的饭店住宿。但是在会议开始的第一天，到了开幕式结束后的茶叙时间，两岸学者同时涌向摆放茶点之处，一开始大家你看着我，我看着你，有点陌生，又有些熟悉，很快地就相互交谈起来。虽然所谈的还很表面，不过已经打破了僵局，大大地拉近了彼此的距离。

第一天会议结束以后，台湾学者回到饭店，周何先生即向大家宣布，谓已与辛冠洁先生取得协议，两岸学者拟在第二天晚上聚会，获得大多数人赞同。第二天晚上，大陆学者集体到台湾学者住宿的饭店，住在同饭店的华裔外籍学者也欣然出席。大家点了一些酒菜，边喝边吃，天南地北聊了起来。从两岸生活的不同，到彼此学术研究路线的差异……几乎无所不谈。话题虽然有轻松者，但也有严肃者，不过气氛始终融洽，两岸学者比较大规模的初

次聚会，便在欢欣畅快的氛围中展开了。大会的主办方了解这一情况后，遂请大陆学者于第三天移居台湾学者所住的饭店，为随后几天两岸学者进一步的交流提供了方便。

（二）欣闻中国孔子基金会成立并多次参与活动

在这次学术会议中与大陆学者交流时，得知大陆已于 1984 年成立中国孔子基金会。大陆的有识之士能重新认识孔子思想所蕴含的道理，组织学术团体研究并弘扬孔子思想，希冀对社会人心起积极的作用。作为一个儒学研究者，我当然是欣喜异常，并表示十分敬佩。大陆学者如山东大学孔令仁教授等，也很热心地向我介绍中国孔子基金会的成立宗旨、组织，以及已推动或即将进行的活动，让我对中国孔子基金会有了初步的认识，并留下良好印象。

随后几年，中国孔子基金会即邀请我参加其所举办的一些活动，包括 1989 年举办的纪念孔子诞辰 2540 年国际学术研讨会，此次会议规模非常盛大，广邀世界各国的儒学研究者参加，台湾地区的学者与会的就多达二十余人。在北京饭店召开开幕式并举行分组研讨会以后，更组团前往曲阜拜谒孔庙，参与释奠典礼，又参观孔府、孔林。这是我第一次到曲阜，遍谒了三孔，心情可谓十分激动，印象也就特别深刻。接着在 1990 年到大连，参加孔子思想研讨会；同年，又到福建武夷山，参加纪念朱子诞辰 860 周年国际学术研讨会。1991 年，中国孔子基金会更邀请我推荐人选组团到曲阜，举行海峡两岸首次儒学讨论会，这次会议规模虽然不是很大，但与会者都是一时之选，论题也很集中，不管是论文的发表，或论文发表后的讨论，都十分热烈而深入。

在纪念孔子诞辰 2540 年国际学术研讨会之后，由中国大陆及台湾的学者，以及韩国、日本、美国等国学者发动，准备成立国际性的儒学联合团体。经过多次的讨论磋商，最后由中国孔子基金会，台湾地区孔孟学会、香港特别行政区孔圣堂以及韩国儒教学会、日本斯文会、新加坡儒学会、美国夏威夷大学作为共同发起单位。我在孔孟学会理事长陈立夫先生的指示之下，代表孔孟学会参与了筹划工作，经常到北京开会，与作为发起单位之一的中国孔子基金会理事长有很多见面的机会，交换彼此举办活动的讯息。及至 1994

年，国际儒学联合会成立，中国孔子基金会的理事长和我皆先后被推举为副理事长，我因此与中国孔子基金会的历任理事长刘示范、刘蔚华、张树骅、梁国典、王大千等人建立了深厚交情，并且相互交流请益。

（三）两岸儒学研究者的频繁互动

1994年，国际儒学联合会终于在大家的积极筹划下，于北京成立了。同年举行的纪念孔子诞辰2545年国际学术研讨会，即改由国际儒学联合会负责主办。随后的逢五、逢十纪念会，包括纪念孔子诞辰2550年、2555年、2560年，以及今年将要举行的纪念孔子诞辰2565年国际学术研讨会，皆由国际儒学联合会筹划。每次会议皆在人民大会堂举行规模极其盛大的开幕式，并在饭店召开分组研讨会后，转往曲阜参加孔子文化节。配合国际儒学联合会的成立，中国孔子基金会于1996年将会址从北京迁移到山东济南，在山东省政府的领导下，获得较多资源的挹注，对举办各种活动裨益甚大。每次逢五、逢十在曲阜的活动，都是由中国孔子基金会安排接待，亦即中国孔子基金会虽然不再负责主办这种重大活动，但仍然对活动做了很大的贡献。

除了纪念孔子诞辰逢五、逢十国际学术研讨会以外，曲阜孔子研究院于2007年筹划举办世界儒学大会，并自次年起每年一次，连续举办六届，邀请世界各国学者参加，台湾地区学者也在邀请之列，两岸的儒学研究者又多了交流的机会。另外，国际儒学联合会又与孔孟学会协议，每年分别在北京及台北举办学术研讨会。这些会议，中国孔子基金会常派员参加，我也都躬逢其盛，与中国孔子基金会的同仁保持着密切的联系。

随着两岸关系的日益密切，尤其是开放直航以后，除了上述规模较大、举办较频繁的活动之外，两岸各学术团体或各大学校院也经常召开学术会议。尤其难得的是两岸学者的互动更扩展了范畴，除了举办学术研讨会，还应邀向对方刊物投稿或到对方出版社出版著作、到对方演讲或长期讲学、到对方举办各种展览、彼此交换教师及学生进行教学活动、彼此合作编辑刊物或著作……林林总总，方式极为多元。

经由频繁而多元的交流切磋，两岸儒学研究者在求同存异的大原则下，对于儒学皆抱有正面的看法：咸认为儒学对当代社会仍有很大的价值，可以

发挥积极的作用，亟待我们传承并发扬光大。虽然两岸学者在某些观点上仍存有差异，但天下一致而百虑，同归而殊途，其实是必然的现象，不仅不会造成妨碍，反而因为能提供不同的思考方向，而收到集思广益之效，对于儒学的普及推广与深入研究都有所帮助，这正是两岸学术交流的意义所在。

（四）一位儒学研究者的三个愿望

2013年9月底，我应邀到曲阜孔子研究院参加第六届世界儒学大会，负责主持开幕式结束后进行的学术演讲，借机表达了自己的三个愿望：1. 希望祭孔大典的礼仪与历史接轨，以便向联合国教科文组织申请为世界非物质文化遗产。2. 希望大陆的教师节由9月10日改为孔子诞辰纪念日9月28日，使此节日具有意义。3. 希望将中华传统文化的精要排到正式课程中，使民族文化能世代相传并且发扬光大。

就第一点而言，目前各地孔庙虽然大多已经恢复祭孔，但据我所见或访察所知，往往各行其是，甚至因陋就简，在祭祀的仪节，以及所采音乐、舞蹈，还有祭器、祭品等方面都缺乏规范，无从显现庄严隆重的气氛，表达对至圣先师的崇高敬意。其实自孔子死后第二年开始祭孔以来，其礼仪大抵早在汉代已经奠定雏形，直到宋、元、明、清，历朝历代皆承袭之，虽有因革损益，但是都保持基本精神不变，相沿已有两千多年。因此我们极有必要考察文献所载，参酌前代的制度，与历史接轨，制定共同遵循的规范。如此以相承两千多年的仪典，申请为世界非物质文化遗产，实乃理所当然之事。

就第二点而言，以9月10日为教师节，并不具备何种深意。如能改以孔子诞辰纪念日9月28日为教师节，则一方面孔子曾有系统地整理了民族文化遗产，并传授给弟子，且加以弘扬，贡献甚伟。二方面孔子有教无类，开创了我国的平民教育，对于开发民智，启迪思想，成就极大。三方面时值九月底，开学已有一段时间，学校的步调已进入常轨，比较便于举办各项庆祝活动。有此三方面的优点，不论在文化、教育方面，还是在加强师生间互动方面，都有其深刻的作用。故以孔子诞辰纪念日为教师节，确属再适切不过之举。

就第三点而言，近年来大陆掀起了国学热，这虽然是一种可喜的现象，但据我观察，这种现象是否能持久还有待考验。主要原因有二：一为缺乏系统的传授，二为国学师资良莠不齐。由于缺乏系统，往往东拼西凑，而且随主事者之所好选择教材，难以形成完整的体系，掌握国学的真正精神。由于师资不整齐，能否正确传授国学知识，尤其是将国学的要义融入生活，以修己善群爱物，更令人质疑。因此必须将传统文化安排到正式课程之中，一方面可保障授课时数，便于系统地传授；另一方面透过养成教育或培训，可使师资达到一定的水平。如此国学的传授才能日起有功，以收化民成习、敦本善俗的宏效。

以上三个愿望，只要一有机会，我就会针对其中的一个或两个或全部进行宣扬，目的当然是希望早日达成。无奈个人的能力及影响有限，因此非常盼望从事儒学研究的个人及团体，尤其是即将步入而立之年的中国孔子基金会，还有诸如国际儒学联合会等机构共同努力，以促成其事，谋求儒学的更进一步发展，发挥其在现代社会中的功能。

——原发表于中国孔子基金会编著《三十春秋 岁月如歌——中国孔子基金会成立三十周年纪念文集》，青岛：青岛出版社，2014 年 9 月

访　谈

一、儒学的普及、推广与个人道德、社会公德的养成

——董金裕先生访谈录

陈霞：董先生您好！感谢您接受我们的采访，我们知道，多年来，您除了儒学研究以外，还一直致力于儒家文化的普及与推广工作。最近我们看到，由您主编的《中华文化基础教材》已经由中华书局出版。请谈谈您主编这套书的情况。

董金裕：这是我们台湾中学使用的教材。这门课在台湾从 1954 年就开始开设，那个时候叫《中国文化基本教材》。这个教材推出来之后，基本上是受欢迎的。从《论语》《孟子》中找材料，编成教材，教给学生学，高中三年级六个学期，每个星期一个课时，主要靠老师来讲解。但老师这方面的涵养不是很整齐，有的讲得详细深入，有的讲得不是那么深入，所以产生的效果也不一样，大家希望最好有一个统一的版本。这样，就有了编译馆的版本。这个版本是我的老师李曰刚先生编著的，这本书有注释，有大略的说明。推出来之后，很受欢迎。但使用几年后，又发现有问题，因为注解用的是古代经学家的注解，有时候这个经学家的注解和另一个经学家的注解不太一致，到底哪个对呢？所以，人们对这个版本开始有争议。

后来，刚好陈立夫先生写了一本书，叫《四书道贯》，这本书很受欢迎，曾翻译成英、日、韩多国文字，销售很好。当时教科书是由编译馆编辑出版的，他们就请陈先生去编，但当时陈先生没有时间编，而且年纪也大了，就请他的秘书编。他的秘书就按他《四书道贯》的体系，即把《论语》《孟子》《大学》《中庸》里面的文句纳到《大学》“八条目”（格物、致知、诚意、正心、修身、齐家、治国、平天下）下面。但这个教材一出来，反弹很大，中学老师、学生都难以接受。当时我担任陈先生的秘书，所以编译馆就找到我，让我把这个教材的使用情况给陈先生说了。陈先生也希望进行改编，并且让我负责。那怎么改呢？最后是由我提出改编计划，提交给委员会，看看大家认可不认可，认可了我就编，不认可我就不编。改编计划提交上去后，获得认可，所以我就编了。教材出版之后，很受欢迎。那我是怎么编的呢？比如《论语》第一篇是《学而》篇，各章之间的联系不大。我便将《论语》中所有孔子思想的重点提取出来，比如，“学”是孔子思想的重点，我便将《论语》中所有论“学”的各章集中起来，汇成一单元；孔子思想的核心是“仁”，我再将《论语》中所有论“仁”的各章找出来，汇集起来；孔子思想的实现依赖“礼”，我再将《论语》中论“礼”的各章集中起来，汇成一单元。将各部分编完之后，在前面再加一个“孔子的为人”。因为在人们的认识中，孔子是很严肃的，不可亲近的，但是我们从《论语》中来看，孔子很和气，很亲切。这样，让人们先对孔子的为人有个认知，然后再看他是如何论学、论仁、论礼、论孝……的。在注释上，我们采用白话文改写，这样就不会造成老师或学生学习的障碍。结果这套书出来之后，很受欢迎，就这样用了有十一二年。

后来台湾教材编辑制度改变，以前所有的教材都是由编译馆编，编好后全台湾都使用，后来教材编撰开放，甲出版社可以编，乙出版社也可以编，编好之后经审查通过，学校可以选择甲家的，也可以选乙家的，随自己去选。结果各家出版社编辑教材时只有一家不用我那个分类，还是按照《论语》各篇《学而》《为政》……这样编的。这个出版社第二年赶紧改，因为他编的教材卖得不好。这样这个教材就一路用下来了。这套书的名称原来叫《中国文化基本教材》，陈水扁执政时想要把课程废掉。可是人们很反对，大家觉得这门课程不错啊。为了平息大家的反对，他就把科目改为《论孟选读》，变必修为选修。变为选修后，教材内容少了，而且只上一个学年或一个学期，以前是高中三年六个学期都要上。这个课程开设的时间很短，从 2006 年到 2011

年。后来马英九上台，一调查，选这个《论孟选读》的有七成多，可见大家对传统文化的教学还是很肯定的。为了避免反对，就把课程名称改为《中华文化基本教材》，成立课程大纲修订委员会，由我担任召集人，经过二十多次的讨论，到各地举办公听会，课程大纲最后顺利通过。这样从 2012 年开始，这套教材就在台湾推行使用。目前，这个科目的教材各个出版社所编总共有六套，我这一套卖得很好，市场占有量在五成以上，很受大家欢迎。

去年我在四川大学参加一个学术研讨会的时候，把刚才提到的这套教材的演变过程写成了一篇文章，钱逊先生看了后觉得不错，就想把这套教材引到大陆来。后来中华书局前来商谈，最后决定在大陆出版，在大陆的高中使用。但不是正式课程，有的学校只是从基本教程中挤出几个课时进行讲解，课时少。而且因为是从台湾版改为大陆版，其中有些像举例等内容需要改编，但实际上改得并不是很好，有些内容被忽略掉了。所以坦白说，从目前大陆使用的情况看，不是很好，还需要根据具体情况进行修订。

陈霞：我看您这套教材的编纂目标在于培养学生伦理意识及淑世爱人之精神，这个目标很好，因为当下有很多人是缺乏这种意识和精神的。而一个社会风气的好坏与这种意识和精神有着很大的关联。您认为除了用这种课程教育的方式外，还有什么其他的方式来培养人的这种意识与精神呢？

董金裕：当时我们在台湾打算恢复《中华文化基本教材》课程时，也有不同的声音。虽然绝大多数人赞成，但也有反对者。反对者一是一些其他科目的老师，觉得这门课程抢了他们的课时了；再一个就是异议分子。他们认为，凭你这一个科目，就可以让社会风气好吗？当然不可能，任何一个社会风气的形成，都不是单一因素。坦白说，现在的社会风气不是那么理想。在台湾，我们开设这门课程已有六十年了，总体来讲，效果还是不错的。当然这个效果的形成，除了这个课程教育外，还有家庭教育、社会教育的作用。就从我接触的大陆人来看，凡是去过台湾的，没有一个说台湾不好的，第一个，比较整洁，一般人与人之间比较客气、礼貌；第二个就是守秩序。你到台湾去，如果遇到什么困难，只要帮得上忙，人们都愿意帮忙。比如说，在路上捡到一个东西，一般来讲，我不敢说百分之百，百分之八九十都会给送到警察局去。我就有一个例子。有一年我请成中英先生到台湾去开学术会议，从住的饭店到会场有一段距离，他就叫了出租车把他送到会场。他一到会场就着急地对我说："我的照相机忘到出租车上了。"他很紧张，觉得这下肯定就丢了。我看他有点慌了，就对他说："不要紧，不要紧。"我就叫我的秘书打电话到警察交通电台。这个电台一天 24 小时对出租车、公交车进行广播。我们把情况给电台一说，电台进行了广播，结果就有司机把相机送到了电台，电台又马上派人送给我们，前后不到一个小时。像这种拾物不昧的情况是非常普遍的。所以，大陆作家韩寒，他到台湾去，回来就在网络上发表了一篇文章，他说："到台湾去，最美的风景，不是日月潭，不是阿里山，是人情。"人与人之间的互动就是这样。在台湾，虽然说政治上的抗争是有的，但基本上还是安定的、和谐的。当然，这种安定、和谐的社会风气的养成是一个长期的过程，虽然其中也有传统文化熏陶的缘故，但仅靠传统文化的熏陶是不够的，它还需要一个人从小的教育。我们那边的小孩子，从小就对他进行生活教育，比如说，我的外孙。放学回来一入家门，书包放下，赶紧去洗手，养成卫生习惯。进门之后，看到我们就叫"外公好""外婆好"，这是从小养成的一种习惯。习惯成自然，不需要教嘛，也不需要强迫。现在好多家庭是独生子女，宠得要命，爱怎么样就怎么样。实际上，一个人的好多生活习惯都是从小时候培养起来的。小时候如果没有培养好，到大了想扭转就很难了。所以，要培养一个人的良好素养，需要多方面配合，要长期耕耘。

陈霞：您刚刚在大会上提到，除了个人道德，还有公共道德，也是非常重要的，您认为如何培养一个人的公共道德？

董金裕：对，公共道德是很重要。我们十一二年前做过一个调查研究。我不晓得现在怎么样，但是当时大陆人们的公共道德是比较欠缺的。例如，有一年我到韩国去开学术会议，因为我不懂韩语，他们就派了一个讲华语的来接待我。我问她："你是大陆来的？"她说："对"。"那你在这习惯吗？"她说"习惯了，很好啊。"她就讲她到韩国待了半年左右，发现一个奇怪的事，就问她同学："你们这边汽车都不装喇叭吗？"因为她从来都没有听到过喇叭声。在台湾，特别是在校园附近，按喇叭是要受到处罚的，因为在教学区，按喇叭会影响学校的安宁。这位在韩国的华人听不到喇叭声，还以为是人家的汽车不装喇叭呢。她后来知道，人家的汽车是有喇叭的，但是，只有在有紧急

事故的时候才能按，平常则备而不用。像这样的例子有很多。所以，一个人公共道德的培养，需要从小就进行教育，这需要家庭、学校共同努力。例如，从小教育孩子出门要靠右走。就像我的孙子，从小我们带他出门，在搭乘地铁、商场等地方的电动扶梯时，我们就教育孩子要靠右站。为什么要靠右站呢？因为电动扶梯一排只能容纳两个人，特别是在地铁里，有人要赶时间，让出左边可以方便人家赶时间。小时候我们带他出去时这样做了，他长大了自己走也自然而然地会这样做，这不需要特别叮咛，也是因为养成生活习惯了嘛。如果人人都这么做，整个社会都这样做，即使有个别的人不这样做，周围的人以讶异的眼光看着他，他也会感觉到自己做得不对，会有所改正。所以，家庭教育、社会教育都需要培养，光靠学校教育是不够的。

陈霞：近年有不少学者提到儒学在现代社会的重构或者重建的问题。对于这一问题，有的学者认为，儒学就是儒学，无所谓重构或重建；也有人认为，在近代，儒学指导中国是吃了大亏的，不能再用儒学来指导现代社会，请问您是如何看待这一问题的？古老的儒家思想又应如何作用于当代的社会建设？

董金裕：在中国，实际上不仅仅是儒家，还有像诸子百家中的道家、墨家、法家等都对中国后来的政治、教育、风俗、教化等产生了重要影响，其中儒、道两家尤为重要。一种思想文化的产生是有一个特定的时代和环境的，但在时代的演变中，它也不断地起着变化，先秦孔孟的儒家和两汉的儒家实际上并不完全一样，隋唐的儒家不一样，宋明的儒家也不一样。到了我们今天，有人讲要“取其精华，弃其糟粕”，那么什么是糟粕？我们是不好说的，因为在当时，它也是精华。但是它可能不适合我们今天来用，不适合今天用，那你就将它摆在那里，让我们去考察古代的社会是怎么个样子，可见它也不是糟粕，它可以作为我们考古时的材料。也有很多东西还适合当下社会用，那我们就继续用。但有些合用的，也要去改造，比如我刚才在大会上做的报告，像礼、乐、射、御、书、数，你现在能照抄吗？不行的。但你可以转化啊，像御，古代是驾马车，现在是改为骑摩托车、开汽车。无论是驾驶摩托车还是汽车，都需要考取驾照，这是对人家生命、安全的尊重嘛。其实这也是一种道德的教育，你技术也要求娴熟，而且，即使是骑脚踏车，也要遵守交通规则，遵守一定的规矩。说到儒学的重构或者重建，这个不好讲，是重新建构吗？这个不可能嘛。我是这样认为的，适合今天的就继续用，然后呢，我们适当地进行转化，继续发挥它们的作用。就像孝顺，古人早晨起来一定要去父母面前请安，那现在可能吗？现在的社会和以前不一样了，小孩子一大早要上学，有的爸爸妈妈可能因为工作性质的原因还在睡觉，那也不能吵醒爸妈去请安，可以放学回来，爸爸妈妈在家，给爸妈问声好。有的父母可能早上已经起来给孩子准备饭菜了，那可以过去给爸妈问声好。再则像《弟子规》中的“冬则温，夏则清”，是说冬天要给父母暖热被窝，夏天将睡觉的席子扇凉。那在现代社会，冬天有暖气，夏天有空调，你没必要就一定按古人那样做了嘛。那像古人怎么做，我就怎么做，这就是复古了。这样泥古不化、食古不化的复古现象，是很不好的。但你可以转化。那古人有没有道理？我经常举一个例子，古人行礼，他站着的时候是拱手，坐着的时候是叩头。现在大家觉得叩头不方便。那我说，你不方便，他方便啊。因为古人没有凳子，他席地而坐，像孔子那个时候，就是铺个席子当凳子坐下。他席地而坐的时候，叩头是很方便、很容易的。我们现代人，坐在凳子上要像古人那样行叩头礼，就需要站起来，跪下去，叩完头再站起来，坐下来。这样是很不方便的。我们今天要行礼，坐在凳子上的话，就站起来，握个手或者点个头，再坐下，就很方便了。现在有些人效仿古人，其实是没有弄清古人。实际上古人有好多智慧是不错的，它之所以能留存传承下来，是有它的可取之处的。那些不好的，或者说糟粕，早就随着历史的发展而灰飞烟灭了，这是一个历史选择与淘汰的过程。

陈霞：那您认为礼乐教化需要损益吗？

董金裕：要，一定要。随着时代、环境的变化，有的需损，甚至淘汰掉；有的要增加，我们现在有这个需要，我们就增加。就像古代驾车，根本不需要什么驾驶执照，但是今天你要证明你有驾驶的能力，就需要驾驶执照。所以损益一定要有，就像孔子讲“殷因于夏礼，所损益，可知也；周因于殷礼，所损益，可知也。其或继周者，虽百世，可知也”。就如同行礼，在现代这个社会中，只要基本精神不变，就是人与人之间的尊敬、礼貌的情意不变，那

么方式是可以改变的，我们可以握手，可以点头，或者可以更洋化一点，来个拥抱，也不错嘛。这都是损益，方式可以调整。这是很有必要的，所以一定要损益。你如果一定要按着古人的做法来做，是不行的，因为古人的情境和我们不一样。就像我们过去的房子都是四合院，我们过年过节贴门联，可是现在都不是四合院了，房子很多结构都不一样了，现在很多人连贴门联都不懂了，也没地方贴了。所以损益一定要啊。

陈霞：董先生也是孔子研究院的老朋友了，孔子研究院地处孔子故里，在儒家思想与当代建设这一课题中，我们也要发挥我们应有的作用，那么根据您个人和台湾的一些经验，我们应该在哪些方面做，才能更好地进行儒学推广，以期对曲阜当地乃至更大的范围产生较大的影响呢?

董金裕：这个要做的当然很多。我们做儒学，大概有三个方面，一个就是往下，就是普及化；一个是往上，就是学术研究，做高端的学术研究；再一个是对外，要影响更多的人。对你们当地来讲，我觉得你们可以和当地的幼儿园、小学衔接。可以通过当地的教育、行政单位，将儒家文化用于小孩子的教育，但不能套用经典中的语言，而是将这些优良的思想文化故事化，譬如你可以将《论语》《孟子》中的一些故事进行改编，其中有好多讲整洁、讲秩序的故事，你改编后可以通过做游戏、做活动等一些玩的方式教给他。经过一段时间，自然而然会养成一些好的生活习惯。这种生活教育是基础，只要持之以恒，就会对个人道德、社会公德的提升产生深远的影响。

——原刊载于孔子研究院《孔子文化》2014 年第 2 期，总第 16 期，2014 年 6 月

二、台湾中华文化的坚实推广者

董金裕，1945 年出生于台湾苗栗县，先后就读于台湾师范大学中文系，政治大学中文研究所硕士班、博士班。现为台湾政治大学名誉教授、国际儒学联合会副理事长。曾任台湾静宜女子文理学院中文系教授兼系主任，政治大学中文系教授兼系主任、文学院院长、教务长，孔孟学会执行秘书兼《孔孟月刊》《孔孟学报》主编、孔孟学会理事、常务理事，并曾担任编译馆初中

语文教科书、中国文化基本教材编辑小组召集人，高中语文教科书编辑小组委员等。

董教授致力于儒学、经学研究，尤其专精于宋明理学特别是朱子研究；注重中华文化在现代的传承与发展，推动儒学走向社会。2015 年 12 月，董金裕教授来杭州讲学，我刊对董教授进行了专题采访。本文是学会秘书处整理的采访录音稿，已经董金裕教授审定。

《儒学天地》：请介绍一下您主要的学术经历（围绕儒学、从学孔德成先生）。

董金裕教授（以下简称董先生）：我大学读的是台湾师范大学中文系。那个时候接触到传统的思想，就开始感到有兴趣了。后来读研究生，是读政治大学中文研究所的硕士班，硕士论文题目是《章实斋学记》。到了博士班，继续在政治大学中文研究所读，博士论文是《宋永嘉学派的学术思想》，基本上都跟儒学有关系，而且跟浙江有关系。刚毕业的时候，先到静宜女子文理学院当副教授，当时那个系没有一个人有博士学位，所以学校就希望我当系主任，我跟校领导讲：让我观察一年，觉得可以的话就接受。观察了一年，其实那一年原来的系主任，就已经将很多他的工作交给我来做了，我觉得自己可以承担，第二年就接手了中文系的系主任一职。当时在学校系主任里面，我算是挺年轻的，着实做了一些事情，也栽培了不少学生，教过的学生，后来得到博士学位的有三四十个之多。大概五年后，我就离开了。母校政治大学中文系把我找回去，那时候我已经升教授了，我升教授很快，只用了三年。回到政大一开始就做专任教师。刚好有一个机会，我的博士论文指导教授高明老师，推荐我去编台湾初中的语文教科书，教材编成后，很受大家的肯定，所以又被推荐去编高中的语文教科书。同时又有一个朋友介绍我到孔孟学会帮忙。当时孔孟学会的理事长，在大陆也很有名气，是陈立夫先生。陈立夫先生要我主编《孔孟月刊》跟《孔孟学报》，同时又任命我为执行秘书，这都是兼职的。因为理事长陈立夫先生跟蒋经国先生的关系特别密切，蒋经国先生小时候是在他们家长大的。在这种情况下，他就得到了很多的资源，有资源我就好办事了。有关儒学奠基的、普及的、研究的，针对小学生、中学生、大学生、中小学老师，以及社会大众等都办了很多的活动。因为当过系主任及办活动的机缘，所以后来有一些学术会议，包括国际会议就请我去参加了。

所以我很早，在1981年左右，就被韩国邀请到汉城（今首尔）开国际学术会议。参加的是关于李退溪的会议。李退溪是韩国的大儒，专研朱子学，被尊称为海东朱子。那时候大陆还是比较封闭的，没有学者参加。到了1985年，在日本筑波大学开国际退溪学会议，大陆就有十几位学者来参加，以辛冠洁为首带队。一开始主办单位还有一点担心，怕我们两边不对头，所以给我们安排住到不同的饭店，结果开会当天，大家一见面，就在茶歇的时间，很自然地聊起来了。当天晚上就决定请他们到我们这边来，我们叫了一些啤酒、点心来招待。那时候还有一些海外的华人参会，海外的华人有谁呢？有杜维明、傅伟勋、成中英等几位，因为他们就住在我们这边。我们说大陆的一些朋友过来，请他们一起聚聚，他们也很高兴。大家就聊开了，那天晚上喝了好多啤酒，非常愉快，彼此之间的感情就建立起来了。隔两年在香港开会，大陆学者礼尚往还，想招待台湾的学者。可是呢，他们差点邀不到人，为什么呢？因为以前香港的大学很少，香港人想读大学，大多是跑到台湾读的，所以我们到香港，一定会去找朋友，找同学。我们和大陆的代表们一见面，他们说晚上聚一聚啊？结果，这个说不行，我晚上跟同学约好了；另一个也说不行，我跟朋友约好了。他们找不到人。我看他们有点儿着急，就说我找个香港朋友一起过来。他们说好！就很高兴。结果台湾就我一个人带了朋友过去，跟他们吃吃喝喝，聊得很愉快，两岸之间水乳交融嘛！那一次大陆带队的也是辛冠洁。后来1987、1988两年又都在国际学术会上见了面。1988年认识了吴光先生，当时汉城办奥运会，也办了学术研讨会，就在这样的机缘下，彼此相互欣赏而成为好朋友。

我就这样一方面在孔孟学会帮陈立夫先生办活动，另一方面编初中、高中的语文教材。后来发生了一件事，我们有一本教材叫《中国文化基本教材》，是陈立夫先生编的，他毕竟是老一辈的，大家对这个教材很不以为然，以前是忍忍忍，现在情况变了，有些人就开始攻击了。那时候蒋经国先生已经开放了报禁、党禁，他们就开始在报纸杂志上攻击。后来我就去找陈立夫先生，因为他对我还是蛮信任的，我就跟他讲，那套教材有问题。他问我怎么办？我说改编。后来就让我改编。我改编的教材全部回到经典本身来，所以就很受肯定，非常受欢迎。在学校里教学之余，我认真从事学术研究，出了几本书，所以也很受同事肯定。后来经过选举，我当了系主任，系主任任期满了，又被选为文学院的院长，文学院院长任满后，校长就聘我担任教务长。教务长任满后，当时有很多私立学校想请我当讲座教授，我都没有答应，后来就一直干到届龄，也就是六十五岁退休。退休之后我还在继续编教科书，又经常应邀写论文参加学术会议，还到世界各国旅游，至今已经去过七十多个国家，日子过得忙碌而充实。

至于跟孔德成先生的关系，大陆朋友都认为我是孔德成先生的学生，说是也是，说不是也不是，就看从什么角度来讲了。其实严格来讲，我并没有被他教过，但是跟他的关系可能比被他教过的学生还密切。为什么？因为在陈立夫先生当孔孟学会理事长的时候，孔德成先生是常务理事，我是执行秘书。平时开理事会、常务理事会，孔先生一定会来。办各种活动，比如说国学研习会、国学演讲、经学研习班等都会请孔先生来讲课。我们办完活动或开完会就会聚个餐、喝个酒，私底下跟他接触其实蛮频繁的。有时候我们在课堂上得来的，可能还不如私底下接触得到的多，所以说我是他的学生也没有错。

《儒学天地》：请说说您对台湾儒学的看法。

董先生：台湾研究儒学的大概分成几个系统：一个就是孔孟学会，比较偏官方、偏传统；另外一个就是士林哲学，以辅仁大学为主，主要的代表是罗光先生，罗光先生去世之后，坦白说就有些后继无力了。孔孟学会也有这种情形，因为资源没有以前那么多了。还有一派就是所谓新儒家了，基本上以牟宗三先生为主，把西方哲学融合了，强调心性。就新儒学来讲，牟先生也已经过世了，慢慢地后继的弟子也少了。我个人觉得这三者是各有所见，也各有其长，海纳百川才能成其大，所以要百家齐放。本来儒学就是多元的，可以多方面地从不同角度去阐发，所以我个人认为应该容许有各种不同的声音，各自在不同的领域去做一些奠基、普及、研究的工作，不必强调非要怎么样不可，这样才会好。

《儒学天地》：那在民间的影响哪个比较大呢？

董先生：其实在民间有一派，也不能说是什么宗派，他们是偏信仰方面的，儒、释、道混在一起了。他们对民间的影响很大，比我们正式搞学术的

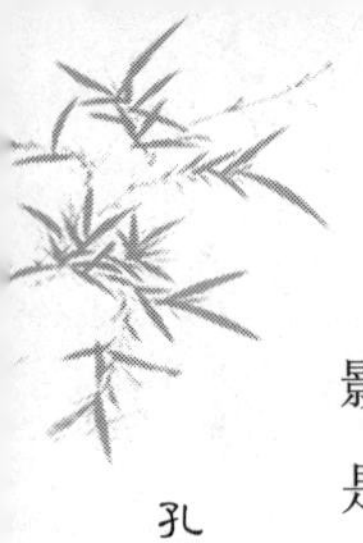

影响大，老百姓哪里懂得你学术不学术，所以在生活层面影响很大。他们也是强调读儒家经典的，尽管读得不是很透彻、很精深，甚至有时候还没读通，但是影响了很多人的生活。他们也会办一些儒学研讨会，都是儒、释、道汇通在一起。大陆现在也有一些像这种性质的团体，儒、释、道结合在一起，影响反倒很大。

《儒学天地》：台湾现在研究儒学的状况如何？

董先生：研究儒学的总体来讲愈来愈少，因为传统的东西第一在文字上就有点儿距离，有障碍。研究文字学的很少，还有声韵学（音韵学）、训诂学研究得也很少，这些基础的学科没有奠定得很扎实，对儒学的研究是很不利的，对此我们是很担心的。如果没有文字学、音韵学、训诂学的基础，是很难看懂原典、理解原典的基本含义的。

目前大陆有几位学者主张有限度地恢复繁体字，我是蛮赞同的。因为我们中国的文字跟西方的不一样，西方是表音的，我们是表意的。简化字这么一改，糟糕！音本来就没有，虽然形声字多，可以从偏旁看出来读音，但总是不够准确。现在改成简体字，连原来的意义都找不到了。“爱无心，产不生，厂无房，亲不见”，这是大陆的朋友总结的文字简化后所造成的结果。

《儒学天地》：大陆这边有些人已经开始推动经学的研究了。

董先生：是的，这是一个好现象，大陆人多好办事，过去长期忽略经学，现在推动起来，我们很期盼能有显著的成果。

《儒学天地》：可否谈谈你在台湾编教材时把传统文化编进去的情形？

董先生：1983 年我从静宜文理学院回到政治大学——我的母校教书。我的博士论文指导老师高明先生，以前在大陆也担任过一些重要的职位，在台湾他是编辑教材的权威。他找到我说现在初中的语文教材需要改编，你就来负责吧。那时候编教科书是由编译馆统一编的，我编完初中语文教材后，大家知道我做事情还算认真，又继续请我编高中的语文教材。在传统文化方面，初中语文里面有《论语》选、《孟子》选、《孝经》选，一册就有一课。《论语》每章文句比较短，一课就选三到五章。刚开始的时候，语文分配的课时较多，所以有关传统文化的课时安排得也较多，《论语》一、二册都选；三、四册就选《孟子》，《孟子》一课选一到两章，要看情况的，篇幅较长的，就只选一章来学；五、六册选《孝经》，以及《礼记·檀弓》里面的内容。其实我们在小学的语文课本里面，就已经开始用语体文改写儒学相关内容了，比如孔子因材施教，还有孟母三迁的故事等，让学生接触到传统的东西。到初中阶段，学生已经接触到文言文了，我们就可以选录《论语》《孟子》《孝经》《礼记》等原典了。

到了高中内容就更丰富了，规定一定要选六子书，即从《论语》《孟子》《老子》《庄子》《墨子》《韩非子》中选内容学习，包括儒、道、墨、法各家，每一册都必须选一篇入教材，除此之外，大家还会选《荀子》。另外，还规定经、史、集部的著作，如《诗经》《礼记》《左传》《史记》《楚辞》等一定要选。比较特殊的是，在高中除了语文课以外，还有一个科目叫“中国文化基本教材”，从《论语》《孟子》《大学》《中庸》中选材，那分量就多了。每星期一个课时，总共要上三学年六学期，让学生接触到以儒家为主的传统文化。我编这个科目的教材至今已将近三十年，一直很受肯定。不料该学科实施了五十多年后，到了陈水扁执政时代，他要“去中国化”，想要把“中国文化基本教材”这门课给废掉，固然有人表示赞同，但也有很多人极力反对，像余光中、张晓风等有名的文人就是反对的代表。有记者来问我的意见，我说不要误会，这个“中国文化基本教材”的“中国”是文化中国，不是政治中国，这跟政治扯不上关系，这是传统文化的东西，还是要学。但陈水扁仍然执意要废除，他也知道多数人反对，只好妥协，后来就把它改成“论孟选读”。这门课原来是三学年的必修课，现在变成选修课，课时减为一个学年，内容也大幅缩减。实施了几年之后，政党轮替，马英九开始执政。马英九接受过“中国文化基本教材”的教育，对传统是认同的，他就想恢复。他跟教育部门讲，他们找到我，我说这个很好，我们先进行调查，调查所有的高中，有没有开这门课？调查的结果是，70％多的学校都开了这门课，这就表示这门课是受欢迎的。我们进一步了解出版社卖《论孟选读》的情况，有80％多的学校买，这中间的问题在哪里？原来有些学校受限于时间没开这门课，但老师觉得有必要学习，就要求学生买来，当自读教材学习。经过调查我们就有信心了，既然多数人赞同，我就去编课程纲要，把它恢复起来，变成必修课。为了避免有人抗议，名称改成“中华文化基本教材”，恢复成一个礼拜上一堂

课。本来也想恢复为上六个学期，但是因为原来上课的时间被别的科目占去了，别的科目的教师担心教学时间会减少，因而非常反对。后来我们想想，主动退让，变成上两个学年四个学期，每个礼拜一个小时，尽管没以前那么多，但是至少比《论孟选读》时代多很多了。

《儒学天地》：大陆的语文教材里面选择了一些中国近现代文学家的文章，比如鲁迅、朱自清等，台湾的情形呢？

董先生：那个是一定有的，当一般的散文，放在语文课里面。我们会选朱自清的《背影》《荷塘月色》《匆匆》等。现在课时少了，选录的文章也少了，我们的原则是一个作家只选一篇文章，所以现在只剩下《背影》。鲁迅的是选择《孔乙己》。徐志摩的有，还有丰子恺等等。90年代我们做过研究，针对两岸的初中语文教材进行比较，一比较就发现，大陆有它的好处，那就是阅读量比较大。因为课数很多，每一册教材有40课，但有些课老师是不讲解的，只让学生自行阅读。台湾每一册教材只有20课，可是每一课老师都要讲解。

《儒学天地》：可否谈谈您获得“孔子文化奖”的感受？

董先生：我得奖的这届是第六届，以前被提名过，但未获通过。得奖者每届两个，有个人，也有团体。之前历届获奖者，个人包括杜维明、汤一介、庞朴、李学勤、牟钟鉴、安乐哲等先生，团体包括中国孔子基金会、国际儒学联合会、韩国成均馆、香港孔教学院（以汤恩佳为代表）。第六届的获奖者是我跟陈来。今年投票时我刚好在欧洲旅游，主办单位给我发了好几封电子邮件，说有急事要跟我联络。我当时并没带电脑，回来以后看到邮件，就赶快跟他们联络，问他们有什么事情。他们就说我们投票结果显示您是最高票，但现在必须保密，到颁奖现场才宣布，请我赶快提供一些资料给他们，以便事先制作新闻发布会的材料。得了奖，我当然很高兴，更感谢大家对我的肯定。对奖金的处理我另有打算，因为每一年我都会在家人生日，或过年过节时，捐钱给弱势团体，以及遭受水灾、风灾、震灾等灾害的地区。平均每年捐台币15万（约人民币三万）的样子，已经坚持二十几年了。获知得奖后，我就跟太太商量，要把奖金全数捐出。后来我在获奖感言中说，孔子一生致力于教育事业，他的心愿是“老者安之，少者怀之”，过去我对偏乡的教育，对养老、抚幼尽了一点心意。司马迁表达他对孔子的景仰之情时讲：虽不能至，然心向往之。我认为既然是心向往之，虽不能至，也要尽力而为。所以会把我的所得，捐助到偏乡教育、扶老、抚幼上面去。我回来以后，就在我的大孙子生日时捐了台币10万块给台湾的慈善团体；另外，山东的一个朋友知道我的性格，问我要不要捐点给山东的偏乡，我说没问题，捐了两万块人民币。等到我的小孙子生日的时候我会再捐10万块台币，这样子直到把获奖所得全部捐出去。我每个月的退休金虽不多但也不算少，我还有社会工作，如编教材、演讲、座谈、评审、撰文等等，这都是有收入的。所以我的生活基本上是没问题的，既然行有余力，就尽量做嘛！我不敢说自己是儒学研究的专家学者，但我敢说我是一个儒学思想的奉行者，我真的是在实践。重庆的俞荣根先生跟我很熟的，他曾在一篇文章中提到我，说董先生的收入还不错，每年他都会拿出一部分来，捐助慈善事业，大陆汶川地震、雅安地震、长江发大水、贵州雪灾都有捐过钱。我觉得只要自己做得到的，认真去做就对了。

《儒学天地》：对大陆的国学热、儒学热您如何看？是真热吗？

董先生：这个问题，如果讲热，那么代表它本来是冷的。热潮掀起来以后，要温润、浸润人心，逐渐去影响，这才能够产生效果。现在有两大问题，我曾写过文章指出来，一个是没有课时，都是打游击，只能利用课外活动啊、周末的时间啊，这样不好！没有办法系统化。我听说他们是运用一种叫校本课程的形式。（袁：现在逐渐出现了一种国学读物、传统文化进校园等活动。张：温州、绍兴等地的中小学都有自己的校本课程，偏重地方特色，如阳明学说。）大陆很多学校将国学的课程放在校本课程里面进行，但这个学期有，下一个学期就不一定有。有没有，开不开，要看学校领导、当地教育部门是否重视。所以根本没有办法系统地去学习，这是个大问题。另外中华书局采用了我编的文化基本教材，为了推销，还办了一些活动，找我推荐台湾高中的老师，一流的，像台北一女中的啊、台北二女中的啊，都是顶尖学校的老师来上课，大陆的老师也来上，彼此互相观摩。可是一上课，就发现不一样。大陆的老师基本上采取诵读的方式，不断地读，那样不行，因为到高中是需要讲解的；还有的老师讲错了，因为老师自己也不理解，所以师资是个严重

的问题。传统文化课在大陆、台湾都是语文老师教授，在师资养成的阶段，没有这种训练，那就教不动。所以教得很辛苦，很多只能停掉。

《儒学天地》：大陆已经出台了政策，大力培养国学师资，逐渐解决这方面的问题。

董先生：对，这样做没有错。因为总是要有个起步，现在先进行短期的培训，救急，但这治标不治本。若要治本，要确定将来传统文化课是由什么科目的老师来教，是专门的还是由语文老师来兼任。语文老师来兼任的话，中文系的课程就要调整；要不就专门设立国学院，不要是空的，要是一个实体。我知道深圳大学已经成立了国学班。（袁：中国人民大学已经是实体了，它有本科生、研究生，资金独立的，都有。原来国学是没有学位的，现在教育部准备要搞一个。）大陆目前遭遇的问题就是没有师资，没有课时，这是最严重的。文化的培养本来就是一个长期的过程，更是一种潜移默化的过程。有记者到台湾去，说台湾传统文化搞得好，我说你问老百姓国学是什么东西，一百个人里面有九十多个不晓得，这是因为台湾已经将传统文化融入生活里面去了，在生活里面实践。我有一次演讲，就说要做到百姓日用而不知，国学一旦像我们吃饭、睡觉那么自然，那就成功了。

《儒学天地》：这是我们努力的方向。因为大陆在发展的过程中，毕竟中间出现了那么多的事情，间断了那么长的时间，并不是一代人就可以完全恢复起来的。

董先生：对，这就需要先把一代人教起来。我有一次对山东教师团演讲，我说我小时候上小学，每天第一堂课就是晨间检查，老师先检查每排座位的排长，排长再检查整排的同学，首先要求把手伸出来，看看指甲有没有剪，有无藏污纳垢，再来看看耳朵后面有没有污垢，看看是否洗脸、洗澡了，最后看看口袋里有没有卫生纸、手帕，很多习惯就是这样从小养成的。所以要先把这一代教好，这一代认为这样对自己有帮助，在卫生等方面有讲究，等到他们当父母的时候，自然就会这样教小孩。所以像我的孙子，放学回家第一件事情就是放下书包，鞋子、袜子脱下来后，马上去洗手，每天晚上洗澡，早上刷牙、洗脸，形成了一个非常自然的生活习惯，也不需要我们去叮咛。所以这真的需要大概一代人的时间去改变。现在大陆推广传统文化教育，坦白说，家长没有受到这方面的教育，怎么去教导子女呢？

《儒学天地》：所以家庭教育很重要，言传身教孩子会学的。

董先生：现在已经好多了。像杭州的公交车礼让行人，就做得很好。

《儒学天地》：这就叫衣食足知荣辱。

董先生：确实如此。杭州我一看，文明多了，就全国来讲，每个城市、乡村都像杭州这样就好了。

《儒学天地》：国学热对儒学跟政治的关系有什么影响？

董先生：现在大陆日益重视传统文化，我觉得这是好事。因为大陆还是有点讲权威的，领导人既然重视，上有所好，下必有甚焉，这对整个社会风气的引领会起作用。起作用之后要进一步落实，作为国家领导人不可能管那么细，怎么样落实那就要靠各省市等地方政府去做了。在制度上要有所调整，如果调整得好，长期经营，是可以起作用的。我看到很多地方贴了标语，什么守秩序啊，什么讲礼貌啊，什么诚信啊，什么和谐啊，到底有没有起作用？坦白说，可能有，但可能很有限。所以怎么样融入生活是比较重要的。

1999 年台湾发生“921 大地震”，那一年开纪念孔子诞辰大会，主席台上坐了很多人，我代表台湾地区的学者发表讲话。我说我到这边来，非常感谢大家关心台湾大地震的灾情，我们灾后的救济、重建工作做得很好，第一我们在灾难发生时没有趁火打劫的事情发生，不像有些国家会有人去砸商店、抢商品，我们没有！第二我们的社会秩序非常稳定，而且大家有钱出钱，有力出力，我们地方政府救灾的工作也做得很好。儒学对我们的生活是有影响的。

《儒学天地》：您一直在推动孔子祭祀的申遗工作，对吗？

董先生：对。我到大陆来主要是看山东的祭孔。现在祭孔基本上是定在 9 月 28 号举行了，早期还不是。另外别的地方祭孔不是在 9 月 28 日的，我也去看过。但是不管在哪里，都非常不规范。山东你们去看过没有？

《儒学天地》：我去看过。2013 年参加世界儒学大会时到曲阜看的，当时您做了演讲。

董先生：我最早参加的是 1989 年的祭孔，那时候我就觉得祭孔好像唱大戏，完全不规范。后来跟大陆的朋友熟悉了，他说我的感觉没有错。后来就

改了，有太牢，也有三献礼，但三献礼完毕后又有一些人上去献花，这并不合礼，既然已经有初献、亚献、终献，怎么又献花？我说已经终献了，终献的“终”就是终了、结束的意思，又来献花，岂不是画蛇添足？这个很奇怪。后来又改了，太牢、三献礼全都不要了，全部改为献花，跟古礼完全不一样了。更离谱的是，我们孔庙的主殿叫大成殿，殿中供奉的除了孔子以外，还有四配、十二哲。大成殿以外，又有东庑、西庑，供奉历代的先贤、先儒。但他们只祭大成殿，两庑没有祭。我有一次看到两庑摆有祭品，可是让观礼者挑了一些拿去吃了。我想怎么可以随便拿？就出面制止，但她（拿祭品的人）说没关系的，理也不理我就走了。我就跟工作人员讲，有人拿祭品，你们要注意一下。工作人员说，我没看到，也是一副爱理不理的样子。2013 年主办方干脆将两庑封起来了，人过不去了，祭品也没有了，只祭奠孔子。那你摆那些先贤、先儒干吗？我以前写过一篇论文，探讨祭孔的基本元素从汉代就开始了。比如配享，有四配、十二哲，还有先贤、先儒，虽然是逐步演进的，但雏形在汉代已经有了。还有礼乐，最早是六佾舞，后来变成八佾舞。孔子因为被封为文宣王，这个“王”在孔子时代就是天子。周朝第一个天子是周武王，所以这个王就是天子，跟后代的诸侯王不一样。孔子的后代就叫衍圣公，公已经是臣下的最高级别了。孔子当然比所有的臣下更高，所以地位与天子相同。配享、礼乐、讲经，位比帝王。祭孔时，帝王要么亲自去，要么派使者去。这些（祭孔仪式）汉代已经有了。现在山东的祭孔，体制有很多不对的。比如现在祭孔都派副省长（分管文教）来，都不是最高的。地方上的应该是地方最高首长来参加。还有献礼不合适，跳舞也不对。若不加以整理保护的话，祭孔这一仪式就更搞不清楚了。其实我跟清华大学一位研究“礼”的彭林教授谈过，他懂的。还有山东的孔祥林先生也懂，因为他研读过文献。相信他们必定建议过，但好像并不被接纳。我们看历代的祭孔，当然可以因革损益，但那几个基本的元素，绝对不能够弄掉。我认为这样的礼仪，从汉代延续下来，已经有两千多年了，申请为世界非物质文化遗产绝对没有问题。若我们不做，韩国可能就要抢先了。山东曲阜要先做好，别人就会效仿。我们很多传统的好东西，如果自己不重视，随意让它丢了，岂不是太可惜了！

《儒学天地》：您对浙江儒学人物在历史上的地位、看法如何？

董先生：历史上浙江的儒学人物很多，有不少是我尊敬的人。举例而言，像王充就是一位很有怀疑精神的人，这一点我很欣赏他。他能够针对当时的风气，提出他的独特看法，一言以蔽之，曰“疾虚妄”，这让我很佩服。陈亮我就不太欣赏，第一个他讲功利，第二个他的个人操守有可议之处。永嘉学派不一样，叶适是永嘉学派的集大成者，他虽然讲功利但是又讲道义，我觉得他不错。王阳明就更没话讲了，文治武功兼备，成就大得不得了。黄宗羲也是很令人敬佩的人物，我曾为他写过《忠臣孝子的悲愿——明夷待访录》。这本书大陆有盗版，把内容改得乱七八糟，大幅删减，整段拿掉。别人看到我的书，会误认为我写的东西怎么前言不搭后语，其实是盗版的，内容跳脱，这对我伤害挺大的。后来有一家出版社通过《中国时报》联系我，想要出简体字版，问我同不同意，我说可以，最终有无出版我也不知道。我的这本书比较通俗，是给青少年看的，但又跟别人编写的不一样，不但有注解跟翻译，我还加上评论，把自己的一些看法摆进去。还有刘宗周也很了不得，他是黄宗羲的老师。我写完了黄宗羲那本书，本来要写刘宗周的，以便向上追溯。可是后来我行政工作太忙了，又编教材，所以就耽搁下来了。我本来有本书叫《宋儒风范》，后来准备写《明儒风范》，但因为工作关系也没能开展起来。我喜欢写那种不是太高深、对社会大众能起到普及作用的书。虽说是学术研究，但是一般人也看得懂。我认为搞那种特别高深的东西，影响不是没有，但社会影响有限。我坦白讲，刘宗周不好懂，那个“慎独”很多人都解不通，解读错了，都解成《大学》的“慎独”了。“独”就是个“独体”，《大学》里面讲“君子必慎其独”，所以很多人搞不清楚，把它们搅在一起。因为《大学》大家熟嘛，所以刘宗周的思想一般人不容易掌握。我开过“宋明理学研究”课程，对刘宗周的东西下过功夫。很多人对王阳明也是不懂的，解读非常不容易，因为那个“心性”的东西，很难理解。我觉得就学术研究来讲，这些大儒的思想都值得探究，但就一般社会大众来讲就不是十分必要，搞不懂的，甚至还会弄错，弄错了更惨。王阳明的思想不是就其作品去分析就能

理解的，要去体悟，是没有办法做分析的。现在采取的方式都是知识化的、逻辑化的、推理化的。现今的人写论文都是分析，但有些思想要去体悟，是无法分析的，因为言不尽意嘛。

——原刊载于浙江省儒学学会《儒学天地》2016 年第 2 期（总第 35 期）

编选引用参考文献

一、著作类

[1] 董金裕．宋永嘉学派之学术思想［M］．台北：文史哲出版社，1977.

[2] 董金裕．宋儒风范［M］．台北：东大图书公司，1979.

[3] 董金裕．正气文选析［M］．台北：华正书局，1980.

[4] 董金裕．忠臣孝子的悲愿——明夷待访录［M］．台北：时报出版公司，1985.

[5] 董金裕．至圣先师孔子释奠解说［M］．台北：台北市孔庙管理委员会，1993.

[6] 董金裕．朱熹学术考论［M］．台北：里仁书局，2008.

[7] 董金裕．周濂溪集今注今译［M］．台北：台湾商务印书馆，2011.

[8] 董金裕．统编本初中、高中语文教科书丛谈［M］．台北：万卷楼图书公司，2014.

[9] 董金裕．经传中以数字显现的儒家之道［M］．台北：文史哲出版社，2018.

[10] 董金裕．孔子故乡四千年文物大展［M］．台北：时报出版社，1995.

[11] 董金裕．圣之时——台北市孔庙的蜕变与传承［M］．台北：台北市孔庙管理委员会，2011.

[12] 董金裕等．史记选读［M］．台北：空中大学，2017.

二、论文类

[1] 董金裕．孔子的生平及成就［J］．孔子故乡四千年文物大展，1995.3

[2] 董金裕．以夫子为木铎——孔子的成就及其对我们的启示［J］．康熹国文报创刊号，2009.10.

[3] 董金裕．世界孔子庙研究评介［J］．孔孟月刊，2011.8.

[4] 董金裕．汉代孔子释奠礼的演进及其意义［J］．第五届汉代文学与思想

研讨会论文集，2005.12.

[5] 董金裕．台北市孔庙释奠仪程介绍．圣之时——台北市孔庙的蜕变与传承，2011.

[6] 董金裕．台北市孔庙春祭的规划与实施．圣之时——台北市孔庙的蜕变与传承，2011.

[7] 董金裕．商定孔子释奠礼仪节向联合国申请为非物质文化遗产［J］．第二届世界儒学大会论文集，2009.9.

[8] 董金裕．台北市孔庙三献礼歌词．圣之时——台北市孔庙的蜕变与传承，2011.

[9] 董金裕．壬辰年（2012）山东曲阜孔庙祭孔圣文．2012 孔子文化节．

[10] 董金裕．尊孔·敬师·传承中华文化［J］．儒学：世界和平与发展，纪念孔子诞辰 2565 周年国际学术研讨会论文集，2015.5.

[11] 董金裕．孔孟仁爱思想对人、物的关怀及其现代意义［J］．孔子研究，1990.12.

[12] 董金裕．孔孟的阶梯哲学及其现代意义［J］．（香港）经济全球化与中华文化走向，2001.5.

[13] 董金裕．孔门的诚信之教．曲阜孔子学术会堂讲座，2002.9.

[14] 董金裕．孔子的人道关怀及其现代意义［J］．（吉隆坡）华文与中华文化在多元社会的传承与发展研讨会论文集，2003.10.

[15] 董金裕．夫子循循然善诱人［J］．第三届儒学大会论文集，2010.9.

[16] 董金裕．孔孟对弱势者的关怀及其现代省思［J］．儒家文化与青年精神国际学术研讨会论文集，2009.10.

[17] 董金裕．孟子、荀子性论似异而实同探析［J］．中华五千多年文明与民族伟大复兴学术交流会论文集，2018.4.

[18] 董金裕．孝道思想的扩大诠释与现代实践［J］．（首尔）儒学复兴与现代社会国际学术会议论文集，2014.9.

[19] 董金裕．传统礼俗在法治社会中的作用［J］．（首尔）儒教文化研究，2003.2.

[20] 董金裕．四书中的圣及其现代诠释［J］．四书学术研讨会论文

集，2011.6.

［21］董金裕．半部论语治天下?!［J］．中国学术研讨会——纪念高明先生八秩晋六冥诞论文集，1994.3.

［22］董金裕．论语·阳货“唯女子与小人为难养也”章试释［J］．金景芳先生九五诞辰纪念文集，1993.9

［23］董金裕．孟子导读［J］．国学导读（二），1993.9.

［24］董金裕．向下扎根——对儒学普及的一些看法［J］．2013 国际儒学交流研讨会论文集，2013.10.

［25］董金裕．台湾中小学语文课程的传统文化教育［J］．第九届海峡两岸经贸文化论坛论文集，2013.10.

［26］董金裕．台湾高级中学“中华文化基本教材”课程的演变［J］．第五届全国儒学社团联席会议论文集，2017.5.

［27］董金裕．台湾高级中学“中国文化基本教材”教科书编辑方式的演变与检讨［J］．第六届全国儒学社团联席会议论文集，2018.5.

［28］董金裕．董仲舒的崇儒重教及其现代意义［J］．衡水学院学报，2015.6.

［29］董金裕．理学的先导——韩愈与李翱［J］．书目季刊，1982.9.

［30］董金裕．胡瑗、孙复的经学及其与宋代儒学发展的关系［J］．第五届经学国际学术研讨会，2007.11.

［31］董金裕．程朱学派的形成及其与孔子思想的关系［J］．国际孔学会议论文集，1987.11.

［32］董金裕．范仲淹与宋初的教育及学术［J］．纪念范仲淹一千年诞辰国际学术研讨会论文集，1989.9.

［33］董金裕．叶适思想的主轴及其评价［J］．儒学天地，2010.12.

［34］董金裕．杨简的心学及其评价［J］．政治大学学报，1990.6.

［35］董金裕．湛若水《四勿总箴》一贯之道探析［J］．湛若水心学思想与当代社会国际学术研讨会论文集，2017.11.

［36］董金裕．王阳明“四句教”本旨试探及其现代意义［J］．阳明学派国际学术研讨会论文集，2009.11

[37] 董金裕．黄宗羲“明夷待访”，待谁之访？［J］．第一届清代学术研讨会，1989.11.

[38] 董金裕．顾炎武对理学的态度及其评价［J］．第四届清代学术研讨会，1995.11.

[39] 董金裕．王船山与张横渠思想之异同［J］．哲学与文化，1993.9.

[40] 董金裕．章太炎的“格物”说［J］．孔孟月刊，1989.6.

[41] 陈逢源．阅万品人，历万般事［J］．国文天地，2009.2.

[42] 董金裕．海峡两岸儒学交流的亲身体验与期待［J］．三十春秋 岁月如歌——中国孔子基金会成立三十周年纪念文集，2014.9.

[43] 陈霞．儒学的普及、推广与个人道德、社会道德的养成［J］．孔子文化，2014.6.

[44] 台湾中华文化的坚实推广者［J］．儒学天地，2016.2.

董金裕先生学术年谱

1945

7月，出生于台湾苗栗县竹南镇。祖籍福建省同安县，迁台多少代已不可考。

家境小康，生活相对优裕。

1951

入竹南小学就读。

成绩优异，屡任班长，毕业时获最高荣誉——县长奖。

1957

考入竹南中学初中部就读。

曾代表学校参加校际作文比赛获奖。

1961

考入新竹高级中学就读。

获美援补助，与同学数人赴南投县、屏东县采集标本，调查近海生态，成果获新竹县中小学科学竞赛高中生物组第二名。

高中三年皆被选为班长，规划各种活动，为班级争取多项荣誉，甚获校长辛志平先生器重。于考上台湾师范大学中文系时，即获辛先生邀约在四年毕业后返母校任教。

开始投稿散文、小说至报刊，屡获刊登。

1964

以高分考入第一志愿台湾师范大学中文系就读。

获"救国团"、联合报合办之第一届中国文学奖。

1967

被选为社团"文苑社"社长，曾邀请钱穆、黎东方、金耀基等多位学者，以及王蓝、余光中、琼瑶、华严等多位作家前来演讲或座谈。

对儒学研究开始深感兴趣。

1968

大学毕业，应辛志平校长四年前之约，回母校新竹高中担任语文教师。

1970

考入政治大学中文研究所硕士班就读。

1972

应聘为私立君毅中学语文教师。

1973

在熊公哲教授指导下，以《章实斋学记》获硕士学位，论文由嘉新水泥公司文化基金会奖助出版。

考入政治大学中文研究所博士班就读。

应聘为大华工业专科学校讲师。

1975

应聘为明新工业专科学校讲师。

1977

在熊公哲、高明两位教授指导下，以《宋永嘉学派之学术思想》获博士学位，论文由文史哲出版社出版。

应聘为静宜女子文理学院中文系专任副教授。

1978

出任静宜女子文理学院中文系系主任。

迄今每年皆应邀参加各种学术研讨会，并应邀至各大中学或社团演讲、座谈。

1979

应聘为中兴大学中文系兼任副教授。

应聘为东海大学中文研究所兼任副教授。

应聘为政治大学中文研究所兼任副教授。

专著《宋儒风范》由东大图书公司出版，1980 年以该书获中正学术奖。

1980

专著《正气文选析》由华正书局出版，1983 年以该书获中兴文艺奖章

（文学理论类）。

首次应邀赴韩国参加学术会议，得识崔根德、丁范镇等多位韩国教授。

升任教授。

1982

为中华文化基金会所编、黎明文化事业公司出版之《中华文化百科全书》，编撰第六编“政教之措施”第一章“政治制度”。

1983

2月，应聘至政治大学中文系担任专任教职。

应聘为孔孟学会执行秘书兼《孔孟月刊》《孔孟学报》主编。每年为孔孟学会规划包括国学研究会（分中小学教师、大专学生两组）、孔孟学说专题演讲、孔孟学说论文竞赛、经学研习班等弘扬孔孟学说之活动，长达十多年，甚获理事长陈立夫先生器重。

在高明老师推荐下，应聘为编译馆初中语文教科书编审委员会委员，并兼编辑小组两位成员之一，后编辑小组扩编，被推选为召集人。

1985

专著《忠臣孝子的悲愿——明夷待访录》由时报出版公司出版。

首次应邀赴日本参加学术会议，得识宇野精一、冈田武彦、山井勇、高桥进等多位日本学者，并与大陆学者贾顺先、张立文、陈来等多人相识定交。

与李威熊、杜松柏教授为教育广播电台撰写时事、文教短评广播稿，后出版《一周评论》选集两辑。

1986

首次应邀赴香港参加学术会议，与旧识香港学者赵令扬教授相谈甚欢。

1988

应聘为编译馆高中“中国文化基本教材”教科书编审委员会委员，并兼编辑小组召集人。

为编译馆编纂《周易论著目录》，后由洪叶文化公司出版。

应邀赴汉城（后改名为首尔）奥运会开幕式观礼，与旧识韩国学者权重达、梁承武等相聚甚欢。

1989

应邀赴北京参加纪念孔子诞辰2540年国际学术研讨会，会后转往曲阜遍谒孔庙、孔府、孔林，心情颇激动。得识孔子第77代嫡孙女孔德懋女士，受亲切礼待。其后纪念孔子诞辰2545、2550、2555、2560、2565、2570、2575年国际学术研讨会皆应邀参加。

文教评论专著《怀旧布新集》由文史哲出版社出版。

首次应邀赴美国参加学术研讨会，与前一年在韩国相识的吴光教授相谈甚欢，并结识汤一介、刘大钧等多位大陆学者。

1990

应中华电视公司之聘，与罗宗涛、傅佩荣、李威熊等教授，为“生活论语”“孟子精神”“大学之道”“中庸之美”节目撰写讲稿。

1993

应聘为编译馆高中语文教科书编审委员会委员，并兼编辑小组委员（不设召集人）。

专著《至圣先师孔子释奠解说》由台北市孔庙管理委员会出版，被翻译为英文、日文。

首次应邀赴东南亚新加坡、马来西亚参加学术研讨会。

为三民书局《国学导读》撰写《孟子》部分。

1994

代表台湾地区孔孟学会，与孔子基金会、韩国儒教学会、日本斯文会、新加坡儒学会、美国夏威夷大学以及香港特别行政区孔圣堂等单位代表，包括中国辛冠洁、宫达非、张立文、陈来、钱逊、姜广辉、王守常，（韩国）崔根德、梁承武，（日本）高桥进、石川忠久、友枝龙太郎，（中国香港）赵令扬、单周尧，（新加坡）陈荣照，（美国）成中英、杜维明等人，共同经多年筹划，组成国际儒学联合会，出任理事。

1995

“孔子故乡四千年文物大展”在台湾北、中、南各地举办，颇为轰动。结识孔祥林先生，并与其配合台北展场，共同在国父纪念馆主持座谈会。为中国时报系编纂《孔子故乡四千年文物大展》专刊。

1997

被推选为政治大学中文系系主任。

于政治大学中文系系主任及后来文学院院长任内，多次举办与儒学相关之国内或国际会议。

应聘为编译馆《中国古典诗歌欣赏系列》编审委员会委员，并兼编辑小组委员。

1998

台湾高中语文教科书由统编制改为审定制，各出版社均可编辑出版，经审查通过后即可发行，供各校自行选用。应聘为大同信息公司高中语文教科书编辑委员会主任委员。其后大同信息公司改组为康熙图书公司，再改组为康熹文化公司，仍担任该职，至2018年为止。

2000

被推选为政治大学文学院院长。

应聘为康轩文教公司初中语文教科书编辑委员会主任委员，至2016年为止。

2001

应聘为台北市孔庙管理委员会委员迄今，多次担任台北市孔庙秋祭东庑、西庑、东哲、西哲、东配、西配分献官；并应邀至山东曲阜、济南，与韩国安东等地访问。

2003

出任政治大学教务长。

2004

出任国际儒学联合会副理事长。

2005

应聘为台北市市政顾问迄今。

2007

应邀出席首届世界儒学大会，以后每届皆应邀参加。

2008

应聘为政治大学中文系特聘教授。

专著《朱熹学术考论》由里仁书局出版。

本着年轻化、现代化、在地化的原则，为台北市孔庙规划并举办春祭，甚获好评。

2010

为台北市孔庙历史城区观光再生计划规划六艺体验学堂、雅乐舞展演、孔庙情景剧等多项活动。

在政治大学届龄退休，改聘为名誉教授。

与赵中伟、许锬辉等教授为孔孟学会编纂《孔子弟子言行传》，负责撰写“品德高洁的冉雍”，由万卷楼图书公司出版。

2011

专著《周濂溪集今注今译》由台湾商务印书馆出版。

为台北市孔庙编纂《圣之时——台北市孔庙的蜕变与传承》，被翻译为英文、日文。

被推选为中国经学研究会理事长。

2012

出任孔孟学会副理事长。

为曲阜孔庙孔子文化节撰写祭孔圣文。

2013

所审订之“中华文化基本教材”教科书经钱逊教授引荐，由北京中华书局略加修订后，改称“中华文化基础教材”，在大陆各省市高中推行使用。

2014

专著《统编本初中、高中语文教科书丛谈》由万卷楼图书公司出版。

出任国际儒学联合会副会长。

2015

获世界儒学大会孔子文化奖。

2017

与蔡信发、李威熊、徐汉昌教授为空中大学合编《史记选读》，负责撰写“六国年表”“孔子世家”“陈丞相世家”“刺客列传”“循吏列传”“滑稽列传”等六章。

2018

专著《经传中以数字显现的儒家之道》由文史哲出版社出版。

2019

获颁国际儒学联合会荣誉纪念章，改聘为国际儒学联合会荣誉顾问。

与李威熊、陈逢源等教授为孔孟学会编纂《经学/理学名家粹集》，负责撰写《敬义并立的洛学宗师——程颢、程颐》，由台湾学生书局出版。

2020

被推选为台湾古籍保护学会理事长。

编选后记

董金裕先生年轻时即对儒学深感兴趣，自此投入儒学的研习探究，迄今已有五十多年，对儒学的向下扎根、向外推展，以至向上发展，皆着力甚多。他先是应聘为孔孟学会执行秘书，定期举办孔孟学说论文竞赛、孔孟学说演讲或座谈、经学研习班、国学研究会等活动。并兼《孔孟学报》《孔孟月刊》主编，以推广孔孟学说，加强孔孟学说的研究。又担任台北市孔庙管理委员会委员，为台北市孔庙规划春日祭孔、六艺体验活动、雅乐舞展演、孔庙情景剧表演、树下讲古等活动，以活化孔庙，推广儒家文化。其后于中文系系主任、文学院院长、中国经学研究会会长任内，经常组织召开与孔孟学说、经学研究有关的学术会议，以推动儒学的交流。进而与中国大陆及台湾地区、香港特别行政区，韩国、日本、美国、新加坡等国多位学者，共同筹设国际儒学联合会，促进国际儒学团体的交流与合作。

由于与各国、各地的儒学团体、儒学学者均保持着密切的联系，所以董先生经常受邀到各国、各地参加学术会议、座谈，或发表演讲，有时也应各学术刊物的邀请撰写文章，或接受访谈。时日既久，所积聚的文稿不少，其中或因时机不同，或因对象有异，或因其他各种缘由，各篇文章的性质、体例、长短等难免有差别。其中有些性质、体例相同的文章已汇集成专书，如《宋儒风范》《正气文选析》《朱熹学术考论》《经传中以数字显现的儒家之道》等即属其例。其余文章乃借此编辑《孔子文化奖学术精粹丛书·董金裕卷》的机会，再加拣择，并分类整理。

承蒙董先生不弃，将文稿交由硕博士论文皆受他指导，目前已在大学执教十多年，且经常追随他参加各种学术活动的在下负责选编，我既感荣幸，亦深觉责任重大，乃在与董先生充分请教、沟通之后，黾勉以赴，唯求顺利达成此任务。

选编时，首先将选出的文章以类相从，分为四编：第一编，孔子·孔庙·释奠（祭孔）；第二编，孔孟思想·儒学与现代；第三编，《论语》《孟子》·儒学推广；第四编，历代诸儒；另有附编，报道·访谈。其次，将各篇文章的体例略作调整，使尽量趋于一致，并检视错别字、漏衍字并加修正。最后，在每篇文章末尾注明原作发表的时间、地点、场合等，以便查考。

通过这四编及附编所搜集的文章，呈现董金裕先生长期关注并努力弘扬儒学，既考索过去，更关怀现代的面向。并且期待如董先生所愿，号召更多人在日常生活中，实地践履儒学精神，以期社会人群更加祥和，万物皆能并育共荣。至于本书中或许仍有不周之处，皆因本人思虑、处置失当所致，尚祈博雅君子谅解并有以赐教，让我在为学处事上获得鞭策，而能日新不息，更有进境，则幸甚焉。

田富美

2021年6月谨志于台北

图书在版编目（CIP）数据

孔子文化奖学术精粹丛书．董金裕卷/杨朝明主编．-- 北京：华夏出版社有限公司，2021.11

ISBN 978-7-5080-9978-1

Ⅰ.①孔… Ⅱ.①杨… Ⅲ.①儒家—文集 Ⅳ.①B222.05-53

中国版本图书馆 CIP 数据核字（2021）第 183603 号

孔子文化奖学术精粹丛书·董金裕卷

主　　编　杨朝明
编　　选　田富美　张海涛
责任编辑　王　敏
责任印制　周　然

出版发行　华夏出版社有限公司
经　　销　新华书店
印　　装　三河市少明印务有限公司
版　　次　2021 年 11 月北京第 1 版
　　　　　2021 年 11 月北京第 1 次印刷
开　　本　720×1030　1/16
印　　张　27.75
字　　数　430 千字
定　　价　86.00 元

华夏出版社有限公司　地址：北京市东直门外香河园北里 4 号　邮编：100028
网址：www.hxph.com.cn　电话：（010）64663331（转）